Winterfeldzug 1862–63.

CARL SCHURZ

CARL SCHURZ

Lebenserinnerungen

Vom deutschen Freiheitskämpfer
zum amerikanischen Staatsmann

Bearbeitet
von Sigismund von Radecki

Mit einem Vorwort
von Theodor Heuss

MANESSE VERLAG
ZÜRICH

THEODOR HEUSS

Carl Schurz

In den letzten Wochen des Jahres 1850 war der Name des Bonner Studenten eine Berühmtheit Europas, nicht bloß Deutschlands, geworden: Er hatte seinen ehemaligen Lehrer, den Professor Gottfried Kinkel, einen Mitkämpfer beim 49er Aufstand in Baden, aus dem Spandauer Zuchthaus befreit und nach England gebracht. Kinkel hatte sich als Dichter einen Namen gemacht – sein trübes Schicksal bewegte die Bildungsschicht. Um die Befreiung wucherte die romantische Legende, um so mehr, als niemand den Hergang erzählen durfte, um die beteiligten Spandauer Bürger und Beamten nicht preiszugeben. Dieser Akt, der die Phantasie der Zeit so außerordentlich beschäftigte, bleibt nun freilich, vor allem organisatorisch und psychologisch, eine gute «technische» Leistung – sie allein würde Schurzens Namen wohl bewahrt haben, aber eben doch nur als Anekdote, als eine Arabeske an einem Nebengebäude der deutschen Literaturgeschichte. Das Schicksal sollte den Befreier vor größere Aufgaben stellen.

Manches hat der ja schon hinter sich. Kinkels leidenschaftliche Teilnahme an der Bewegung des Jahres 48 hatte den Schüler und Freund miterfaßt, in Bonn hatte er geschrieben und geredet, damals in derselben Burschenschaft wie der gleichaltrige Spielhagen – er eilte in die Pfalz nach Baden, als dort für die Geltung der Frankfurter Verfassung gekämpft wurde – eine abenteuerliche Flucht durch einen Abzugskanal rettete ihn aus Rastatt, das sich den preußischen Truppen übergeben mußte. Nun wird er Flüchtling, Schweiz, Zürich, Paris, London sind die Stationen – die Exilanten warten voll Illusionen, wann «es wieder losgehen» wird. Dazwischen geht der steckbrieflich Verfolgte an das kühne Werk; es gelingt.

Aber nach ein paar Jahren ist er des entnervenden Wartens auf den Tag der Freiheit, ist er der Atmosphäre der spekulierenden Berufsrevolutionäre müde – 1852 segelt er nach Amerika, entschlossen, drüben zu bleiben und sich schlecht und recht eine bürgerliche Existenz aufzubauen. Das mit Wissenschaft und Professur, wovon die Jugend geträumt, ist in der Heimat doch vorbei.

Viele Tausende von Deutschen sind damals hinübergewandert, er traf auf manchen Gesinnungsgenossen – seiner wartete die besondere Mission, deren geistiger Führer zu werden, ihnen zum inneren Anschluß an die neue staatliche Umgebung zu helfen, zugleich aber auch die geistige Verbindung mit der Heimat zu bewahren. Nach ein paar Jahren des Lernens und Beobachtens tritt er rasch ins helle Licht der Öffentlichkeit – der Kampf um die Sklavenfrage, der sich bald zu einem Kampf um den Bestand der Union erweitern soll, beginnt, und er zwingt Schurz in die vordere Linie – denn es ist eine moralische Entscheidung, die im Hintergrund des politischen Machtstreites steht. Er hat wichtigsten Anteil an Lincolns Sieg im Jahre 1860 – nicht bloß gewinnt er die Deutschen der jungen republikanischen Partei, er ist auch einer der stärksten, überzeugtesten, überzeugenden Redner im englischen Sprachgebiet. Lincoln macht den Einunddreißigjährigen zum amerikanischen Gesandten in Madrid – welche Wendung in ein paar Jahren. Als Organisator, als Brigadier, später als Divisionsgeneral dient er im Bürgerkrieg. Den Vierzigjährigen sendet Missouri in den Senat. Im Jahre 1877 macht ihn der Präsident für seine Wahlperiode zum Innenminister. 1881 hört seine amtliche Laufbahn auf; aber noch durch ein Vierteljahrhundert wirkt er ins öffentliche Bewußtsein der werdenden Nation, kein bequemer Parteigänger, sondern ein Mahner und Rebell, so uneigennützig wie unabhängig, nicht immer erfolgreich, aber nie verzagt.

Es ist ein Stück heimatlicher Tradition, das ihn den Kampf aufnehmen läßt gegen den materiellen Parteigeist, der die Verwaltung durchdringt – die mühsame Entwicklung eines fachlich geschulten Berufsbeamtentums, dessen die amerikanische Entfaltung nicht entbehren konnte, geht auf ihn, auf sein unermüdliches Treiben und Drängen zurück. Die Reform der Zivilverwaltung ist für ihn durch Jahre der Kardinalpunkt; dann die Rettung des «guten Geldes» – hier sieht er gesicherte Ergebnisse; gegen die Hochschutzzöllnerei McKinleys, gegen Roosevelts Imperialismus wehrt er sich vergebens. Aber er kämpft und bekennt bis in das hohe Alter – 77jährig stirbt er 1906 – und er gibt ein Stück seines menschlichen Ethos in die besten Kräfte und Traditionen des amerikanischen Geistes.

Als er begann, seine «Lebenserinnerungen» nieder-
zuschreiben, und die Jugend im rheinischen Dorf
zwischen Bonn und Köln vor seinem Auge wieder
erstand, wollte es ihm nicht gelingen, die englische
Sprache zu gebrauchen – er mußte ja zunächst mit
amerikanischen Lesern rechnen. So wurde es ein deutsches Buch von seltener Anmut der Darstellung, far-
big und bewegt, ein Menschenporträt, das zugleich
Zeit- und Kulturbild ist. Aber für den Teil, der das
amerikanische Wirken, Politik, Bürgerkrieg, Partei-
kampf als Gegenstand vor sich sah, erschien dann die
englische Sprache gemäß – so ist wohl die seltsamste
Autobiographie entstanden, und dieses Doppelsein
des sprachlichen Ausdrucks wurde recht eigentlich
zum Symbol des merkwürdigen und bedeutenden
Mannes. Er ist mit Deutschland aufs innigste verbunden geblieben, geistig und sachlich – kein Geringerer
als Bismarck hat schon in den sechziger Jahren die
persönliche Beziehung mit ihm gesucht, und die Schilderung der Gespräche aus dem Jahre 1868 gehört zu
den reizvollsten Kapiteln des Lebensbuches – wie
verschieden Artung und Lebensgang der beiden, und
sie begreifen doch beide das innere Gesetz des andern.
Den Deutschen in Amerika lebte er das Beispiel vor,
wie sie dem neuen Lande mit ihren besten Kräften
dienen könnten und dienen sollten, ohne dem untreu
zu werden, was die Heimat ihnen gab und weiter
geben könnte. So wurde er das seltene Beispiel eines
Mannes, der mit innerer Freiheit der Bürger zweier
Nationen war, beide seiner großen und freien Seele
sich verpflichtend.

ERSTER TEIL

Ich bin in einer Burg geboren. Dies bedeutet jedoch keineswegs, daß ich von einem adligen Geschlecht abgestammt sei. Mein Vater war zur Zeit meiner Geburt Schulmeister in Liblar, einem Dorfe von ungefähr 800 Einwohnern, auf der linken Rheinseite, drei Stunden Wegs von Köln gelegen. Sein Geburtsort war Duisdorf bei Bonn. In frühster Kindheit hatte er seine Eltern verloren und war der Sorge seines Großvaters anheimgefallen, der dem Bauernstande angehörte und auf einem kleinen Ackergütchen Getreide, Kartoffeln und ein wenig Wein zog. So wuchs mein Vater als ein eigentliches Bauernkind auf.

Im Jahre seiner Geburt, 1797, befand sich das linke Rheinufer im Besitz der französischen Republik. Seine Jugendjahre fielen daher in die von den Rheinländern so genannte «französische Zeit», und von seinen Erinnerungen aus jener bewegten Periode wußte er später manches zu erzählen: wie er den Kaiser Napoleon gesehen, als dieser, vor dem Zuge nach Rußland, in der Gegend von Bonn ein Truppenkorps Revue passieren ließ; wie dann im Spätherbst 1813 die französische Armee, nach der Schlacht bei Leipzig, geschlagen und zerfetzt, wieder am Rhein angekommen sei; wie er selbst auf dem Marktplatz in Bonn den General Sebastiani, der im Gasthof «Zum Stern» sein Quartier hatte, aus dem Hause stürzen, sich auf sein Pferd werfen und mit seinem Stabe umhergaloppieren gesehen, während die Trompeter Alarm bliesen und die Trommler den Generalmarsch schlugen; denn es war die Nachricht gekommen, daß eine Abteilung Kosaken zwischen Bonn und Koblenz den Rhein überschritten hätte; wie dann die in Bonn liegenden Truppen eilig in Reih und Glied traten und in der Richtung von Frankreich abmarschierten; wie kranke und versprengte Franzosen in Menge hinter den Marschkolonnen zurückblieben und sich mühsam dahinschleppten; wie eines Abends mehrere Trupps Kosaken, schmutzige Kerle mit langen Bärten und kleinen zottigen Pferden, über das Land zu schwärmen begannen, die französischen Nachzügler aufjagten und viele davon niedermachten; wie sie sich auch in die Häuser drängten und alles stahlen, was ihnen gefiel; und wie dann, als die ersten Kosakenschwärme durchgezogen waren, die Bauern alles Bewegliche, das die Kosaken übriggelassen hatten, zusammenrafften und in den nahen Wäldern versteckten, um es vor den nachkommenden Russen zu retten.

Das große Gebäude enthielt die Wohnung des Pächters sowie die Ställe, Scheunen, Kornspeicher und die Bureaux der gräflichen Rentmeisterei. An der vierten, offenen Seite des Quadrats führte eine zweite Brücke über den Graben nach einem kleineren, aber weit eleganteren Gebäude auf etwas erhöhtem Grunde, welches der Besitzer, Graf von Wolf-Metternich, mit seiner Familie im Sommer bewohnte. Dieses hatte ebenfalls seinen Turm sowie niedrigere, eine Kapelle und Wohn- und Wirtschaftsräume enthaltende Flügel und war auch auf allen Seiten von Wasser umgeben. Man nannte dies «das Haus». Eine andere Zugbrücke verband «das Haus» mit einem etwa 60 Morgen großen Garten, «der englische Garten» genannt, welcher etwa zur Hälfte im Versailler Stil mit geraden Kieswegen und gelegentlichen Labyrinthen angelegt, mit hohen beschnittenen Hecken, griechischen Götter- und Nymphenbildern, Springbrunnen und Teichen verziert und von Pfauen und Perlhühnern bevölkert war. Eine große Orangerie, deren Bäume in Kübeln im Sommer reihenweise paradierten, bildete einen besonderen Schmuck. Die andere Hälfte bestand aus schattigen Baum- und Gebüschanlagen mit hier und da einem Sommerhäuschen oder Pavillon. Alles dies zusammengenommen hieß im Volksmunde «die Burg», und mein Großvater war im Dorfe und weithin in der Umgegend als «der Burghalfen» bekannt. («Halfen» wurden ursprünglich diejenigen Pächter genannt, die mit ihren Gutsherren den Ertrag der Ernten zu gleichen Hälften teilten. Diese Einrichtung hatte jedoch in diesem, wie in den meisten Fällen am Rhein, der Zahlung eines Pachtzinses in Geld Platz gemacht. Aber der Name «Halfen» blieb.)

Mein Großvater, der Burghalfen, hatte zur Zeit meiner ersten Erinnerung ungefähr sein sechzigstes Jahr erreicht. Er war ein Mann von gewaltigen Proportionen, über sechs Fuß groß, von mächtiger Breite in Brust und Schultern; die Züge des Gesichts massiv in Übereinstimmung mit der ganzen Statur; ein voll und entschieden geformter Mund über starkem, ecki-

gem Kinn, die Nase groß und gerade, darüber buschi-
ge Brauen, ein dunkelglänzendes Augenpaar beschat-
tend; die Stirn breit und der große Kopf bedeckt mit
krausem, braunem Haar. Seine Muskelstärke war erstaunlich. Bei einer Kirmes, als er mehrere andere
Halfen zu Gast hatte, wurde eine Kraftprobe vorgeschlagen, und mein Großvater ging die Wette ein, daß
er den großen Amboß, der jenseits des Burggrabens in
der Schmiede stand, in seinen Armen über die Brücke,
durch das Tor, ins Haus und alle Treppen hinauf bis
zum höchsten Söller und wieder zurück in die Schmiede tragen werde; und ich sehe ihn noch einherschrei-
tend mit dem gewichtigen Eisenblock in seinen mächtigen Armen, treppauf und treppab, als trüge er ein
kleines Kind. Wunderbare Geschichten wurden von
ihm erzählt, wie er einmal einen wütigen Stier, der aus
dem Stall in den Burghof gebrochen war und alle
Knechte ins Haus getrieben hatte und dem er allein
entgegentrat, mit einem Hammer auf einen Schlag zu
Boden gefällt und wie er bei verschiedenen Gelegenheiten schwerbeladene Wagen, die in den tiefen Gelei-
sen schlechter Landwege feststeckten, allein mit unter-
gestemmten Schultern herausgehoben habe, und dergleichen mehr. Es ist nicht unmöglich, daß diese
Geschichten von den Taten des Burghalfen, wie sie
von Mund zu Mund gingen, ein wenig über die
Grenzen des streng Tatsächlichen hinaus legendenhaft
an Großartigkeit zunahmen. Aber sie wurden mit allen
erdenklichen Versicherungen der Wahrhaftigkeit erzählt, und gewiß ist, daß mein Großvater in seiner
Umgebung bei weitem der stärkste Mann war.

Eine sorgfältige Erziehung hatte er nicht genossen. Das Lesen und Schreiben verstand er; aber zu seinen Lieblingsbeschäftigungen gehörte es nicht. Mit Büchern machte er sich wenig zu tun; dahingegen war er ein Mann von großer Autorität unter dem Volke. Vom Dorfe und aus der Umgegend kamen die Leute zum Burghalfen, um sich bei ihm Rat zu holen oder ihm ihre Streitigkeiten vorzulegen. Und wenn der Burghalfen von irgendeinem schlimmen Zwist zwischen Mann und Frau oder zwischen Nachbarn erfuhr, so nahm er seinen Haselstock zur Hand und begab sich auf den Kriegsschauplatz. Da hörte er die Klagen und Verteidigungen der Parteien, und sobald er zum Schluß gekommen war, auf welcher Seite die Schuld lag, so fällte er sein Urteil und fügte auch wohl auf der Stelle die Strafe hinzu, die nicht selten in einer tüchtigen Tracht Prügel bestand. Gegen seinen Spruch und die unmittelbare Exekution, gegen die patriarchalische Justiz, wagte niemand zu protestieren. Und wenn die Erntezeit kam und der Burghalfen brauchte Arbeiter im Felde, so durfte er nur durch das Dorf gehen und jung und alt strömte zu seinem Dienste heran, bis das Getreide in der Scheune war. Aber die Hilfeleistung war gegenseitig. Wer sich in Bedrängnis befand, konnte sich vertrauensvoll an ihn wenden, und dann war ihm kein Opfer zu groß und keine Mühe zu schwer.

«Leben und leben lassen» war sein Grundsatz und seine Gewohnheit. Er liebte das Vergnügen, vielleicht etwas mehr, als für ihn und die Seinigen gut sein mochte. Besonderes Behagen fand er an den lustigen Gelagen mit Wein und Kartenspiel, welche damals die beliebteste Festunterhaltung der wohlhabenden Bauern des Rheinlandes bildete. Jede Pfarre hatte ihre jährliche «Kirmes», welche dem Essen, Trinken, Spielen und Tanzen geweiht war. Die Feier dauerte regelmäßig drei Tage, wurde aber nicht selten auch über den vierten Tag hinaus gesponnen. Zur Kirmes besuchten die Verwandten und intimeren Freunde einander mit Familie, so daß es für denjenigen, der viele Geschwister, Vettern, Schwäger und liebe Kumpane hatte, den Sommer hindurch der Gelage nicht wenige gab. An jedem Kirmestisch nun, seinem eigenen sowohl als denen seiner Freunde, war der Burghalfen die Hauptfigur. Nur wenige Halfen gab es, die er nicht unter den Tisch trinken konnte, und er war ein furchtbarer Kämpe, kam es zum Streit. Das geschah wohl nicht oft; denn er war durchaus nicht zanksüchtig. Aber ich habe doch erzählen hören, wie beim Kirmestanz oder sonstiger festlicher Gelegenheit der Burghalfen, wenn er selbst oder einer seiner Freunde beleidigt wurde, mit wuchtigem Fußstoß einen Stuhl zertrümmerte, die Stuhlbeine ergriff und mit dieser Waffe, wie Samson mit dem Eselskinnbacken, die Philister unwiderstehlich vor sich hertrieb. Ferner gab es in den größeren Gemeinden ein jährliches «Vogelschießen».

Wenn nun in der Umgegend bei solchen Gelegenheiten der Burghalfen fehlte, so galt das Fest nicht für vollständig. Aber er fehlte nicht oft. Gewöhnlich war er mit seiner großen Kugelbüchse, «der Ferkelstecher» genannt, zur Stelle. Dieser Ferkelstecher – warum so genannt, weiß ich nicht mehr – war eine merkwürdige Waffe. Sie schoß eine gute Handvoll Pulver und eine

Kugel, die volle acht Lot wog, und war so schwer, daß nur die stärksten Männer sie waagrecht ohne Stütze an der Schulter zu halten vermochten. Selbst wenn mein Großvater sie abfeuerte, so stand immer einer der kräftigsten seiner Knechte mit ausgestreckten Händen hinter ihm, um das Gewehr in seinem scharfen Rückstoß aufzufangen. Die Zahl der hölzernen Vögel, die der Burghalfen mit seinem furchtbaren Ferkelstecher herunterbrachte, war sehr groß, und jedesmal folgte ein Gelage, das den gewonnenen Einsatz aufzehrte und gewöhnlich noch ein gutes Stück darüber. Nicht selten kam dann der siegreiche Burghalfen mit schwerem Kopf nach Hause.

Aber ein tüchtiger Ackerbauer war er auch – verständig, energisch und unermüdlich. In aller Frühe mit den Knechten auf dem Felde, unterwies und regierte er nicht nur, sondern, wenn es galt, ging er ihnen in der schwersten Arbeit mit gutem Beispiel voraus. Sein Bild steht noch vor mir, wie er dem Brauch gemäß in eigener Person den ersten Erntewagen in die Scheune brachte, die Peitsche in der Hand, auf einem der drei oder vier geschmückten Pferde sitzend, die eins nach dem andern, tandemartig, vor den Wagen gespannt waren. Oft habe ich auch sagen hören, daß sein Rat über landwirtschaftliche Dinge von seinen Berufsgenossen häufig gesucht und hoch geschätzt wurde. Natürlich war er ein König in seinem Hause, aber ein König, dem man nicht nur gehorchte, sondern den man auch lieb hatte und dessen Fehler man ansah wie eine Art von Naturnotwendigkeit, an der sich eben nichts ändern ließ.

Neben ihm stand meine Großmutter in merkwürdi-
gem Kontrast. Sie war eine kleine, schmächtige Frau
mit einem mageren Gesicht, das einmal hübsch gewesen war; von zarter Gesundheit, fromm, sanft, häus-
lich, immer tätig und voll von Sorgen. Der Haushalt,
dem sie vorstand, war in der Tat groß genug, um ihr
wenig Ruhe zu lassen. Bei Tagesanbruch im Sommer
und bei Lampenlicht im Winter war sie auf den Füßen,
um zu sehen, daß das zahlreiche Gesinde, männliches
und weibliches, an die Arbeit kam und sein Frühstück
hatte. Da waren wohl nahezu zwei Dutzend Knechte
und Mägde, die gelegentlich beschäftigten Tagelöhner
nicht gerechnet. Das Gesinde, gewöhnlich «das Volk»
genannt, versammelte sich zu den Mahlzeiten in einer
zu ebener Erde gelegenen Halle, deren gewölbte Dek-
ke auf dicken steinernen Säulen ruhte. An der einen
Seite befand sich der Herd mit großem Rauchfang.
Mächtige Kessel hingen an eisernen Ketten und Haken
über dem offenen Feuer. Dies war die allgemeine
Küche des Hauses. Auf der andern Seite der Halle
stand ein langer Tisch, an welchem, auf hölzernen
Bänken sitzend, «das Volk» seine Mahlzeiten nahm.
Ehe sie sich niedersetzten, sagten die Knechte und
Mägde, mit dem Rücken gegen den Tisch gewandt,
ihre Gebete her. Dann brachte der Meisterknecht das
Heft seines Messers mit lautem Schlag auf den Tisch,
und das war das Zeichen zum Sitzen. Ihre Suppe oder
ihren Mehlbrei aßen die Leute mit hölzernen Löffeln
aus großen hölzernen Schüsseln. Fleisch und Gemüse
wurden vorgelegt auf langen, schmalen, weiß ge-
scheuerten Brettern, die den Tisch entlang lagen.

Teller gab es nicht. Eiserne Gabeln lieferte das Haus;
zum Schneiden gebrauchten die Leute ihre Taschenmesser. Der Meisterknecht schnitt das Schwarzbrot
vor, welches dann in großen Stücken herumgereicht
wurde. Weißes Brot gab es nur an Festtagen. Während
der Mahlzeit wurde kein Wort gesprochen. Sobald der
Meisterknecht Messer und Gabel niederlegte, war die
Mahlzeit zu Ende. Es verstand sich von selbst, daß er
den Leuten Zeit ließ, sich zu sättigen. Nach diesem
Signal standen alle auf, wendeten sich wieder mit dem
Rücken gegen den Tisch, sprachen noch ein Gebet und
gingen dann auseinander, jedes an seine Arbeit.

Während das Volk seine Mahlzeit nahm, war meine
Großmutter mit einer Küchenmagd am Herde beschäftigt, um für den Tisch der Familie zu sorgen. An
der Seite des Herdes führte eine kleine Treppe von fünf
oder sechs Stufen von der Volkshalle hinauf in ein
kleineres, aber immerhin noch recht geräumiges Gemach, welches ebenfalls eine gewölbte Decke hatte.
Ein langer Tisch stand in der Mitte, von Stühlen
umgeben, deren mehrere mit Leder gepolstert und mit
blanken kupfernen Nägeln geschmückt waren. Nach
dem Hofe zu öffnete sich ein breites Fenster, mit
starken Eisenstäben vergittert, die, nach außen gebogen, den Umblick über den ganzen Hof zuließen. Dies
war das Wohngemach der Familie und diente auch als
Eßzimmer mit Ausnahme der Festtage, wenn es viele
Gäste gab. Dann wurde in einem größeren Saal an der
anderen Seite der Volkshalle getafelt. Das Familienzimmer wurde gewöhnlich die «Stube» genannt. Es
war meiner Großmutter Hauptquartier. In die Wand

nach der Volkshalle war ein kleines Fenster gebrochen,
durch das die Hausfrau alles beobachten konnte, was
dort vorging, und auch zuweilen ihre Stimme erschallen ließ, anordnend oder verweisend. Wenn der Abend
kam, im Spätherbst oder Winter, so versammelte sie
die Mägde in der Stube mit ihren Spinnrädern. Dann
wurde der Flachs gesponnen, der den ganzen Haushalt
mit Leinwand versah. Und während die Spinnräder
schnurrten, durften die Mägde ihre Lieder singen,
wozu meine Großmutter ermunternd den Ton angab.
Unterdessen kamen aus ihren Ställen und von ihren
Werkplätzen die Knechte und versammelten sich auf
den Bänken am großen Herde, um Geschichten zu
erzählen und das zu üben, was sie für Witz hielten. In
den Sommerabenden saßen sie auf dem Hofe umher
oder standen gelehnt an das Geländer der Brücke,
ausruhend oder schwatzend, oder singend. Nach altem
Gebrauch hatte an zwei oder drei Abenden im Jahr das
Volk, männlich und weiblich, Erlaubnis, in der großen
Halle zusammen zu spielen – Blindekuh und andere
Spiele; und da gab es denn des Hüpfens und Springens
und Übereinanderfallens und Schreiens und Lachens
kein Ende, bis zur bestimmten Stunde der Meisterknecht wie das Schicksal dazwischentrat und alle zu
Bett schickte.

In dieser Umgebung war es, daß ich meines Daseins
bewußt wurde und meine ersten Kinderjahre verlebte.

Ein Bild steht mir lebendig vor Augen. Ein Abend
im Familienzimmer, der «Stube»; eine Lampe mit
einem grünen Schirm auf dem Tisch; ich sitze auf
meines Großvaters Knie, und er gibt mir Milch aus

einem Glas zu trinken; ich verlange mehr; mein Großvater läßt einen großen mit Milch gefüllten Zuber
bringen und auf den Tisch stellen; dann zieht er mir
mit seinen eigenen großen Händen die Kleider aus und
setzt mich nackt in den Zuber, in welchem mir die
Milch beinahe bis an den Mund hinaufreicht; nun sagt
er mir, ich möge trinken, soviel ich wolle, er sieht zu,
wie ich den Mund öffne, um die Milch hineinfließen zu
lassen, und lacht aus vollem Halse, und wie ich nun,
nachdem ich genug getrunken, anfange, in der Milch
mit den Händen zu platschen und ihn über und über
bespritze, läßt er sich auf einen Stuhl fallen und lacht
immer unbändiger.

Mit besonderem Behagen gedenke ich noch des
großen Kuhstalles, welcher wie eine Kirche gebaut
war, mit einem hohen spitzbogig gewölbten Mittelschiff und zwei niedrigeren Seitenschiffen, in denen die
Kühe standen. Meine Mutter, die an der Milchwirt-
schaft viel Vergnügen fand, nahm mich zuweilen mit
in den Stall, wenn sie hinging, um zu sehen, daß den
Tieren ihr Recht geschah. Wie warm war es da an den
Winterabenden! Ich saß dann wohl auf einem Haufen
Heu oder Stroh im matten Licht der Laternen, die von
den hohen Bogen des Mittelschiffes herabhingen; und
so lauschte ich dem dumpfen, leisen Geräusch, das,
von den wiederkäuenden Kühen herkommend, den
weiten Raum mit einer eigentümlichen Wohligkeit
erfüllte, und dem Geschwätz und Singen der Mägde,
die geschäftig hin und her gingen und die Kühe bei
ihrem Namen riefen.

Meine Mutter erzählte mir später, daß ich damals

eine sehr aufregende Liebesaffäre gehabt habe. Der Graf hatte eine Tochter, die zu jener Zeit etwa 18 oder 19 Jahre alt und sehr schön war. Die junge Gräfin Marie pflegte, wenn sie mir auf ihren Spaziergängen begegnete, die roten Pausbacken zu streicheln und mich vielleicht auch sonstwie zu liebkosen, wie junge Damen das zuweilen mit ganz kleinen Knaben zu machen pflegen. Die Folge war, daß ich mich heftig in die junge Gräfin verliebte und offen erklärte, sie heiraten zu wollen. Meine Absichten waren also durchaus ehrlich. Die Gräfin Marie schien aber die Sache nicht so ernst zu nehmen, und das führte zu einer Katastrophe. Eines Tages sah ich sie mit einem jungen Mann an einem Fenster des Herrenhauses stehen, damit beschäftigt, mit einer Angel im Burgweiher Karpfen zu fangen. Eine wütige Eifersucht ergriff mich. Ich verlangte schreiend, der junge Mann müsse sich sofort von der geliebten Gräfin Marie entfernen, widrigenfalls man ihn ins Wasser werfen solle. Ich ergrimmte noch mehr, als der junge Mann nicht allein nicht fortging, sondern sogar mich auszulachen schien. Ich tobte und brüllte so laut, daß die Burgleute um mich her zusammenliefen, um zu sehen, was da los sei. Ich erzählte es ihnen unter heißen Tränen, und nun lachten sie auch, was mich noch wütender machte. Endlich kam die gute alte Köchin des Grafen auf einen gesunden Gedanken. Sie führte mich in die Küche, wo sie mir einige Löffel Quittengelee zu essen gab. Quittengelee war mir ein ganz neuer Lebensgenuß und hatte auf meinen Liebesschmerz eine merkwürdig beruhigende Wirkung. So weit die Erzählung meiner

Mutter. Quittengelee ist auch seit jener Zeit meine Lieblingsleckerei geblieben.

Obgleich ich nun einen kleinen fünfzehn Monate jüngeren Bruder hatte, der nach meinem Großvater Heribert genannt war, so blieb ich doch des alten Mannes Liebling, und er wünschte, daß ich möglichst viel um ihn sein möchte. Wenn er zur Erntezeit Getreide einfuhr, so saß ich wohl bei ihm auf dem Sattel; und wenn er im Spätherbst oder Winter hinging, um seine fetten Schweine zu schlachten, was er selbst zu tun pflegte, so hatte ich die lederne Scheide mit den großen Messern zu tragen, die, an einem breiten, mit blanker Messingschnalle versehenen Gurt hängend, mir so um die Schultern befestigt wurde, daß ich sie nicht auf der Erde nachschleppte. Und je wichtiger ich mich dabei zu fühlen schien, um so größer war meines Großvaters Vergnügen. Wenn er nichts Besseres für mich zu tun wußte, so gab er mir eine alte Jagdflinte mit Steinschloß, das er mich lehrte zu spannen und abzudrücken, so daß es Funken gab. Dann durfte ich in der «Stube» und den anliegenden Schlafkammern umherjagen und so viele Hasen, Rebhühner, Füchse, Rehe und Wildschweine schießen, wie meine Einbildung aufzujagen wußte. Das konnte mich stundenlang unterhalten, und mein Großvater war dann nicht zufrieden, bis ich ihm die wunderbarsten Geschichten erzählte von dem Wild, das ich geschossen, und von den Abenteuern, die ich in Wald und Feld bestanden hatte.

Plötzlich kam ein großes Unglück über die Familie. Mein Großvater hatte einen paralytischen Anfall, wel-

cher seine Beine lähmte. Sein Oberkörper schien noch
gesund zu sein, aber er konnte nicht mehr gehen noch
stehen. Da war es denn mit des Burghalfen rüstiger
Tätigkeit und mit seinen Kraftproben und seinen
Ritten nach Vogelschießen und andern Festlichkeiten
auf einmal zu Ende. Der große, schwere Mann, gestern
noch strotzend von Kraft, denn er war nur einige
sechzig Jahre alt und von einer sehr langlebigen Familie, saß nun vom Morgen bis Abend in einem ledernen
Lehnstuhl, die Beine in Flanell gewickelt. Während des
Tages stand der Stuhl gewöhnlich in der «Stube» an
dem großen Fenster mit dem ausgebogenen Eisengit-
ter, von wo er den Hof übersehen konnte. Anfangs
versuchte er noch, die geschäftlichen Angelegenheiten
der Ackerwirtschaft weiter zu leiten. Aber bald ging
das auch nicht mehr, und er mußte sie einem jüngeren
unverheirateten Bruder, den alle Welt «Ohm Michel»
nannte, überlassen, bis sein jüngster Sohn Georg, der
in Berlin bei den Kürassieren seinen Militärdienst
abmachte, nach Hause zurückkehrte und die Geschäfte
übernahm. Die älteren Söhne, von denen später die
Rede sein wird, waren nämlich alle verheiratet und
selbständig geworden.

Nun wußte der plötzlich gealterte Mann nicht mehr,
was er mit sich und seiner Zeit anfangen sollte. Täglich
reichte man ihm die Kölnische Zeitung, die er auch
wohl ansah, aber er liebte das Lesen nicht sehr. Dann
wurde an den Armlehnen seines Stuhls ein kleiner
beweglicher Tisch angebracht und mit gepudertem
Zucker bestreut, um die Fliegen anzulocken, die im
Sommer scharenweise in der Stube umhersummten.

Diese erschlug er dann mit einer an kurzem Stock
befestigten ledernen Klappe. «Das ist alles, was ich
noch tun kann», seufzte zuweilen der einst so starke
Mann. Oft wurde ich zu ihm gebracht, um ihn mit
meinem kindischen Geschwätz zu unterhalten und ihn
lachen zu machen. Dann erzählte er mir auch wohl von
vergangenen Tagen, und unter diesen nahm wieder die
«französische Zeit» die vornehmste Stelle ein. Ich
hörte dann viel von den Erlebnissen des Gutsbesitzers
und Landbauers in den Kriegsjahren. Ich sah die
lustigen zerlumpten Sansculotten in das Land herein-
brechen und ihren wilden Unfug treiben. Ich sah bei
dem Herannahen derselben den Grafen Wolf-Metternich eines Nachts eilig aus der Burg fliehen, nachdem
er meinem Großvater den Schutz alles Zurückgelasse-
nen anvertraut hatte und nachdem die wertvollsten
Sachen und Papiere in einem der Türme tief vergraben
und vermauert worden waren. Ich sah bei dem Durch-
marsch französischer Truppen während des napoleo-
nischen Kaisertums einen General mit seinem Stabe
durch das Burgtor reiten, um im «Hause» Quartier zu
nehmen, wobei dann der Hof sich mit glänzend uni-
formierten Reitern füllte. Wenn der Großvater zu dem
Abzug der Franzosen und der Ankunft der Kosaken
kam, wurde seine Erzählung besonders erregt. Da
hatte «Ohm Michel» mit sämtlichen Pferden und
Wagen, Kühen, Schafen und Schweinen tief in den
Wald ziehen müssen, damit dieselben nicht zuerst den
abziehenden Franzosen und nachher den nachsetzen-
den Russen in die Hände fallen möchten. Seine Beschreibung der Kosaken mußte er mir oft wiederho-

len. Sie aßen Talgkerzen und durchsuchten das ganze Haus nach Schnaps. Als kein Schnaps mehr zu finden war, drohten sie der Großmutter mit Gewalt, worauf der Großvater einige von ihnen mit der Faust zu Boden schlug und sich sehr wunderte, als den Bestraften von ihren Kameraden keiner zu Hilfe kam. Aber als des Suchens nach Schnaps kein Ende wurde, verfielen die Hausbewohner auf eine List. Sie füllten ein Faß mit Essig, taten etwas Spiritus und eine tüchtige Quantität Pfeffer und Senfsamen hinzu, und dieses Gebräu, das jede gewöhnliche Kehle wie Feuer verbrannt haben würde, tranken die Kosaken als Schnaps, lobten es sehr und befanden sich wohl dabei. Aber gottesfürchtige Leute waren sie auch; denn wenn sie im Hause einen besonderen Schelmenstreich ausführten, so bedeckten sie erst dem an der Wand hängenden Kruzifix die Augen, damit Gott die Sünde nicht sehen möchte.

Abends wurde des Großvaters Lehnstuhl an den Tisch gerollt, wo dann irgendein Mitglied der Familie mit ihm Karten spielte. Aber der Abstand von seiner früheren Tätigkeit war zu groß. Er verlor nach und nach seinen frohen Mut, und obgleich er sich Mühe gab, zufrieden zu scheinen und den Seinigen nicht zur Bürde zu werden, so war doch das alte heitere Leben und Treiben der Burg, dessen Seele er gewesen, für immer dahin. Bald stiegen auch noch andere dunkle Wolken von Sorge und Unglück auf.

Ehe ich sechs Jahre alt war, nahm mein Vater mich in die Dorfschule. Ich erinnere mich, daß ich früh lesen und schreiben konnte, aber nicht, wie ich diese Künste gelernt habe. Viel hatte ich dem Unterricht zu danken, den ich außer der Schule zu Hause empfing. Ich hatte kaum ein Jahr lang die Dorfschule besucht, als mein Vater sein Schulmeisteramt aufgab. Dasselbe war elend bezahlt und konnte die Familie, die unterdessen um zwei Mitglieder, meine Schwestern Anna und Antoinette, gewachsen war, nicht mehr ernähren. Mein Vater fing nun eine Eisenwarenhandlung an, für die ein Teil unseres Hauses, der früher als Kuhstall gedient hatte, den Ladenraum lieferte. Es war nur ein kleines Geschäft; aber mein Vater hoffte doch, daß dessen Ertrag hinreichen werde, die Ausführung gewisser ehrgeiziger Zukunftspläne zu ermöglichen. Wie so manche, die einen Wissens- und Bildungsdrang in sich fühlen, dem nur geringe Befriedigung geworden ist, so hegte er den Wunsch, daß seinen Kindern durch eine gute Erziehung dasjenige werden solle, was ihm selbst das Schicksal versagt hatte. Mich bestimmte er schon frühzeitig zum «Studieren» – das heißt, ich sollte, sobald ich das erforderliche Alter erreicht, das Gymnasium und später die Universität besuchen und mich einem gelehrten Fachstudium widmen. Da ich jedoch von dem Gymnasialalter noch mehrere Jahre entfernt war, so blieb ich vorläufig noch in der Dorfschule.

Aber die Erziehung, die über das dort übliche Maß hinausging, begann doch sehr früh. Wir Kinder sollten alle Musik lernen, ich zuerst: und so wurde denn, als ich eben sechs Jahre alt war, ein altes kleines Klavier angeschafft, das keine Pedale und keine Dämpfung hatte und auch sonst noch mit vielfachen Mängeln behaftet war, aber doch noch genügte, um mir zu den anfänglichen Fingerübungen zu dienen. Mir kam das Instrument sehr schön vor, und ich sah es mit einer gewissen Ehrfurcht an. Nun galt es, einen Musiklehrer zu finden. So wurde denn beschlossen, daß ich wöchentlich zweimal nach der etwa anderthalb Stunden Wegs entfernten kleinen Stadt Brühl gehen müsse, wo es einen musikalisch recht gut geschulten Organisten namens Simons gab. Der Weg führte durch einen großen Wald, «die Ville» genannt; aber er war eine wohlgepflegte, breite Chaussee, auf der eine Postkutsche ging, und wenn es sich günstig traf, so erleichterte mir der Postillon zuweilen meine musikalische Wanderung, indem er mich bei sich auf dem Bock sitzen ließ.

Nach einiger Zeit wurde mir mein jüngerer Bruder Heribert als musikalischer Mitschüler beigegeben, und damit trat auch eine Erweiterung meiner Studien ein. Während nämlich mein Bruder bei dem vortrefflichen Herrn Simons seine Klavierstunde hatte, benützte ich die freie Zeit, um bei dem Pfarrkaplan in Brühl, einem gestreng aussehenden «geistlichen Herrn», die Anfangsgründe des Lateinischen zu lernen. So wanderten wir denn zweimal die Woche zusammen nach Brühl und zurück. Unterwegs vergnügten wir uns damit, zweistimmige Lieder zu singen, und da wir beide mit richtigem Gehör begabt waren und es uns an Stimme nicht fehlte, so mag es ziemlich gut geklungen haben.

Wenigstens erregten wir die Aufmerksamkeit der Leute, die des Weges kamen. Es geschah uns sogar einmal, daß eine Reisegesellschaft, um uns zuzuhören, ihren Wagen halten ließ, ausstieg, uns zum Niedersitzen unter den Bäumen einlud und uns dann mit allerlei guten Dingen aus ihrem Proviantkorb zu bestimmen suchte, unser ganzes Repertoire herzusingen.

Mein Bruder Heribert, fünfzehn Monate jünger als ich, war ein reizender Junge; blauäugig und blond, heiteren Temperaments und von der liebenswürdigsten Gemütsart. Das Stillsitzen und aus Büchern Lernen gefiel ihm weniger, als sich mit Blumen und Tieren zu beschäftigen. Mein Vater dachte daher, während ich ein Gelehrter werden sollte, aus ihm einen Kunstgärtner zu machen. Wir Brüder hingen sehr aneinander, und meine Mutter hat mir im späteren Leben oft erzählt, es sei eine wahre Freude gewesen, uns zusammen zu sehen, wie wir, gleich gekleidet und in vielen Dingen als Brüder erkennbar, uns miteinander umhertummelten und in unseren ernsteren Beschäftigungen sowohl als unseren Spielen und Freuden die beste Kameradschaft hielten.

Von geistiger Anregung gab es im Dorfe nicht viel, aber doch immerhin etwas – besonders im Hause und im weiteren Kreise der Familie. Meine Mutter hatte nicht mehr Bildung genossen, als sie in der Dorfschule und im Verkehr mit den Ihrigen hatte finden können. Aber sie war eine Frau von ausgezeichneten natürlichen Eigenschaften – in hohem Grade verständig, leicht und klar auffassenden Geistes und lebhaften Interesses für alles, was Interesse verdiente. Aber ihre wahre Bedeutung lag in ihrem sittlichen Wesen. Ich kenne keine Tugend, die sie nicht besaß. Nichts hätte ihr dabei fremder sein können als ein sich überhebendes Selbstbewußtsein; denn sie war fast zu bescheiden und anspruchslos. Jene felsenfeste Rechtschaffenheit, die so ist, wie sie ist, weil sie nicht anders sein kann, war in ihr mit der wohlwollendsten Milde des Urteils über andere gepaart. Ihre Uneigennützigkeit bewies sich in jeder Probe als wahrhaft heldenmütiger Aufopferung fähig. Fremdes Leiden fühlte sie tiefer als ihr eigenes, und ihre stete Sorge war um das Glück derer, die sie umgaben. Kein Unglück konnte ihren Mut brechen, und die ruhige Heiterkeit ihres reinen Gemüts überdauerte alle Schläge des Schicksals. Als sie in hohem Alter starb, hatte sie im letzten Augenblicke ihres Bewußtseins noch ein fröhliches Lächeln für ihre Kinder und Enkel, die sie umstanden. Sie war von schlanker, wohlgebauter, mittelgroßer Gestalt, und ihre Gesichtszüge erinnerten ein wenig an die des Großvaters. Wir Kinder bewunderten immer ihr weiches, welliges, goldbraunes Haar. Ob sie in ihrer Blütezeit hätte für schön gelten können, weiß ich nicht; aber wir sahen in ihrem Angesicht den Inbegriff von Liebe, Güte und Anmut. Die Umgangsformen der «gebildeten Welt» kannte sie nicht; aber sie besaß jene edle Natürlichkeit, die den Mangel an Bildung vergessen läßt. Ihre Handschrift war ungeschickt und ihre Orthographie keineswegs tadellos. Von Literatur wußte sie nicht viel, und mit Grammatik und Stilübungen hatte man sie wenig behelligt. Aber manche der Briefe, die sie mir zu verschiedenen Zeiten und in

verschiedenen Lebenslagen schrieb, waren nicht nur
voll von edlen Gedanken und Empfindungen, sondern
auch von seltsam schwunghafter Schönheit im Ausdruck. Die unbewußte Größe ihrer Seele hatte da ihre
ureigene Sprache gefunden. Der Einfluß ihres Wesens
konnte nicht anders als beständig erhebend und för-
dernd wirken, wenn sie mir auch in der Erwerbung
von Kenntnissen und der daraus entspringenden geistigen Fortentwicklung nur wenig zu helfen vermochte.

Um so eifriger ließ sich mein Vater dies angelegen
sein. An den weißgetünchten Wänden unserer kleinen,
äußerst bescheiden möblierten Wohnstube, die auch
als Speisezimmer diente, hingen, in hübsche Rahmen
gefaßt, die Bildnisse von Schiller, Goethe, Wieland,
Körner, Tasso und Shakespeare; denn die Dichter, und
neben ihnen Geschichtsschreiber und Männer der Wissenschaft, waren meines Vaters Helden, von deren
Schöpfungen und Verdiensten er mir früh mit Vorliebe
erzählte. Wenn auch die Schule seines Geburtsdorfes
und später das Lehrerseminar ihn nicht viel gelehrt
hatten, so war doch sein Lerntrieb angespornt worden,
und er hatte manches mit Eifer und mehr oder weniger
Nutzen gelesen. In der Tat, er las so ziemlich alles, was
ihm in die Hände fiel, und so gab er auch mir zum
Lesen außerhalb des Schulunterrichts jede mögliche
Gelegenheit und Ermutigung. Er selbst hatte sich
einige Bücher gesammelt, unter denen sich die Beckersche Weltgeschichte, wohlfeile Ausgaben einiger deutscher Klassiker und Übersetzungen ausgewählter
Werke von Voltaire und Rousseau befanden. Aber

dieser Lehrstoff lag noch jenseits meines kindlichen
Begriffsvermögens, und so mußte denn eine Leihbi-
bliothek aushelfen, die von einem Buchbinder in Brühl
geführt wurde. Von dort bezogen wir zuerst eine
Reihe sogenannter «Volksbücher», die ziemlich gut
erzählte alte Sagen enthielten, vom Kaiser Oktavianus,
von den vier Heimonskindern, vom hörnernen Siegfried, vom starken Roland und einige der beliebten
Jugendschriften des «Verfassers der Ostereier», von
dessen für Kinder geschriebenen Rittergeschichten ich
noch einige dem Inhalt nach hersagen könnte. Aber
dann ging mir eine neue Welt auf. Der alte Gärtner des
Grafen, der «Herr Gärtner», wie wir ihn nannten, der
meine Leselust bemerkt hatte, sagte mir eines Tages,
daß er ein Buch habe, das mir wohl gefallen würde,
und er wolle es mir schenken. Es war die Campesche
Bearbeitung jenes herrlichsten aller Jugendbücher, des
Robinson Crusoe. Es kann wohl ohne Übertreibung
gesagt werden, daß dem Robinson Crusoe die Jugend
aller zivilisierten Völker mehr glückliche Stunden
verdankt als irgendeinem Buch, das jemals geschrieben worden ist. Dieses Glück genoß ich in vollen
Zügen. Ich sehe das Buch noch vor mir, wie ich es mit
Gier ergriff, sobald meine Schulstunden vorüber waren; ich sehe die abgenutzten Kanten des Einbandes;
ich sehe die Holzschnitte, die in den Text gedruckt
waren; ich sehe den Tintenfleck, der zu meinem
großen Ärger eines dieser Bilder verunstaltete. Ich
sehe mich selbst noch, wie ich in meiner Begeisterung
dem Schullehrer von dem wunderbaren Buch erzählte
und ihn bat, es den gesamten Schulkindern vorzulesen,

was er auch tat an zwei Nachmittagen in jeder Woche;
und da er merkwürdigerweise das Buch noch nicht
gekannt hatte, so wuchs sein eigenes Interesse daran
dergestalt, daß die Vorlesungsstunden immer länger
wurden, bis der regelmäßige Unterricht fast darunter
gelitten hätte.

Unter den älteren Leuten außerhalb der Familie fand
ich einen Freund, der mir allerlei Anregungen gab, und
zwar einen recht sonderbaren. Sein Name war Georg
van Bürck, und da er früher einmal Schuhmachermei-
ster gewesen war, so wurde er gewöhnlich «Meister
Jurges» genannt. Sein Handwerk hatte er wegen einer
Augenschwäche aufgeben müssen. Dann ernährte er
sich als Botengänger und wurde von meinem Vater so
häufig beschäftigt, daß er bei uns fast wie ein Zugehö-
riger aus und ein ging, obgleich er selbst eine Frau und
mehrere Kinder hatte, mit denen er ein kleines Haus in
unserm Dorf bewohnte. Meister Jurges war damals
ein Mann von mittleren Jahren, lang und hager, mit
schmalem, freundlichem Gesicht, dem der weißliche
Schein eines erblindeten Auges einen eigentümlichen
Ausdruck gab. Er war einer von den Leuten, die bei
guten natürlichen Anlagen nur geringen Unterricht
genossen haben, bei denen aber das wenige genügt, um
ihr Denkbedürfnis aus dem Geleise des in ihrer Le-
benssphäre Althergebrachten und Alltäglichen heraus-
zuheben. Er hatte allerlei Gedrucktes, das ihm in die
Hände gefallen war, gelesen, und wenn er auch man-

ches davon nicht verstand, so machte er sich doch seine eigenen Gedanken darüber. Es kamen ihm mancherlei drollige Einfälle, die er mit einer gewissen Sprachgewandtheit und zuweilen gar in recht pikanten Ausdrücken zum besten gab, und da seine Gemütsart kaum hätte gutartiger und gefälliger sein können, so mochte alle Welt ihn gern leiden.

Wie die ganze Bewohnerschaft des Dorfes und der Umgegend war er katholisch; aber in manchen Dingen stimmte er mit der Kirche nicht überein und meinte, wenn wir nur glauben und gar nicht selbständig denken sollten, wozu habe uns dann der allweise Schöpfer den Verstand gegeben? Besonders kritisierte er die Predigten des Pastors der Pfarre Liblar mit großer Lebhaftigkeit und Schärfe. Auch mit dem Apostel Paulus hatte er manche Meinungsverschiedenheiten. Obgleich ich noch ein bloßes Kind war, machte er mich zum Vertrauten seiner religiösen Zweifel und philosophischen Betrachtungen; er glaubte nämlich, da ich «studieren» solle, so müßte ich mir über solche Dinge möglichst früh eine Meinung bilden, und man könne daher füglich mit mir darüber reden. Mit besonderem Ernste warnte er mich, nur ja nicht «auf Geistlich» zu studieren, wie man sich am Niederrhein ausdrückte – das heißt, nicht Theologie zu studieren mit der Absicht, Priester zu werden –; «denn», sagte er, «die geistlichen Herren müssen zu viel Dinge sagen, an die sie selbst nicht glauben.» Und dann ging er mit großer Beredsamkeit auf die in den Evangelien erzählten Wunder los, die ihm durchaus nicht in den Kopf wollten.

Aber zuweilen schien sich Meister Jurges doch zu
erinnern, daß ich noch ein Kind war. Er nahm mich
dann auf seine Knie und erzählte mir Märchen oder
Gespenstergeschichten, wie man sie eben Kindern
erzählt; er versäumte jedoch nie hinzuzusetzen, daß
diese Geschichten alle erdichtet seien und daß ich nur ja
keine davon glauben solle. Ich versprach ihm dies,
verlangte aber noch mehr. Die Kinderseele hat ein
noch frisches und reines Bedürfnis für das Wunderbare, und wenn auch die Furcht an und für sich ein
unbequemes, unangenehmes Gefühl ist, so haben doch
die Schauer, welche der Gedanke an das Ungeheure,
Übernatürliche hervorbringt, einen seltsamen Reiz.
Die Dorfleute, unter denen ich lebte, waren meist noch
in hohem Grade abergläubisch. Sehr viele davon
glaubten noch steif und fest, daß es Hexen gebe, die
mit dem Teufel in sehr intimen Beziehungen ständen;
und von zwei oder drei alten Frauen im Dorfe wurde
im geheimen gemunkelt, daß es mit ihnen nicht richtig
sei. Auch hörte ich einige unserer Nachbarn erzählen,
daß sie selbst «Feuermänner» auf dem Felde hätten
einherwandeln sehen. Diese Feuermänner seien «arme
Seelen», wegen irgend besonderer Missetaten dazu
verdammt, des Nachts in brennender Gestalt umzuge-
hen. Nun wußte ich wohl, von meinen Gesprächen
mit meinen Eltern, mit meinen Oheimen und mit
Meister Jurges, daß es keine Hexen gebe und daß die
«Feuermänner» bloße Irrwische seien, die sich in den
Dünsten des Moorlandes bildeten; aber ich fand doch
eine geheime Lust des Grauens daran, die alten Frauen
zu betrachten, die der Hexerei verdächtig waren, und

die Sumpfstellen zu besuchen, wo man die fürchterli-
chen Feuermänner gesehen haben wollte; und dabei
ließ ich meiner Einbildungskraft freien Lauf und dachte mir allerlei wunderbare Geschichten aus.

Meinem Freunde Meister Jurges verdanke ich auch
meine erste Vorstellung von einem Philosophen. Im
Dorfe stand ein altes Gebäude, das einst offenbar ein
viel vornehmeres Wohnhaus gewesen war als die,
welche es umgaben. Es war ansehnlich größer, das
Gebälk des Fachwerkes war viel künstlicher gefügt
und geschmückt und sein Eingang von einem Über-
bau gedeckt, der, auf vier hölzernen Pfeilern ruhend,
in die Straße hineinragte. Zu der Zeit, von der ich
spreche, war das Haus unbewohnt und verfallen. Der
Eingang hatte keine Tür mehr und stand den Dorfkindern offen, die sich auf den morschen Böden und
Treppen frei umhertrieben und die wüsten Kammern
und dunklen Winkel besonders gut zum Versteck-
oder Räuberspiel fanden. Der unheimliche alte Bau
interessierte mich lebhaft, und von Meister Jurges
erhielt ich den ersten Aufschluß über seine letzten
Besitzer und Bewohner. Es waren zwei Brüder gewesen, alte Junggesellen namens Krupp, damals schon
seit einer Reihe von Jahren tot. Der ältere davon hieß
Theodor, im Volksmunde «Krupps Duhres», und war,
wie mir Meister Jurges erzählte, ein höchst sonder-
barer Herr. Er trug sein Haar noch in einen Zopf
geflochten und auf seinem Kopfe einen altmodischen
dreieckigen Hut. Da er nur ein Auge hatte, so gebrauchte er eine Brille mit nur einem Glase, und diese

Brille war unter der vorderen Ecke seines Hutes
befestigt, so daß er das Glas vor seinem sehenden Auge
hatte, sobald er den Hut aufsetzte. Er besaß eine große
Menge von Büchern und war ein grundgelehrter
Mann. Oft ging er in Gedanken vertieft umher, mit
den Händen auf dem Rücken, ohne jemanden anzusehen. Die Kirche besuchte er nicht, und als er starb,
wollte er von der Letzten Ölung nichts wissen.
«Krupps Duhres», so schloß Meister Jurges seine
Beschreibung, «war ein Philosoph.» Ich fragte meinen
Vater, der auch von Krupps Duhres wußte und alles
bestätigte, was Meister Jurges mir erzählt hatte, ob
jener sonderbare Mann wirklich ein Philosoph gewesen sei. Mein Vater meinte, das sei wohl außer Zweifel.
Dies war meine erste Vorstellung von einem Philosophen und im spätern Leben ist mir das Bild des
dreieckigen Hutes mit der daran befestigten einäugi-
gen Brille noch oft im Gedächtnis aufgestiegen, wenn
ich von Philosophie oder Philosophen reden hörte.

Mein Freund Meister Jurges hatte zuweilen An-
wandlungen, die auf mich einen tiefen Eindruck machten. Es geschah ihm wohl – nicht oft, aber doch dann
und wann –, daß er in fröhlicher Gesellschaft etwas
mehr trank, als er sollte. Aber seine Anheiterung –
Rausch konnte man es kaum nennen – hatte nichts
Tierisches, Abstoßendes an sich. Sie machte ihn nur
munterer und vermehrte den Sprudel seiner originel-
len Einfälle. Eines Tages war ich bei einer solchen
Gelegenheit gegenwärtig. Meister Jurges hielt mit
seinen launigen Bemerkungen die Gesellschaft in der
heitersten Stimmung. Da hörten wir eine Wanduhr

schlagen. Meister Jurges unterbrach sich plötzlich
mitten in einem Satze, sprang auf und rief in feierlich
ernstem Ton: «Ah, schon wieder eine Stunde dem
Tode näher.» Aber in der nächsten Minute, nach
kurzem Schweigen, setzte er sich wieder hin und
führte das Gespräch weiter, ebenso lustig wie vorher.
Mein Vater, dem ich diesen Vorfall erzählte, sagte mir,
daß er schon mehrmals ähnlichen Szenen beigewohnt
habe. Meister Jurges habe eine Ahnung, er werde nicht
alt werden; er mache sich allerlei Gedanken darüber,
wie es wohl mit dem Leben nach dem Tode beschaffen
sein möge, und was ihn so innerlich beschäftige,
komme zuweilen auf diese sonderbare Weise zum
Ausbruch.

   Mich behelligte er mit diesen trüben Vorgefühlen
nicht. Vor mir entwickelte er nur die heiteren Seiten
seines Charakters und seiner Lebensphilosophie, obgleich er dieses pomphafte Wort nie gebrauchte. Er
versuchte häufig, mir zu zeigen, wie wenig dazu
gehörte, um glücklich zu sein – und zum Beweis ließ er
sein eigenes Beispiel dienen. Er war doch ein recht
armer Mann nach den gewöhnlichen Begriffen der
Welt. Das Schicksal hatte ihn nicht nur nicht begün-
stigt, sondern eher hart geschlagen. Er leugnete nicht,
daß er in sich den Stoff zu etwas Besserem fühle als
zum Schuster, aber nur dazu hätten seine Eltern ihn
machen können. Dann habe die Augenkrankheit ihm
gar die Tauglichkeit zum Schusterhandwerk geraubt,
und er habe ein Botengänger werden müssen, um für
die Seinigen das tägliche Brot zu erwerben. Aber was
würde es helfen, wenn er sich nun mit finstern Grübe-

leien quälte über das, was er hätte werden sollen und
nicht geworden sei? Die Welt sei auch dem armen
Botengänger noch schön. Ihm sei das Glück geworden, mit Menschen umgehen zu dürfen, die mehr
gelernt hätten und geschulter seien als er. Jeder neue
Gedanke, den er aussprechen höre und verstehen
könne, sei ihm ein großer Genuß. Er dürfe nur mehr an
die Freuden denken, die ihm das Leben geschenkt, als
an die Leiden, die es ihm gebracht habe, um sich
glücklich zu fühlen. Man brauche in der Tat nicht mehr
zum irdischen Glück als ein gutes Gewissen und
Genügsamkeit. Wenn ich im späteren Leben einmal
von Armut gedrückt oder von unverdienten Schick-
salsschlägen getroffen werden sollte, so möge ich nur
an meinen Freund, den Botengänger Jurges, denken.

Seine Ahnung eines frühen Todes hatte Meister
Jurges leider nicht betrogen. Mein guter Freund über-
lebte jene Zeit nicht lange. Ich habe ihm stets ein
warmes Andenken bewahrt.

Ein anderes Ereignis brachte weitere Erschütterung.
Der Dorfschullehrer, der an meines Vaters Stelle getreten war, nahm sich mit einer Schülerin, einer Verwandten unserer Familie unerlaubte Freiheiten heraus. Das Mädchen erzählte zu Hause, was vorgefallen
war. Die Mutter und Geschwister – der Vater war
gestorben – suchten den Lehrer zur Rechenschaft zu
ziehen; der Lehrer leugnete, und die ganze Gemeinde
spaltete sich in zwei Parteien – auf der einen Seite der
Lehrer, unterstützt vom Pastor, dem gräflichen Hause
und einem großen Teil der Dorfbevölkerung, auf der
andern Seite unsere Familie mit einigen Freunden. Der

Streit wurde sehr bitter, wie das bei solchen Dorfkrie-
gen oft der Fall ist, und führte zu heftigen Zänkereien –
einmal gar zu einem förmlichen Auflauf mit hartnäcki-
gem und keineswegs unblutigem Prügelgefecht, dem
der einzige Polizist nicht steuern konnte. «Es ist Revolution im Dorf», sagten die Leute. Das war das erstemal, daß ich dies Wort «Revolution» hörte. Auf der
Gegenseite zeichnete sich besonders der Pastor durch
das Herumtragen ehrenrühriger Verleumdungen gegen Mitglieder unserer Familie aus. Dies ging so weit,
daß selbst meine Mutter, die sanfteste aller Frauen, in
große Aufregung geriet, und eines Tages hörte ich sie,
die Frömmigkeit und Wahrheitsliebe selbst, den Pastor
persönlich zur Rede stellen und ihm ins Gesicht sagen,
er sei ein böser Mensch – worauf der geistliche Herr
beschämt davonschlich. In meiner Vorstellung war der
Priester als Diener, Vertreter und Wortführer Gottes
ein heiliger Mann gewesen. Und nun aus dem Munde
meiner Mutter, die nur die Wahrheit sagen konnte, zu
hören, daß der Pastor gelogen habe und ein böser
Mensch sei – das war eine gefährliche Offenbarung. Es
beunruhigte mich sehr, den Predigten des Pastors
keinen unbedingten Glauben mehr schenken zu können, und wenn ich, was zuweilen geschah, bei der
Messe als Chorknabe diente und denselben Mann in
der heiligen Handlung begriffen vor mir sah, so ergriff
mich oft ein großes Unbehagen. Sonst gingen jedoch
meine religiösen Observanzen fort wie vorher.

Der ärgerliche Parteizwist über den Schullehrer
hatte weitere böse Folgen, die sich anfangs nicht
voraussehen ließen. Der Schullehrer, der im Unrecht

war, mußte zwar weichen, aber der Zank seinetwegen
störte die Beziehungen zwischen meinem Großvater
und seinem Pachtherrn, die bis dahin stets sehr freundlich gewesen waren. Das damalige Stammhaupt des
gräflichen Hauses Wolf-Metternich war älter als mein
Großvater, eine stattliche Gestalt, sechs Fuß hoch und
noch ungebeugt von den Jahren, Haupthaar und Bak-
kenbart silberweiß. Er war auch ein guter Herr, ein
«Edelmann vom alten Schlage», stolz darauf, alte
Diener und alte, wohlhabende und zufriedene Pächter
zu haben. Die Pachtzinse waren billig, und gab es
einmal schlechte Ernten, so zeigte sich der Graf zu
einer Ermäßigung bereit. Waren die Ernten besonders
reichlich, so freute er sich über seiner Pächter Wohl-
stand und schraubte die Pachtzinse nicht hinauf. Der
alte Rentmeister, dessen ich mich wohl erinnere, sah
zwar grimmig genug aus, führte aber die Geschäfte im
Geiste seines Herrn. So waren denn bis dahin die
geschäftlichen Angelegenheiten ihren Gang gegangen
in beiderseits befriedigender Gemütlichkeit. Überdies
war das Verhältnis zwischen dem alten Grafen und
meinem Großvater befestigt gewesen durch die gemeinsame Erinnerung an die harten und gefahrvollen
Jahre der französischen Zeit, während welcher der
Graf unter zuweilen sehr schwierigen Umständen die
Sorge für seinen Stammsitz meinem Großvater hatte
überlassen müssen.

Der Graf pflegte, wenn er seine Treibjagden hielt,
meinen Großvater und seine Söhne sowie die Honoratioren des Dorfs, zum Beispiel meinen Vater, dazu
einzuladen. Ich erinnere mich deutlich, den stattlichen

alten Herrn gesehen zu haben, wie er zu Fuß mit seiner
Gesellschaft in den Wald zog – er selbst im grauen
Jagdrock, mit einem altmodischen Feuersteingewehr
bewaffnet –, denn solch neuen Erfindungen, wie Per-
kussionsschlössern und Zündhütchen, traute er nicht.
Seine nichtadligen Gäste behandelte er dann aufs
freundlichste. Aber als mein Großvater selbst in der
Nähe eine Feldjagd pachtete, um seine eigenen Hasen
und Rebhühner zu schießen, so hieß es, man sei doch
im gräflichen Hause im Zweifel, ob der Burghalfen
damit nicht ein wenig zu weit gegangen sei. Indes ließ
man es bei dem heimlichen Zweifel bewenden. Im
ganzen war die gräfliche Familie dem Burghalfen und
den Seinigen stets höchst liebenswürdig gewesen.

In dieses althergebrachte gute Einvernehmen klang
der Streit über den Schullehrer, an welchem die gräfliche Familie – ich weiß nicht mehr warum – einen
lebhaften Anteil nahm, wie ein jäher, häßlicher Mißton
hinein. Und wie es zu geschehen pflegt, wenn die
Übelnehmerei einmal begonnen hat, so fanden sich
auch bald andere Veranlassungen zu gegenseitiger
Unzufriedenheit. Dann starb der alte Graf und zu
derselben Zeit auch der brave alte Rentmeister. Die
«Gracht» ging auf den ältesten Sohn des Grafen, den
Majoratsherrn über, und damit begann ein neues Regiment. Der junge Graf war zwar ein Mann gutartigen
Charakters, aber die ehrwürdigen Grundsätze in bezug
auf alte Pächter und alte Diener saßen ihm nicht in
Fleisch und Blut wie seinem Vater. Die vornehme
patriarchalische Einfachheit, die früher im «Hause»
geherrscht hatte, kam ihm ein wenig unzeitgemäß und

langweilig vor. Er hatte mehr Vergnügen an seinen englischen Rennpferden und flotten Jockeys als an den fetten, schweren Braunen, die früher die Familienkarosse gezogen hatten, mit einem grauhaarigen, schläfrigen Kutscher auf dem Bock. Ihn knüpfte auch keine gemeinsame Erinnerung an die schwere «französische Zeit» mit dem Burghalfen zusammen, und somit wurden die Beziehungen zwischen ihnen mehr zu einem bloßen Interessenverhältnis. Er stellte einen neuen Rentmeister an, einen jungen Mann von durchaus unsentimentalen Lebensanschauungen und brüsken Manieren, und als dieser ihm auseinandersetzte, daß sich aus den Gütern ein bedeutend höherer Ertrag herausschlagen ließe, so war das bei den gesteigerten Bedürfnissen nicht unwillkommen. Unter solchen Umständen verschärften sich die Mißhelligkeiten zwischen dem Grafen und dem Burghalfen leicht. Kurz – der unmittelbaren Veranlassung erinnere ich mich nicht mehr –, die Pachtung wurde gekündigt, und ein oder zwei Jahre später mußte mein Großvater mit den Seinigen die Burg verlassen. Was sein Nachfolger in der Pachtung von dem Haus- und Ackergerät und dem Viehstande nicht übernehmen wollte, das wurde in dem Hofe versteigert. Die Versteigerung dauerte mehrere Tage, und ich erinnere mich, daß ich ihr einmal auf ein paar Stunden beiwohnte und wie häßlich mir die Späße des Auktionators in den Ohren klangen – denn ich fühlte einen tiefen Groll in meinem jungen Herzen, als ob da ein großes Unrecht geschähe. Meine Großeltern bewohnten nun ein Haus im Dorf, aber sie überlebten den Abzug aus der Burg nicht ein Jahr. Die

Großmutter starb zuerst und der Großvater zwölf Tage nach ihr. Viele aufrichtige Tränen wurden ihnen nachgeweint.

Mittlerweile war auch mit mir eine Veränderung vorgegangen. Mit dem Eintritt in mein neuntes Jahr hielt mein Vater dafür, daß ich der Dorfschule in Liblar entwachsen sei. Er schickte mich daher zur Elementarschule in Brühl, die mit dem dortigen Lehrerseminar in Verbindung stand und als eine Musterschule galt. Die Schulzimmer befanden sich in einem alten Franziskanerkloster, das auch das Seminar beherbergte, und ich erinnere mich mit Grauen der Qual, die mein empfindliches musikalisches Gehör aushielt, als mein Vater, um mich dem Hauptlehrer Grönings vorzustellen, mich durch einen langen Gang des alten Gebäudes führte und aus jeder Fensternische die Fingerübungen eines Seminaristen auf der Violine hervorklangen, so daß ich wohl ein Dutzend dieser Instrumente zugleich hörte. Der Elementarunterricht, den ich unter der Leitung des Herrn Grönings, eines wohlunterrichteten, methodisch strengen Mannes und ausgezeichneten Lehrers empfing, war vortrefflich, und daneben wurden die lateinischen Stunden beim Kaplan und die musikalischen bei dem guten Herrn Simons fortgesetzt.

Nun mußte ich mich auch schon früh daran gewöhnen, unter fremden Menschen zu leben. Im Winter wohnte ich die Woche hindurch in Brühl im bescheidenen Hause einer Metzgerswitwe; nur samstags nachmittags ging ich nach Liblar, und zwar in Begleitung meines Bruders Heribert, der an diesem Tage morgens nach Brühl kam, um seine Klavierstunden zu nehmen. Dann hatte ich den Sonntag im elterlichen Hause, um montags früh wieder abzumarschieren. Im Sommer hingegen machte ich den Weg von Liblar nach der Schule in Brühl und zurück jeden Wochentag.

Da traf uns ein schweres Schicksal. An einem trüben Wintermittag, als ich aus der Schule kommend in mein Kosthaus in Brühl eintrat, war ich erstaunt, meinen Vater da zu finden. Ich las Unglück in seinen Augen. Mehrmals versagte ihm die Stimme, indem er mir mitteilte, daß mein Bruder Heribert nach sehr kurzer Krankheit an einer Lungenentzündung gestorben sei. Erst am vergangenen Montag hatte ich ihn in blühender Gesundheit verlassen. Das war ein furchtbarer Schlag. Mein Vater und ich wanderten durch den Wald nach Hause, einander bei den Händen haltend und sprachlos still vor uns hin weinend. Lange konnte ich mich über diesen bitteren Verlust nicht trösten. Noch Monate nach dem Tode meines Bruders, wenn ich mich im Walde allein befand, rief ich laut seinen Namen aus und bat Gott, daß, wenn er ihn nicht wiedergeben könnte, er mir wenigstens den Geist des Gestorbenen möge erscheinen lassen.

Dann fühlte ich das Bedürfnis, auf meinem einsamen Wege zwischen Brühl und Liblar meine Gedanken zu beschäftigen, und so gewöhnte ich mir an, im Gehen zu lesen. Mein Vater half mir dabei. Da sein literarisches Urteil sich einigermaßen durch die Überlieferung bestimmen ließ und er pflichtschuldigst Klopstock zu den großen deutschen Dichtern zählte,

die man «gelesen haben müsse», so glaubte er, Klopstocks Messiade werde für mich unter den Umständen
eine passende Lektüre sein, und er gab mir das Exem-
plar, das er besaß. Die ganze Messiade zu lesen wird
heutzutage für eine kaum zu bestehende Prüfung
menschlicher Ausdauer gehalten, und es gibt wohl
nur noch wenige Deutsche, die sich in Wahrheit
rühmen können, ohne Notwendigkeit das Ungeheure
geleistet zu haben. Ich bin einer der wenigen. Ich las
die sämtlichen zwanzig Gesänge zwischen Brühl und
Liblar durch, nicht allein mit Standhaftigkeit, sondern
einen großen Teil wenigstens auch mit tiefem Interesse. Freilich traf ich unter den pomphaften Hexame-
tern auf manche, die mir sehr geheimnisvoll klangen.
Ich tröstete mich mit dem Gedanken, daß ich wohl
noch zu jung sei, diese großartige Schöpfung ganz zu
verstehen. Anderes berührte mich als erhaben schön,
und mein naiver Kindersinn war dann wahrhaft erbaut. Bei meinen späteren Literaturstunden habe ich
mich nie wieder zu so andächtiger Wertschätzung
Klopstocks aufschwingen können.

Die in meinem heimatlichen Dorfe und in Brühl
verlebten Jahre meiner Kindheit waren durch Schick-
salsschläge verdunkelt worden, von denen ich einige
schon erwähnt habe – die Lähmung meines Großvaters, den Abzug von der Burg, den Tod der Großeltern
und das frühzeitige Hinscheiden meines Bruders. Ich
muß noch ein Vorkommnis hinzufügen, das zwar von
geringerer Bedeutung war, aber in einer wahrheitsge-
treuen Erzählung nicht verschwiegen werden darf.
Mein Vater, der mich sehr liebte und seinen Stolz auf

mich gesetzt hatte, hielt streng darauf, daß ich als
Schüler meine Pflicht tat. Am Ende jeder Woche
mußte ich ihm von jedem meiner Lehrer in Brühl ein
schriftliches Zeugnis über mein Verhalten bringen.
Diese Zeugnisse waren immer gut. Nur einmal hatte
ich mich durch ein gar zu schönes Räuberspiel mit
meinen Schulgenossen in Brühl verleiten lassen, die
Vorbereitung meiner lateinischen Lektion zu versäu-
men, und dieses Verbrechen wurde vom Kaplan in
meinem Zeugnisbuche ordnungsgemäß vermerkt.
Schämte ich mich meines Fehlers, oder fürchtete ich
meines Vaters Strenge – kurz, als ich samstags nach
Hause kam, suchte ich meinen Vater glauben zu
machen, der Kaplan habe mein Zeugnis zu schreiben
vergessen oder etwas dergleichen. Mein unsicheres
Wesen überzeugte meinen Vater sogleich, daß da etwas
nicht richtig sei, und ein paar Fragen brachten mich
dazu, den wahren Sachverhalt zu gestehen. Da ent-
spann sich denn folgendes Gespräch: «Du hast deine
Pflicht versäumt, und du hast mir die Wahrheit verbergen wollen. Verdienst du nicht Schläge?»

«Ja, aber ich bitte, laß uns in den Kuhstall gehen, wo
uns niemand sehen und hören kann.»

Diese Bitte wurde mir gewährt. In der Einsamkeit
des Kuhstalls erhielt ich meine Züchtigung, die jedoch
nicht schwer ausfiel, und niemand erfuhr etwas davon.
Auch verzieh mir dann mein Vater und behandelte
mich wie zuvor. Aber das bittere Bewußtsein der
durch eigene Schuld verdienten Demütigung schlepp-
te ich doch noch eine Weile mit mir herum als eine
schwere Last, und lange wollte ich den Kuhstall, den

Schauplatz meiner Schmach, nicht mehr betreten, wenn ich nicht mußte.

Unser Dorf war so klein, daß wenige Schritte uns in das Feld und den Wald führten und daß man jeden Bewohner wie einen nahen Nachbarn kannte. Unter den Dorfkindern hatte ich gute Kameraden, mit denen ich mich lustig umhertrieb, Vogelnester aufsuchte, Fische und Bachkrebse fing, Räuber- und Soldatenspiele aufführte und all den Schabernack anstellte, an dem Knaben eben Gefallen finden. Mein Vater liebte Tiere und Blumen; so pflegte er in dem Garten am Hause neben Obst und Gemüse einige hübsch angelegte Beete mit seltenen Blumensorten, und in allen Räumen des Hauses hingen Käfige mit Singvögeln der verschiedensten Art, Finken und Meisen, Amseln und Wachteln, für die er uns Kinder zu interessieren suchte. Er bildete mich auch im Vogelfang aus, besonders im Schlingenstellen für den Fang der schmackhaften Krammetsvögel, die im Herbst ihren Strich durch die Gegend nahmen. Diese Schlingen wurden zu Hunderten im Walde die einsamen Jagdwege entlang gestellt, und so ging ich denn während der Herbstferien wochenlang jeden Tag des Morgens kurz vor Sonnenaufgang und wieder in der Abenddämmerung in die Tiefe des Waldes, um die Vögel, die sich mittlerweile in den Schlingen gefangen, einzusammeln und die Schlingen in Ordnung zu stellen. Auf jenen einsamen Gängen, auf denen das Reh, der Fuchs und der Hase an mir

vorüberhuschten, lernte ich dann den Wald lieben und
fühlte den ganzen Zauber der Waldeinsamkeit mit der
geheimnisvollen Stille unter dem Laubdach und dem
wunderbaren Flüstern des Windes in den hohen Wipfeln. Bald war es mir weniger um den Vogelfang zu
tun als um den Genuß des Verweilens im tiefen Walde,
und selbst auf meinem Wege nach und von der Schule
in Brühl vermied ich zuletzt die breite Straße und ging
rechts oder links davon durchs Holz, wo immer ich
einen Pfad finden konnte. Diese Liebe für den Wald hat
mich niemals verlassen, und oft im spätern Leben bei
dem Anblick einer schönen Landschaft oder des Meeres habe ich mir die Frage gestellt, ob nicht das, was ich
im Walde gesehen, doch schöner war als dies alles.

Der größte Tag des ganzen Jahres war uns Kindern
in Liblar der Pfingstmontag, an dem das jährliche
Vogelschießen stattfand. Wie großartig erschien mir
damals jenes Fest, das in Wahrheit kaum bescheidener hätte sein können. Aber diese Aufregungen! Am
Nachmittage des Samstags vor Pfingsten sah man fünf
oder sechs Männer durchs Dorf schreiten, die auf ihren
Schultern eine starke, gegen vierzig Fuß lange Stange
trugen, an deren eisenbeschlagener Spitze der hölzerne,
zum Abschießen bestimmte Vogel befestigt war. Die
Dorfjugend schloß sich sogleich dem Zuge an, der sich
langsam nach einem Platz vor dem Dorf bewegte, auf
dem einige Ulmen und Linden standen. Auf einen
dieser Bäume wurde dann, nachdem wir Knaben den
Vogel mit blühendem Ginster geschmückt hatten, die
Stange hinaufgehißt und zwischen den Ästen hoch
darüber hinausragend mit Seilen befestigt. – Zu einer

regelrechten, in einem Balkengestell stehenden Vogelstange hatte nämlich die Gemeinde Liblar es damals
noch nicht gebracht. – Da dies alles mit Händen getan
wurde, so war es eine schwere und nicht ganz unge-
fährliche Arbeit, der wir Kinder mit ängstlicher Spannung folgten. Mir wäre es bei einer solchen Gelegenheit einmal beinahe ans Leben gegangen. Die Stange
entschlüpfte beim Festbinden dem Seil, das sie halten
sollte, und schlug einen der Männer von dem Ast, auf
dem er saß. Ich stand gerade unter dem Baum, hörte
plötzlich über mir ein starkes Krachen und einen
Schrei «Jesus Maria», sprang zur Seite und sah dann
den Körper des Mannes genau auf die Stelle fallen, auf
der ich gestanden hatte. Er würde mich vielleicht
erdrückt oder doch schwer verletzt haben, wäre ich
nicht davongesprungen. Der Arme brach sein Rückgrat und starb, kurz nachdem man ihn ins Dorf
getragen. Gewöhnlich ging jedoch das «Vogelaufset-
zen» ohne Unfall ab, und wir Kinder zogen dann mit
Sträußchen von blühendem Ginster in den Händen
fröhlich nach Hause mit dem Bewußtsein, bei einem
wichtigen Werk mitgeholfen zu haben, und im Vorgefühl des Größeren, das noch kommen sollte.

Wie langsam verging der Pfingstsonntag den Erwartungsvollen! Aber am Montag begann die Lust um so
früher. Schon mit Tagesanbruch ging der Tambour,
ein kleiner, etwas säbelbeiniger Mann, der mir damals
schon recht alt vorkam – sein Name war Heinrich
Hahn, gewöhnlich «Hahnen Drickes» genannt –,
durch das Dorf, die Reveille schlagend. Geschlafen

wurde dann nicht mehr, aber erst am Nachmittag kam
der Vorstand der Sankt-Sebastianus-Brüderschaft – so
hieß die Schützengesellschaft, der fast alle erwachsenen Einwohner des Dorfes, männliche und weibliche
angehörten – nach unserem Hause, wo damals die
Fahne und die andern Kostbarkeiten der Gesellschaft
aufbewahrt wurden, um diese von dort nach dem
Hause des Schützenkönigs vom vorigen Jahre zu
bringen. Endlich setzte sich der Zug in Bewegung;
voran Hahnen Drickes, der Trommler, mit einem
Blumenstrauße und bunten Bändern geschmückt;
dann mit der Fahne, die das in grellen Farben gemalte
Bild des mit unglaublich vielen Pfeilen durchschosse-
nen heiligen Sebastianus trug, Meister Schäfer, ein
Schneider, ein weißhaariger, spindeldürrer Mann, der
«junge Fänt» (Fähnrich) genannt, weil sein Vater auch
schon die Fahne geschwungen hatte; dann zwei
«Hauptmänner», die altertümliche Spieße trugen,
auch mit Sträußen und Bändern geschmückt; dann
zwischen zwei Vorstehern der Gesellschaft der vorjäh-
rige Schützenkönig mit einer aus künstlichen Blumen
und Flittergold gemachten Krone auf dem Hut und
einer schweren silbernen Kette um den Hals. An dieser
Kette war eine Menge fast handgroßer silberner Schilder befestigt, die Namen der Schützenkönige wohl
eines Jahrhunderts tragend und von diesen der Brüderschaft geschenkt. Die Zahl dieser Schilder war so
groß, daß sie Schultern, Rücken und Brust des Mannes
bedeckten und ihm ein sehr stattliches Aussehen gaben. Dem König folgten nun die Schützen mit ihren
Büchsen, dann der Rest der Bevölkerung, alt und jung,

zu beiden Seiten oder hinterher. Sobald der Zug auf
dem Schießplatz angekommen, marschierte er dreimal
um den Baum, der die Vogelstange trug; dann machte
er halt, man kniete nieder und betete ein Vaterunser.
Darauf schlug der Trommler einen Wirbel, der alte
Schützenkönig hing Krone und Schilderkette an einem
Baumast auf, die weiblichen Mitglieder der Gesellschaft und die Alten, die nicht selbst schießen konnten,
wählten sich gegenwärtige Schützen als Vertreter, und
das Schießen begann. Hahnen Drickes beobachtete
jeden Schuß mit pflichttreuer Aufmerksamkeit, denn
nach jedem Treffer hatte er einen Wirbel zu schlagen.
Wenn dieser Wirbel recht kräftig war, so belohnte der
glückliche Schütze den Trommler wohl mit einem
Glase Wein, und es muß zugestanden werden, daß
gewöhnlich von der Menge dieser Gläser das Gesicht
des braven Drickes immer röter und sein Trommelschlag immer wilder wurde. Die Menge, die sich
mittlerweile den Krambuden und Schanktischen zuge-
wendet hatte, drängte sich wieder um die Schützen
zusammen, wie der hölzerne Vogel anfing zu splittern.
Von Minute zu Minute stieg die Aufregung, alte
Fernrohre wurden hervorgeholt, um die schwachen
Stellen da oben zu entdecken, und die Spannung
wurde atemlos, wenn, wie es zuweilen geschah, nur
noch ein kleiner Holzfetzen an der eisernen Spitze der
Vogelstange hing und der nächste wohlgezielte Schuß
das Schicksal des Tages entscheiden mußte. Fiel endlich das letzte Stück, dann schlug Hahnen Drickes den
furchtbarsten aller Trommelwirbel, die Menge um-
drängte mit lärmenden Hochrufen den Sieger, die

Vorsteher befestigten dem neuen Schützenkönig die Krone auf dem Hut und hingen ihm die Schilderkette um die Schultern, und nun war auch für den Schneider Schäfer, den «jungen Fänt», der Augenblick gekommen zu zeigen, was der Fähnrich von Liblar zu tun vermochte. Er schwang die Fahne um sich her, daß die Umstehenden erschreckt zurückwichen, schwang sie über seinen Kopf, schwang sie wie ein Rad um seinen Leib, schwang sie um seine Beine, schwang sie auf und nieder und hin und her zu der Begleitung von Hahnen Drickes rasender Trommelmusik, bis ihm die Adern am Kopf zu springen drohten. Ich habe ihm mehrmals mit Erstaunen zugeschaut und gedacht, Größeres könne in diesem Fach wohl nie geleistet werden – obgleich ich mich der kopfschüttelnden Bemerkung eines alten Bauern erinnere, der dieses Schauspiel gedankenvoll beobachtete: «Dat es noch nicks jän der ohle Fänt.» (Das ist noch nichts gegen den alten Fähnrich.) Dann marschierte man wieder dreimal um die Vogelstange – diesmal ohne Gebet –, und der Zug setzte sich nach dem Dorfe zurück in Bewegung, Tambour und Fahne voraus, Hahnen Drickes mit seinen Säbelbeinen die wunderlichsten Zickzacklinien ziehend und auf seinem Instrument die seltensten Rhythmen hervorzaubernd, während der junge Fänt, nun auch in gehobenster Stimmung, im Gehen seine Kraftstücke wieder und wieder versuchte und die Schützen den Triumphmarsch durch fortwährendes Büchsenknallen verherrlichten. Und stolz war der Knabe, dem ein Schütze sein Gewehr anvertraute, um dabei mitzuwirken. Dann kam das «Königsessen» in einem Wirtshaus, bei wel-

chem der neue Schützenkönig den alten und die Vorsteher der Brüderschaft mit Schinken, Weißbrot und
Wein bewirtete, und endlich abends ein Tanz, zu dem
ursprünglich nur die Trommel aufgespielt hatte, zu
meiner Zeit aber schon durch ein Orchester ersetzt, das
aus wenig mehr als einer Violine, einer Klarinette und
einem Brummbaß bestand.

   War so der Sommer an Freuden reich, so war es der
Winter nicht weniger. Er brachte nicht allein Eisbahn
und Schneeballkämpfe, sondern mir auch den ersten
Kunstgenuß. Von allen freudigen Aufregungen meiner Kindheit übertraf keine die, in welche die Ankunft
des Puppentheaters in Liblar mich versetzte; die Begierde, mit welcher ich den Ausrufer begleitete, der
mit Trommelschlag die Bewohner des Dorfes an die
Türen lockte, um dem verehrten Publikum das bevorstehende Schauspiel anzukündigen; die Angst, es
möchte mir nicht erlaubt werden, das Theater zu besuchen; die Ungeduld, bis die große Stunde endlich kam.
Die Bühne war in einem kleinen Saal aufgeschlagen,
wo es sonst zuweilen Tanzvergnügen gab. Die Sitz-
preise reichten von vier Pfennigen für Kinder auf dem
geringsten Platz bis zu einem Kastenmännchen, zwei-
einhalb Silbergroschen, für die vordersten Bänke.
Einige Talgkerzen bildeten die Beleuchtung. Aber die
Mitte des dunklen Vorhanges, der uns die Mysterien
der Bühne verbarg, war mit einer Rosette von Ölpa-
pier in verschiedenen Farben geschmückt, die, von
hinten mit einer Lampe beleuchtet, hell und bunt
erglänzte und mir den Eindruck des Geheimnisvoll-
Wunderbaren gab. Ein Schauer der Erwartung überlief

mich, als endlich eine Schelle dreimal erklang, tiefe Stille im Saal eintrat und sich der Vorhang erhob. Die Szene war mit mehr oder minder perspektivischen Kulissen eingerichtet, und die Figuren wurden von oben mit Drähten geführt. Das erste Stück, das ich sah, war «die schöne Genovefa». Es war ein herrliches Stück. Die schöne Genovefa ist die Gemahlin des Landgrafen Siegfried. Der Graf will ins Heilige Land ziehen, um das Grab Christi den Ungläubigen abzunehmen. Er übergibt die Sorge für die Burg und die Gräfin seinem Burgvogt Golo, dem er volles Vertrauen schenkt. Kaum ist der Graf davongeritten, als der böse Golo den Gedanken faßt, sich selbst zum Landgrafen zu machen und die schöne Genovefa zu heiraten. Die schöne Genovefa stößt ihn mit Abscheu zurück. Da läßt der böse Golo sie in ein tiefes Burgverlies werfen und befiehlt einem Knechte, sie zu töten. Der Knecht verspricht es, erbarmt sich aber der schönen Genovefa und führt sie aus ihrem Kerker in einen großen, einsamen Wald, während er dem bösen Golo sagt, daß der Mord vollbracht sei. Die schöne Genovefa nährt sich im Walde von Kräutern und Beeren und findet Obdach in einer Felsenhöhle. Da gebiert sie ein Knäblein, den Sohn des Landgrafen Siegfried. Dem Kinde gibt sie den Namen Schmerzenreich. Als sie nun die Gefahr, mit dem Kinde verhungern zu müssen, vor sich sieht und der Verzweiflung nahe ist, da betet sie inbrünstig zu Gott um Rettung, und siehe, es kommt eine Hirschkuh mit vollem Euter und bietet hinreichende Nahrung für Mutter und Kind. Täglich erscheint die treue Hirschkuh wieder, und Schmerzen-

reich wächst allmählich auf zu einem kräftigen Knaben. Plötzlich kommt der Landgraf Siegfried vom
Heiligen Lande zurück, zum großen Schrecken des
bösen Golo, der gehofft hatte, sein Herr werde in der
Ferne den Tod finden. Da die andern Burgleute ihn
sofort wiedererkennen, so übergibt Golo ihm das
Schloß und erzählt ihm eine abscheuliche Lügenge-
schichte über Genovefa, die verdientermaßen gestorben sei. Der Graf ist tief betrübt. Er zieht zur Jagd in
den Wald hinaus und stößt auf eine Hirschkuh, die er
verfolgt und die ihn immer tiefer in die Einsamkeit
lockt bis zu der Felsenhöhle, in welcher die schöne
Genovefa mit Schmerzenreich wohnt. Die Gatten
erkennen sich wieder, die Wahrheit kommt an den
Tag, die schöne Genovefa und Schmerzenreich werden im Triumph in die Burg zurückgebracht, und der
schändliche Golo wird verdammt, in demselben Kerker, in den er einst Genovefa geworfen, des bittern
Hungertodes zu sterben.

Das Puppentheater führte noch zwei andere Stücke
vor, eins vom Prinzen Eugen – ein Heldenstück, in
welchem große Schlachten geschlagen und die papier-
nen Türken reihenweise niedergeschossen wurden –
und ein Feen- und Zauberstück mit allerlei erstaun-
lichen Verwandlungen. Diese Dinge waren recht
hübsch; aber mit der Genovefa ließen sie sich nicht
vergleichen. Der Eindruck, den die Genovefa auf mich
machte, war überwältigend. Ich vergoß heiße Tränen
bei dem Abschied des Grafen Siegfried von seiner
Gemahlin und noch mehr bei ihrem Wiedersehen; ich
konnte kaum einen Jubelschrei unterdrücken, als die

Gatten wieder in ihre Burg einzogen und den schänd-
lichen Golo seine wohlverdiente Strafe erreichte. Ich
glaube nicht, daß jemals in meinem Leben bei der
Betrachtung eines Schauspiels meine Phantasie tätiger,
die Illusion vollständiger und die Wirkung auf Geist
und Gemüt unmittelbarer und mächtiger gewesen ist.
Diese Puppe mit dem Federhut war mir der leibhaftige
Graf Siegfried, diese mit dem roten Gesicht und dem
schwarzen Bart der böse Golo, diese im weißen Kleide
mit den gelben Haaren die schöne Genovefa und jenes
kleine rötliche Ding mit den zappelnden Beinen die
wahrhafte Hirschkuh. Dies blieb so, als ich im folgenden Winter die schöne Genovefa wiedersah. Ich wußte
nun, wie die Sache auslaufen würde, und als ich den
Grafen Siegfried von seiner Gemahlin Abschied nehmen sah, um ins Heilige Land zu ziehen, konnte ich
mich kaum enthalten, ihm zuzurufen, er möge doch ja
nicht fortgehen, da sonst etwas ganz Entsetzliches
passieren werde. Wie glücklich ist doch jener naive
Zustand, in dem man so voll genießt, da sich die
Einbildung so rückhaltlos der Illusion hingibt, ohne
im geringsten durch eine kritische Neigung gestört zu
werden.

Ich war zehn Jahre alt, als mein Vater mich nach Köln
ins Gymnasium brachte. Es war das katholische, oder,
wie es gewöhnlich genannt wurde, das Jesuitengymnasium, obgleich es mit dem Orden in keinerlei Verbindung stand. Köln hatte damals etwa 90000 Ein-

wohner und war in meiner Vorstellung eine der großen Städte der Welt. Schon früher hatte ich die Stadt
einmal mit meinem Großvater besucht, und ich erinnere mich, wie er bei dieser Gelegenheit mir meine
übergroße Höflichkeit verwies, da ich, der Dorfsitte
gemäß, vor jeder erwachsenen Person, der wir auf den
Straßen begegneten, zum Gruße meine Mütze abzie-
hen wollte; denn, sagte er, es seien so viele Leute in
Köln, daß man, wenn man sie alle grüßte, zu nichts
anderem Zeit haben würde; zweitens kenne man nicht
alle, und manche darunter seien nicht wert, gegrüßt zu
werden; und drittens würde man sich durch solche
Höflichkeit nur als Landpflanze erweisen und lächerlich machen. Vor diesem Lächerlichmachen hatte ich
nun große Scheu, und doch geschah es mir, daß,
obgleich ich durch den genossenen sehr gründlichen
Elementarunterricht, meine lateinischen Vorstudien
und meine unter kleinen Knaben nicht gewöhnliche
Belesenheit gut vorbereitet war, mein erstes Erscheinen im Gymnasium mich dem Spott meiner Mitschüler aussetzte. In den Schulen in Liblar und Brühl hatten
wir für unsere Rechenexempel sowohl wie für einige
andere schriftliche Arbeiten Schiefertafeln benutzt.
Nicht ahnend, daß der Gebrauch einer Schiefertafel
mit der Würde des Sextaners im Gymnasium durchaus
unverträglich sei, brachte ich bei dem Eintritt in die
Klasse meine Schiefertafel mit mir. Sofort waren die
Blicke all meiner Mitschüler, von denen ich keinen
einzigen kannte, auf mich gerichtet, und es brach
allgemeines Gelächter aus, als einer auf gut Kölnisch
ausrief: «Süch ens doh! Dä het ene Ley! Dä het ene

Ley!» (Sieh einmal da! der hat eine Schiefertafel!) Ich
hätte mich gerne sofort mit der Faust an die Höhnen-
den gemacht, aber da trat der Ordinarius ein, und es
erfolgte ehrfurchtsvolle Stille.

Da meine Eltern über nur geringe Mittel geboten, so
wurden meine häuslichen Einrichtungen in Köln auf
einen recht bescheidenen Fuß gesetzt. Mein Vater
quartierte mich bei einem ihm bekannten Schlossermeister auf der Maximinenstraße ein für eine billige
Vergütung. Meister Schetter, so hieß er, galt für einen
tüchtigen Handwerker und braven Bürger, und seine
Frau, eine fleißige Haushälterin, besorgte mich wie
ihr eigenes Kind. Mit dem Sohn des Hauses, der als
Schlossergeselle bei seinem Vater arbeitete, schlief ich
in demselben Bette. Meine Mahlzeiten mußte ich an
demselben Tische nehmen mit den Gesellen, wie das
auch der Meister und die Frau Meisterin taten. Bei
Tisch hielt der Meister auf strengen Anstand; er selbst
führte da das Wort, und höchstens der Altgeselle durfte
einmal mitsprechen. Meine Lektionen studierte ich in
dem Wohnzimmer der Familie, wo ich jedoch an
Werktagen gewöhnlich allein blieb. Gesellige Berührung mit Leuten von Bildung hatte ich außerhalb der
Schule nicht; aber die Schule selbst brachte mich unter
sehr wünschenswerte Einflüsse.

Der Ordinarius der Sexta war zu meiner Zeit ein
junger Westfale, Heinrich Bone, dessen ich mit besonderer Dankbarkeit gedenken muß. Er hat sich später
auch in weiteren Kreisen als Lehrer einen nicht unbedeutenden Namen gemacht. Er gab uns neben dem
lateinischen auch den deutschen Unterricht, und wenn

ich in meinem späteren Leben den Grundsatz festgehalten habe, daß Klarheit, Anschaulichkeit und Direktheit des Ausdrucks die Haupterfordernis eines guten Stiles sind, so habe ich das in großem Maße den Lehren zu verdanken, die ich von Bone empfing. Statt uns fortwährend mit trockenen grammatischen Regeln zu quälen, ließ er uns sogleich kleine deutsche Aufsätze anfertigen, nicht etwa über solche Gegenstände wie die «Schönheit der Freundschaft» oder den «Nutzen des Eisens», sondern zuerst kurze Beschreibungen gesehener Dinge, eines Hauses, einer Baumgruppe, eines Stadttores, eines Bildes und dergleichen mehr. Diese Beschreibungen hatten wir anfänglich in den allereinfachsten Satzformen zu halten, ohne irgendwelche Verwicklung oder Verzierung. Der wichtigste Grundsatz aber, den er uns mit besonderem Nachdruck einschärfte, war dieser: Jedes Hauptwort, jedes Eigenschaftswort, jedes Zeitwort mußte eine mit den Sinnen wahrgenommene Sache, Eigenschaft oder Handlung ausdrücken. Alles Verschwommene, Abstrakte, nicht sinnlich Wahrgenommene war fürs erste streng ausgeschlossen. So wurden wir denn gewöhnt, zuerst uns unserer sinnlichen Wahrnehmungen und Eindrücke klar zu versichern und dann dieselben in klarster, bestimmtester und einfachster Weise zum Ausdruck zu bringen in Worten, die eben das Wahrgenommene darstellten und nichts anderes.

Nachdem diese Übungen in der einfachsten Form uns eine Zeitlang beschäftigt und wir es darin zu einer gewissen Sicherheit gebracht hatten, wurden uns Erweiterungen in der Satzbildung erlaubt, jedoch sollten

dieselben nur dazu dienen, um Wahrgenommenes in
seiner Gestalt, seinen Eigenschaften oder seiner Tätigkeit klarer und vollständiger vorzuführen. Diese Erweiterungen wurden wir angewiesen, allgemach zu
entwickeln, bis wir endlich mehr oder minder ver-
schlungene Satzperioden zu bilden verstanden. Auf die
Aufsätze rein beschreibenden Inhalts, deren Gegenstände nach und nach größere Verhältnisse angenommen hatten, folgte dann die erzählende Darstellung
einfacher Vorgänge, kleine Geschichten. Stets aber
bestand der Lehrer auf Anschaulichkeit als dem vor-
nehmsten Erfordernis; und erst dann ließ er den ab-
strakten Begriff und die Reflexion zum Ausdruck zu,
als vorausgesetzt werden konnte, daß der Schüler von
anständiger Begabung das Wesentliche der Beobach-
tung, Auffassung und Darstellung sinnlicher Erscheinungen gründlich erfaßt hatte. Die Aufsätze wurden
von Bone sorgfältig korrigiert und bei der Zurückgabe
der Hefte einer belehrenden Einzelkritik unterworfen,
die, wenn sie etwas in außergewöhnlicher Weise zu
loben fand, dem Schüler zu besonderer Ermutigung
gedieh. Bones Methode lehrte uns also nicht allein,
korrekte Sätze zu bauen, sondern sie übte in uns die
Fähigkeit, die merkwürdigerweise bei verhältnismäßig wenigen Menschen gründlich ausgebildet ist, die
Fähigkeit, so zu sehen, so wahrzunehmen, daß man
sich über das Wahrgenommene vollständige Rechenschaft geben und es zu klar anschaulicher Darstellung
bringen kann. Das Studium der Grammatik, das keineswegs vernachlässigt wurde, lief dabei nebenher als
das dienende Element.

Auch trieb mich Bone an, Geschichtliches zu lesen. Ich besaß Beckers vielbändige Weltgeschichte. Diese las ich ganz durch und begann darauf, das wieder zu lesen, was mich besonders interessiert hatte. So wurde ich durch die in dem Beckerschen Werke gegebenen Auszüge zuerst mit dem Homer bekannt. Diese Auszüge, in gefälliger Prosa geschrieben, stachelten meine Begier, davon mehr zu sehen, so sehr an, daß ich mir die Übersetzung der Iliade und der Odyssee von Voß verschaffte. Nie hatte mich bis dahin, und ich glaube, nie hat mich seither eine Dichtung so gewaltig gepackt wie der Abschied Hektors von Andromache am skäischen Tor, da der Held den kleinen Astyanax auf seinen Arm nimmt und die Götter anruft; – wie das Niedersinken des alten Königs Priamus im Zelte des Achilles, als er den grausamen Sieger um die Leiche seines herrlichen Sohnes anfleht; – wie die Begegnung zwischen Odysseus und Nausikaa und der Abschied des göttlichen Dulders vom Hause des Königs der Phäaken, als Nausikaa traurig und verschämt, hinter einer Säule verborgen, dem scheidenden Fremdling nachblickt; – wie der furchtbare Kampf mit den Freiern und das Wiedersehen des Odysseus und der treuen Penelope; – wie die Szene, als der zurückgekehrte Held sich im Garten des stillen Landhauses dem alten, gramgebeugten Vater Laertes zu erkennen gibt. Den Grund, warum diese Szenen mich soviel tiefer bewegten als die Beschreibungen der Kämpfe in der Iliade und die fabelhaften Abenteuer in der Odyssee, obgleich diese auch mich mächtig fesselten, habe ich erst später einsehen lernen: Sie berühren das rein mensch-

liche Gefühl, welches weder von Zeit noch von Ort ab-
hängt – welches weder antik, noch modern, sondern universal und ewig ist.

Nachdem ich die Übersetzung des Homer gelesen,
sehnte ich mich mit Begier danach, das Studium des
Griechischen zu beginnen, und die Leichtigkeit, mit
der ich mir später diese Sprache aneignete, war wohl in
großem Maße dem Wunsche zu verdanken, das, was
ich dem Inhalt nach als so schön empfunden, auch in
der ganzen Herrlichkeit seiner ursprünglichen Form
kennenzulernen.

Mit den römischen Königen und den Helden der
Republik war ich natürlich auch bald befreundet, und
ich habe damals an mir selbst die Erfahrung gemacht,
wie sehr ein mit lebhaftem Interesse geführtes Studium der Geschichte eines Landes das Studium der
Sprache desselben erleichtert. Und dies gilt von den
alten Sprachen ebensosehr wie von den neuen. Wenn
der Schüler aufhört, in dem Schriftsteller, den er zu
übersetzen hat, nur einen Haufen von Wörtern zu
sehen, die betreffs ihrer Übereinstimmung mit grammatischen Regeln geprüft werden müssen; wenn das,
was der Autor sagt, so sehr des Schülers Wißbegierde
angeregt hat, daß dieser eifrig den wahren Sinn und
Zusammenhang jedes Wortes erforscht und mit Lust
von Zeile zu Zeile und von Seite zu Seite vorwärtseilt,
um mehr zu erfahren, dann wird die Grammatik, die
ihm ja nur in seinem Streben Hilfe bietet, aufhören, für
ihn ein trockenes und abstoßendes Studium zu sein,
und die Sprache wird ihm wie von selbst zufliegen.
Dies wurde mir klar, als ich unter Bones Leitung den

Cornelius Nepos und Cäsars Gallischen Krieg las und
noch mehr später bei dem Übersetzen der Cicero-
nischen Reden in den höhern Klassen. Die meisten
derselben kommen dem Schüler zuerst ziemlich
schwer vor. Fängt er aber jedesmal damit an, die
Umstände zu studieren, unter denen die Rede gehalten
wurde, den Zweck zu erforschen, der durch sie erreicht werden sollte – die Punkte festzustellen, auf die
es besonders ankam – sich die Persönlichkeiten zu
versinnlichen, die dabei beteiligt waren –, so wird er
sich unwillkürlich von der Begierde fortgerissen fühlen, genau zu erfahren, mit welchen Darstellungen und
Argumenten, welchen Angriffen und Verteidigungen,
welchen Anrufungen an die Vernunft oder an das
Ehrgefühl, oder an die Leidenschaft der Redner seine
Sache geführt hat – und das Lebensvolle der Lektüre
läßt bald die sprachlichen Schwierigkeiten verschwinden. Ich erinnere mich, daß ich, so angeregt, in meinen
Übersetzungen gewöhnlich über die für die nächste
Unterrichtsstunde gestellte Aufgabe weit hinausging;
und durch das vielfache Lesen bildete sich ein Gefühl,
ich möchte sagen, für den Tonfall der Sprache aus,
welches später in der ziemlich guten Latinität meiner
lateinischen Aufsätze wieder zum Vorschein kam.

Diese Art zu studieren hatte ich zum großen Teil
meinem Lehrer Bone zu verdanken, der aber aufhörte,
mein Lehrer zu sein, als ich aus der Quarta in die Tertia
aufstieg.

Das stille Leben meiner ersten Jahre in Köln war doch nicht ohne seine Aufregungen. Ich erinnere mich besonders lebhaft zweier Vorfälle, die zur Zeit einen tiefen Eindruck auf mich machten. Wenn ich von dem Hause meines Schlossermeisters zur Schule ging, so führte mich mein Weg die Trankgasse hinauf am Dom vorbei. Der Kölner Dom, der jetzt in der ganzen Herrlichkeit seiner Vollendung dasteht, sah damals noch einer großartigen Ruine gleich. Nur der Chor war vollständig ausgebaut. Das Mittelstück zwischen dem Chor und den Türmen stand notdürftig überdacht, zum großen Teil noch in äußern Backsteinmauern, und von den beiden Türmen selbst erhob sich der eine wohl wenig mehr als sechzig Fuß über dem Boden, während der andere, der den jahrhundertealten weltberühmten Kran trug, vielleicht die drei- oder vierfache Höhe erreicht hatte. An beiden hatte der Zahn der Zeit das kunstvolle Meißelwerk vielfach verstümmelnd zernagt, und so blickten sie, unfertig und doch schon verwittert, greisenhaft und traurig herab auf das lebende Geschlecht. Als ich nun eines Morgens meinen gewöhnlichen Weg zur Schule ging, sah ich von der Höhe des Kranturms einen Gegenstand herunterfallen, den ich zuerst für einen Rock oder Mantel hielt und von dem sich etwas, das wie eine Kappe aussah, im Fallen absonderte und vom Winde getragen wurde. Aber der vermeintliche Rock schoß stracks herunter und schlug mit dem Geräusche eines schweren Stoßes auf das Steinpflaster der Straße. Sofort liefen die Vorübergehenden zusammen, und es fand sich, daß in dem Rock ein Mann steckte, der

unzweifelhaft, von dem hohen Turme springend, den
Tod gesucht hatte. Er war, wie es schien, auf die Füße
gefallen und lag, wie ein kleines Häufchen zusammen-
gedrückt – die Knochen der Beine anscheinend in den
Leib getrieben, der Kopf beinahe unverletzt, ein Kranz
grauer Haare um einen kahlen Scheitel, die Augen
geschlossen, das Gesicht das eines ältlichen Mannes,
blaß und verzerrt. Der Gegenstand, der sich im Fallen
von dem abstürzenden Menschen entfernt hatte, war
eine Perücke, die, nachdem der Wind ein paar Sekunden mit ihr gespielt, sich dann in der Nähe ihres toten
Eigentümers niederließ. Dieses schreckliche Schauspiel setzte meine Einbildungskraft in eine unheimliche Bewegung.

Eine andere tragische Szene, der ich beiwohnte,
wirkte auf ähnliche Weise. Ein junger Mensch in Köln
namens Broichhausen hatte seine Geliebte erstochen,
ich weiß nicht mehr, ob aus Eifersucht oder nur, weil er
ihre Gunst verloren. Er wurde zum Tode verurteilt,
und da das linke Rheinufer von der französischen Zeit
her noch unter dem Code Napoleon stand, so sollte das
Todesurteil durch das französische Hinrichtungsin-
strument, die Guillotine, vollzogen werden, und zwar
frühmorgens bei Sonnenaufgang auf einem zwischen
dem Dom und dem Rhein gelegenen öffentlichen Platz
der Stadt, vor den Augen all derer, die sich dort
versammeln mochten. Mein Schlossermeister war der
entschiedenen Meinung, daß er und ich uns das seltene
Schauspiel nicht dürften entgehen lassen. Lange vor
Sonnenaufgang an dem verkündeten Tage weckte er
mich und nahm mich mit sich zur Richtstätte. Dort

fanden wir schon im grauen Morgenlichte eine dicht-
gedrängte Menschenmasse, die zu Tausenden zählte.
Männer und Frauen, Mädchen und Knaben. Über ihre
Köpfe hinaus ragte das schwarze Gebälk des Blutgerü-
stes. Es herrschte tiefe Stille. Nur ein leises Summen
schwebte über der Menge, das, als der Verurteilte beim
Schafotte ankam, ein wenig anschwoll, um dann für
eine Weile ganz zu verstummen. Der stämmige
Schlossermeister hob mich, da ich noch klein war, auf
seinen Armen empor, damit ich über die vor uns
Stehenden hinweg alles sehen sollte. So sah ich denn
den Unglücklichen auf das Gerüst des Schafottes
treten. Sofort schnallten ihm die Gehilfen des Scharf-
richters ein Brett vor den Körper, das von den Füßen
bis zu den Schultern reichte, den Hals freilassend. Er
blickte hinauf zu dem Fallbeil, das vor ihm zwischen
zwei durch Querbalken verbundenen Pfosten hing.
Rasch wurde er vornübergestürzt und vorgeschoben,
so daß sein Hals zwischen den beiden Pfosten lag. Im
nächsten Augenblick schoß wie ein Blitz das Beil
herab, den Kopf von den Schultern trennend. Ein
Blutstrom stürzte aus dem durchschnittenen Halse;
aber dieser grauenhafte Anblick wurde schleunigst
durch ein übergeworfenes Tuch den Augen der Zuschauer verborgen. Die ganze Handlung vollzog sich
mit der Schnelligkeit des Gedankens. Man kam kaum
zum Bewußtsein des Gräßlichen, das geschah, als es
schon vorüber war. Ein dumpfes Murmeln erhob sich
von der Menschenmenge, die sich dann schweigend
zerstreute. Das Schafott war schon wieder abgebrochen
und die Lache von Menschenblut auf der Erde mit

Sand bedeckt, als der Morgensonnenschein von der
Höhe des Doms heiter auf den Richtplatz hinunter-
stieg. Ich erinnere mich, daß ich ein inneres Beben und
Schaudern mit mir nach Hause trug und daß ich mein
Frühstück nicht genießen konnte. Um keinen Preis
hätte ich seither wieder eine Hinrichtung sehen
mögen.

Aber mein braver Schlossermeister führte mich
nicht bloß zu Szenen des Grauens. Er war ein eifriger
Theaterfreund, und zuweilen nahm er mich mit sich –
freilich auf die oberste Galerie, wo ein Platz nur fünf
Silbergroschen kostete. Das Kölner Theater nahm
wie ich später erfuhr, in der damaligen Bühnenwelt
einen anständigen Rang ein. Mir war es der Inbegriff
alles Prächtigen und Wunderbaren. Mein Vater hatte
mir oft davon erzählt; aber was ich sah, übertraf all
meine Erwartungen. Ich war außer mir vor Staunen,
als ich zum erstenmal, wie das vor dem Anfang des
Stückes zu geschehen pflegte, die gemalte Decke über
dem Zuschauerraum sich auseinanderschieben und
den von hundert Lichtern strahlenden Kronleuchter
durch die geheimnisvolle Öffnung sich langsam her-
untersenken sah – worauf die Decke sich wieder
schloß. Auch die Aufführung packte mich gewaltig.
Mit der ersten durchaus naiven Illusion, welche mich
die Schicksale der schönen Genovefa hatte mitdurchle-
ben lassen, war es allerdings vorbei. Aber was ich im
Theater zu Köln sah, war von so viel höherer Art, daß
ich mich dem Genuß wieder voll hingeben konnte.
Der dramatische Geschmack meines Freundes, des
Schlossermeisters, lag in der Richtung des Ritter-

stücks, und in seinen Augen gab es keinen größeren Schauspieler als Wilhelm Kunst, der zuweilen in Köln Gastrollen spielte. Kunst gehörte zu der Klasse der muskulösen Mimen – ein Riese von Gestalt und mit gewaltigen Körperkräften und einer Löwenstimme begabt. Aber diese Stimme war auch schöner Modulationen fähig, und er gebrauchte seine außerordentlichen Mittel mit so viel Maß und Urteil, daß er sich, wie ich glaube, den Ruf eines nicht unbedeutenden, ja sehr achtungswerten dramatischen Darstellers bewahrt hat.

Das erste Stück, das ich an der Seite meines Schlossermeisters sah, war «Otto von Wittelsbach», ein damals berühmtes Ritterspiel, in dem der Held den Kaiser Philipp von Schwaben, der ihn getäuscht, beim Schachspiel trifft, mit eisengepanzerter Faust auf das Schachbrett schlägt, daß die Figuren über die Bühne fliegen, und dann den Kaiser mit einem Schwertstreich niederstreckt. Hier war Kunst in seinem Element, und seine Leistung begeisterte mich im höchsten Grade. Ferner sah ich ihn als Wetter vom Strahl im «Käthchen von Heilbronn» und als Wallenstein in «Wallensteins Tod» – freilich nicht schnell hintereinander, sondern es lagen Monate dazwischen, da der häufige Besuch des Theaters mit den Begriffen von Ökonomie, die unsere Lebensgewohnheiten beherrschten, nicht in Einklang stand.

Nun fühlte ich einen unwiderstehlichen Drang, selbst etwas Dramatisches zu schaffen. Emsig las ich meine Beckersche Weltgeschichte, um einen guten historischen Stoff zu finden, und bald verfiel ich auf den angelsächsischen König Edwy, der um die Mitte des zehnten Jahrhunderts in England herrschte und sich durch seine Liebe zu der schönen Elgyva und seinen Streit mit dem heiligen Dunstan ein böses Schicksal bereitete. Es schien mir, daß, wenn ich mir einige Freiheiten mit der Geschichte erlaubte, wie dramatische Dichter das zu tun pflegen, sich diesem Stoffe wohl ein tragisches Interesse geben ließe – eine menschliche Leidenschaft auf dem Thron im Kampf mit der sich die politische Gewalt anmaßenden Kirche. So ging denn der Quartaner kühn und frisch ans Werk. Natürlich wurde aus der Tragödie nicht viel. Aber indem ich den Plan und eine Reihe von Szenen ausarbeitete, genoß ich doch die ganze Wonne der Schaffenslust. Wer diese Wonne nie genossen hat, der kennt nicht eine der schönsten Freuden des Lebens.

Als ich die Tertia des Gymnasiums erreicht hatte, begünstigte mich das Schicksal wieder, indem es mich mit einem anderen ausgezeichneten Lehrer in nähere Beziehungen brachte. Es war dies Professor Wilhelm Pütz, der sich besonders als Lehrer der Geschichte hervortat. Er konnte sich wohl keiner großen historischen Forschungen rühmen, die er selbst gemacht, aber er besaß ein seltenes Geschick, bei seinen Schülern die Lust an seinen Unterrichtsgegenständen anzuregen und zu weiteren Studien den Weg zu zeigen. Er hatte ein Handbuch geschrieben, das in dürrer Kürze die historischen Tatsachen und Verhältnisse angab und, in mehrere Bände eingeteilt, sich von den frühesten Perioden auf die neueste Zeit ausdehnte. Seine Lehrmethode war folgende: Einen großen Teil der Stunde

brachte er damit zu, das geschichtliche Material, das er
uns einprägen wollte, in freier Rede vorzutragen und
dabei allgemeine Gesichtspunkte aufzustellen und so
viel Detail einzufügen, wie erforderlich war, um seinen
Vortrag nicht allein belehrend, sondern auch dramatisch und pittoresk und damit anziehend und leicht
erinnerlich zu machen. Das so Vorgetragene hatte nun
der Schüler in sich zu verarbeiten. Die dürren Angaben
des Handbuchs dienten ihm dabei als Grundriß, um
danach seine Erinnerung an die Einzelheiten des gehörten Vortrags aufzubauen. In der nächsten Lehr-
stunde hatten dann die Schüler, wie der Lehrer sie
aufrief, das Gehörte ebenfalls in freiem Vortrage zu
wiederholen und, sozusagen, in ihrer eigenen Sprache
aus sich heraus zu reproduzieren. Von Zeit zu Zeit
faßte er das Gelehrte in größeren Perioden in umfas-
sendem und übersichtlichem Vortrage zusammen. So
prägte sich dann die Geschichte nicht tabellenhaft oder
anekdotisch, sondern periodenweise lebensvoll und
von einem philosophischen Lichte erhellt der Phantasie und somit auch dem Gedächtnisse des Lernenden
ein. Mir wurde dadurch die Geschichtsstunde und das
zusammenhängende Studium, für das ich immer besondere Neigung gefühlt, statt einer Arbeit ein wahres
Vergnügen, das sich mir nicht oft genug wiederholen
konnte.

Auch auf andere Weise erweiterte er meinen Horizont. Aus seiner Privatbibliothek lieh er mir mehreres
von Goethe und von Schriftstellern der jüngeren Zeit.
Selbst die Literaturen des Auslandes eröffnete er mir.
Er gab mir die Schlegel-Tiecksche Übersetzung aus

Shakespeare in die Hand, die ich mit Begierde ver-
schlang. Auch machte er mich mit Cervantes und
Calderón bekannt. Die Anfangsgründe des Italieni-
schen lehrte er mich selbst, las mit mir die «Gefängnisse» des Silvio Pellico im Original und Teile des Tasso
und Ariost in Übersetzungen. So ging mir durch ihn
eine neue Welt auf, und als eines der Wohltäter meiner
Jugend gedenke ich seiner mit Dankbarkeit.

Mit meinem Eintritt in die höheren Klassen des
Gymnasiums begann nun auch der Einfluß der jugendlichen Freundschaften auf mich zu wirken. Nach
dem Ablauf des dritten Jahres hatte ich die Wohnung
bei dem Schlossermeister aufgegeben, und daran war
die Musik schuld. Ich setzte meinen Klavierunterricht
beständig und mit Liebe fort; aber da es in der Schlos-
serei kein Instrument gab, so mußte ich zu einem
Freunde gehen, der ein Klavier besaß, um meine
Übungen zu machen. Dies wurde auf die Dauer zu
beschwerlich; mein Vater suchte mir daher ein Unterkommen in einem andern Hause, wo ein Klavier zur
Hand war. Da ich dort auch Besuche von meinen
Freunden empfangen konnte, so begann für mich
damit ein etwas freieres Leben. Unter meinen Mit-
schülern hatte ich immer gleichaltrige Freunde gehabt,
mit denen mich gegenseitige warme Zuneigung verband, aber keinen, dessen Geistesrichtung und Bestrebungen mit den meinigen übereinstimmten, bis ich in
die Tertia kam. Dann wurde ich mit einem Kreise
junger Leute bekannt, die auch Verse schrieben, dieselben einander vorlasen und sich gegenseitig in der
Kenntnis anderer literarischer Erscheinungen förder-

ten. Sie waren etwas älter als ich und gehörten höheren Klassen an, nahmen mich aber in ihren Bund auf. Diejenigen davon, mit denen ich in diese freundschaftlichen Beziehungen trat, waren Theodor Petrasch, der Sohn eines Sekretärs der Provinzialregierung, der auch eine hohe Stellung im Freimaurerorden einnahm, und Ludwig von Weise, Abkömmling eines alten kölnischen Patriziergeschlechts. Petrasch war eine liebenswürdige, heitere, enthusiastische, übersprudelnde Natur, während Weise bei sehr tüchtigem Talent und starkem Charakter in sich mehr die kritische als die produktive Fähigkeit entwickelt hatte. Beide sprachen über religiöse und politische Dinge mit viel mehr Sicherheit als ich, und Petraschs freisinnige Äußerungen hatten schon die Aufmerksamkeit der Lehrer auf sich gezogen. Ja, er war bereits von dem Religionslehrer des Gymnasiums, einem recht gescheuten Manne, zur Rede gestellt worden und hatte diesem ein offenes Bekenntnis seiner ketzerischen Absichten abgelegt, daß der erschreckte Lehrer ihn zu weiteren Gesprächen über heilige Dinge einlud, ihn aber vorläufig von aller Teilnahme an religiösen Handlungen dispensierte, bis ihm ein neues Licht erschienen sein würde.

Ähnliche Gedanken beunruhigten mich furchtbar. Ich betete oft und inbrünstig um Erleuchtung, aber als Antwort auf mein Gebet kamen immer dieselben Zweifel wieder. Meinem Religionslehrer vertraute ich meinen Gemütszustand mit voller Offenheit an. Wir hatten eine Reihe von Gesprächen, in denen er mir jedoch wenig zu sagen wußte, das ich nicht schon früher oft gehört hatte. Ich gestand meinem Lehrer freimütig, daß, während ich mich gern überzeugen ließe, er mich doch nicht überzeugt habe, worauf er auch mich von den kirchlichen Observanzen dispensierte, bis ich mich selbst würde gedrungen fühlen, dieselben wieder aufzunehmen. Er fuhr fort, mich mit Güte und Freundlichkeit zu behandeln, und ich könnte nicht sagen, daß die Geständnisse, die ich ihm gemacht, mir im Laufe meiner Schulzeit irgendwelche Schwierigkeiten verursacht hätten. Ich meinerseits studierte Kirchengeschichte und Schriften dogmatischen Inhalts mit gesteigertem Eifer und benutzte jede Gelegenheit, Prediger von Ruf zu hören; aber je länger und ernstlicher ich diese Studien fortsetzte, um so weniger konnte ich den Weg zu den meinem Gerechtigkeitsgefühl widerstrebenden Glaubenssätzen zurückfinden. Dabei blieb in mir ein starkes religiöses Bedürfnis tätig, eine tiefe Achtung vor dem religiösen Gedanken, und ich habe nie einem leichtfertigen Spötter über religiöse Dinge ohne Widerwillen zuhören können.

Auf diesem Gebiete freilich konnten mir meine Freunde nicht viel Belehrendes erzählen; um so mehr aber auf einem andern.

Von der neuesten deutschen Literatur, besonders der politischen, wußte ich sehr wenig. Von Heine hatte mir mein Lehrer Pütz erzählt, aber ich kannte ihn eigentlich nur dem Namen nach; von Freiligrath nur einige seiner Tropenbilder; von Gutzkow, Laube, Herwegh usw. gar nichts. Petrasch lieh mir Heines Buch der Lieder. Das war mir wie eine neue Offenbarung. Ich fühlte fast, als hätte ich nie vorher ein lyrisches

Gedicht gelesen, und doch klang mir von Heines
Liedern manches, als hätte ich es schon längst gekannt,
als hätten die Feen es mir an meiner Wiege gesungen.
Unverzüglich flog alles, was ich bis dahin an Versen
geschrieben hatte und das durchweg von der hochtrabenden deklamatorischen Sorte war, ins Feuer, und ich
sah es mit Lust brennen. Das Lesen und Wiederlesen
des Buchs der Lieder war mir eine unbeschreibliche
Schwelgerei. Dann ging ich an die neuen Lieder, die
Reisebilder, das Wintermärchen Deutschland und den
Atta Troll mit ihrer ätzenden politischen Satire, deren
Witz dem Gemüt nicht wohltat, aber die Gedanken auf
den Zustand des Vaterlandes lenkte. Ferner las ich mit
meinen Freunden auch Gedichte der revolutionären
Himmelsstürmer, wie Herwegh, Hoffmann von Fal-
lersleben und anderer, die wir meist nur in Abschriften
besaßen.

Es versteht sich von selbst, daß meine literarischen
Bestrebungen einen nicht geringen Teil der Zeit in
Anspruch nahmen, die sonst andern Studien würde
gehört haben. In den ersten Jahren meines Gymnasial-
kurses hatte ich bei der halbjährigen Zeugnisausstel-
lung jedesmal in allen Fächern ohne Ausnahme die
höchsten Zensuren gewonnen. Dann opferte ich diese
stetige Gleichmäßigkeit meiner literarischen Neigung
insofern, als ich in einigen Unterrichtsgegenständen,
namentlich der Mathematik und der Naturwissen-
schaft, eben nur das tat, was streng gefordert wurde.
Doch behauptete ich immerhin meine Stellung als
einer der besseren Schüler der Klassen, in denen ich
mich nacheinander befand.

Um so einfacher und bescheidener war mein Leben außerhalb der Schule. Die Vermögensverhältnisse meiner Eltern gaben mir die wertvollste Gelegenheit, die Tugend der Genügsamkeit zu üben. Ein regelmäßiges Taschengeld hatte ich eigentlich gar nicht. Ich erinnere mich auch nicht, meine Eltern jemals um ein solches gebeten zu haben. Sie dachten wohl selbst daran und steckten mir eine Kleinigkeit zu, wenn ich aus den Ferien nach Köln zurückging oder wenn sie mich dort besuchten. Zuweilen kam ich wochenlang mit der Summe von fünf Silbergroschen aus. Der Besitz von zehn Groschen oder gar eines Talers gab mir das Gefühl von Reichtum. Auch wenn ich nichts besaß, was zuweilen der Fall war, kam ich mir dennoch nie arm vor. Die Denkweise, in die ich mich damals ohne viel Reflexion hineinlebte, ist mir in meinen späteren Schicksalen sehr viel wert gewesen. Die Freunde, mit denen ich umging, schienen in diesen Dingen viel besser gestellt zu sein als ich. Sie konnten sich manchen Genuß erlauben, den ich mir versagen mußte. Ich gewöhnte mich daran, das zu tun, ohne mich selbst darum geringer oder vom Schicksal schlecht behandelt zu dünken und besonders ohne die geringste Regung von Neid in mir aufkommen zu lassen. Diese früh gepflegte Gewohnheit hat mich im späteren Leben vor mancher Störung meiner Gemütsheiterkeit bewahrt; denn es ist mein Los gewesen, fast immer in engen Beziehungen mit Menschen zu verkehren, die von dem, was man die Glücksgüter der Welt nennt – Reichtum, Macht, gesellschaftliche Stellung –, mehr besaßen als ich. Der Neid ist wohl von

allen Leidenschaften diejenige, die den Menschen in
sich am unglücklichsten macht. Unter Neid verstehe
ich natürlich nicht etwa den bloßen Wunsch, begeh-
renswerte Dinge, die wir im Besitz von andern sehen,
ebenfalls zu besitzen – denn solche Wünsche hegt wohl
zuweilen die bestgeartete Menschennatur; sie sind oft
dem edelsten Ehrgeiz nicht fremd. Ich verstehe vielmehr unter Neid, gepaart mit solchen Wünschen, jene
scheelsüchtige Mißgunst, die andern das, was sie besitzen, nicht gönnen will und ihnen dessen Genuß verderben oder zerstören möchte. Eine lange Erfahrung
hat mir die Überzeugung gegeben, daß das wahrste,
schönste Glück der Menschenseele in der Freude an
dem Glück anderer besteht. Der Neidische aber sucht
sein eigenes Glück darin, andere ihres Glückes beraubt
zu sehen. Das ist von allen denkbaren Gemütsverfas-
sungen die elendeste.

Obgleich ich als Knabe nur äußerst beschränkte
Mittel aufzuwenden hatte, waren meine Kunstgenüsse
doch keineswegs gering. Von meinen Theaterbesu-
chen, die, wenn auch sehr selten und nicht kostspielig,
doch die Grenze meiner finanziellen Kräfte berührten,
habe ich schon gesprochen. Kaum geringere Freude
machten mir andere Dinge, die sich mir frei boten.
Sonntags morgens pflegte ich mich in der Wallraff-
schen Gemäldesammlung umzusehen, die damals in
einem kleinen alten Gebäude auf der Trankgasse aufgestellt war. Einige Zimmer waren mit Bildern der
alten kölnischen Schule gefüllt, die mich, obgleich ich
ihren kunstgeschichtlichen Wert nicht zu schätzen
wußte, durch ihre Farbenpracht und die Naivität der

Darstellung anzogen. Eines «Jüngsten Gerichts» erinnere ich mich besonders, in welchem das grausam-
heitere Grinsen einer Anzahl roter, blauer und grüner
Teufel von phantastisch greulicher Gestalt mich höch-
lich belustigte.

Ebensowenig fehlte es an musikalischen Genüssen.
Sonntags morgens fand im Dom die sogenannte «musikalische Hochmesse» statt, bei der nicht selten auch
der Erzbischof fungierte und der katholische Kultus
seine ganze Pracht zur Schau stellte. Diese Aufführun-
gen waren von eigentümlich wundersamer Wirkung.
Ich habe schon erwähnt, wie ruinenhaft zu jener Zeit
der Dom in seinem Äußern erschien. Das Innere
entsprach zum großen Teil der äußeren Erscheinung.
Wer durch das verwitterte Portal zwischen den Turm-
stumpfen in das Mittelschiff eintrat, der sah in einiger
Entfernung vor sich eine kahle, graue Wand, die,
unmittelbar jenseits des Kreuzschiffes zwischen den
mittleren Säulen aufgerichtet, den Chor gegen den
Rest des Gebäudes abschloß. Dies war die Rücken-
wand des großen Orgelbaues, der an dieser unge-
wohnten Stelle provisorisch seinen Platz gefunden
hatte, weil eben der Chor das einzige vollendete Stück
der Kathedrale war. Die Orgel stand also sozusagen
mit dem Rücken gegen den größten Teil der Kirche;
und auf der Estrade vor der Orgel, dem Chor zuge-
wendet, waren bei der «musikalischen Messe» das
Orchester und die Sänger aufgestellt. Wer sich nun in
dem unterhalb des Chores gelegenen Teil des Domes
befand, der hörte die Musik und den Gesang nicht
direkt, sondern nur als ein an dem Säulenwalde und

den himmelhohen Spitzbogengewölben hundertfältig
gebrochenes Echo wie aus weiter Ferne, ja wie aus
einer andern Welt. Das war ein wunderbares Wehen
und Wogen von Tönen – die Geigen und Oboen wie
das Flüstern und Seufzen des Frühlingswindes in den
Wipfeln, die Trompeten und Posaunen und der mächtige Vollchor dem Brausen des Sturmes und dem
Tosen der Meeresbrandung gleich. Zuweilen schien
das Echo auf Augenblicke zu schweigen, und eine
Melodie oder Harmoniefolge flog klar durch den
ungeheuren Raum, oder ein Sopransolo löste sich los
von dem zauberhaften Wirrsal und schwebte darüber
wie Engelsgesang. Dann war die Wirkung unbeschreiblich rührend, und ich erinnere mich, daß, wie
ich still lauschend an eine der hohen Säulen gelehnt
stand, mich etwas wie ein heiliger Schauer überlief. So
dachte ich mir das, was ich die Sphärenmusik hatte
nennen hören oder das Konzert der Himmelskinder,
wie ich sie auf den alten Bildern des Wallraffmuseums
gemalt gesehen. An Kunstgenüssen fehlte es mir also
durchaus nicht – obgleich ich mich fast ganz auf
diejenigen zu beschränken hatte, die mir ohne Kosten
zugänglich waren.

Zuweilen ging ich auch nach Lind hinaus, eine halbe
Wegstunde von Köln, wo mein Ohm Peter den
«Münchhof» bewohnte. Seine Söhne, meine Vettern
Heribert und Otto, der eine ein Jahr älter, der andere
ein Jahr jünger als ich, waren meine guten und lieben
Kameraden. Da sie sich nicht für eine Gelehrtenlauf-
bahn vorbereiteten, sondern Landwirte werden soll-

ten, so hatte ich weniger geistige Interessen mit ihnen
gemein als mit meinen andern Freunden; aber sie
waren Knaben von gewecktem Geist, vortrefflicher
Gemütsart und ritterlichem Wesen, und wir vergnügten uns zusammen in der heitersten Weise. Wenn das
Wetter das Umhertummeln in der freien Luft nicht
zuließ, so unterhielten wir uns wohl im Hause mit
Kartenspielen. Hier muß ich nun, um der Wahrheit
treu zu bleiben, einen Vorfall erwähnen, der zeigt, daß
meine Jugend keineswegs von bedenklichen Flecken
frei war.

Anfangs spielten wir nur des Zeitvertreibes wegen.
Wie wir aber Geschmack an der Sache gewannen, so
machten wir bald kleine Einsätze, allerdings nur sehr
geringe, da ich äußerst wenig Geld besaß und meine
Vettern freilich etwas mehr, aber auch nicht viel. Doch
regte uns das abwechselnde Gewinnen und Verlieren
so an, daß die Lust am Spiel schließlich mit uns
durchging und zu einer Katastrophe führte. Meine
Vettern besuchten eine Zeitlang die Bürgerschule in
Köln und blieben die Woche über des Nachts in der
Stadt in einem unsern Begriffen nach sehr hübschen
Quartier. Dort versammelten wir uns dann und wann
an freien Nachmittagen zu einem Kartenspiel. So
ereignete es sich, daß, als ich einmal das in den nächsten
Tagen zu bezahlende Schulgeld in der Tasche hatte und
in fortwährendes Verlieren kam, ich mich von der
Aufregung des Augenblicks hinreißen ließ, das mir
von meinen Eltern für die Schule anvertraute Geld
anzugreifen. Natürlich hoffte ich, das Verlorene zu-
rückzugewinnen; ich spielte fieberhaft weiter; aber das

Glück wandte sich nicht, und ich verlor das ganze
Schulgeld im Spiel. Freilich betrug die Summe nur ein
paar Taler, und meine Vettern halfen mir sofort aus der
Not. Aber mein Schreck über das Geschehene war so
groß, mein Schuldbewußtsein so peinigend und, als
ich meinen Eltern das Geständnis machte, meine Beschämung so tief – denn ich kam mir, nicht mit
Unrecht, wie ein Verbrecher vor –, daß mir die inneren
Leiden jener Tage zeitlebens als eine furchtbare Lehre
gegenwärtig geblieben sind. Ich hatte an mir selbst
eine ernste Erfahrung gemacht. Bei unserm Spiel war
es mir nicht um das Gewinnen von Geld zu tun
gewesen. In der Tat, es gab vielleicht wenig Menschen,
die des Geldes weniger bedurften und die dessen Besitz
weniger schätzten. Und doch hatte mich der böse
Zauber, der dem Versuchen des Glückes eigen ist, zu
einer Handlung verführt, die, unter ungünstigen Verhältnissen und in größerem Maßstabe begangen, meinen Charakter hätte unheilbar schädigen können. Das
Spiel wird zu den sogenannten noblen Passionen gerechnet; aber ich glaube, es gibt kein Vergnügen, das,
einmal zur Passion geworden, dem Charakter gefährlicher ist. Es war vielleicht ein Glück für mich, daß
diese Lehre in meinem Leben so früh kam und sich bei
mir so schmerzhaft und tief eingrub.

Auf einem andern Felde erfüllte sich mir ein ehrgeiziger Wunsch. Sehr früh hatte ich schießen lernen und
es darin zu einer ziemlichen Geschicklichkeit gebracht.
Als ich nun Sekundaner geworden war und mir eine
Kugelbüchse in die Hände fiel, die irgendeinem Mitgliede unserer Familie gehört hatte, hielt ich die Zeit

für gekommen, mich als vollgültigen Schützen an dem Vogelschießen der Sankt-Sebastianus-Brüderschaft zu beteiligen. Ich ließ mich also in die Liste einschreiben, bot mich mehreren Mitgliedern, männlichen und weiblichen, als Vertreter beim Schießen an und wurde in den meisten Fällen angenommen. Das Kugelgießen am Samstag vor Pfingsten war einer der feierlichsten Akte meines Lebens; und als ich mit Sonnenaufgang am Pfingstmontage aufwachte, fühlte ich, als sei für mich ein Tag großer Entscheidung angebrochen. Mit tiefem Ernst marschierte ich am Nachmittage hinter Hahnen Drickes, dem Trommler, und Schneidermeister Schäfer, dem «Fänt», in den Reihen der Schützen nach dem Schießplatz; dem «Felde der Ehre», wie ich es nannte; und als nach dem dreimaligen Umzuge um die Vogelstange das Gebet kam, war ich vielleicht einer der Inbrünstigsten. Ich hatte sogleich zu Anfang mehrere Schüsse, von denen keiner fehlging. Hahnen Drickes belohnte mich mit dem üblichen Trommelwirbel, und ich fürchte, ich schaute zuweilen mit einem Blick umher, der Bewunderung suchte. Nur ein Schuß blieb mir noch übrig. Aber der hölzerne Vogel war schon sehr zersplittert, und es wurde mit jedem Augenblicke ungewisser, ob meine Nummer noch erreicht werden würde. Mein Herz schlug hoch. Meine letzte Nummer wurde wirklich noch erreicht. Da oben hing nur noch ein kleiner Fetzen von Holz an der Eisenspitze der Vogelstange. Ich setzte die Büchse an die Schulter mit dem Gefühl, als ob dieser Schuß das ganze Schicksal meiner Zukunft enthalte. Mit mächtiger Anstrengung zwang ich mich zur Kaltblütigkeit;

mein Blick blieb wirklich klar und meine Hand fest. Aber als ich abgedrückt hatte, schwamm es mir vor den Augen. Ich hörte nur, wie Hahnen Drickes auf seinem Kalbfell raste und wie die umstehende Menge schrie. Das Große war also geschehen. Ich hatte «den Vogel abgeschossen». Ich war Schützenkönig! Nicht weit von mir stand mein Vater. Er lachte aus vollem Halse und freute sich offenbar über die Maßen. Nun hängte man mir die große silberne Schilderkette um die Schultern, die mich fast zu Boden drückte, und man setzte mir einen hohen Hut auf mit der alten Flitter- und Blumenkrone. Es war ein stolzer Augenblick. Aber ich hatte den Vogel nicht für mich selbst abgeschossen, sondern nur als Vertreter für eine andere Person. Wer war diese Person? Eine Sankt-Sebastianus-Schwester, eine alte Waschfrau. Sie wurde herbeigeholt und auch mit einigen Bändern und Blumen geschmückt. Als meiner Königin mußte ich ihr den Arm geben, und so marschierten wir denn feierlich hinter Trommel und Fahne ins Dorf zurück. Die Schützen knallten mit ihren Büchsen, die Kinder jubelten, und die alten Leute standen vor ihren Türen, grüßten mit den Händen und riefen meinen Namen. Aber ich fühlte doch, als ob wir beide, die alte Waschfrau und ich, in diesem Triumphzuge, der mir in meiner Phantasie immer so feierlich erschienen war, ein recht groteskes Bild darstellten. Ich glaubte sogar, einige Leute über diesen Aufzug spöttisch lachen zu sehen. Aber, schlimmer noch als dies, ich bemerkte auf den Gesichtern einiger der älteren Schützen etwas wie einen Ausdruck des Unwillens. Mein Ohr fing sogar eine Bemerkung auf, es sei doch eigentlich nicht passend, daß das Schützenfest der altehrwürdigen Sankt-Sebastianus-Brüderschaft zu einem Knaben-spiel werde. Ich konnte mir innerlich nicht leugnen, daß diese Ansicht etwas Berechtigtes habe. So fiel denn in der Stunde des Triumphes, von dem ich vorher soviel geträumt hatte, in den Kelch des Erfolges und der Freude ein schwerer Tropfen Wermut hinein. Es war die alte Erfahrung, mir damals noch neu, daß es selten eine Freude ohne bittere Beimischung gibt und daß die Erfüllung eines Wunsches gewöhnlich anders aussieht, als man sie sich vorher gedacht. Diese Erfahrung war mir bestimmt in meinem Leben noch recht oft zu machen.

Unterdessen waren über die Familie dunkle Wolken heraufgezogen. Der Abzug meines Großvaters von der Burg hatte allerlei Folgen gehabt, die sich nach und nach als unheildrohend entwickelten. Es war, als sei der Familie der feste Boden unter den Füßen wegge-glitten und alles ins Schwanken geraten. Der Ertrag der Verkäufe des Inventars wurde, wenn ich mich recht erinnere, meinem Onkel Georg, dem jüngsten Sohn meines Großvaters, der die Ackerwirtschaft auf der Burg hätte führen sollen, zu geschäftlicher Ver-wendung überlassen. Dieser tastete eine Zeitlang ohne festen Plan umher und kam endlich auf den Gedanken, in Getreide zu handeln. In Verbindung damit ent-schloß sich mein Vater, der auch das dringende Bedürf-nis einer Erweiterung seiner Erwerbsquellen fühlte, neben unserm Hause ein Gebäude zu errichten, das zu ebener Erde einen großen Saal und darüber geräumige

Getreidespeicher enthalten sollte. Mein Vater hatte in einem der vielen Bücher, die er gelesen, die Beschreibung einer neuen Bauart mit gepreßten Erdquadern gefunden, die ihm außerordentlich einleuchtete und besonders sehr wohlfeil vorkam. Sie hatte für ihn den großen Reiz des Neuen. So ging er denn ans Werk, und der Bau wurde erfolgreich ausgeführt, nur kostete das Experiment viel mehr, als mein Vater im voraus berechnet hatte. Auch stellte es sich bald heraus, daß der festlichen Gelegenheiten für den Gebrauch des Saales zu wenige waren, um das darauf verwendete Kapital zu einer gut zahlenden Geldanlage zu machen. Mit dem Getreidespeicher ging es in der Folge noch schlimmer. Der Getreidehandel meines Onkels Georg nahm bald den Charakter der Spekulation an, und man versprach sich goldene Berge davon. Wenn der Führer des Geschäfts ins Gedränge kam, so sprangen ihm die Brüder und Schwäger natürlich bei, und bald fanden sich alle in Unternehmungen verwickelt, für die keiner von ihnen besonderes Geschick besaß.

Die gegenseitigen Hilfeleistungen brachten nach und nach unter den Brüdern und Schwägern so große geschäftliche Verwirrung hervor, daß endlich keiner von ihnen mehr genau wußte, wie seine eigenen Angelegenheiten standen. Um in diese Konfusion Licht zu bringen, versammelten sie sich zuweilen, mit dem Vorsatz, nur von Geschäften zu sprechen, bis alles in übersichtliche und befriedigende Ordnung gebracht sein würde. Dabei hätte nun freilich manches gesagt werden müssen, was dem einen oder dem anderen hätte unangenehm sein können – und davor scheute sich jeder. So begannen sie denn damit, sich zusammen zu Tisch zu setzen und sich gegenseitig an die köstlichen Tage zu erinnern, die sie miteinander verlebt, und an die tollen Streiche, die sie zusammen ausgeführt. Allmählich wurde dann aus der beabsichtigten Geschäftskonferenz ein Familienfest der heitersten Art. Sie saßen und tranken und freuten sich so herzlich miteinander, daß es gar zu schade gewesen wäre, die Gemütlichkeit durch die Erwähnung unangenehmer Dinge zu stören. Nachdem dies einige Tage so fortgegangen war, erinnerten sie sich, daß es nun für die von auswärts Hergekommenen Zeit sei, nach Hause zu reisen. Dann nahmen sie rührenden Abschied, küßten einander, weinten auch wohl gar ob der Trennung und gingen jeder seines Weges, ohne daß von den bösen Geschäften, wegen deren sie sich versammelt, auch nur einen Augenblick die Rede gewesen wäre. Natürlich gerieten ihre Angelegenheiten so in einen immer heilloseren Zustand, und einige gewagte Getreidespekulationen, die alles wiedergutmachen sollten, aber wie gewöhnlich fehlschlugen, dienten nur dazu, die Lage noch bedeutend zu verschlimmern.

Mein Vater war an diesen Spekulationen zwar nur indirekt beteiligt, aber doch genug, um in die daraus entstehenden Schwierigkeiten verwickelt zu werden. Ich selbst warf die Frage auf, ob es den Eltern möglich sein werde, mich länger im Gymnasium zu halten. Diese Frage wurde dadurch entschieden, daß ich mir ein Stipendium erwirkte, das einen großen Teil der Kosten meines Aufenthaltes in Köln deckte, und daß ich den Rest durch Privatstunden erwarb, die ich

Schülern in den unteren Klassen des Gymnasiums gab.
Dies unternahm ich mit großem Eifer und nicht ohne
Erfolg. Freilich bezahlten mir die meisten meiner
Schüler nur 2½ Silbergroschen die Stunde; fünf Gro-
schen die Stunde sah ich für ein sehr schönes Honorar
an. So arbeitete ich mich bis in die Unterprima durch.

Nun trat in der Lage meiner Eltern plötzlich eine
hoffnungsvolle Änderung ein. Mein Vater fand Gelegenheit, das Eigentum in Liblar, Haus, Garten und
Saalbau, um einen Preis zu verkaufen, der ihn in den
Stand setzen würde, seine Verbindlichkeiten zu decken
und noch etwas für die Gründung einer neuen Existenz
übrigzubehalten. Sobald der Verkauf abgeschlossen
war, zog er mit der Familie nach Bonn, wo ich in
Jahresfrist, nachdem ich das Gymnasium absolviert,
die Universität beziehen sollte. In Bonn kam er durch
ein Arrangement mit einem alten Bekannten in Besitz
eines geräumigen Hauses, dessen unterer Teil als ein
Restaurant mit Mittagstisch für Studenten diente,
während in den obern Stockwerken mehrere Zimmer
vermietet wurden. Mein Freund Petrasch, der unterdessen zur Universität gegangen war, bezog eines
derselben. Alles ließ sich befriedigend an.

Aber unsere Lage verdunkelte sich wieder in erschreckender Weise. Der Käufer des Eigentums in
Liblar, mit dem, wie es schien, mein Vater sich nicht
gehörig vorgesehen und der bei dem Abschluß des
Kaufes nur eine geringe Anzahlung geleistet hatte,
erklärte plötzlich, daß ihm der Kauf leid geworden sei
und daß er die bereits erlegte kleine Summe aufgeben,
aber keine weitere Zahlung machen werde. Das war

ein harter Schlag. Mein Vater versuchte, den Käufer gerichtlich an seinen Kontrakt zu halten, doch das war eine langwierige und unsichere Sache. Ein anderer Käufer fand sich nicht. Nach Liblar zurückgehn konnte mein Vater auch nicht, da er nun in Bonn gebunden war. Nun begannen die Wechsel fällig zu werden, die er im Vertrauen auf das Eingehen der Kaufsumme seinen Gläubigern gegeben hatte. Er konnte seine Versprechen nicht einhalten; die Wechsel wurden protestiert, und plötzlich empfing ich in Köln die Nachricht, daß einige der Gläubiger zur Erzwingung der Zahlung meinen Vater hatten ins Schuldgefängnis sperren lassen. Das traf mich wie ein Donnerschlag. Ich lief nach dem Gefängnis und sah meinen Vater hinter einem Gitter. Es war eine erschütternde Begegnung, aber wir sprachen uns gegenseitig Mut zu. Er setzte mir seine Umstände auseinander, und wir überlegten, was wohl getan werden könnte, um ihn aus dieser demütigenden und für unsere Familie so entsetzlichen Lage zu befreien.

Ich war siebzehn Jahre alt und sollte in die Oberprima gehn. Aber nun war es mit meinem Verbleiben in Köln zu Ende. Ich nahm also von meinen Lehrern und Freunden einen eiligen Abschied und widmete mich ganz den Angelegenheiten der Familie. Meine Oheime wollten gern nach Kräften helfen, aber sie selbst steckten in den schwersten Verlegenheiten. Geldgeschäfte waren mir durchaus fremd und meiner Neigung zuwider. Doch ist die Not ein wunderbarer Schulmeister, und ich hatte die Empfindung, als wäre ich plötzlich um viele Jahre älter geworden. Nach

vielem Hin- und Herreisen und unablässigen, sorgenvollen Bemühungen gelang es, die Gläubiger so weit
zu befriedigen, daß sie meinen Vater freiließen und sich
zu den erforderlichen Akkommodationen bequemten.
Das waren schwere Tage.

Als mein Vater wieder imstande war, die geschäftlichen Angelegenheiten selbst in die Hand zu nehmen,
warf sich die Frage auf, was nun mit mir geschehen
solle. Sollte ich meine Studien aufgeben und eine
andere Laufbahn beginnen? Dieser Gedanke wurde
sofort verworfen. Aber die Umstände erlaubten nicht,
daß ich nach Köln zurückging. Ich mußte bei der
Familie bleiben. Es wurde daher der kühne Plan gefaßt,
ich solle sofort anfangen, als nichtimmatrikulierter
Student Vorlesungen an der Universität zu hören,
dabei aber privatim meine Gymnasialstudien fortset-
zen und im Herbst des nächsten Jahres das Abiturientenexamen in Köln als «Auswärtiger» absolvieren.
Dieser Plan war deshalb kühn, weil es wohl schwierig
erschien, die Gymnasialstudien nebenbei bis auf den
erforderlichen Punkt fortzuführen, und weil die «Auswärtigen» bei dem Abiturientenexamen besonders
streng behandelt zu werden pflegten. Aber ich zauderte nicht, das Wagestück zu unternehmen. Mein Beruf
war mir unterdessen auch klargeworden. Ich liebte vor
allem geschichtliche und Sprachstudien und glaubte,
schriftstellerische Fähigkeiten zu besitzen. Ich beschloß also, mich auf eine Professur der Geschichte
vorzubereiten.

Mein Abschied vom Gymnasium bringt mich zu
der früher schon erwähnten Frage zurück, ob nicht der

Lehrplan der deutschen Gymnasien sowie der korre-
spondierenden Anstalten in andern Ländern veraltet
und unpraktisch geworden sei. Und doch – wenn ich
mich jetzt in meinen alten Tagen nach vielfacher
Lebenserfahrung frage, welchen Teil des Unterrichts,
den ich in meiner Jugend empfangen, ich mit dem
geringsten Bedauern entbehren würde, so würde meine Antwort keinen Augenblick zweifelhaft sein. Ich
habe ja freilich – und leider – von dem Latein und
Griechisch, das ich als Schüler wußte, im Lauf der
bewegten Zeiten viel vergessen.

Aber die ästhetischen und sittlichen Anregungen,
die jene Studien mir gaben, die idealen Maßstäbe, die
sie mir errichten halfen, die geistigen Horizonte, die sie
mir eröffneten, sind mir niemals verlorengegangen.
Jene Studien waren nicht ein bloßes Mittel zur Erwerbung von Kenntnissen, sondern im besten Sinne des
Wortes ein Kulturelement. Und so sind sie mir mein
ganzes Leben hindurch eine unerschöpfliche Quelle
erhebenden Genusses geblieben.

Wäre mir noch einmal die Wahl gegeben zwischen
den klassischen Studien und den sogenannten «nützlichen» an ihrer Stelle, so würde ich, für mich selbst,
unzweifelhaft im wesentlichen denselben Lehrplan
wählen, den ich durchgemacht habe. Wer Lateinisch
versteht, wird das Französische, Englische, Spanische,
Italienische und Portugiesische nicht allein viel leichter
lernen, sondern auch viel besser. Ich kann von mir
selbst sagen, daß ich in der Tat nur die lateinische
Grammatik ganz gründlich verstanden habe, daß aber
diese Kenntnis mir die grammatischen Studien in den

modernen romanischen und germanischen Sprachen
aller Mühseligkeit entkleidet, ja spielend leicht gemacht hat.

Student an der Universität zu sein ist der schönste
Traum des Gymnasialschülers – das Ziel seiner Sehnsucht. Ich hatte davon keine Ausnahme gemacht. Nun
war ich an der Universität. Aber wie? Als bloßer
Zuläufer, der sein Recht auf die akademische Bürger-
schaft erst durch eine schwere Prüfung zu gewinnen
hatte; als eine fragliche Existenz, kaum einer demütigenden Lage entgangen, von bitteren Sorgen gedrückt, mit sehr unsicherem Ausblick auf die Zukunft.
So geschah es mir wieder, daß das, was ich erhofft
hatte, in einer traurigen Gestalt kam. In der Erfüllung
konnte ich den vorhergegangenen Wunsch kaum wiedererkennen.

Obgleich ich noch nicht regelrechter Student war, so
wurde mir doch von einem Kreise vortrefflicher junger Leute, der Burschenschaft Frankonia, eine wohl-
tuend warme Begrüßung zuteil. Dies verdankte ich
meinen Kölner Freunden Theodor Petrasch und Ludwig von Weise, die vor mir die Universität bezogen,
sich dieser Burschenschaft angeschlossen und ihren
Verbindungsgenossen allerlei übertriebene Dinge von
mir erzählt hatten. Nun war ich zu jener Zeit ein über
die Maßen schüchterner Jüngling, so schüchtern in der
Tat, daß ich mich nur bei meiner Familie und meinen
intimen Freunden mit Behagen gehen ließ, während

die Begegnung mit fremden Menschen mich gewöhnlich stumm machte, wenn nicht gar außer Fassung
setzte. Meine Verlegenheit wurde um so schlimmer, da
ich sogleich merkte, daß meine Kölner Freunde in der
Frankonia, die zum großen Teil aus sehr tüchtigen
jungen Leuten aus Norddeutschland bestand, mit mir
besondere Parade machen wollten. Als ich nun über
und über errötete und kaum ein Wort hervorzubringen
wußte, wenn die Studenten mich anredeten, so war die
Enttäuschung so groß, daß mein guter Petrasch mir
dieselbe kaum verhehlen konnte. Ich saß nun unter den
muntern, gesprächigen und zum Teil recht geistvollen
Gesellen lange als ein stiller, fast stummer Beobachter.
Endlich kam auch meine Stunde.

Die «Kneipabende» fanden häufig ihren Glanzpunkt
in dem Vorlesen der sogenannten «Kneipzeitung».
Irgendein Mitglied schrieb einen Aufsatz oder ein
Gedicht, gewöhnlich satirischen oder sonstwie heitern
Inhalts, und trug das Produkt der versammelten Gesellschaft vor. Eine gute Kneipzeitung zu schreiben
war Gegenstand besondern Ehrgeizes, und nicht selten
wurde auf diesem Felde recht Anerkennenswertes
geleistet. Es machte sich ganz von selbst, daß ich als
still zuschauender Mitbummler die Eigentümlichkei-
ten meiner neuen Freunde studierte, und ich schrieb
dann eine Parodie von Auerbachs Kellerszene im
Faust, in welcher ich die hervorragendsten Leute der
Frankonia als handelnde Personen vorführte. Das Rei-
men wurde mir leicht, die Verse flossen bequem und
nicht unmusikalisch, die Satire war gutmütig, aber
treffend. Meinem Freunde Petrasch teilte ich mein

Machwerk im Vertrauen mit. Er jauchzte vor Vergnügen und meinte, Besseres sei in dieser Art noch selten
geleistet worden. Das glaubte ich ihm nicht, und um
keinen Preis hätte ich seinem Drängen nachgegeben,
daß ich meine Arbeit bei dem nächsten Kneipabend
vorlesen solle. Dann erbot er sich, die Vorlesung selbst
zu übernehmen, und dieses gestattete ich nun unter der
Bedingung, daß ich nicht als Verfasser genannt werde.
Er versprach alles. Mein Herz klopfte mir bis in die
Kehle, als ich die Vorlesungen mitanhörte, und ich
fühlte mein Erröten, als ein übers andere Mal die
Gesellschaft in Gelächter und Beifall ausbrach. Der
Erfolg war durchschlagend. Den Verfasser erklärte
Petrasch nicht nennen zu dürfen, aber damit gab sich
die Gesellschaft nicht zufrieden. An mich schien niemand zu denken. Petrasch, der auf meine Leistung so
stolz war, als wäre sie seine eigene gewesen, winkte
mir über den Tisch zu und flüsterte hörbar: «Darf ich
es nicht sagen?» Dies allein würde das Rätsel gelöst
haben, hätte nicht ein anderes Mitglied der Gesellschaft das Manuskript erblickt und meine Handschrift
erkannt. Nun gab es großen Jubel. Von allen Seiten
stürzte man auf mich ein; des Umarmens war kein
Ende, und Petrasch rief immer wieder: «Habe ich es
euch nicht gesagt?»

Viel Zeit konnte ich allerdings meinen Freunden
während jenes ersten Universitätsjahres nicht widmen; denn das noch zu bestehende Maturitätsexamen,
von dem meine ganze Zukunft abhing, schwebte wie
ein drohendes Gespenst vor mir und ließ mir keine
Ruhe. Neben den geschichtlichen und philologischen

Vorlesungen, die ich bei Aschbach und Ritschl hörte, hatte ich mir alles, was in der Oberprima gelehrt wurde, im Wege des Selbstunterrichts anzueignen; und mit Ausnahme der Mathematik und der Naturwissenschaften gelang mir dies, allerdings mit vieler Arbeit, aber doch ohne wesentliche Schwierigkeiten. Endlich, im September 1847, kam die gefürchtete Krisis, und ich reiste nach Köln, von den angstvollen Gebeten meiner Familie und den wärmsten Wünschen meiner Freunde begleitet. Alles ging vortrefflich. Auch begünstigte mich das Glück ein wenig. Ich wußte das ganze sechste Buch der Iliade auswendig herzusagen, und es traf sich, daß der Examinator im Griechischen mich gerade aus diesem Buch übersetzen ließ. So konnte ich denn den Text beiseite legen und das mir aufgegebene Stück ohne einen Buchstaben anzusehen ins Deutsche übertragen, was nicht wenig Aufsehen erregte. Meine schriftstellerischen Aufsätze, deutsche und lateinische, sowie meine Leistungen in andern Fächern gefielen so gut, daß man mir meine Schwäche in der höhern Mathematik und den Naturwissenschaften nicht anrechnete. Als die Prüfung vorüber war und ich das Zeugnis der Reife empfing, gab mir der Regierungskommissar, der mir früher furchtbar wie das dunkle Schicksal erschienen, einen besonders warmen Händedruck mit seinen Wünschen für mein ferneres Wohlergehen auf den Weg.

Triumphierend kam ich nach Bonn zurück. Nun erst konnte ich in der Universität regelrecht immatrikuliert werden und stand dann als vollgültiger, ebenbürtiger Student unter meinen Genossen. In diese

Burschenschaft Frankonia wurde ich nach bestande-
nem Maturitätsexamen als vollberechtigtes Mitglied
aufgenommen und fühlte mich, nachdem ich meine
Schüchternheit überwunden, heimisch darin. Obgleich in dieser Gesellschaft fleißig und mit ernstem
Zielbewußtsein gearbeitet wurde, so war ihr doch
alle griesgrämige, kopfhängerische Stubenhockerei
fremd, und es fehlte nicht an jugendlichem Übermut.
Ich muß sogar gestehen, daß mir die Fechtschule
besonderes Vergnügen machte, und Spielhagen rühmt
mir in seinen Memoiren nach, daß ich «eine ebenso
gewandte wie wuchtige Klinge führte». Die Versuchung, mit der erlernten Kunst gelegentlich im Zweikampf einen Unverschämten abzustrafen, lag nahe,
aber ich freue mich, dieser Versuchung gewissenhaft
widerstanden zu haben. Übrigens trat mir diese Versuchung auch nur einmal recht unmittelbar in den
Weg. Eines Abends rannte mich auf dem Markt ein
angetrunkener Korpsbursch an, offenbar mit der
Absicht, mich zu einer Forderung zu provozieren.
Einen Augenblick hatte ich mich zu überwinden,
gewann aber dann Besonnenheit genug, ihm ruhig
ins Gesicht zu sehen und zu sagen: «Ach, lassen wir
doch diese Kinderei!» Das schien ihn zu verblüf-
fen, denn ohne ein weiteres Wort trollte er sich von
dannen.

Sonst übten wir nach Herzenslust die Gebräuche
und genossen die Vergnügungen, die dem deutschen
Studentenleben eigentümlich sind. Wir trugen mit
Stolz unsere Verbindungsfarben auf unseren Mützen
und Bändern. Wir «kneipten» mit Maß und sangen.

Wir hatten unsere Kommerse und gingen durch die üblichen Zeremonien mit gebührlicher Feierlichkeit. Wir schoben Kegel und machten unsere Ausflüge nach den umliegenden Dörfern, und es war keine gelehrte Ziererei, sondern eine wirkliche Belustigung, wenn bei solchen Gelegenheiten einige von uns, die ihren Homer besonders fleißig studiert hatten, sich auf Griechisch in homerischen Versen unterhielten, die sie in launiger Weise auf das anwendeten, was man eben tat oder beobachtete. Auch «Spritztouren» weiter den Rhein hinauf und in die reizenden Nebentäler erlaubten wir uns, und gesegnet sei das Andenken der Wirte, die nicht engherzig auf der sofortigen Bezahlung ihrer Rechnungen bestanden, gesegnet vor allem das Andenken des biederen Nathan in St. Goarshausen, im Schatten der Lorelei, der jeden Frankonen bei sich aufnahm und hegte und pflegte, als wär er sein eigenes Kind. Und wie schwelgten wir in der Poesie der jugendlichen Freundschaften, die mehr als alles andere die jungen Jahre so glücklich machten. Der gereifte Mann soll sich niemals der idealen Schwärmerei schämen, die ihn einst den Arm um die Schulter des Freundes legen und von unzertrennlicher Brüderlichkeit träumen ließ. So werde ich mich auch der Tränen nicht schämen, die ich so reichlich wie irgendein anderer vergoß, wenn am Schluß des Semesters einzelne Mitglieder unseres Kreises auf Nimmerwiederkehr davonziehen mußten und wenn dann beim Abschiedstrunk die Gläser zum letzten Male erklangen und das Lied gesungen wurde:

«Wohlauf noch getrunken
Den funkelnden Wein!
Ade nun ihr Lieben,
Geschieden muß sein!»

Ich erinnere mich mehr als eines Abschiedes, bei dem
die letzten Strophen des Liedes vor Schluchzen nicht
mehr hervor wollten. Noch jetzt kann ich dieses Lied
nicht hören, ohne daß es mir mit tiefer Rührung das
Herz ergreift; denn ich sehe noch die lieben Gesellen
vor mir, wie sich beim Scheiden ihre Augen füllten
und sie einander wieder und wieder in die Arme fielen.
O diese sorglose, sonnige, idealisch schwärmerische
Jugendzeit mit ihren Freunden und Freuden! Wie
schnell wurde sie mir von dem bittern Ernst des
Lebens überschattet!

Es war am Anfang des Wintersemesters von 1847/48,
daß ich den Professor Gottfried Kinkel kennenlernte –
eine Bekanntschaft, die für mein späteres Leben von
sehr großer Bedeutung werden sollte. Kinkel hielt
Vorlesungen über Literatur und Kunstgeschichte, von
denen ich eine besuchte. Ebenso nahm ich teil an einem
von ihm geleiteten Kursus rhetorischer Übungen.
Dies brachte uns in nähere persönliche Berührung.

Seinen Vorlesungen verlieh die interessante Persönlichkeit des Professors sowie sein fesselnder Vortrag
einen besonderen Reiz. Kinkel war ein auffallend
schöner Mann, von regelmäßigen Gesichtszügen und

von herkulischem Körperbau, über sechs Fuß groß,
strotzend von Kraft. Unter seiner von schwarzem
Haupthaar beschatteten breiten Stirn leuchtete ein Paar
dunkler Augen hervor, deren Feuer selbst durch die
Brille, die er damals durch seine Kurzsichtigkeit zu
tragen gezwungen war, nicht gedämpft wurde. Mund
und Kinn waren von einem schwarzen Vollbart umrahmt. Kinkel besaß eine wunderbare Stimme – zugleich stark und weich, hoch und tief, gewaltig und
rührend in ihren Tönen, schmeichelnd wie die Flöte
und schmetternd wie die Posaune, als umfaßte sie alle
Register der Orgel. In späteren Jahren hat man ihm
vorgeworfen, daß in dem Gebrauch, den er von dieser
Stimme machte, eine gewisse affektierte Effekthasche-
rei zu bemerken sei. Das mag so gewesen sein, nachdem seine Kräfte angefangen hatten abzunehmen.
Aber zu der Zeit seiner vollsten Jugendblüte, als ich ihn
zuerst hörte, war es gewiß nicht so. Da klang diese
Stimme wie eine Naturkraft, die von selbst aus unge-
sehenen Quellen entsprang und ohne Anstrengung
und Absicht ihre Wirkung hervorbrachte. Ihm zuzuhören war ein musikalischer Genuß und ein intellektu-
eller zugleich.

Nichts hätte anmutender sein können als Kinkels
Familienleben. Frau Johanna war durchaus nicht
schön. Ihre mittelgroße Figur war breit und platt;
Hände und Füße, wenn auch nicht besonders groß,
doch unzierlich geformt; die Gesichtsfarbe dunkel; die
Züge grob und ohne weiblichen Reiz. Dazu verstand
sie gar nicht, sich zu kleiden. Ihre Kleider waren
gewöhnlich ein wenig zu kurz, so daß ihre breiten

Füße, die fast immer in weißen Strümpfen steckten
und mit gekreuzten Schuhbändern geschmückt waren, mehr als wünschenswert Aufmerksamkeit auf
sich zogen. Aber aus ihren stahlblauen Augen strahlte
eine dunkle Glut, die auf Ungewöhnliches deutete. In
der Tat, der Eindruck des Unschönen verschwand
sofort, wenn sie zu sprechen anfing. Auch dann schien
sie zuerst noch von der Natur vernachlässigt zu sein;
denn ihre Stimme hatte etwas Heiseres und Trockenes.
Aber was sie sagte, pflegte den Zuhörer sofort zu
fesseln. Nicht allein sprach sie über viele Gegenstände
höherer Bedeutung mit tiefem Verständnis, großem
Scharfsinn und auffallender Klarheit, sondern sie wußte auch gewöhnlichen Dingen, alltäglichen Vorkommnissen, durch ihre lebendige, geistvolle Darstel-
lungsgabe ein eigentümliches Interesse zu verleihen.
Und immer ließ sie das Gefühl zurück, daß hinter dem,
was sie sagte, noch ein großer Reichtum von Kenntnissen und Gedanken aufgespeichert sei. Dazu besaß
auch sie den munteren rheinischen Humor, der allen
Dingen gern ihre scherzhafte Seite abgewinnt und
unter allen Umständen das Genießbare des Lebens
hervorsucht. Sie hatte eine ungemein gründliche musikalische Bildung genossen und spielte das Klavier mit
Meisterschaft. Ich habe Beethovensche und Chopin-
sche Kompositionen selten so vollendet wiedergeben
hören wie von ihr. Man konnte von ihr sagen, daß sie
die Grenzlinie, die den Dilettantismus von der wahren
Künstlerschaft scheidet, weit überschritten hatte. Sie
komponierte ebenso reizend, wie sie spielte. Obgleich
ihre Stimme kein Klangmetall besaß und sie im Singen

die Töne scheinbar nur andeuten konnte, sang sie doch mit ergreifender Wirkung. Sie verstand wirklich die Kunst, ohne Stimme zu singen.

Wer nun diese beiden äußerlich so verschiedenen Menschen in ihrem häuslichen Leben beisammen beobachtete, der mußte den Eindruck empfangen, daß sie aneinander ihre herzliche Freude hatten und die Kämpfe des Lebens mit einer Art von herausfordernder Heiterkeit zusammen durchkämpften. Noch stärker wurde dieser Eindruck, wenn man ihr Glück über die Kinder sah, mit denen ihre Ehe gesegnet war. Auch bildete das Kinkelsche Haus den Mittelpunkt eines Kreises geistesverwandter Menschen, deren gesellige Stunden an geistvoller Fröhlichkeit nichts zu wünschen übrigließen. Es waren dies durchweg Männer und Frauen von freisinniger Denkart auf dem religiösen wie dem politischen Gebiet, die denn auch ihre Meinungen mit kecker Ungebundenheit auszusprechen liebten. An Stoff fehlte es in jenen Tagen nicht. –

Im Verfolg meiner Studien hatte ich mich mit großem Eifer auf die Geschichte Europas zur Zeit der Reformation geworfen. Ich dachte, daraus in der Zukunft als Professor der Geschichte meine Spezialität zu machen. Die großen Charaktere jener Periode zogen mich mächtig an, und ich konnte der Versuchung nicht widerstehen, einige davon dramatisch zu gestalten. So entwarf ich denn den Plan einer Tragödie, deren Hauptfigur Ulrich von Hutten sein sollte, und fing an, einzelne Szenen davon auszuarbeiten. Am Anfang des Wintersemesters 1847/48 hatte ich einen jungen Studenten aus Detmold kennengelernt, der zwar nicht in

Frankonia eingetreten war, aber sich doch als «Mit-kneipant» zu der Verbindung hielt. Er hieß Friedrich Althaus. Mehr als irgendein anderer Mensch meiner Bekanntschaft entsprach er der Vorstellung, die man sich von einem idealen deutschen Jüngling macht. Er war eine durchaus reine und edle Natur und dazu reich mit geistigen Gaben ausgestattet. Da wir so ziemlich dieselben Studien verfolgten, so fanden wir uns leicht. Wir wurden eng miteinander befreundet, und diese Freundschaft ist lange über die Universität hinaus gleich warm geblieben. Ihm vertraute ich mein Hut-tengeheimnis an, und er ermutigte mich, meinen Plan auszuführen. Glücklich waren die Stunden, wenn ich ihm vorlas, was ich geschrieben, und er mir dar-über sein gewöhnlich viel zu günstiges Urteil abgab. So verging der größte Teil des Winters in ange-regten, genußreichen und auch ersprießlichen Bestre-bungen. Da kam plötzlich ein gewaltiger Schicksals-sturm, der mich wie so viele andere mit unwider-stehlicher Macht aus allen vorausgeplanten Bahnen riß.

Eines Morgens gegen Ende Februar 1848 – wenn ich mich recht erinnere, war es ein Sonntagmorgen – saß ich ruhig in meinem Dachzimmer, am Ulrich von Hutten arbeitend, als plötzlich einer meiner Freunde fast atemlos zu mir hereinstürzte und rief: «Da sitzest du! Weißt du es denn noch nicht?»

«Nun, was denn?»

«Die Franzosen haben den Louis Philipp fortgejagt und die Republik proklamiert!»

Ich warf die Feder hin – und der Ulrich von Hutten ist seitdem nie wieder berührt worden. Wir sprangen die Treppe hinunter, auf die Straße. Wohin nun? Nach dem Marktplatz. Dort pflegten die Mitglieder der Korps und der Burschenschaften jeden Tag unmittelbar nach dem Mittagessen zusammenzukommen, jede Gesellschaft an ihrer bestimmten Stelle, um zu verabreden, was des Nachmittags etwa unternommen werden solle. Aber es war nun erst Vormittag, die regelmäßige Versammlungsstunde noch nicht gekommen. Nichtsdestoweniger wimmelte der Markt von Studenten, alle, wie es schien, von demselben Instinkt getrieben. Sie standen in Gruppen zusammen und sprachen eifrig; kein Geschrei, nur aufgeregtes Gerede. Was wollte man? Das wußte wohl niemand. Aber da nun die Franzosen den Louis Philipp fortgejagt und die Republik proklamiert hatten, so mußte doch auch gewiß hier etwas geschehen. Einige Studenten hatten ihre «Schläger», wohl die harmloseste aller Waffen, mit sich auf den Markt gebracht, als hätte es augenblicklich gegolten, anzugreifen oder sich zu verteidigen. Man war von einem vagen Gefühl beherrscht, als habe ein großer Ausbruch elementarer Kräfte begonnen, als sei ein Erdbeben im Gange, von dem man soeben den ersten Stoß gespürt habe, und man fühlte das instinktive Bedürfnis, sich mit andern zusammenzuscharen. So wanderten wir in zahlreichen Banden umher – auf die Kneipe, wo wir es jedoch nicht lange aushalten konnten – zu andern Vergnügungsorten, wo

wir uns mit wildfremden Menschen ins Gespräch
einließen und auch bei ihnen dieselbe Stimmung des
verworrenen, erwartungsvollen Erstaunens fanden;
dann auf den Markt zurück, um zu sehen, was es da
geben möge; dann wieder anderswohin und so weiter,
ziellos und endlos, bis man endlich tief in der Nacht,
von Müdigkeit übermannt, den Weg nach Hause fand.

Wenige Tage nach dem Ausbruch dieser Bewegung
wurde ich neunzehn Jahre alt. Ich erinnere mich, von
dem, was vorging, so gänzlich erfüllt gewesen zu sein,
daß ich meine Gedanken kaum etwas anderem zuwen-
den konnte. Ich war wie manche meiner Freunde von
dem Gefühl beherrscht, daß endlich die große Gelegenheit gekommen sei, dem deutschen Volke seine
Freiheit und dem deutschen Vaterlande seine Einheit
und Größe wiederzugewinnen, und daß es nun die
erste Pflicht eines jeden Deutschen sei, alles zu tun und
alles zu opfern für diesen heiligen Zweck. Es war uns
tiefer, feierlicher Ernst darum.

Der erste Dienst, den die neue Zeit uns auferlegte,
hätte kaum lustiger sein können. Kurz nachdem die
Nachricht von den revolutionären Ereignissen in
Frankreich gekommen war, fing der Bürgermeister
der Stadt Bonn an zu fürchten, daß die öffentliche
Sicherheit gefährdet sei. Freilich fielen trotz der allgemeinen Aufregung keine Ruhestörungen vor, aber der
Bürgermeister, von allerlei Ängsten geplagt, bestand
darauf, daß eine Bürgerwehr organisiert werden müsse, um des Nachts die Stadt und die nächste Umgegend abzupatrouillieren. Dieser Bürgerwehr beizutre-
ten, wurden auch die Studenten aufgefordert, und da

die Bürgerwehr auch auf unserem Programm stand, so leisteten wir dieser Aufforderung bereitwillig Folge. Ich meldete mich sogleich mit mehreren meiner Freunde; Studenten aus andern Kreisen taten dasselbe, und zwar in solcher Zahl, daß bald die Bürgerwacht großenteils aus Studenten bestand. Unsere Aufgabe war, Ruhestörer und verdächtige Individuen aufzugreifen und auf der Wache abzuliefern, Zusammenrottungen bösartiger Natur zum Auseinandergehen zu veranlassen, das Eigentum zu beschützen und überhaupt über die öffentliche Sicherheit zu wachen. Da nun in der Tat die öffentliche Sicherheit in keiner Weise bedroht war und das Patrouillieren in Stadt und Umgebung keinen ernsten Zweck hatte, so fanden die Studenten natürlich in der ganzen Sache eine Gelegenheit zu harmloser Belustigung. Mit «Schlägern» bewaffnet, deren eiserne Scheiden man nach Kräften auf dem Pflaster rasseln ließ, zog man durch die Straßen. Jeder einzelne Bürger, den man in später Nacht draußen antraf, wurde in pomphaften Redensarten aufgefordert, auseinanderzugehen und sich nach seinen respektiven Wohnungen zu verfügen, oder, wenn ihm das besser gefiele, uns auf die Wachtstube zu begleiten und ein Glas mit uns zu trinken. Stießen wir einmal mit einer aus Bürgern bestehenden Patrouille zusammen, so wurde dieselbe unfehlbar als eine bösartige Zusammenrottung festgenommen und zur Wachtstube gebracht, worauf dann ein fröhliches Verbrüderungsfest folgte. Und da die guten Bürgersleute auch den Humor der Situation leicht einsahen, so ließen sie sich den Spaß gern gefallen. Ein Hoch auf das «neue deutsche

Reich» und die «Konstitution auf breiter demokratischer Grundlage» zu trinken, waren sie ebenso bereit
wie wir.

Am 18. März hatten auch wir unsere Massendemon-
stration. Eine große Volksmenge sammelte sich zu
einem feierlichen Zuge durch die Straßen der Stadt.
Die angesehensten Bürger, nicht wenige Professoren,
eine Menge Studenten und eine große Zahl von Hand-
werkern und anderen Arbeitern marschierten in Reih
und Glied. An der Spitze des Zuges trug Kinkel eine
schwarz-rot-goldene Fahne. Auf dem Marktplatz angekommen, bestieg er die Freitreppe des Rathauses
und sprach zu der versammelten Menge. Er sprach mit
wunderbarer Beredsamkeit in den vollsten Orgeltö-
nen seiner Stimme von der wiedererstehenden deutschen Einheit und Größe und von der Freiheit und den
Rechten des deutschen Volkes, die von den Fürsten
bewilligt oder vom Volke erkämpft werden müßten.
Und als er zuletzt die schwarz-rot-goldene Fahne
schwang und der freien deutschen Nation eine herrliche Zukunft voraussagte, da brach eine Begeisterung
aus, die keine Grenzen kannte. Man klatschte in die
Hände, man schrie, man umarmte sich, man weinte.
Im Nu war die Stadt mit schwarz-rot-goldenen Fahnen bedeckt, und nicht nur die Burschenschaften,
sondern fast jedermann trug bald die schwarz-rot-
goldene Kokarde an Mütze oder Hut.

Während wir an jenem 18. März durch die Straßen
marschierten, flogen plötzlich unheimliche Gerüchte
von Mund zu Mund. Es war berichtet worden, daß der
König von Preußen nach langem Zaudern sich ent-

schlossen habe, gleich den anderen deutschen Fürsten, die von allen Seiten auf ihn einstürmenden Forderungen des Volkes zu bewilligen. Nun aber flüsterte man sich zu, das Militär habe plötzlich aufs Volk geschossen, und es wüte ein blutiger Kampf in den Straßen von Berlin. Dies stellte sich später insofern als begründet heraus, als der Kampf in Berlin wirklich stattfand; aber sonderbarerweise war das Gerücht zu uns an den Rhein gekommen, ehe in Berlin der Kampf begonnen hatte.

Aus dem Berliner Zeughause wurden Waffen unter das Volk verteilt. Der König erklärte, er habe sich überzeugt, daß der Friede und die Sicherheit der Stadt nicht besser beschützt werden könnten als durch die Bürger selbst. Am 21. März erschien Friedrich Wilhelm IV. wieder unter dem Volke, zu Pferde, mit einer schwarz-rot-goldenen Binde um den Arm und einer schwarz-rot-goldenen Fahne folgend, die man auf sein Verlangen vor ihm hertrug, während ein gewaltiges schwarz-rot-goldenes Banner im selben Augenblick auf der Kuppel des Königsschlosses erschien. Er sprach mit freier Ungebundenheit zu den Bürgern. Er erklärte, «er wolle sich an die Spitze der Bewegung für ein einiges Deutschland stellen»; «Preußen solle in dem freien Deutschland aufgehn». Er beteuerte, «daß er nichts im Auge habe als ein konstitutionelles und geeinigtes Deutschland». An der Universität wendete er sich zu den versammelten Studenten und sagte: «Ich danke Ihnen für den glorreichen Geist, den Sie in diesen Tagen bewiesen haben. Ich bin stolz darauf, daß Deutschland solche Söhne besitzt.» Es war allgemein verstanden, daß ein neues und verantwortliches Ministerium gebildet worden sei, bestehend aus Mitgliedern der liberalen Opposition; daß eine preußische Nationalversammlung berufen werden sollte, eine frei gewählte, um dem Königreich Preußen eine Verfassung zu geben, und daß von dem Volke aller deutschen Staaten ein deutsches Nationalparlament gewählt werden und sich in Frankfurt versammeln sollte, um das ganze Deutschland unter einer konstitutionellen Nationalregierung zu vereinigen. Das Volk von Berlin war außer sich vor Freude. Nur eine Stimme des Mißtrauens wurde laut, die eines unbekannten Mannes, der, nachdem der König gesprochen, aus der Menge hervor ausrief: «Glaubt ihm nicht, Brüder! Er lügt! Er hat immer gelogen!» Einige Bürgerwehrleute schützten den unglücklichen Rufer vor dem Zorn der Umstehenden und brachten ihn rasch zu der nächsten Polizeiwache, wo er bald als ein Verrückter entlassen wurde. «Die Helden, die für die große Sache der politischen und sozialen Freiheit gestritten und sie uns durch ihre todesmutige Hingebung erkämpft haben», wie der Magistrat von Berlin in einer Proklamation die im Straßenkampf Gefallenen nannte, wurden von 20 000 Bürgern im feierlichen Zuge zum Begräbnis im Friedrichshain begleitet, und der König stand auf dem Balkon mit entblößtem Haupt, als die Särge das Königsschloß passierten.

Dies war die große Kunde, die von Berlin aus über das ganze Land ging.

Ich fand mich bald, ohne daß es meine Absicht gewesen wäre, unter den Studenten in eine ins Auge fallende Stellung vorgeschoben, und zwar durch die erste Rede, die ich in meinem Leben gehalten habe. Es wurde eine Studentenversammlung nach der Aula der Universität berufen – ich weiß nicht mehr zu welchem speziellen Zweck. Professor Ritschl, unser erster Philologe und damals, wenn ich mich recht erinnere, Dekan der philosophischen Fakultät – ein sehr angesehener und beliebter Mann –, führte den Vorsitz. Der Saal war gedrängt voll, und ich stand mitten unter der Menge. Über den Gegenstand, der zur Verhandlung kam, hatte ich viel nachgedacht und mir eine Meinung gebildet; aber ich war nicht zur Versammlung gegangen mit dem Vorsatz, an der Debatte teilzunehmen. Da hörte ich einen Redner etwas sagen, das meiner Ansicht stark entgegen war und mich aufregte. Einem plötzlichen Impuls folgend, verlangte ich das Wort und fand mich im nächsten Augenblick zur Versammlung sprechend.

Ich habe mir später nie wieder genau das zurückrufen können, was ich sagte. Ich erinnere mich nur, daß ich mich in einem mir bis dahin unbekannten nervösen Zustande befunden, daß ich am ganzen Leibe gebebt, daß mir Gedanken und Worte in einem ununterbrochenen Strome zugeflossen, daß ich mit ungestümer Schnelligkeit gesprochen und daß der darauf folgende Beifall mich fast wie aus einem Traume aufgeweckt hatte. Das war meine erste öffentliche Rede. Als die Versammlung sich aufgelöst hatte, traf ich am Ausgang mit Professor Ritschl zusammen. Da ich Vorle-

sungen bei ihm hörte, so kannte er mich. Er legte mir
die Hand auf die Schulter und fragte:

«Wie alt sind Sie denn?»

«Neunzehn Jahre.»

«Das ist schade», antwortete er. «Man wird nun bald
ein Nationalparlament wählen, und Sie sind noch zu
jung, um ein Mitglied davon zu werden.» Ich wurde
rot bis über die Ohren. Daß ich Mitglied eines Parla-
ments werden könne – zu einer solchen Hoffnung
hatte sich mein Ehrgeiz noch nicht verstiegen. Ich
fürchtete, der Professor habe sich einen Spaß mit mir
erlaubt.

Nun begann eine eifrige Agitationstätigkeit, die uns
fast ganz in Anspruch nahm. Kinkel, der eine außeror-
dentliche Arbeitskraft besaß und sehr fleißig war, hielt
freilich noch seine Vorlesungen, und ich hörte diejenigen, die ich belegt hatte, mit ziemlicher Regelmäßig-
keit, aber mein Herz war nicht dabei wie früher. Um so
eifriger studierte ich für mich neuere Geschichte,
besonders die Geschichte der Französischen Revolution, und las eine Menge von philosophisch-politi-
schen Werken und von Pamphleten und Zeitschriften
jüngsten Datums, welche die Probleme des Tages zum
Gegenstande hatten. Auf diese Weise suchte ich meine
politischen Begriffe zu klären und die sehr großen
Lücken meiner geschichtlichen Kenntnisse notdürftig
auszufüllen, ein Bedürfnis, das ich um so lebhafter
empfand, als ich meine agitatorische Arbeit für eine
heilige Pflicht ansah. Diese Arbeit war in der Tat nicht
gering. Zuerst organisierten wir einen demokratischen
Klub, aus Bürgersleuten und Studenten bestehend, der

in einem von Professor Loebell, einem sehr geistvollen
Manne, geleiteten «konstitutionellen Klub» einen
nicht zu verachtenden Rivalen hatte. Dann wurde als
örtliches Organ der demokratischen Partei die «Bonner Zeitung» gegründet, ein täglich erscheinendes
Blatt, deren Redaktion Kinkel übernahm, während ich
als regelmäßiger Mitredakteur fungierte und täglich
einen oder mehrere Artikel zu liefern hatte. Und
schließlich wanderten wir ein- oder mehrmals jede
Woche, in der Tat so oft wir Zeit fanden, nach den
umliegenden Ortschaften hinaus, um den Landleuten
das politische Evangelium der neuen Zeit zu predigen
und auch dort demokratische Vereine zu organisieren.
Unzweifelhaft förderte der neunzehnjährige Journalist
und Volksredner sehr viel unverdautes Zeug zutage,
aber er glaubte aufrichtig und heiß an seine Sache und
würde jeden Augenblick bereit gewesen sein, für das,
was er sagte und schrieb, sein Herzblut einzusetzen.

Mehrere Schleswig-Holsteiner kamen nach Bonn, und
von diesen trat mir Adolf Strodtmann, der später sich
in der deutschen Literatur einen angesehenen Namen
erworben hat, besonders freundschaftlich nahe. Er war
der Sohn eines protestantischen Pfarrers in Haders-
leben, einer kleinen Stadt im Herzogtum Schleswig.
Vater und Sohn hingen mit Begeisterung der deutsch-
nationalen Sache an, und der junge Adolf, der kurz vor
dem Ausbruch der schleswig-holsteinischen Erhebung das Gymnasium absolviert hatte, trat sogleich

in das Studentenfreikorps ein. Wenige hätten zum Kriegsdienst untauglicher sein können, denn er war nicht allein sehr kurzsichtig, sondern auch recht taub. Er erzählte uns oft mit viel Humor von seiner einzigen kriegerischen Tat. In dem Treffen bei Bau, wo das Studentenkorps von den Dänen überrascht und übel zugerichtet wurde, merkte er an dem allgemeinen Tumult, daß etwas Ungewöhnliches los sei. Die Kommandos, die gegeben wurden, verstand er nicht; doch stellte er sich in eine Reihe mit mehreren andern, fand sich aber bald im Pulverdampf allein. «Dann», setzte er hinzu, «schoß ich meine Büchse zweimal ab, weiß aber bis zu diesem Augenblick nicht, ob ich in der richtigen oder verkehrten Richtung geschossen. Ich sah so schlecht, daß ich die Dänen von den Unsrigen nicht unterscheiden konnte. Ich fürchte gar, ich habe in der verkehrten Richtung geschossen, denn plötzlich fühlte ich etwas wie einen starken Schlag in den Rücken, fiel hin und blieb liegen, bis mich die Dänen aufhoben und fortschafften. Es fand sich, daß ich in den Rücken geschossen worden und daß die Kugel durch und durch gegangen war. Natürlich kann mich nur ein Däne in den Rücken geschossen haben; und da ich während des Gefechts auf demselben Fleck stehenblieb, muß ich von Anfang an den Dänen den Rücken gekehrt und in der Richtung der Unsrigen geschossen haben.»

Gefährlich verwundet, wurde Strodtmann auf die «Dronning Maria», das dänische Gefangenenschiff, gebracht und nach einiger Zeit ausgewechselt. Nach seiner Genesung, die merkwürdig schnell erfolgte,

kam er zur Bonner Universität, um Sprachen und
Literatur zu studieren.

Im Laufe des Sommers empfingen Kinkel und ich den
Auftrag, unsern Klub bei einem Kongresse demokratischer Vereine in Köln zu vertreten. Diese Versammlung, in der ich mich sehr schüchtern und durchaus
schweigsam verhielt, ist mir dadurch merkwürdig
geblieben, daß ich dort mehrere der hervorragenden
Männer jener Zeit zuerst von Angesicht zu Angesicht
sah, unter andern den Sozialistenführer Karl Marx. Er
war damals 30 Jahre alt und bereits das anerkannte
Haupt einer sozialistischen Schule. Der untersetzte,
kräftig gebaute Mann mit der breiten Stirn, dem
pechschwarzen Haupthaar und Vollbart und den dunkeln blitzenden Augen zog sofort die allgemeine Aufmerksamkeit auf sich. Er besaß den Ruf eines in seinem
Fache sehr bedeutenden Gelehrten, und da ich von
seinen sozialökonomischen Entdeckungen und Theorien äußerst wenig wußte, so war ich um so begieriger,
von den Lippen des berühmten Mannes Worte der
Weisheit zu sammeln. Diese Erwartung wurde in einer
eigentümlichen Weise enttäuscht. Was Marx sagte,
war in der Tat gehaltreich, logisch und klar. Aber
niemals habe ich einen Menschen gesehen von so
verletzender, unerträglicher Arroganz des Auftretens.
Keiner Meinung, die von der seinigen wesentlich
abwich, gewährte er die Ehre einer einigermaßen re-
spektvollen Erwägung. Jeden, der ihm widersprach,

behandelte er mit kaum verhüllter Verachtung. Jedes ihm mißliebige Argument beantwortete er entweder mit beißendem Spott über die bemitleidenswerte Unwissenheit oder mit ehrenrühriger Verdächtigung der Motive dessen, der es vorgebracht. Ich erinnere mich noch wohl des schneidend höhnischen, ich möchte sagen, des ausspuckenden Tones, mit welchem er das Wort «Bourgeois» aussprach; und als «Bourgeois», das heißt als ein unverkennbares Beispiel einer tiefen geistigen und sittlichen Versumpfung, denunzierte er jeden, der seinen Meinungen zu widersprechen wagte. Es war nicht zu verwundern, daß die von Marx befürworteten Anträge in der Versammlung nicht durchdrangen, daß diejenigen, deren Gefühl er durch sein Auftreten verletzt hatte, geneigt waren, für alles das zu stimmen, was er nicht wollte, und daß er nicht allein keine Anhänger gewonnen, sondern manche, die vielleicht seine Anhänger hätten werden können, zurückgestoßen hatte.

Im ganzen war der Sommer 1848 für mich eine Zeit voll von Mühen und Sorgen. Die Zeitung, die agitatorische Tätigkeit in Klubs und Volksversammlungen und dabei meine Studien luden mir eine schwere Last von Arbeit auf, wobei – ich muß es gestehen – meine Studien mir keineswegs als die Hauptsache galten.

Diese Tätigkeit hatte jedoch auch ihre heitere Seite, welcher der jugendliche Sinn keineswegs unzugänglich war. Wir Studenten erfreuten uns bei der Landbevölkerung einer sehr großen Popularität, und selbst von seiten derjenigen, die nicht mit uns derselben politischen Richtung huldigten, ward uns allenthalben eine freundliche Aufnahme – nicht selten so freundlich, daß sich unsere Anwesenheit an dem Platz unserer agitatorischen Wirksamkeit zu einem fröhlichen Fest gestaltete. Auch verbanden wir zuweilen planmäßig das gesellschaftliche Vergnügen mit politischen Demonstrationen. So gab es denn patriotische Kneipereien genug und zuweilen nächtliche Auszüge bei Fackelschein nach einem beliebten Punkt bei Bonn, der Kessenicher Schlucht, wo wir, um flackernde Feuer gelagert, mit patriotischen Reden und Gesang und sonstigen Auslassungen des jugendlichen Übermutes uns bis zum Dämmern des Morgens vergnügten. Die interessanteste Erinnerung dieser Art aus jener Zeit, die mir immer noch besonders lebhaft im Gedächtnis steht, ist die an den Studentenkongreß in Eisenach, der im September 1848 stattfand und dem ich als Vertreter der Bonner Studentenschaft beiwohnte.

Es war dies die erste größere Reise meines Lebens. Bis dahin war ich niemals vom elterlichen Hause weiter entfernt gewesen, als man in einem Tage zu Fuß gehen oder in wenigen Stunden in einem Dampfboot fahren kann. Zum erstenmal an jenem heiteren sonnigen Septembertage hatte ich den Vollgenuß einer Rheinreise auf der ganzen Strecke von Bonn nach Mainz, und ich gab mir Mühe, die beunruhigenden Gedanken abzuweisen, die durch allerlei verworrene Gerüchte von einem Aufruhr und Straßenkampf, der in Frankfurt im Gange sei, geweckt wurden. In der Tat fand ich diese Gerüchte abends bei meiner Ankunft in Frankfurt in erschütternder Weise bestätigt.

Als ich auf meinem Wege nach Eisenach in Frankfurt ankam, biwakierten die siegreichen Truppen auf den Straßen um ihre Wachtfeuer; die Barrikaden waren noch nicht ganz hinweggeräumt, das Pflaster war noch mit Blutspuren befleckt; überall hörte man den schweren Tritt von Patrouillen. Nur mit Mühe machte ich meinen Weg nach dem «Gasthof zum Schwan», wo ich einer Verabredung gemäß einige Heidelberger Studenten treffen sollte, um in ihrer Gesellschaft die Reise bis Eisenach fortzusetzen. Gedrückten Herzens saßen wir bis tief in die Nacht zusammen; denn wir alle fühlten, daß die Sache der Freiheit und der Nationalsouveränität einen furchtbaren Schlag erlitten hatte. Die Königlich Preußische Regierung hatte dem Nationalparlament, das die Souveränität des deutschen Volkes repräsentierte, erfolgreich Schach geboten. Diejenigen, die sich «das Volk» nannten, hatten ein Attentat gemacht auf die aus der Revolution hervorgegangene Verkörperung der Volkssouveränität, und diese hatte gegen den Haß des Volkes Schutz suchen müssen bei der bewaffneten Macht der Fürsten. Damit war der im März begonnenen Revolution tatsächlich das Rückgrat gebrochen. So weit sahen wir freilich noch nicht. Doch fühlten wir, daß großes Unheil geschehen war. Nur richtete der jugendliche Mut sich an der Erwartung auf, daß das Verlorene durch eine günstige Wendung der Dinge, und besonders durch energische und wohlgeleitete Aktionen wiedergewonnen werden könnte.

Am nächsten Tage besuchte ich mit meinen Freunden die Galerie der Paulskirche, in der das Nationalpar-

lament saß. Ich erinnere mich wohl der Männer, deren
Anblick ich am begierigsten suchte. Auf der Rechten
war es Radowitz, dessen feingeschnittenes, etwas
orientalisch angehauchtes Antlitz wie das verschlosse-
ne Buch der Geheimnisse der Reaktionspolitik erschien; im Zentrum Heinrich von Gagern mit seiner
imposanten Gestalt und seinen scheinbar gewitter-
schweren Brauen; auf der Linken der Silenuskopf
Robert Blums, der wohl als das Ideal eines Volksman-
nes gelten konnte, und die kleine eingeschrumpfte
Figur des alten Ludwig Uhland, dessen Lieder wir so
oft gesungen und der nun mit so rührender Treue zu
dem stand, was er als das gute Recht seines Volkes
erkannte.

Am Abend ging's weiter nach Eisenach, und bald
fand ich mich inmitten einer ebenso heiteren wie
anziehenden Gesellschaft. Das freundliche Städtchen
Eisenach, am Fuße der Wartburg liegend, wo Luther
die Bibel in gutes Deutsch übersetzt und dem Teufel
das Tintenfaß an den Kopf geworfen, war schon von
der alten Burschenschaft als Schauplatz ihrer großen
Demonstrationen gewählt worden wenige Jahre nach
den Freiheitskriegen, als es galt, Fürsten und Völker an
die in bedrängter Zeit gemachten Versprechungen und
erregten Hoffnungen zu erinnern. Auch im Frühling
1848 hatte sich bereits eine Studentenversammlung
dort eingefunden, ohne jedoch bestimmte Resultate
ihrer Verhandlungen zu hinterlassen. Der Zweck unseres Studentenkongresses im September nun bestand
hauptsächlich in der Bildung einer nationalen Organisation der deutschen Studentenschaften mit einem

Vorort, um gemeinsames Auftreten und Handeln gelegentlich zu erleichtern. Dann sollten auch allerlei Reformen zur Sprache kommen, die auf den Universitäten nötig seien, von denen jedoch, soviel ich mich erinnern kann, niemand sich ganz klare Rechenschaft geben konnte. Wir hielten unsere Sitzungen in dem Saale der «Klemda», einem Vergnügungsort, wo wir uns parlamentarisch organisierten, so daß das Reden in aller Ordnung vor sich gehen konnte. An oratorischen Leistungen fehlte es denn auch keineswegs. Da fast alle deutschen Universitäten, die österreichischen eingeschlossen, Deputierte zu diesem Studentenkongreß geschickt hatten, so war die Versammlung recht zahlreich und enthielt viele junge Leute von ungewöhnlicher Begabung. Diejenigen, die vor allen anderen die Aufmerksamkeit der Versammlung sowie des Publikums auf sich zogen, waren die Wiener, von denen sich neun oder zehn eingefunden hatten. Sie erschienen alle in der schmucken Uniform der damals weitberühmten «akademischen Legion» – schwarze Filzhüte mit Straußenfedern; dunkelblaue Röcke mit einer Reihe schwarzer glänzender Knöpfe; schwarz-rot-goldene Schärpen; hellgraue Hosen; Schleppsäbel mit stählernem durchbrochenem Korbgriff; silbergraue Radmäntel mit Rot gefüttert. Diese Uniform war überaus kleidsam und hatte etwas Ritterliches. Auch schien man in Wien darauf bedacht gewesen zu sein, die hübschesten Leute für den Studentenkongreß auszuwählen; wenigstens waren diese Deputierten fast alle junge Männer von auffallender Schönheit, hochgewachsen und bärtig, meist etwas älter als wir andern. Als die Bürger von Eisenach, die uns überhaupt mit der herzlichsten Freundlichkeit empfangen hatten, uns einen Ball gaben, schien alle Konkurrenz mit den Wienern um die Gunst des schönen Geschlechts vergeblich. Die Wiener zeichneten sich auch keineswegs nur durch ihre äußere Erscheinung aus. Sie hatten bereits eine Geschichte, die sie zum Gegenstande allgemeinen Interesses machte und in hohem Grade an die Phantasie appellierte.

Obgleich in mehreren Universitätsstädten die Studenten bei dem ersten Ausbruch der revolutionären Bewegung mehr oder minder in den Vordergrund getreten waren, so hatten sie doch nirgendwo eine so hervorragende und wichtige Rolle gespielt wie in Wien. Ihnen war in großem Maße die Erhebung zu verdanken, die den Fürsten Metternich stürzte. Sie, als «akademische Legion» organisiert, die, wenn ich nicht irre, gegen 6000 Mann zählte, bildeten den Kern der bewaffneten Macht der Revolution. In dem «Zentralkomitee», das aus einer gleichen Anzahl von Studenten und Mitgliedern der Bürgergarde bestand und das den Volkswillen der Regierung gegenüber geltend machte, übten sie den entscheidenden Einfluß aus. Von allen Teilen des Landes her kamen Deputationen von Bürgern und Bauern, um der «Aula», dem Hauptquartier der Studenten, dieser plötzlich erstandenen und im Volksglauben allmächtigen Autorität, ihre Beschwerden und Bitten vorzulegen. Als das Ministerium Pillersdorf-Latour ein neues Preßgesetz erließ, das zwar die Zensur aufhob, aber doch noch mancherlei Beschränkungen enthielt, forderte Pillersdorf die Studen-

ten ausdrücklich auf, über das Gesetz ihr Urteil auszusprechen; und es waren die Studenten, die am 15. Mai
1848 an der Spitze des bewaffneten Volkes durch ihre
entschlossene Haltung der Militärgewalt gegenüber
die Regierung zwangen, eine oktroyierte Verfassung
zurückzunehmen und die Berufung einer konstituierenden Versammlung zu verheißen. Verschiedenen
Versuchen der Regierung gegenüber, die akademische
Legion aufzulösen, behaupteten die Studenten sich
siegreich. Ja, sie zwangen endlich das Ministerium, in
die Entfernung des Militärs aus der Hauptstadt und in
die Bildung eines «Sicherheitsausschusses» zu willi-
gen, der vornehmlich aus Mitgliedern der Studentenschaft bestand und dem eine unabhängige und so
umfassende Machtvollkommenheit übertragen wurde, daß er in wichtigen Dingen als fast gleichberechtigt
neben dem Ministerium stand; – so durfte zum Beispiel ohne seine Zustimmung keine Militärmacht zur
Verwendung kommen. Man hätte ohne große Übertreibung sagen können, daß eine Zeitlang die Wiener
Studenten Österreich regierten.

Es war daher nicht zu verwundern, daß wir die
Wiener Legionäre, die in so kurzer Zeit so viel Geschichte gemacht, als die Helden des Tages anstaunten
und mit begieriger Aufmerksamkeit ihren Erzählungen lauschten von ihren eigenen Taten und von dem
Stande der Dinge in Österreich. Leider ließen diese
Erzählungen weitere schwere Kämpfe, wenn nicht gar
ein tragisches Ende voraussehen, und unsere Wiener
Freunde waren sich dessen wohl bewußt. Sie machten
sich keine Illusion darüber, daß die Siege Radetzkys in

Italien über die Heere des Piemonteser Königs Karl
Albert dem Heere neues Prestige und der reaktionären
Hofpartei neue Macht gaben; daß diese Partei planmäßig die Tschechen gegen die Deutschen hetzte und
gebrauchte; daß durch die Gegenwart der von den
Studenten selbst verlangten konstituierenden Versammlung in der Hauptstadt die revolutionären Auto-
ritäten an Ansehen schwer gelitten hatten; daß in der
Bürgergarde und dem Sicherheitsausschuß selbst unheilvolle Zwistigkeiten ausgebrochen waren; daß die
Hofpartei von all diesen Dingen Vorteil ziehe und die
erste günstige Gelegenheit ergreifen werde, mit allen
Früchten der Revolution im allgemeinen und mit der
Studentenschaft insbesondere aufzuräumen, und daß
es bald zu einem blutigen Entscheidungskampfe kommen müsse.

Diese Vorahnungen legten sich zuweilen wie finste-
re Schatten auf unsere sonst so heitere Geselligkeit,
und es bedurfte der ganzen Elastizität des Jugendmuts,
um sie mit der Hoffnung hinwegzuschmeicheln, daß
schließlich doch wohl noch alles gut ausschlagen werde. Plötzlich, während wir andern noch allerlei Ausflüge um Eisenach her und andere Festlichkeiten planten,
erklärten unsere Wiener Freunde, daß von der «Aula»
brieflich empfangene Nachrichten über die drohende
Lage der Dinge sie nötigten, sofort nach Wien zurückzukehren, und sie schieden von uns mit dem eigentlichen «morituri salutamus». – «In wenigen Tagen
werden wir in Wien eine Schlacht zu schlagen haben»,
sagte einer, «und dann könnt ihr auf den Totenlisten
nach unseren Namen suchen.» Ich sehe ihn noch vor

mir – er war ein bildschöner Mann namens Valentin –,
der diese Worte sprach. So zogen die bewunderten
Legionäre von dannen, und wir mochten nicht daran
denken, wie furchtbar und wie schnell diese Voraussa-
gung sich erfüllen könne.

Bald mußten auch wir Zurückgebliebenen an die
Heimreise denken. Der einzige praktische Zweck, den
der Studentenkongreß haben konnte, war erfüllt. Die
allgemeine Organisation der deutschen Studentenschaft war beschlossen und der Vorort bezeichnet.
Anlaß zu weitern Sitzungen gab es nicht. Auch fing bei
mehreren von uns das Geld an auszugehen. Aber mit
jeder Stunde wurde die Trennung schwerer. Wir hatten einander so liebgewonnen und unser Zusammen-
sein war so genußreich, daß wir unsere ganze Er-
findungsgabe anstrengten, um wenigstens noch ein
paar Tage zu gewinnen. So wurde denn unter denen,
die sich diesem Plan anschließen wollten, und ihrer waren nicht wenige, ein Zensus des noch vorhandenen
Vermögens aufgenommen, um daraus eine gemeinsame Kasse zu bilden, aus der die Kosten des weitern
Zusammenseins bestritten werden sollten, nach Zu-
rücklegung des für die Heimreise eines jeden nötigen
Betrages. Auf diese Weise gewannen wir wirklich
noch einige Tage, die wir uns dann anschickten, nach
Herzenslust zu genießen. Sofort wurden einige Ausflüge geplant, deren einer beinahe ein böses Ende
genommen hätte.

Eines Nachmittags zogen wir zur Wartburg hinauf.
Dort sollten ein paar Fäßchen Bier geleert und ein
Imbiß verzehrt werden, und dann wollten wir nach

Einbruch der Dunkelheit mit Fackelbeleuchtung den Berg herunter nach Eisenach zurückmarschieren. Da die lustigen Studenten unterdessen große Lieblinge der Eisenacher geworden waren, so begleitete uns eine bunte Menge nach der Wartburg, um sich an unserem Vergnügen mitzufreuen. Darunter waren weimarische Soldaten in nicht geringer Zahl, die in Eisenach in Garnison lagen. Nun wurden während unserer Fahrt von einigen von uns, wie das eben der Geist der Zeit mit sich brachte, politische Reden gehalten; und da die Erbitterung gegen die Fürsten, besonders gegen den König von Preußen, wegen des Malmöer Waffenstillstandes noch große Wogen schlug, so fielen einige dieser Reden in einen entschieden republikanischen Ton. Allmählich erhitzten sich die Köpfe, und ehe wir's uns versahen, warfen mehrere der Soldaten ihre Mützen in die Luft, ließen die Republik hochleben und erklärten, daß sie sich unter den Befehl der Studenten stellen wollten. Unterdessen war der Abend gekommen, und die ganze Gesellschaft zog mit brennenden Fackeln und patriotische Lieder singend die waldige Höhe hinunter gen Eisenach. Das Schauspiel war reizend; aber die durch die Reden bei den Soldaten hervorgebrachte Wirkung hatte mir doch die Lust daran einigermaßen verdorben. Soviel ich wußte, bestand kein Einverständnis, das einem Aufstande in Thüringen irgendwelche Unterstützung gesichert haben würde, und harmlose Leute, besonders Soldaten, zu einem plan- und aussichtslosen revolutionären Versuch anzuregen, der für sie die schlimmsten Folgen haben konnte, schien im höchsten Grade verwerflich.

Am nächsten Morgen hörte ich folgendes: Ein großer
Teil der Menge, die an unserem Wartburgfest teilgenommen, hatte, nachdem der Zug Eisenach erreicht,
sich nach einem großen Vergnügungslokal, «Die Erholung» genannt, begeben; dort war das Redenhalten
fortgesetzt worden; die Zahl der Soldaten unter den
Zuhörern hatte sich bedeutend vermehrt; diese hatten
dann so ziemlich einstimmig und in immer tumultua-
rischerer Weise die Republik hochleben lassen und
schließlich einigen herbeigekommenen Offizieren, die
ihnen sich zu entfernen befahlen, förmlich den Gehorsam verweigert. Während der Nacht hatte sich die
Aufregung unter den Soldaten noch verbreitet und
gesteigert, bis sich tatsächlich die militärische Besatzung von Eisenach im Zustande der Meuterei befand.
Die Offiziere hatten, wie es schien, alle Kontrolle
verloren. Am nächsten Morgen kamen Trupps von
Soldaten zu uns mit dem Verlangen, daß die Studenten
sich an ihre Spitze stellen sollten. So war die Sache nun
von den Aufwieglern von gestern nicht gemeint gewesen, und diese mußten sich nun alle Mühe geben,
weitern Unfug zu verhüten. Von Weimar, wohin die
Behörden das Geschehene berichtet hatten, kam tele-
graphischer Befehl, daß die in Eisenach stehenden
Kompagnien sofort per Eisenbahn dorthin befördert
werden sollten. Aber die Soldaten weigerten sich
standhaft zu gehen; sie wollten bei den Studenten
bleiben. Nun wurde die Bürgerwehr von Eisenach
aufgeboten, um die Soldaten zum Abmarsch zu zwingen. Aber als die Bürgerwehr in Reih und Glied auf
dem Markt aufgestellt war, zeigte sie nicht die gering-

ste Lust, einen solchen Auftrag zu übernehmen. Auch sie amüsierte sich damit, den Studenten Hochrufe zu bringen. Die Verlegenheit wurde immer größer. Endlich gelang es uns, die Offiziere der meuterischen Truppen zu überreden, das Ganze sei nur ein lustiger und leichtsinniger Studentenstreich gewesen, und man müßte es den Soldaten nicht anrechnen, daß sie in der allgemeinen Heiterkeit des Augenblicks und gar im Rausch mit den Studenten fraternisiert hätten. Die Offiziere ließen sich denn auch herbei, scheinbar wenigstens, die Sache von der scherzhaften Seite anzusehn, und wir versprachen ihnen, die Soldaten zum pflichtschuldigen Gehorsam zurückzubringen, wenn sie uns von der Regierung das Versprechen verschaffen wollten, daß den von den Studenten zu einem tollen Streich verführten Leuten nichts Schlimmes geschehen werde. Dies Versprechen kam sofort, und nun ließen sich die Soldaten auch bald von uns überreden, sich ruhig wieder unter die Fahne zu stellen. Glücklicherweise war es damals in deutschen Kleinstaaten noch möglich, derartige Dinge auf so gemütliche Weise beizulegen. In Preußen würde ein solcher Vorfall zu sehr ernsten Folgen geführt haben.

Nach dieser Leistung fühlten wir, daß es nun wirklich Zeit sei, Eisenach zu verlassen und nach Hause zu gehen.

Die Demokraten in Bonn, unter denen wir Studenten eine hervorragende Rolle spielten, ließen es an De-

monstrationen nicht fehlen. Eine Steuerverweige-
rungserklärung seitens der Studenten sah einigermaßen wie ein Spaß aus, da diese ja keine Steuern zahlten.
Das von uns zu lösende Problem bestand also darin,
andere Leute vom Steuerzahlen abzuhalten, und diese
Aufgabe faßten wir im weitesten Sinne auf. Es schien
uns, wir könnten einen wirkungsvollen Schlag führen,
indem wir vorerst die «Schlacht- und Mahlsteuer»,
eine Steuer auf hereingebrachte Lebensmittel, die an
den Stadttoren erhoben wurde, abschafften. Zu diesem Ende vertrieben wir die Steuerbeamten von den
Toren. Dies gefiel den Bauern, die auch sogleich in
großer Zahl bereit waren, ihre Produkte steuerfrei in
die Stadt zu bringen. Daraus entstanden Konflikte mit
der Polizei, in denen wir jedoch zu Anfang leicht
Meister blieben.

Nun schien es uns nötig, uns der Maschinerie der
Steuerverwaltung in größerer Ausdehnung zu bemächtigen, und am nächsten Tage begab sich ein
Komitee, von welchem auch ich ein Mitglied war, auf
das Rathaus, um von demselben Besitz zu ergreifen.
Der Bürgermeister empfing uns recht höflich, hörte
ruhig an, was wir ihm über die bindende Kraft der von
der höchsten gesetzgebenden Autorität beschlossenen
Steuerverweigerung auseinandersetzten, und suchte
dann, uns mit allerlei ausweichenden Redensarten
hinzuhalten. Endlich wurden wir ungeduldig und
verlangten eine augenblickliche und bestimmte Antwort, nach der sich unsere weiteren Maßregeln richten
würden. Plötzlich bemerkten wir eine Änderung in
des Bürgermeisters Gesichtsausdruck. Er schien auf

etwas zu horchen, das draußen vorging, und dann, immer noch höflich, aber mit einem triumphierenden Lächeln auf den Lippen, sagte er: «Meine Herren, die Antwort wird Ihnen wohl jemand anders geben. Hören Sie das?» Nun horchten auch wir auf und hörten den noch entfernten, aber sich rasch nähernden Schall einer Militärmusik, die im Marschtakt die preußische Nationalhymne spielte: «Ich bin ein Preuße, kennt ihr meine Farben!» Immer näher klang die Musik eine vom Rhein führende Straße herauf. In wenigen Minuten erscholl sie auf dem Markt und hinter ihr der schwere Marschtritt einer Infanteriekolonne, die bald den ganzen Marktplatz zu füllen schien. Unsere Unterredung mit dem Bürgermeister war natürlich damit zu Ende, und wir fanden es seinerseits recht anständig, daß er uns überhaupt von sich ließ.

Sollten die Reichssteuern, die Deutschgesinnten in Preußen ihre Hände ruhig in den Schoß legen, während ihre Regierung preußische Soldaten zur Unterdrückung der nationalen Bewegung aussandte? Am 10. Mai hatten wir in Bonn eine Versammlung der Landwehrleute aus der Stadt und der Umgegend veranstaltet. Schon während der Morgenstunden strömte eine große Menge im Saal des «Römers» zusammen. Anselm Unger, zum Vorsitzenden erwählt, ermahnte die Leute, der Einberufung durch die preußische Regierung nicht Folge zu leisten, sondern, wenn die Waffen ergriffen werden müßten, sie dann gegen die Regierung, die das deutsche Volk um seine Freiheit und Einheit bringen wolle, zu ergreifen und zur Verteidigung der Reichsverfassung zu führen. Die Leute nahmen diese Ermahnung mit allen Zeichen warmen Einverständnisses auf. Die Versammlung dauerte den ganzen Tag. Die Zahl der herbeikommenden Landwehrleute wurde immer größer. Verschiedene Redner sprachen zu ihnen, alle in demselben Sinne und, wie es schien, mit derselben Wirkung. Es war unter uns beschlossen, den Schlag gegen das Zeughaus in Siegburg noch diese Nacht zu führen und so die von der Regierung beabsichtigte Bewaffnung der Landwehrleute selbst zu übernehmen. Zu diesem Zwecke mußten die Leute während des Tages zusammengehalten werden, um in möglichst großer Zahl an dem nächtlichen Zuge nach Siegburg teilzunehmen.

Die Leute zusammenzuhalten war nicht leicht. Etwas Geld war aufgebracht worden, um sie während des Tages zu speisen. Aber das allein genügte nicht. Kinkel, nachdem er noch seine letzte Vorlesung in der Universität gehalten hatte, sprach nachmittags um vier Uhr zu der Versammlung im «Römer». Mit glühenden Worten fachte er die patriotischen Gefühle seiner Zuhörer an, ermahnte sie dringend zusammenzubleiben, da jetzt die Stunde des entscheidenden Handelns gekommen sei, und versprach ihnen am Schluß seiner Rede, bald wieder unter ihnen zu erscheinen, um im Augenblick der Gefahr ihr Schicksal mit ihnen zu teilen.

Ich brachte einen Teil des Tages in der Versammlung zu, den größeren aber im Exekutivkomitee oder,

wie es genannt wurde, im «Direktorium» des demokratischen Vereins, das in einer Hinterstube der
Kammschen Wirtschaft in Permanenz saß. Dort empfing es die laufenden Berichte von Elberfeld und von
den demokratischen Vereinen der Umgegend über
deren Aktionsbereitschaft, und dort wurden die Anordnungen für den Marsch nach dem Siegburger
Zeughause in der kommenden Nacht festgestellt und
die Rollen verteilt. Kinkel und Unger sollten die
Landwehrleute und andere, die an der Expedition
teilzunehmen bereit waren, zusammenhalten und, so
gut es ging, organisieren, um sie dann unter Annekes
militärischem Kommando über den Rhein zu bringen,
während Kamm, Ludwig Meyer, ich und noch ein
anderer Student dafür sorgen sollten, daß die Fähre
oder «fliegende Brücke», die gewöhnlich des Nachts
auf der anderen Rheinseite bei dem Dorfe Beuel
festlag, unserem Unternehmen rechtzeitig zu Dienste
sei.

Es gab den ganzen Tag des geschäftigen Hin- und
Herrennens so viel, daß manche der Einzelheiten mir
nicht mehr ganz klar im Gedächtnisse stehen. Ich
erinnere mich jedoch lebhaft genug, daß, sooft ich auf
der Straße erschien, ich von Freunden unter den
Studenten festgehalten und gefragt wurde, was im
Winde sei und ob sie mitmarschieren sollten, und daß
ich ihnen sagte, für was ich selbst mich entschlossen
hätte, in dieser großen Krisis zu tun, und daß jeder von
ihnen seine Entschlüsse ebenfalls auf eigene Verantwortung fassen müsse. Nach den fieberhaften Aufre-

gungen der letzten Tage war ich zu der desperaten
Fassung gekommen, die zu dem Äußersten bereit ist.
Es war mir klar, daß, wenn irgendwelche der Früchte
der Revolution gerettet werden sollten, jetzt alles
gewagt werden müsse. In diesem Sinne sprach ich zu
meinen Freunden, ohne weitere Versuche der Überredung.

Sehr lebhaft erinnere ich mich auch, wie ich bei dem
letzten Abenddämmerlicht nach Hause ging, um meinen Eltern zu sagen, was geschehen werde und was ich
für meine Pflicht halte, um dann von den Meinigen
Abschied zu nehmen. Seit dem Ausbruch der Revolution hatten meine Eltern an der Entwicklung der
Dinge das wärmste Interesse genommen. Sie waren
immer für die Sache des einigen Deutschland und einer
volkstümlichen Regierung aufrichtig begeistert gewesen. Ihre politischen Gesinnungen stimmten daher mit
den meinigen aufs innigste überein. Mein Vater war
Mitglied des demokratischen Vereins und freute sich,
mich unter dessen Führern zu sehen und reden zu
hören. Die edle Natur meiner Mutter hatte immer
dem, was sie für Recht hielt, mit tief enthusiastischem
Eifer angehangen. Beide hatten den Gang der Ereignisse hinreichend beobachtet, um die Katastrophe
kommen zu sehen. Die Ankündigung, die ich ihnen zu
machen hatte, überraschte sie daher nicht. Ebensowenig kam es ihnen unerwartet, daß ich an dem Unternehmen, das so gefahrvoll und für mich so folgen-
schwer aussah, persönlich teilnehmen werde. Ohne
weiteres erkannten sie meine Verpflichtung an.
Freilich ruhten all ihre Hoffnungen für die Zukunft auf

mir. Ich sollte im Kampf ums Dasein die Stütze der Familie sein. Aber ohne eines Augenblicks Zaudern und ohne ein Wort der Klage gaben sie alles hin für das, was sie für eine Pflicht der Ehre und des Patriotismus ansahen. Wie eine der spartanischen Frauen oder der römischen Matronen, von denen wir lesen, holte meine Mutter mit eigener Hand meinen Säbel aus der Ecke und gab ihn mir mit der einzigen Ermahnung, ich solle ihn ehrenhaft führen. Und nichts hätte ihrer Seele dabei fremder sein können als der Gedanke, daß in dieser Handlung etwas Heroisches lag.

Ehe ich das Haus verließ, verweilte ich noch einen Augenblick in meinem Zimmer. Wir wohnten damals auf der Koblenzer Straße und von meinem Fenster hatte ich einen freien Blick auf den Rhein und das Siebengebirge, jene Aussicht, die an Lieblichkeit in der ganzen Welt ihresgleichen sucht. Wie oft hatte ich, in den Anblick dieses anmutigen Bildes versunken, mir träumend eine schöne, ruhige Zukunft aufgebaut! Nun konnte ich in der Dunkelheit nur die Konturen meiner geliebten Berge gegen den Horizont stehend unterscheiden. Hier war meine Arbeitsstube, still wie sonst. Wie oft hatte ich sie mit meinen Phantasien bevölkert! Da waren meine Bücher und Manuskripte, alle von Plänen, Bestrebungen und Hoffnungen zeugend, die ich nun vielleicht auf immer hinter mir lassen sollte. Ein instinktives Gefühl sagte mir, daß es damit nun wirklich vorbei sei. Ich ließ alles liegen, wie es eben lag, kehrte der Vergangenheit den Rücken und ging meinem Schicksal entgegen.

Indessen war ich darauf bedacht, den mir geworde-

nen Auftrag zu erfüllen. Ich ging zu einer verabredeten
Stelle am Rheinufer hinunter, wo ich einen Genossen
fand – ich glaube, es war Ludwig Meyer –, mit dem ich
in einem Kahn über den Rhein setzte. Drüben empfing
uns der bereits früher angekommene Kamm; er präsentierte sich in einem Reisekittel mit einem Säbel an
der Seite und einer Kugelbüchse in der Hand. Wir
nahmen sofort von der «fliegenden Brücke» Besitz,
ließen sie nach Bonn hinüberschwingen und brachten
sie gegen Mitternacht mit Menschen bedeckt nach
der rechten Rheinseite zurück. Es war die Truppe, die
nach Siegburg marschieren und dort das Zeughaus
nehmen sollte. Kinkel erschien mit der Muskete
auf der Schulter. Unger saß zu Pferde, mit einem Säbel
bewaffnet. Ein Fuhrmann namens Bühl, der in Bonn
als der Führer eines anrüchigen Elementes galt,
hatte sich ebenfalls zu Pferde eingefunden. Die übrigen waren zu Fuß, die meisten bewaffnet, aber nur
wenige mit Schießgewehren. Mir hatte man eine
Kugelbüchse mitgebracht, aber ohne passende Munition.

Anneke ordnete die Schar und teilte sie in Sektionen
ein. Er fand, daß eine Truppe nicht ganz 120 Mann
zählte, und konnte sich nicht enthalten, seiner Enttäuschung bitteren Ausdruck zu geben. Es hatten sich
eben viele, die der Versammlung im «Römer» beigewohnt, in der Dunkelheit stille beiseite geschlichen, als
das Zeichen zum Abmarsch gegeben wurde. Es mag
sein, daß mancher patriotische Impuls, der am Morgen
frisch und tatkräftig war, in den langen Stunden, die
zwischen dem Entschluß und dem Augenblick des

Handelns verstrichen, abgestumpft wurde und der
Müdigkeit des Abends erlegen war.

Nachdem wir nun in Kolonne formiert worden,
hielt Anneke eine kurze Ansprache, in der er die
Notwendigkeit der Disziplin und des Gehorsams her-
vorhob, und dann wurde marsch! kommandiert.
Schweigend ging es nun in der Dunkelheit vorwärts
auf Siegburg zu. Wir waren vielleicht eine gute halbe
Stunde marschiert, als einer unserer beiden Reiter
nachgesprengt kam mit dem Bericht, daß die in Bonn
stationierten Dragoner uns auf den Fersen seien, um
uns anzugreifen. Eigentlich hätte diese Kunde niemand überraschen sollen, denn während des Tages
und Abends waren die Vorbereitungen zu dem nächtlichen Zuge so öffentlich betrieben worden, daß es
erstaunlich gewesen wäre, hätten die Behörden nicht
davon Kunde erhalten und dann Maßregeln getroffen,
den Zweck der Expedition zu vereiteln. Überdies
hatten wir vergessen, die «fliegende Brücke» hinter
uns dienstuntauglich zu machen. Nichtsdestoweniger
brachte die Meldung von dem Herannahen der Dragoner in unserer Schar viel Aufregung hervor. Anneke
befahl unserem Reiter, zurückzueilen und sich zu
vergewissern, wie nahe und wie stark der uns nachset-
zende Trupp Dragoner sei. Unterdessen wurde unser
Marsch beschleunigt, damit wir noch vor der Ankunft
der Dragoner den Übergang über den Siegfluß bei
Siegburg-Müldorf bewerkstelligen möchten, um dem
Feinde die Passage streitig zu machen. Aber dies
mißlang. Lange ehe wir den Siegfluß hätten erreichen
können, erklang in geringer Entfernung hinter uns das

Trabsignal der Dragoner. Anneke, der offenbar der Kampffähigkeit seiner Schar nicht traute, ließ sofort haltmachen und sagte den Leuten, sie seien augenscheinlich nicht imstande, den herankommenden Truppen erfolgreichen Widerstand zu leisten; sie sollten daher auseinandergehen und, wenn sie sich der Sache des Vaterlandes weiter widmen wollten, ihren Weg nach Elberfeld finden oder nach der Pfalz, wie er es tun werde. Dieses Zeichen zur Auflösung wurde sofort befolgt. Die meisten zerstreuten sich in den umliegenden Kornfeldern, während einige von uns, etwa zwanzig, an der Seite der Straße stehenblieben. Die Dragoner ritten ruhig im Trabe durch auf Siegburg zu. Es waren ihrer nur etliche dreißig, also nicht genug, uns zu überwältigen oder selbst auf der Straße durchzudringen, hätten diejenigen von uns, die Feuerwaffen trugen, einen geordneten Widerstand geleistet.

Als nun die Dragoner zwischen uns durchgeritten waren und sich der Unsrigen nur wenige in der Dunkelheit auf der Straße zusammenfanden, überkam mich ein Gefühl tiefer, grimmiger Beschämung. Unser Unternehmen hatte also nicht nur einen unglücklichen, sondern einen lächerlichen, schmachvollen Ausgang genommen.

Vor einer Handvoll Soldaten war unsere mehr als dreimal so starke Schar, ohne einen Schuß zu feuern, auseinandergelaufen. So bewahrheiteten sich die großen Worte derer, welche der Freiheit und Einheit des deutschen Volkes Gut und Blut, Leib und Leben zu opfern versprochen. – Ich suchte Kinkel, konnte ihn aber in der Finsternis nicht finden. Endlich stieß ich auf

Kamm und Ludwig Meyer. Sie fühlten beide wie ich, und wir beschlossen sofort, vorwärts zu gehen und zu sehen, was sich noch werde tun lassen. So marschierten wir denn den Dragonern nach und trafen in der kleinen Stadt Siegburg kurz vor Tagesanbruch ein. Der dortige demokratische Verein, mit dem wir Verbindung unterhalten und dessen Führer uns in der vergangenen Nacht erwartet hatten, benutzte einen Gasthof, der «Reichenstein» genannt, als sein Hauptquartier. Dorthin begaben wir uns. Unsere demokratischen Freunde waren frühmorgens zur Stelle, und mit ihnen berieten wir eifrig die Frage, ob nicht trotz des armseligen Fehlschlages der vergangenen Nacht und der Besetzung des Zeughauses durch·die Dragoner das Zeughaus dennoch genommen und ein Aufstand organisiert werden könnte, um unseren bedrängten Gesinnungsgenossen in Düsseldorf und Elberfeld Luft zu machen. Die Stimmung unserer Siegburger Freunde klang wenig ermutigend. Ich war in einer fieberhaften Aufregung, die durch neue Nachrichten von Elberfeld noch gesteigert wurde. Obgleich todmüde, konnte ich nicht schlafen. Im Laufe des Tages sammelte sich eine große Menschenmenge, einberufene Landwehrleute und andere aus der Umgegend. Bald wurden Reden gehalten, und ich forderte direkt und wiederholt zur Stürmung des Zeughauses auf. Ein Gerücht drang zu mir, daß während des Tages in Bonn ein Kampf zwischen Bürgern und Militär ausgebrochen sei, und das Gerücht teilte ich der versammelten Menge mit, mußte aber, nachdem spätere Nachrichten angekommen, zu meiner Beschämung gestehen, daß

ich übel berichtet gewesen. Ich war außer mir vor
Begierde, die Schmach der letzten Nacht auszuwa-
schen und für unsere Sache auch unter ungünstigen
Umständen noch das Äußerste zu versuchen. Meine
Reden wurden immer heftiger, aber umsonst. Der
Abend kam, die Menge verlief sich, und ich mußte mir
endlich gestehen, daß die Leute, die wir vor uns hatten,
nicht zu einer entschlossenen Tat angefeuert werden
konnten. Unger, Meyer und ich beschlossen, dahin zu
gehen, wo gekämpft wurde, machten uns auf den Weg
nach Elberfeld und erreichten unser Ziel am nächsten
Tage.

Dort fanden wir Barrikaden auf den Straßen, viel
Lärm in den Wirtshäusern, eine nur geringe Zahl von
Bewaffneten und weder systematisches Kommando
noch Disziplin. Hier war offenbar kein Erfolg in
Aussicht. Hier konnte es nichts geben als einen von
vornherein hoffnungslosen Kampf oder gar eine sofortige Kapitulation. «Hier ist es nichts», sagte ich zu
Unger, «ich gehe nach der Pfalz.» Meyer war bereit,
mich zu begleiten. Wir befanden uns bald an Bord
eines rheinaufwärts fahrenden Dampfers. Ich ordnete
brieflich an, daß mir sofort einige Sachen zu meiner
Ausrüstung an unsern schon erwähnten braven Fran-
konenfreund, den Wirt Nathan in St. Goarshausen,
nachgeschickt werden sollten, und am Abend desselben Tages waren wir im Schatten des Lurleifelsens
unter Nathans gastlichem Dach.

Nach den furchtbaren Aufregungen der letzten vier
Tage kam ich da zum erstenmal wieder zu ruhiger
Besinnung. Als ich von einem langen und tiefen Schlaf

erwachte, erschien mir das Vergangene wie ein wüster Traum, und dann doch als grelle, furchtbare Wirklichkeit. Der Gedanke ging mir durch den Kopf, daß ich nun, obgleich vorläufig in Nathans Hause sicher genug, doch eigentlich jetzt ein von der Obrigkeit Verfolgter, ein Landflüchtiger sei; denn es war nicht denkbar, daß die Regierung einen Versuch zur Stürmung eines Zeughauses ungeahndet werde passieren lassen.

Dies war ein eigentümlich unbehagliches Gefühl; ein viel häßlicheres aber, daß ich auf die Handlung, der ich meine Ächtung verdankte, obgleich ich sie nach wie vor für recht und patriotisch hielt, doch nicht stolz sein konnte, da sie einen so schmählichen Ausgang genommen – schmählich genug in der Tat, um mir die Rückkehr zu meinen Freunden unmöglich zu machen, solange diese Schmach nicht ausgewaschen sei. Am tiefsten aber grämte es mich, nun zu wissen, daß alle Aufstandsversuche in Preußen fehlgeschlagen seien und daß jetzt die preußische Regierung imstande sein werde, ihre ganze Macht gegen die Aufständischen in Baden und in der Pfalz zu wälzen.

Die Lehrjahre waren zu Ende, die Wanderschaft begann. Meyer und Wessel fuhren rheinabwärts nach Bonn zurück, ich allein rheinaufwärts nach Mainz.

In Mainz angekommen, erfuhr ich von einem Mitgliede des dortigen demokratischen Vereins, daß Kinkel bereits durch die Stadt passiert sei, um nach der Pfalz

zu gehen; so wanderte ich denn weiter nach Kaiserslautern. Dort fand ich auch sogleich Kinkel und Anneke, beide im besten Humor. Sie begrüßten mich
herzlich und quartierten mich im Gasthof zum
«Schwan» ein, wo ich vorläufig, wie Kinkel sagte,
mich redlich nähren und einen guten pfälzischen
Nachtschlaf genießen sollte; am nächsten Tage werde
man mir schon etwas zu tun geben.

Am andern Morgen war ich früh auf den Beinen,
erfrischt und tatendurstig. Mit besonderer Begierde
beobachtete ich, wie ein in Aufstand befindliches Volk
sich in der äußeren Erscheinung ausnahm. Ich fand,
daß die Gäste im Wirtshaus ruhig frühstückten wie
sonst. Ich hörte sagen, daß der Sohn des Schwanen-
wirts dieser Tage seine Hochzeit feiern werde und daß
große Vorbereitungen im Gange seien. Auf den Straßen ging es allerdings recht lebhaft zu – hier Leute, die
ihre gewöhnlichen Geschäfte zu besorgen schienen, da
Trupps von jungen Männern in bürgerlicher Kleidung
mit Musketen auf den Schultern, die offenbar zu der in
der Bildung begriffenen Volkswehr gehörten; dazwischen Soldaten in der bayerischen Uniform, die zum
Volke übergegangen waren – und sogar Polizisten,
leibhaftige Gendarmen in ihrer Amtstracht, mit dem
Säbel an der Seite und augenscheinlich in der Ausübung der gewöhnlichen Funktionen des Sicher-
heitsdienstes. Nun waren meinem von Rheinpreußen
hergebrachten Gefühl die Begriffe «Gendarm» und
«Freiheit» unvereinbar, und es kostete den Schwanen-
wirt einige Mühe, mich verstehen zu machen, daß
diese Gendarmen sich auf die Reichsverfassung hatten

einschwören lassen, nun der provisorischen Regierung
dienten und überhaupt ganz gute Kerle seien. Überhaupt fand ich, obgleich unzweifelhaft die Führer ihre
sehr sorgenvollen Stunden hatten, die Bevölkerung im
ganzen in einer in hohem Grade gemütlich heiteren
Stimmung, den Reiz des Augenblicks rückhaltlos ge-
nießend, scheinbar ohne sich viel mit dem Gedanken
an das zu quälen, was der kommende Tag bringen
werde. Das war eine allgemeine Sonntagsnachmit-
tagslaune, ein wahrer Picknickhumor – äußerst liebenswürdig, aber wenig mit dem Bilde übereinstimmend, das ich mir von dem Ernst dieser revolutionären Situation gemacht hatte. Bald erkannte ich, daß
diese fröhlich leichte Auffassung der Dinge mit dem
des pfälzischen Volkscharakters wohl übereinstimmte.

Aber die pfälzischen und badischen Führer hätten
von vornherein mit der Tatsache rechnen müssen, daß
die äußerste Anstrengung der Kräfte der beiden kleinen Länder nicht hinreichen konnte, der vereinigten
Macht der deutschen Fürsten, oder selbst Preußen
allein, die Spitze zu bieten. Es gab keine Hoffnung des
Erfolges, wenn sich nicht die Volkserhebung über
Baden und die Pfalz hinaus auf das übrige Deutschland
ausbreitete. Zu diesem Ende hätten die beiden provisorischen Regierungen alle nur einigermaßen marsch-
fähigen Leute über die Grenzen werfen sollen, um die
Truppen und die Bevölkerung der benachbarten Staaten, zuerst die von Hessen und Württemberg, in die
aufständische Bewegung hineinzuziehen und, im Falle
des Gelingens, auf dieselbe Weise immer weiter vorzudringen. Ein junger badischer Offizier, Franz Sigel, der

von der provisorischen Regierung zum Major avanciert worden war, erkannte dies klar genug und riet zur Invasion von Württemberg. Die provisorische Regierung erlaubte ihm eine Bewegung auf hessisches Gebiet mit schwachen Kräften. Aber er wurde bald zurückbefohlen. Zu einem offensiven, propagandistischen Vorgehen konnten sich die provisorischen Regierungen von Baden und der Pfalz nicht entschließen. Sie sahen nicht, daß defensives Erwarten der feindlichen Streitkräfte die unfehlbare Niederlage der Volkstruppen und das totale Fehlschlagen der Erhebung bedeutete. Sie klammerten sich noch immer an die Hoffnung, daß die preußische Regierung doch noch im letzten Augenblick von einem tatsächlichen Angriff auf die Verteidiger der Reichsverfassung zurückschrecken oder, wenn nicht, daß die preußische Landwehr sich weigern werde, auf ihre für das gemeinsame Recht aufgestandenen Brüder zu schießen. Was die Landwehr nun auch getan haben möchte, hätte ein mit kühner Entschlossenheit und Siegesmut vordringendes Volksheer sie auf ihrem eigenen Boden aufgesucht und so an ihre Sympathie appelliert – man könnte schwerlich von ihr erwarten, daß sie sich für eine ängstlich zurückhaltende, und anscheinend sich selbst aufgebende Sache opfern werde. Aber wie klar dies auch zur Zeit den badischen und pfälzischen Führern hätte sein sollen, die provisorischen Regierungen beharrten darauf, innerhalb der Landesgrenzen den Angriff zu erwarten.

Ich kann mich nicht rühmen, die Situation damals so klar durchschaut zu haben wie später. Freilich hatte ich

eine Ahnung davon; aber dann tröstete ich mich mit
dem Gedanken, die Führer, viel ältere Leute als ich,
müßten doch besser wissen, was zu tun sei; und
schließlich hielt mich mein hoffnungsvoller Jugend-
mut aufrecht, der mir wieder und wieder sagte, eine
so gerechte Sache wie die unsrige könne unmöglich
untergehen. Schon am Tage nach meiner Ankunft in
Kaiserslautern hatte ich mich in eins der Volkswehrba-
taillone, die organisiert wurden, als Soldat wollen
einreihen lassen. Aber Anneke riet mir, damit nicht zu
eilig zu sein, sondern mich ihm anzuschließen; da er
Chef der pfälzischen Artillerie sei, so könne er mir eine
meinen Fähigkeiten mehr angemessene Stellung verschaffen. In der Tat brachte er mir ein paar Tage darauf
ein Leutnantspatent, das er mir von der provisorischen
Regierung erwirkt hatte, und so wurde ich Aide-de-
Camp im Stabe des Artilleriechefs. Kinkel fand Ver-
wendung als einer der Sekretäre der provisorischen
Regierung. Die pfälzische Artillerie bestand nur aus
den Böllern der rheinhessischen Freikorps, aus einem
halben Dutzend ähnlicher kleiner Kanonen, von denen
man sagte, sie würden im Gebirgskriege recht nützlich
sein, und aus einer später von der badischen provisorischen Regierung erstandenen Sechspfünderbatterie.
Das Wirkungsfeld des Artilleriechefs und seines Stabes
war also ein sehr beschränktes, und ich ließ mir's
gefallen, bis zum Ausbruch der Feindseligkeiten auch
in politischen Angelegenheiten beschäftigt zu werden.
So hatte ich zuweilen bei Volksversammlungen mitzuwirken, welche man zur Anfeuerung des patriotischen
Eifers veranstaltete; und einmal wurde mir sogar der

Auftrag, als Kommissar der provisorischen Regierung
die Verhaftung eines katholischen Pfarrers zu bewerkstelligen, der seinen Einfluß in seiner Gemeinde –
einem großen Bauerndorf von etwa 3000 Einwohnern
– offen dazu benützte, die jungen Leute von dem
Eintritt in die Volkswehr abzuhalten. Dies galt nun für
eine Art von Hochverrat an der neuen Ordnung der
Dinge. Da der Pfarrer für desperat genug gehalten
wurde, sich dem Verhaftsbefehl der provisorischen
Regierung gegenüber zur Wehr zu setzen, so wurde
mir eine Abteilung Volkswehr von etwa 50 Mann
mitgegeben, um mir bei der Ausführung meines Auftrags Hilfe zu leisten. Diese bewaffnete Macht sah
allerdings nicht sehr achtunggebietend aus. Der sie
kommandierende Leutnant war in gewöhnlichen Zi-
vilkleidern, aber mit einem befiederten Kalabreserhut,
einer schwarz-rot-goldenen Schärpe und einem Säbel
ausgestattet. Bei der Mannschaft gab es nur eine
einzige militärische Uniform, und zwar die eines
französischen Nationalgardisten, der aus Straßburg
herübergekommen war, um das Revolutionsvergnü-
gen in der Pfalz mitzumachen. Die übrigen Leute
trugen ihre bürgerlichen Kleider etwa mit einem Fe-
derschmuck auf dem Hut. Musketen fanden sich in der
Truppe weniger als ein Dutzend; darunter einige mit
alten Feuersteinschlössern. Der Rest der Bewaffnung
bestand aus Spießen und geradegestellten Sensen. Ich
selbst zeichnete mich als Regierungskommissar durch
eine über Schulter und Brust geworfene schwarz-rot-
goldene Schärpe und einen Schleppsäbel aus. Außerdem trug ich im Gürtel eine Pistole ohne Munition. So

ausgerüstet, marschierten wir über Land dem Dorfe
zu, in dem der hochverräterische Pfarrer sein Unwesen
trieb. In der Nähe des Dorfes angelangt, machten wir
halt, und da unter meinen Leuten niemand war, der in
dem Dorfe Bescheid wußte, so wurden drei Mann
ohne Waffen vorausgeschickt, um die Lage des Pfarrhauses auszukundschaften. Zwei von ihnen sollten,
um es zu beobachten, dort bleiben, und der dritte zu
uns zurückkehren, um der Expedition als Wegweiser
zu dienen. So geschah es.

Als ich an der Spitze meiner bewaffneten Macht in das
Dorf einmarschierte, fand ich die Straßen wie ein Bild
stillen Friedens. Es war ein schöner, sonniger Som-
mernachmittag. – Die männliche Bewohnerschaft,
Ackerbauern, arbeitete auf dem Felde. Nur einige alte
Leute und kleine Kinder ließen sich an den Türen der
Häuser oder an den Fenstern sehen, unsern abenteuerlichen Aufzug mit blöder Verwunderung anstarrend.
Ich muß gestehen, daß ich mir einen Augenblick recht
sonderbar vorkam. Aber meine amtliche Pflicht ließ
mir keine Wahl. Rasch wurde mit einer Abteilung
meiner Truppe das Pfarrhaus umzingelt, damit mir
mein Hochverräter nicht etwa durch eine Hintertür
entwischen könne. Die Hauptmacht blieb in Reih und
Glied auf der Straße stehen. Ich selbst klopfte an die
Tür des Hauses und befand mich bald in einer einfachen, aber behaglich ausgestatteten Stube dem Pfarrer
gegenüber. Er war ein noch junger Mann, etwa 35
Jahre alt, kräftige untersetzte Gestalt, wohlgebildeter
Kopf mit lebhaften, klug blitzenden Augen. Ich suchte

eine strenge, martialische Miene anzunehmen und
machte ihn sofort in kurzen Worten mit meinem
Auftrag bekannt, legte ihm, wie ich gehört und gelesen
hatte, daß es beim Verhaften üblich sei, die Hand auf
die Schulter und nannte ihn meinen Gefangenen. Zu
meinem Erstaunen brach er in helles Lachen aus, das
echt schien.

«Mich verhaften wollen Sie?» rief er. «Das ist nicht
übel. Sie sind offenbar Student. Ich bin auch Student
gewesen. Ich kenne das. Die ganze Geschichte ist ja nur
ein Witz. Trinken Sie eine Flasche Wein mit mir.»
Dabei öffnete er die Stubentür und rief einem Dienst-
mädchen zu, sie möge Wein bringen.

Es verdroß mich, daß er in mir sogleich den Studenten entdeckt hatte und daß ihm der Ausdruck amtli-
cher Autorität in meinen Mienen nicht imponieren
wollte. «Machen Sie sich fertig, Herr Pastor», entgegnete ich in möglichst strengem Ton. «Dies ist kein
Spaß. Sie haben in Ihrer Gemeinde die Organisation
der Volkswehr verhindert. Solch verräterisches Treiben kann die provisorische Regierung nicht dulden.
Im Namen der provisorischen Regierung habe ich Sie
verhaftet. Sie müssen mit. Machen Sie keine Umstände. Ihr Haus ist von Soldaten umzingelt. Zwingen Sie
mich nicht, Gewalt zu brauchen!»

«Gewalt! Das möchte ich sehn!» rief er, und in seinen
Augen flammte etwas auf wie Zorn und Herausforderung. Aber er bezwang sich und fuhr in ernstem, aber
ruhigem Ton fort: ‹So große Eile hat es doch wohl
nicht, daß Sie nicht noch ein Wort anhören könnten.
Da kommt das Mädchen mit dem Wein, und wenn ich

doch fort muß, erlauben Sie mir, noch ein Glas mit Ihnen zu trinken, auf Ihr Wohl. Es ist ja richtig; ich habe meine armen Bauernburschen nicht in die Volkswehr wollen eintreten lassen, um sich für nichts und wieder nichts totschießen zu lassen. Sie denken doch auch nicht, daß dieser kopflose Aufstand gewinnen kann. In wenigen Tagen werden die Preußen Ihre provisorische Regierung über die Grenze gejagt haben. Wozu denn dieser Unsinn, der noch vielen Leuten das Leben kosten kann?» Dabei zog er den Pfropfen aus der Flasche und schenkte zwei Gläser voll. Ich hatte nicht Zeit zu überlegen, ob ich, durstig wie ich war, mit meinem Gefangenen trinken sollte oder nicht, als ich die Glocke des nahen Kirchturms heftig anschlagen hörte und dann immer heftiger und rascher. Das konnte nichts anderes sein als Sturmgeläute. Hatten die Bauern von der ihrem Pastor drohenden Gefahr Wind bekommen, und rief diese Sturmglocke sie zu seinem Schutz zusammen? Der Pfarrer schien die Sache sogleich zu verstehen. Ein schlaues Lächeln flog über seine Züge.

«Wieviel Mann haben Sie denn da draußen?» fragte er.

«Genug», antwortete ich.

Ich öffnete das Fenster und sah, wie von allen Seiten Bauern herbeikamen, mit Dreschflegeln, Heugabeln und Knütteln bewaffnet. Meine Leute standen noch in Reih und Glied auf der Straße. Einige von ihnen fingen an, sich ein wenig ängstlich nach den herbeieilenden Bauern umzusehen. Ich befahl dem Leutnant, unsere Mannschaft mit dem Rücken gegen das Haus zu stellen und niemanden hereinzulassen. Im Falle eines Angriffs solle er die Tür bis aufs Äußerste verteidigen. Ich wies ihn an, denselben Befehl den Leuten zu schicken, welche die Hintertür des Pfarrhauses bewachten. Die Menge der herzueilenden Bauern schwoll immer mehr an. Drohende Ausrufe ließen sich hören. Die Situation wurde offenbar bedenklich. Ob die Handvoll Volkswehrleute dem großen Haufen fanatischer Bauern gewachsen sein würde, schien sehr fraglich.

Der Pfarrer lächelte noch immer. «Meine Pfarrkinder lassen sich für mich totschlagen», sagte er. «Es scheint mir, daß Ihre bewaffnete Macht in der Gewalt dieser Bauern ist.»

Da schoß mir ein glücklicher Gedanke durch den Kopf. «Jedenfalls sind Sie, Herr Pastor, in meiner Gewalt», antwortete ich, indem ich meine Pistole aus dem Gürtel zog und den Hahn spannte. Der Pfarrer würde noch mehr gelächelt haben, hätte er gewußt, daß die Pistole nicht geladen war. Er hielt sie offenbar für gefährlich, und sein Lächeln verschwand plötzlich. «Was wollen Sie von mir?» fragte er.

«Ich will», sagte ich mit einer äußerlichen Kaltblütigkeit, die ich innerlich nicht fühlte, «ich will, daß Sie unverzüglich an dieses Fenster treten und Ihre Bauern recht eindringlich ermahnen, sofort ruhig nach Hause zu gehen. Sie werden hinzusetzen, daß Sie mit der Regierung Geschäfte im Interesse Ihrer Gemeinde haben, daß Sie in Begleitung Ihres Freundes hier, das bin ich, nach der Stadt gehen werden, um diese Geschäfte abzumachen, und daß diese bewaffneten Volkswehrmänner dazu gekommen sind, Sie unter-

wegs gegen alle Gefahr und Belästigung zu schützen.
Während Sie diese Rede an die Bauern halten, stehe ich
mit dieser Pistole hinter Ihnen. Machen Sie Ihre Sache
gut, Herr Pastor. Die provisorische Regierung wird es
Ihnen anrechnen.»

Der Pfarrer sah mich einen Augenblick verdutzt an
und lächelte wieder; aber es war ein verlegenes Lächeln. Die Pistole in meiner Hand gefiel ihm augenscheinlich nicht. Dann trat er wirklich ans Fenster und
wurde von den Bauern mit lauten Ausrufen empfangen. Er gebot Ruhe und sagte genau das, was ich
ihm vorgeschrieben hatte. Er machte seine Sache
vortrefflich. Die Bauern gehorchten ihm ohne Zaudern, und es wurde still auf der Straße. Der Pfarrer und
ich tranken nun unsere Flasche Wein in aller Gemütlichkeit. Bei eintretender Dämmerung verließen wir
das Haus durch die Hintertür und wanderten miteinander über Land der Stadt zu wie zwei alte Freunde, in
heiterem Gespräch, die bewaffnete Macht ein paar
hundert Schritte hinter uns. Unterwegs spielte ich mit
meiner Pistole, indem ich sie in die Luft warf und mit
der Hand wieder auffing. «Nehmen Sie sich doch in
acht», sagte der Pfarrer, «die Pistole könnte losgehen.»

«Unmöglich, Herr Pastor», antwortete ich. «Sie ist
ja gar nicht geladen.»

«Was», rief er, «nicht geladen? Und ich – na, das ist
ein kapitaler Spaß!»

Wir blickten einander an und brachen beide in helles
Gelächter aus. Ich berichtete der provisorischen Regie-
rung, wie der Pfarrer mir und meinen Leuten aus der
Patsche geholfen, und er wurde sehr glimpflich behan-

delt und bald wieder nach Hause geschickt. Man hatte
auch an viel wichtigere Dinge zu denken.

Am 23. Juni rückten wir nach Ubstadt vor, und dort
empfingen wir die Kunde, daß wir am nächsten Morgen mit dem preußischen Vortrab zusammentreffen
und uns zu schlagen haben würden. Die Aufträge, die
ich von meinem Chef empfing, hielten mich bis nach
Einbruch der Dunkelheit zu Pferde, und es war spät,
als ich mein Quartier im Wirtshaus zu Ubstadt erreichte. Mein Chef hatte sich schon zur Ruhe gelegt. Von
allen Seiten hörte ich das Schnarchen der Schlafenden.
Nur die Wirtstochter, eine stramme Jungfrau von 25
Jahren und sehr resolutem Wesen, schien noch geschäftig zu sein. Ich bat sie um einen Bissen Brot und
eine Lagerstätte und erhielt beides mit einem kräftigen
Sprüchlein über die «verfluchten Preußen», die in dem
«badischen Ländle» nichts zu tun hätten und die wir
tüchtig durchklopfen und dann heimschicken sollten.
Nun erwartete ich die feierliche Stimmung «am
Abend vor der Schlacht», von der ich hier und da
gelesen hatte. Aber sie kam nicht. Ich schlief sogleich
ein, nachdem ich mich auf mein Lager hingestreckt.
    Auch am andern Morgen, dem «Morgen vor der
Schlacht», wollte mir nicht feierlich zumute werden.
Es schien mir fast, als ob über solche «Stimmungen»
sehr viel Unwirkliches phantasiert würde. In meinem
späteren Leben habe ich die Erfahrung gemacht, daß
sie allerdings vorkommen, aber doch nur ausnahms-

weise. Gewöhnlich wenden sich die Gedanken am Morgen vor der Schlacht einer Menge von Dingen prosaischer Natur zu, unter denen das Frühstück eine nicht unwichtige Stelle einnimmt. So ging es uns auch an jenem Morgen in Ubstadt. Wir waren beizeiten im Sattel und sahen bald in einiger Entfernung vor unserer Front blinkende Lanzenspitzen auftauchen, die sich uns mit mäßiger Schnelligkeit näherten. Dies bedeutete, daß die Preußen eine oder mehrere Schwadronen Ulanen als Plänkler vorgeschickt hatten, denen die Infanterie und Artillerie demnächst zum Angriff folgen würden. So verschwanden denn die Ulanen, nachdem sie aus ihren Karabinern einige Schüsse abgegeben, die von unserer Seite erwidert wurden, und dann entwickelte sich immer lebhafter das Geknatter des Infanteriefeuers. Bald wurden auch auf beiden Seiten Geschütze aufgefahren, und die Kanonenkugeln flogen mit ihrem eigentümlichen Sausen herüber und hinüber, ohne viel Schaden zu tun. Anfangs war meine Aufmerksamkeit gänzlich in Anspruch genommen durch die Befehle, die mein Chef mir zu überbringen oder auszuführen gab. Aber nachdem unsere Artillerie postiert war und wir ruhig zu Pferde in ihrer Nähe hielten, hatte ich Muße genug, mir meine Gedanken und Gefühle zum Bewußtsein kommen zu lassen. Ich erlebte da wieder eine Enttäuschung. Ich war zum erstenmal «im Feuer». Ganz ruhig fühlte ich mich nicht. Die Nerven waren in nicht gewöhnlicher Erregung. Aber diese Erregung war weder die der heroischen «Kampfesfreude» noch die der Furcht. Da die feindlichen Geschütze zunächst ihr Feuer auf unsere

Artillerie richteten, so sauste eine Kanonenkugel nach
der andern dicht über unsere Köpfe, wo wir standen.
Ich fühlte zuerst eine starke Neigung, wenn ich dies
Sausen recht nahe über mir hörte, mich zu ducken;
aber es fiel mir ein, daß sich dies für einen Offizier nicht
schicke, und so blieb ich denn stramm aufrecht.
Ebenso zwang ich mich, nicht zu zucken, wenn eine
Musketenkugel dicht bei meinem Ohr vorbeipfiff. Die
Verwundeten, die vorübergetragen wurden, erregten
mein lebhaftes Mitgefühl; aber der Gedanke, daß mir
im nächsten Augenblick ähnliches passieren könne,
kam mir nicht in den Sinn. Ich sah ein Volkswehrba-
taillon, welches gegen eine feindliche Batterie geführt
worden war, in Unordnung zurückkommen und
sprengte, einem plötzlichen Impuls gehorchend, hinüber, um das Bataillon ordnen und wieder vorführen
zu helfen – war aber auch ganz zufrieden, als ich
bemerkte, wie der Bataillonsführer dies selbst besorgte. Als nun später mein Chef mich wieder mit Befehlen
hin und her schickte, verging mir das bewußte Emp-
finden ganz, und ich dachte an nichts als den auszufüh-
renden Auftrag und den Gang des Gefechts, wie ich
ihn beobachten konnte. Kurz, ich fühlte wenig oder
nichts von jenen stürmischen, unwiderstehlichen Erregungen, die ich mir als unzertrennlich von einer
Schlacht gedacht hatte, glaubte jedoch die Überzeugung gewonnen zu haben, daß ich mich unter ähnlichen Umständen immer werde anständig benehmen
können.

Übrigens war das Gefecht bei Ubstadt eine verhältnismäßig geringfügige Affäre – von unserer Seite nur

dazu bestimmt, den Feind eine kurze Weile in seinem Vormarsch aufzuhalten, bis sich die badische Armee wieder in unserem Rücken geordnet haben könne, und uns langsam auf diese zurückzuziehen.

An der Murglinie, den linken Flügel an die Festung Rastatt angelehnt, nahm das vereinigte badisch-pfälzische Heer seine letzte Defensivstellung und schlug sich am 28., 29. und 30. Juni teilweise recht brav, wenn auch erfolglos. Am Nachmittag des 30. Juni schickte mich mein Chef mit einem Auftrage, Artilleriemunition betreffend, in die Festung Rastatt und instruierte mich, ihn im Fort B, einer der großen Bastionen, von denen man das Gefechtsfeld draußen übersah, zu erwarten; er werde bald nachkommen. Ich entledigte mich meines Auftrags, begab mich an den von Anneke bestimmten Platz, band mein Pferd an die Lafette eines Festungsgeschützes und setzte mich auf den Wall nieder, wo ich, nachdem ich das Gefecht eine Zeitlang beobachtet hatte, trotz dem Kanonendonner fest einschlief. Als ich erwachte, war die Sonne am Untergehen. Ich fragte die umstehenden Artilleristen nach Anneke, aber niemand hatte ihn gesehen. Ich wurde unruhig und bestieg mein Pferd, um die Stadt zu verlassen und meinen Chef draußen aufzusuchen. Am Tore angekommen, empfing ich von dem wachhabenden Offizier die Nachricht, daß ich nicht mehr hinaus könne; unser Hauptkorps sei gegen Süden zurückgedrängt worden und die Festung von den Preußen vollständig eingeschlossen. Ich galoppierte nach dem Hauptquartier des Festungskommandanten auf dem Schloß und erfuhr dort die Bestätigung des Gehörten.

Der Gedanke, in der Stadt bleiben zu müssen und Preußen ringsumher, traf mich wie ein unheilvolles Schicksal. Ich konnte mich nicht darein ergeben und fragte immer wieder, ob denn da gar kein Ausweg sei, bis endlich ein dabeistehender Offizier mir sagte: «Mir ist gerade so zumut wie Ihnen. Ich gehöre auch nicht hierher und habe an allen Punkten versucht durchzubrechen, aber es war umsonst. Wir müssen uns eben fügen und hierbleiben.» Von Anneke fand ich keine Spur. Er hatte entweder die Stadt längst verlassen oder war vielleicht gar nicht hereingekommen.

Nachdem ich alle Hoffnung des Entkommens aufgegeben, meldete ich mich bei dem Gouverneur der Festung, Oberst Tiedemann. Er war ein schlanker, hochgewachsener Mann mit feinen, regelmäßigen Zügen und einem kühnen, entschlossenen Gesichtsausdruck. Er empfing mich freundlich und attachierte mich seinem Stab. Es wurde mir bei einem Konditor namens Nusser, dessen Haus am Marktplatz stand, Quartier angewiesen. Mein Wirt und seine Gattin, offenbar Bürgersleute vortrefflichen Charakters, großer Herzensgüte und guter Lebensart, hießen mich herzlich willkommen, stellten mir ein freundliches Schlafzimmer zur Verfügung und baten mich, Gast an ihrem Tisch zu sein. Auch mein Bursche Adam, ein junger pfälzischer Volkswehrmann, der glücklicherweise mir in die Festung gefolgt, darin zurückgeblieben und mit mir zusammengetroffen war, fand im Hause behaglich Platz.

Alles dies ließ sich angenehm genug an. Aber als mein Wirt und Adam mich allein gelassen hatten und ich in der Stille meines Zimmers mir meine neue Lage ruhig überdachte, wurde mir das Herz recht schwer. Daß unsere Sache, wenn nicht ein Wunder geschah, verloren war, konnte ich mir nun nicht mehr verhehlen. Und was ein solches Wunder hätte sein mögen, konnte selbst meine jugendliche Hoffnungsfreudigkeit sich nicht mehr vorstellen. Übergehen der preußischen Landwehren zum Volksheer? Das wäre nur möglich gewesen am Anfang des Feldzuges, wenn überhaupt. Nach einer Reihe von Niederlagen war diese Möglichkeit geschwunden. Ein großer Sieg der Unsrigen im Oberlande? Undenkbar, da der Rückzug von der Murglinie unzweifelhaft unsere Streitmacht mehr durch Demoralisation schwächen mußte, als sie durch Zuzug verstärkt werden konnte. Große Siege der Ungarn im Osten? Aber die Ungarn waren weit entfernt und die Russen im Anzuge gegen sie. Eine neue Volkserhebung in Deutschland? Aber der revolutionäre Impuls hatte sich offenbar erschöpft. Da saßen wir denn in einer Festung, von den Preußen eingeschlossen. Eine längere Verteidigung der Festung konnte unserer Sache nicht mehr dienen – oder nur insofern, als sie bewies, daß ein Volksheer auch Mut besitzen und der militärischen Ehre Rechnung tragen kann. Aber unter allen Umständen konnte die Festung sich nur eine beschränkte Zeit halten. Und dann? Kapitulation. Und dann? Wir würden den Preußen in die Hände fallen. Wir geborenen Preußen hatten, wenn wir in die Hände des Prinzen Wilhelm fielen, die beste Aussicht, standrechtlich erschossen zu werden – besonders diejenigen, die, wie ich, gerade in den militärdienstpflichtigen Jahren standen. Und dabei erinnerte ich mich, daß ich kurz vor der Siegburger Affäre vor der königlichen Aushebungskommission hatte erscheinen müssen, welche, indem sie meine Eingabe um Zulassung als «Einjährig-Freiwilliger» willkürlich übersah, mich für ein Kürassierregiment bestimmte, mit Aussicht auf baldige Einberufung. Für mich würde es also gewiß keine Nachsicht geben. – Mit diesen schweren Gedanken ging ich zu Bette. Aber dennoch schlief ich gesund und wachte nicht auf bis am hellen Morgen.

Die Pflichten, die der Gouverneur mir zuwies, als ich mich wieder bei ihm meldete, waren nicht schwer. Ich hatte zu gewissen Stunden oben auf der höchsten Galerie des Schloßturmes, mit einem Fernrohr versehen, den Feind zu beobachten und von dem, was ich sah, Meldung zu machen. Dann sollte ich periodisch gewisse Wälle und Tore abgehen und die Wachtposten inspizieren, schließlich noch solche Dinge tun, die der Gouverneur, wenn ich eben zur Hand war, mir auftragen mochte. Um mir das nötige äußere Ansehen zu geben, wurde ich mit der Uniform eines regulären badischen Infanterieleutnants ausgestattet, die den abenteuerlich kostümierten pfälzischen Freischärler in einen recht anständig erscheinenden Offizier verwandelte und mir ein bis dahin kaum geahntes militärisches Gefühl gab.

Die Belagerung sollte uns auch größere Aufregungen bringen. Eines Morgens, kurz nach Tagesanbruch,
wurde ich durch einen starken Knall auf der Straße
dicht unter meinem Fenster geweckt. Indem ich auf-
sprang, kam mir der Gedanke, die Preußen möchten
während der Nacht in die Stadt gedrungen sein, und es
gäbe nun einen Straßenkampf. Ein zweiter Knall gerade über dem Hause und das prasselnde Geräusch
schwerer Körper, die auf das Dach fielen, belehrte
mich, daß die Festung beschossen werde und daß eine
Granate soeben den Schornstein meines Quartiers
umgestürzt habe. So kam denn auch Schuß auf Schuß
und Explosion auf Explosion, bald von dem Donner
der Festungsgeschütze beantwortet. Ich eilte nach dem
Hauptquartier auf dem Schloß, und da bot sich meinen
Augen ein jämmerlicher Auftritt. Der Schloßhof füllte
sich schnell mit Bürgersleuten, darunter sehr viele
Frauen und Kinder, die instinktiv in der Nähe des
Befehlshabers vor dem drohenden Unheil Schutz
suchten. Die meisten von den Erwachsenen und sogar
einige der Kinder schleppten Betten oder Kisten oder
allerlei Hausgerät auf ihren Köpfen oder unter den
Armen. Sooft nun eine Granate schnurrend über den
Schloßhof flog oder in der Nähe explodierte, warfen
die armen Menschen, von jähem Schreck überwältigt,
alles, was sie trugen, zu Boden und drängten sich
schreiend und händeringend den Gebäuden zu. Trat
dann ein Augenblick der Ruhe ein, so nahmen sie ihre
Habseligkeiten wieder auf; aber sobald eine neue Granate dahersauste, wiederholte sich die Szene. Da gab es
denn viel für die Stabsoffiziere des Gouverneurs zu

tun, um die Leute zu beruhigen und, soweit es ging, sie zeitweilig in den bombenfesten Kasematten unterzubringen. Unterdessen erschollen die Kirchenglocken, und eine Menge von Frauen mit ihren Kindern, auch nicht wenige Männer, rannten über den Markt nach der Hauptkirche, wo sie unter lautem Weinen und jammervollem Händeringen Gott um Schutz anflehten. Die Beschießung war übrigens nicht sehr ernstlich gemeint, dauerte nur wenige Stunden und richtete nicht viel Schaden an.

Die liebste meiner Pflichten war die Observation von der Höhe des Schloßturmes aus. Ich hatte dort einen herrlichen Ausblick – nach Osten tief in die Berge hinein, in welchen Baden-Baden liegt: über das lachende Rheintal mit seinen üppigen Feldern und Weingärten, seinen schattigen Wäldern und den Kirchtürmen seiner unter Obstbäumen verborgenen Dörfer, nach Süden das blühende Tal vom Schwarzwald begrenzt, nach Norden in die sich breit ausdehnende Ebene hinunter, nach Westen bis ins Elsaß jenseits des Rheins mit blauen Berglinien in der Ferne. Wie schön war dies alles! Die Natur, wie liebevoll in ihrer reichen, freigebigen Güte! Und da lag nun in all dieser scheinbar so friedlichen Herrlichkeit «der Feind», der uns eng und fest umzingelt hielt. Da sah ich seine Postenkette regelmäßig abgelöst und seine Reiterpatrouillen emsig hin und her schwärmend und uns so scharf beobachtend, damit nur ja kein Menschenkind von uns da drinnen ihnen entschlüpfen möchte. Da sah ich des Feindes Batterien bereit, auf uns Tod und Verderben zu speien. Da sah ich seine Lager wimmelnd von vielen

Tausenden von Menschen, von denen viele, ja wahrscheinlich eine große Mehrheit, so dachten wie wir
und dasselbe wünschten wie wir, vielleicht Nachbars-
kinder aus meinem heimatlichen Dorfe darunter – und
doch alle auf der Obern Geheiß jede Stunde bereit, uns
die tödliche Kugel in die Brust zu schießen. Und auf
alles dies floß in jenen Sommertagen des Himmels
schönes Sonnenlicht so warm und friedlich strahlend
herab, als wäre da nichts als Glück und Harmonie.
Alles dies so grausam unnatürlich und doch so wahr!

Das war ein sonderbares Leben in der belagerten
Festung. Da es mit Ausnahme des einen Ausfalls keine
Kampfaufregung gab, so machten wir Soldaten me-
chanisch Tag für Tag unsere Dienstroutine durch, und
die Bürgersleute gingen den Geschäften nach, die
ihnen dieser fremdartige Zustand noch übriggelassen,
alle in dumpfer Besorgnis das Schicksal erwartend, das
nicht abgewendet werden konnte. Die Welt da draußen lag weit, weit von uns in unermeßlicher Entfernung. Da saßen wir zwischen unsern Mauern und
Wällen, abgeschlossen von der ganzen Menschheit, als
hätten wir nicht zu ihr gehört. Kein Ton von ihr drang
zu uns herein als nur etwa ein ferner Trommelschall
oder Trompetensignale des uns umzingelnden Feindes. Wohl tauchten zuweilen geheimnisvolle Gerüchte
unter uns auf, von denen niemand wußte, woher sie
kamen. Unsere Truppen, hieß es einmal, sollten einen
großen Sieg im Oberlande erfochten haben und die
Preußen vor sich her treiben. Dann war in Frankreich
eine neue Revolution ausgebrochen und habe ganz
Deutschland in frische Bewegung gesetzt. Dann hat-

ten die Ungarn die vereinigten österreichischen und russischen Armeen aufs Haupt geschlagen und waren bereit, ihre siegreichen Heere mit den deutschen Revolutionären zu verbinden. Ja, einmal drängten sich gar die höheren Offiziere unserer Besatzung auf den Observationsturm, weil man wirklich in der Richtung des Oberlandes anhaltenden Kanonendonner gehört habe, der sich beständig nähere; und nun wollten sie die Staubwolken unserer heranmarschierenden Kolonnen erspähen. Aber der eingebildete Kanonendonner verstummte, alles blieb still, und man sank in das dumpfe Gefühl des dem Schicksal Verfallenseins zurück. Zuweilen versuchte man auch, sich zu vergnügen, und versammelte sich in den Weinstuben – denn die Festung war noch immer mit Wein versehen. Dann gab es wohl einen Anlauf zur Lustigkeit, aber es blieb bei dem Anlauf, denn es war, als stände hinter jedem Stuhle das dunkle Gespenst der unabwendbar nahenden Katastrophe.

Da kam eines Tages – es war in der dritten Woche der Belagerung – ein preußischer Parlamentär in die Festung, der mit einer Aufforderung zur Übergabe zugleich die Nachricht brachte, daß die badisch-pfälzische Armee längst auf schweizerisches Gebiet übergetreten sei und damit aufgehört habe, zu existieren; daß kein bewaffneter Insurgent mehr auf deutschem Boden stehe und daß das preußische Oberkommando irgendeinem Vertrauensmann, den die Besatzung von Rastatt hinausschicken möchte, um sich von diesen Tatsachen zu überzeugen, zur Ausführung dieses Auftrages Freiheit der Bewegung und sicheres Geleit

gewähren wolle. Dieses Ereignis verursachte gewaltige Aufregung. Sofort versammelte der Gouverneur in
dem Hauptsaale des Schlosses einen großen Kriegsrat,
bestehend, wenn ich mich recht erinnere, aus allen
Offizieren der Besatzung vom Kapitän aufwärts. Nach
stürmischer Beratung wurde beschlossen, das Anerbieten des preußischen Oberkommandos anzunehmen, und Oberstleutnant Corvin empfing den Auftrag, die Lage der Dinge draußen zu erforschen und,
falls er sie den Angaben des preußischen Parlamentärs
entsprechend fände, um eine möglichst günstige Kapitulation für die Besatzung von Rastatt zu unterhan-
deln.

Der Saal im Schloß, in welchem jener große Kriegsrat gehalten worden, war mir während der Belagerung
immer zugänglich gewesen, und eines der großen, mit
gelbem Seidendamast überzogenen Sofas, die den
Hauptteil seiner Möblierung ausmachten, war mein
gewöhnlicher Ruheplatz, wenn ich, von meiner Observation auf dem Schloßturm oder von meiner Runde
durch die Festungswerke ermüdet, zurückkam.

So kam ich auch am zweiten Morgen nach Corvins
Abreise, nachdem ich während der vorhergehenden
Nacht die Runde gemacht, im grauen Dämmerlicht in
den Saal und legte mich auf mein gelbdamastenes Sofa
zu kurzer Ruhe. Ich hatte wohl nur wenig geschlafen,
als ich von dem Geräusch schwerer Schritte, rasselnder
Säbel und verworrener Stimmen geweckt wurde. Aus
dem, was ich sah und hörte, schloß ich, daß Corvin
von seiner Sendung zurückgekehrt war und daß der
große Kriegsrat sich wieder versammelte. Der Gou-

verneur trat ein, gebot Ruhe und ersuchte Corvin, der
an seiner Seite stand, vor der ganzen Versammlung
seinen Bericht mündlich abzustatten. Corvin erzählte
also, er sei, von einem preußischen Offizier begleitet,
bis an die Grenze der Schweiz gefahren und habe sich
an Ort und Stelle überzeugt, daß es in Baden keine
Revolutionsarmee, ja keinen Widerstand irgendwelcher Art gegen die preußischen Truppen mehr gäbe.
Die Revolutionsarmee sei auf das schweizerische Gebiet übergetreten und habe natürlich an der Grenze
ihre Waffen und ihre ganze kriegerische Ausrüstung
abgeben müssen. Auch im übrigen Deutschland sei,
wie er sich durch die Zeitungen unterrichtet habe,
keine Spur von revolutionärer Bewegung mehr übrig.
Überall Unterwerfung und Ruhe. Selbst die Ungarn
seien durch die russische Intervention in große Bedrängnis geraten und würden bald unterliegen müssen. Kurz, die Besatzung von Rastatt sei gänzlich
verlassen und könne von keiner Seite auf Entsatz
hoffen. Und schließlich, setzte Corvin hinzu, sei ihm
im preußischen Hauptquartier angekündigt worden,
daß das preußische Oberkommando die Übergabe der
Festung auf Gnade oder Ungnade verlange und sich
auf keinerlei Bedingungen einlassen werde.

Eine tiefe Stille folgte dieser Rede. Jeder der Zuhörer
fühlte, daß Corvin die Wahrheit gesprochen. Endlich
nahm jemand – ich erinnere mich nicht, wer – das Wort
und stellte einige Fragen. Dann gab es ein Gewirre von
Stimmen, in welchem man einige Hitzköpfe von
«Sterben bis zum letzten Mann» und dergleichen
sprechen hörte, bis der Gouverneur einem ehemaligen

preußischen Soldaten, der in der Pfalz Offizier geworden war, Gehör verschaffte. Dieser sagte, er sei so bereit wie irgendeiner, unserer Sache seinen letzten Blutstropfen zu opfern, und wir Preußen, wenn wir in die Hände der Belagerungsarmee fielen, müßten wahrscheinlich sowieso sterben. Aber er rate die sofortige Übergabe der Festung an. Tue man's heute nicht, so werde man es morgen tun müssen. Man solle nicht die Bürger der Stadt mit ihren Weibern und Kindern auch noch einer Hungersnot und einer weitern Beschießung aussetzen, und alles dies umsonst. Es sei Zeit, ein Ende zu machen, was auch mit uns geschehen möge. – Es ging ein Gemurmel durch den Saal, daß dieser Mann vernünftig gesprochen; und so wurde denn der Beschluß gefaßt, daß Corvin noch einmal versuchen solle, für die Offiziere und Mannschaften der Besatzung im preußischen Hauptquartier günstige Bedingungen zu erwirken. Wenn er aber nach gemachtem Versuch die Unmöglichkeit einsehe, solche Bedingungen zu erhalten, so solle er für die Übergabe auf Diskretion die nötigen Bestimmungen abschließen. Als wir den Saal verließen, fühlten wohl die meisten von uns, daß an etwas anderes als an eine Kapitulation auf Gnade oder Ungnade kaum zu denken sei.

Es war ein schöner Sommertag. Nachmittags stieg ich noch einmal auf den Observationsturm, auf welchem ich so manche Stunde zugebracht hatte. Die herrliche Landschaft lag still vor mir im heitern, warmen Sonnenschein. Sie erschien mir sogar schöner als je zuvor. Es war mir, als müßte ich von ihr einen letzten Abschied nehmen. «Wir Preußen müssen ja wahrscheinlich sowieso sterben.» Diese Worte klangen mir in den Ohren, und ich war von ihrer Wahrheit überzeugt. Und zu diesen Preußen gehörte auch ich. Ich erinnere mich noch lebhaft der Gedanken, welche mir da auf dem Schloßturm durch den Kopf gingen. Eine Erinnerung drängte sich mir immer wieder auf, wie vor einigen Jahren mein Vater in Köln mit mir den Professor Pütz besuchte, dessen Liebling ich war; wie der Professor seine Hand auf meine Schulter legte und lächelnd zu meinem Vater sagte: «Ein hoffnungsvoller Junge!» – und wie stolz dann mein Vater mit dem Kopf nickte und mich ansah. «Mit dem hoffnungsvollen Jungen ist es jetzt wohl aus», sagte ich nun zu mir selbst. Viele der kühnen Träume von großer, segensreicher Wirksamkeit, denen ich mich früher hingegeben, fielen mir wieder ein, und es schien mir doch recht hart, aus der Welt gehen zu müssen, ehe ich etwas Tüchtiges und Würdiges darin geleistet hätte. Ein Gefühl tiefen Bedauerns kam über mich – nicht meinethalben allein, sondern auch für meine Eltern, die so viel von mir erwartet, denen ich die Stütze ihres Alters sein sollte und die nun all ihre Hoffnungen zertrümmert sähen. Schließlich blieb mir nichts übrig als der Vorsatz, wenn es denn zu Ende gehen müsse, dem Schicksal mit Mut und Würde ins Auge zu sehen.

Ich blieb auf dem Geländer der Turmgalerie sitzen, bis die Sonne untergegangen war, als hätte ich zu guter Letzt noch an der schönen Welt mich satt sehen wollen.

Gegen Tagesanbruch streckte ich mich, von Müdigkeit übermannt, im großen Schloßsaal noch einmal auf mein gewohntes Sofa, und nach einigen Stunden tiefen Schlafs wachte ich mit dem Gedanken auf: «Heute wirst du gefangen und vielleicht morgen schon totgeschossen.» Ich ging nach dem Hauptquartier, wo ich hörte, daß Corvin nichts habe ausrichten können und daß die Übergabe auf Gnade und Ungnade beschlossen sei. Um 12 Uhr mittags sollten die Truppen aus den Toren marschieren und draußen auf dem Glacis der Festung vor den dort aufgestellten Preußen die Waffen strecken. Die Befehle waren bereits ausgefertigt. Ich ging nach meinem Quartier am Marktplatz, um meinen letzten Brief an meine Eltern zu schreiben. Ich dankte ihnen darin für alle Liebe und Sorge, die sie mir erwiesen, und bat sie, mir zu verzeihen, wenn ich ihnen ihre Ergebenheit jemals übel vergolten oder ihre Hoffnungen getäuscht hätte. Ich sagte ihnen, ich habe, meiner ehrlichen Überzeugung folgend, für die Sache des Rechts und des deutschen Volks die Waffen ergriffen, und daß, wenn es mein Los sein sollte, sterben zu müssen, es ein ehrenhafter Tod sein werde, dessen sie sich nicht zu schämen brauchten. Diesen Brief übergab ich dem guten Herrn Nusser, meinem Wirt, der mir mit Tränen in den Augen versprach, ihn der Post zu übergeben, sobald die Stadt wieder offen sein werde.

Unterdessen nahte die Mittagsstunde. Ich hörte bereits die Signale zum Antreten auf den Wällen und in den Kasernen, und ich machte mich fertig, zum Hauptquartier hinaufzugehen. Da schoß mir plötzlich ein neuer Gedanke durch den Kopf.

Ich erinnerte mich, daß ich vor wenigen Tagen auf einen unterirdischen Abzugskanal für das Straßenwas-

ser aufmerksam gemacht worden war, der bei dem
Steinmauerer Tor aus dem Innern der Stadt unter den
Festungswerken durch ins Freie führte. Er war wahrscheinlich ein Teil eines unvollendeten Abzugssy-
stems. Der Eingang des Kanals im Innern der Stadt
befand sich in der Fortsetzung eines Grabens oder einer
Gosse, nahe bei einer Gartenhecke, und draußen mündete er in einem von Gebüsch überwachsenen Graben
an einem Welschkornfelde. Sobald diese Umstände zu
meiner Kenntnis gekommen waren, hatte ich daran
gedacht, daß, wenn die inneren und äußeren Mündun-
gen dieses Kanals nicht scharf bewacht würden, Kund-
schafter sich durch ihn ein- und ausschleichen könnten. Ich machte Meldung davon, aber sogleich darauf
kam die Unterhandlung mit dem Feinde, die Sendung
Corvins und die Aufregung über die bevorstehende
Kapitulation, die mir die Kanalangelegenheit aus dem
Sinne trieben. Jetzt im letzten Moment vor der Übergabe kam mir die Erinnerung wie ein Lichtblitz zurück. Würde es mir nicht möglich sein, durch diesen
Kanal zu entkommen? Würde ich nicht, wenn ich so
das Freie erreichte, mich bis an den Rhein durchschlei-
chen, dort einen Kahn finden und nach dem französischen Ufer übersetzen können? Mein Entschluß war
schnell gefaßt – ich wollte es versuchen.

Ich rief meinen Burschen, der zum Abmarsch fertig
geworden war. «Adam», sagte ich, «Sie sind ein
Pfälzer und ein Volkswehrmann. Ich glaube, wenn Sie
sich den Preußen ergeben, so wird man Sie bald nach
Hause schicken. Ich bin ein Preuße, und uns Preußen
werden sie wahrscheinlich totschießen. Ich will daher

versuchen davonzukommen, und ich weiß, wie. Sagen wir also adieu!»

«Nein», rief Adam, «ich verlasse Sie nicht, Herr Leutnant! Wohin Sie gehen, gehe ich auch.» Die Augen des guten Jungen glänzten vor Vergnügen. Er war mir sehr zugetan.

«Aber», sagte ich, «Sie haben nichts dabei zu gewinnen, und wir werden vielleicht große Gefahr laufen.» – «Gefahr oder nicht», antwortete Adam entschieden, «ich bleibe bei Ihnen.»

In diesem Augenblicke sah ich draußen einen mir bekannten Artillerieoffizier namens Neustädter vorübergehen. Er war wie ich in Rheinpreußen zu Hause und hatte früher in der preußischen Artillerie gedient.

«Wo gehen Sie hin, Neustädter?» rief ich ihm durchs Fenster zu.

«Zu meiner Batterie», antwortete er, «um die Waffen zu strecken.»

«Die Preußen werden Sie totschießen», entgegnete ich. «Gehen Sie doch mit mir, und versuchen wir davonzukommen.»

Er horchte auf, kam ins Haus und hörte meinen Plan, den ich ihm mit wenigen Worten darlegte. «Gut», sagte Neustädter, «ich gehe mit Ihnen.» Es war nun keine Zeit zu verlieren. Adam wurde sofort ausgeschickt, um einen Laib Brot, ein paar Flaschen Wein und einige Würste zu kaufen. Dann steckten wir unsere Pistolen unter die Kleider und rollten unsere Mäntel auf. In dem meinigen, einem großen, dunklen, mit rotem Flanell gefütterten Radmantel, den ich erst kürzlich aus geliefertem Zeug mir hatte machen lassen,

verbarg ich einen kurzen Karabiner, den ich besaß. Die
Flaschen und Eßwaren, die Adam brachte, wurden
auch, so gut es ging, verpackt. Unterdessen begann die
Besatzung in geschlossenen Kolonnen über den Markt
zu marschieren. Wir folgten der letzten Kolonne eine
kurze Strecke, schlugen uns dann in eine Seitengasse
und erreichten bald die innere Mündung unseres Kanals. Ohne Zaudern schlüpften wir hinein. Es war
zwischen ein und zwei Uhr nachmittags am 23. Juli.

Der Kanal war eine von Ziegelsteinen gemauerte
Röhre, etwa 4−4½ Fuß hoch und 3−3½ Fuß breit, so
daß wir uns darin in einer unbehaglichen geduckten
Stellung befanden und, um uns fortzubewegen, halb
gehen, halb kriechen mußten. Das Wasser auf dem
Boden reichte uns bis über die Fußgelenke. Als wir
weiter in das Innere des Kanals vordrangen, fanden wir
in regelmäßigen Entfernungen enge Luftschachte,
oben mit eisernen Gittern und Rosten verschlossen,
durch die das Tageslicht herabkam und den sonst
finsteren Kanal fleckweise erhellte. An solchen Stellen
ruhten wir einen Augenblick und streckten uns aus,
um das Rückgrat wieder in Ordnung zu recken. Wir
hatten unserer Berechnung nach ungefähr die Mitte
der Länge des Kanals erreicht, als ich mit dem Fuße an
ein kurzes im Wasser liegendes Brett stieß, das sich
quer zwischen die Wände des Kanals einklemmen ließ,
so daß es uns als eine Art von Bank zum Niedersitzen
dienen konnte. Auf dieser Bank, die unsere Lage ein
wenig behaglicher machte, drückten wir uns zusammen zu längerer Ruhe.

Bis dahin hatte die beständige Bewegung, zu der wir

genötigt gewesen, uns kaum zur Besinnung kommen lassen. Jetzt, auf der Bank sitzend, hatten wir Muße, unsere Gedanken zu sammeln und über das, was nun weiter zu tun sei, Kriegsrat zu halten. Ich hatte während der Belagerung oft Gelegenheit gehabt, mir die unmittelbare Umgebung der Festung genauer anzusehen, und kannte daher das Terrain, in welchem der Kanal draußen mündete, ziemlich gut. Ich schlug meinen Genossen vor, daß wir auf der Bank bis gegen Mitternacht sitzenbleiben sollten, um dann den Kanal zu verlassen und zuerst die Deckung eines nahen mit Welschkorn bepflanzten Feldes zu suchen. Von da würden wir, wenn der Himmel klar wäre, einen kleinen Teil des Weges nach Steinmauern, einem etwa eine Stunde von Rastatt entfernten, am Rhein gelegenen Dorfe, überblicken können – wenigstens hinreichend, um uns zu vergewissern, ob wir uns ohne unmittelbare Gefahr aus dem Welschkornfelde herauswagen dürften. Und so würden wir denn, von Zeit zu Zeit Deckung suchend und den Weg vor uns rekognoszierend, hoffen können, lange vor Tagesanbruch Steinmauern zu erreichen und dort einen Kahn zu finden, der uns auf das französische Ufer hinüberbrachte. Dieser Plan wurde von meinen Genossen gutgeheißen.

Während wir so miteinander zu Rate gingen, hörten wir über uns allerlei dumpfes Getöse wie das Rollen von Fuhrwerken und den dröhnenden Tritt großer Menschenmassen – woraus wir schlossen, daß nun die Preußen in die Festung einzögen und die Tore und Wälle besetzten. Als es etwas stiller geworden war,

vernahmen wir den Klang einer Turmuhr, welche die
Stunden schlug. Unsere Bank befand sich nämlich in
der Nähe eines der Luftschachte, so daß das Geräusch
der obern Welt unschwer zu uns drang. Gegen neun
Uhr abends fing es an zu regnen, und zwar so stark,
daß wir das Klatschen des herabströmenden Wassers
deutlich unterscheiden konnten. Zuerst schien uns das
schlechte Wetter der Ausführung unseres Fluchtplanes
günstig zu sein. Bald aber kam uns die Sache in einem
ganz anderen Lichte vor. Wir fühlten nämlich, wie das
Wasser in unserm Kanal stieg und bald mit großer
Heftigkeit, wie ein Gießbach, hindurchschoß. Nach
einer Weile überflutete es die Bank, auf welcher wir
saßen, und reichte uns in unserer sitzenden Stellung bis
an die Brust. Auch gewahrten wir lebendige Wesen,
die mit großer Rührigkeit um uns her krabbelten. Es
waren Wasserratten. «Wir müssen hinaus», sagte ich
zu meinen Genossen, «oder wir werden ertrinken.» So
verließen wir denn unser Brett und drangen vorwärts.
Kaum hatte ich ein paar Schritte getan, als ich in der
Finsternis mit dem Kopf gegen einen harten Gegenstand stieß. Ich betastete ihn mit den Händen und
entdeckte, daß das Hindernis in einem eisernen Gitter
bestand. Sofort kam mir der Gedanke, daß dieses
Gitter dort angebracht worden sei, um während einer
Belagerung alle Kommunikation durch den Kanal zu
verhindern. Dieser Gedanke, den ich meinen Gefährten sofort mitteilte, brachte uns der Verzweiflung
nahe. Aber als ich das Gitter mit beiden Händen
ergriff, wie wohl ein Gefangener an den Eisenstäben
seines Kerkerfensters rüttelt, gewahrte ich, daß es sich

ein wenig hin- und herbewegen ließ, und eine weitere
Untersuchung ergab, daß es nicht ganz bis auf den
Boden reichte, sondern etwa anderthalb bis zwei Fuß
davon abstand. Wahrscheinlich war es so eingerichtet,
daß es aufgezogen und heruntergelassen werden konnte, um so den Kanal zum Reinigen zu öffnen und dann
wieder zu schließen. Glücklicherweise hatte während
der Belagerung niemand von diesem Gitter gewußt
oder daran gedacht, und so war uns die Möglichkeit
des Entkommens geblieben. Freilich mußten wir, um
unter dem Gitter durchzuschlüpfen, mit dem ganzen
Körper durch das Wasser kriechen; aber das hielt uns
nicht ab. So drangen wir denn rüstig vor, und als wir
glaubten, nahe bei der Mündung des Kanals angekommen zu sein, hielten wir einen Augenblick an, um
unsere Kraft und Geistesgegenwart für den gefährlichen Moment des Hinaustretens ins Freie zu sammeln.

Da schlug ein furchtbarer Laut an unsere Ohren.
Dicht vor uns, nur wenige Schritte entfernt, hörten
wir eine Stimme «Halt! Werda?» rufen, und sogleich
antwortete eine andere Stimme. Wir standen still wie
vom Donner gerührt. In kurzer Zeit vernahmen wir
ein anderes «Halt! Werda?» in etwas größerer Entfernung. Dann wieder und wieder denselben Ruf immer
entfernter. Es war offenbar, daß wir uns unmittelbar
bei der Mündung des Kanals befanden, daß draußen
eine dichte Kette von preußischen Wachtposten stand
und daß soeben eine Ronde oder Patrouille bei dieser
Kette vorüberpassiert war. Leise, mit angehaltenem
Atem, schlich ich noch ein paar Schritte vorwärts. Da
war denn wirklich die Ausmündung des Kanals, von

so dichtem Gebüsch überwachsen, daß sie in der dunklen Regennacht fast so finster blieb wie das Innere. Aber mich geräuschlos aufrichtend, konnte ich doch die dunkeln Gestalten eines preußischen Doppelpostens dicht vor mir erkennen sowie auch das Feuer von Feldwachen in einiger Entfernung. Hätten wir nun auch, was unmöglich schien, unbemerkt ins Freie gelangen können, so wäre doch offenbar der Weg nach Steinmauern uns verschlossen gewesen.

Leise, wie wir gekommen, duckten wir uns in unsern Kanal zurück und suchten dort für den Augenblick Sicherheit. Glücklicherweise hatte der Regen aufgehört. Das Wasser war freilich noch hoch, aber es stieg doch nicht mehr. «Zurück zu unserer Bank!» flüsterte ich meinen Gefährten zu. Wir krochen unter dem Gitter durch und fanden unser Brett wieder. Da saßen wir denn, dicht aneinandergedrängt. Unsere Beratung über das, was nun zu tun sei, hatte eine gewisse Feierlichkeit. Der Worte gab es wenige, des ernsten Nachdenkens viel. Ins Feld hinaus konnten wir nicht – das war klar. Längere Zeit im Kanal bleiben auch nicht, ohne die Gefahr, bei mehr Regen zu ertrinken. Es blieb also nichts übrig, als in die Stadt zurückzukehren. Aber wie konnten wir in die Stadt zurück, ohne den Preußen in die Hände zu fallen? Nachdem wir diese Gedanken flüsternd ausgetauscht, trat eine lange Pause ein. Endlich unterbrach ich das Schweigen: «Essen und trinken wir etwas; vielleicht kommt dann Rat.» Adam packte unsere Vorräte aus, und da wir seit der Frühstückszeit des vorigen Tages – denn Mitternacht war längst vorüber – nichts genossen hatten, so fehlte es nicht an Hunger und Durst. Unser Brot war allerdings naß geworden, aber es schmeckte uns doch; ebenso die Würste. Wir erinnerten uns beizeiten, daß wir nicht den ganzen Vorrat aufzehren durften, denn wir wußten ja nicht, woher sonst die nächste Mahlzeit kommen würde. Übrigens quälte uns auch der Durst mehr als der Hunger. Seit ungefähr zwölf Stunden waren unsere Füße im Wasser gewesen und daher eisig durchkältet. Dieser Umstand, verbunden mit der Aufregung, hatte uns das Blut zu Kopf getrieben. Adam öffnete nun eine der beiden Flaschen, die er für uns gekauft, und es fand sich, daß sie Rum statt Wein enthielt. Obgleich ich gegen alles, was Branntwein hieß, immer eine starke Abneigung gehabt, so trank ich doch, wie auch meine Gefährten, in gierigen Zügen, und es schien, als bliebe das Gehirn völlig klar dabei.

Nachdem wir unsere Mahlzeit beendigt, nahm Adam das Wort. «In der Stadt habe ich eine Base», sagte er. «Ihr Haus ist nicht weit vom Eingang des Kanals. Um dahin zu kommen, brauchen wir nur durch ein paar Gärten zu gehen. Wir könnten uns da in der Scheune verbergen, bis sich etwas Besseres findet.»

Dieser Vorschlag fand Beifall, und wir beschlossen, den Versuch zu machen. In demselben Augenblicke stieg in mir ein höchst niederschlagender Gedanke auf. Ich erinnerte mich, daß wir während der Belagerung dicht bei dem Eingang des Kanals einen Wachtposten gehabt hatten. War dieser Posten von den Preußen ebenfalls besetzt worden, so saßen wir in dem Kanal zwischen zwei feindlichen Schildwachen. Ich teilte

meinen Gefährten meine Befürchtungen mit. Was war
zu tun? Vielleicht hatten die Preußen diesen Posten
noch nicht besetzt. Vielleicht konnten wir uns vorbei-
schleichen. Auf alle Fälle – nichts blieb uns übrig als der
Versuch durchzuschlüpfen.

Als wir unsere Bank verließen, um den Rückmarsch
anzutreten, hörten wir die Turmuhr draußen drei
schlagen. Ich ging voraus und erreichte bald den
letzten Luftschacht. Ich nahm die Gelegenheit wahr,
um mich aufzurichten und ein wenig zu strecken,
wobei mir etwas geschah, das auf den ersten Augenblick ein Unglück schien. Ich hatte meinen kurzen
Karabiner bei dem gebückten Gehen durch den Kanal
als eine Art von Krücke gebraucht. Indem ich mich
aufrichtete, fiel mir der Karabiner ins Wasser und
machte ein großes Geräusch. «Holla!» rief eine Stimme
just über mir. «Holla! In diesem Loch steckt was!
Kommt hierher!» Und in demselben Augenblicke
kam ein Bajonett, wie eine Sondiernadel, von oben
herunter durch das Gitter, welches das Luftloch deckte. Ich hörte es, wie es an die eisernen Stäbe des Gitters
anstieß, und wich der Spitze desselben durch rasches
Bücken aus. «Nun schnell hinaus!» flüsterte ich meinen Genossen zu, «oder wir sind verloren.» Mit wenigen hastigen Schritten erreichten wir das Ende des
Kanals. Ohne uns umzusehen, sprangen wir über eine
Hecke in den nächsten Garten und gewannen in
schnellem Lauf einen zweiten Zaun, der ebenso über-
stiegen wurde. Atemlos blieben wir dann in einem
Felde hoher Gartengewächse stehen, um zu horchen,
ob uns jemand folge. Wir hörten nichts. Es ist wahr-

scheinlich, daß das Fallen meines Karabiners ins Wasser die Aufmerksamkeit der Wachtposten in der unmittelbaren Umgebung auf sich gezogen und von der
Mündung des Kanals abgewendet hatte. So mag unser
Entrinnen durch den zuerst unglücklich aussehenden
Zufall erleichtert worden sein.

Als Adam sich an userm Halteplatz orientierte,
fand er, daß wir uns dicht bei dem Hause seiner Base
befanden. Wir setzten über einen Zaun, der uns noch
von dem zu diesem Hause gehörenden Garten schied,
wurden aber von dem lauten Gebell eines Hundes
begrüßt. Um ihn zu besänftigen, opferten wir den
letzten Rest unserer Würste. Das Tor der Scheune
fanden wir offen, gingen hinein, streckten uns auf dem
an der einen Seite aufgehäuften Heu aus und fielen bald
in tiefen Schlaf.

Aber diese Ruhe sollte nicht lange währen. Ich
wachte jählings auf und hörte die Turmuhr sechs
schlagen. Es war heller Tag. Adam hatte sich bereits
erhoben und sagte, er wolle nun ins Haus zu seiner
Base gehen, um anzufragen, was sie für uns tun könne.
Nach wenigen Minuten kehrte er zurück und die Base
mit ihm. Ich sehe sie noch vor mir – eine Frau von etwa
dreißig Jahren, mit blassem Gesicht und weitgeöffneten, angstvollen Augen. «Um Gottes willen», sagte
sie, «was macht ihr hier? Hier könnt ihr nicht bleiben.
Heute morgen kommen preußische Kavalleristen als
Einquartierung. Die werden gewiß in der Scheune
nach Futter und Streu für ihre Pferde suchen. Dann
finden sie euch, und wir sind allesamt verloren.» –
«Aber nehmt doch Vernunft an, Base», sagte der gute

Adam. «Wo können wir denn jetzt hin? Ihr werdet uns doch nicht ausliefern!»

Aber die arme Frau war außer sich vor Angst. «Wenn ihr nicht geht», antwortete sie entschieden, «so muß ich es den Soldaten sagen, daß ihr da seid. Ihr könnt nicht verlangen, daß ich mich und meine Kinder für euch unglücklich mache.»

Es wurde noch mehr geredet, aber umsonst. Wir hatten keine Wahl – wir mußten die Scheune verlassen. Aber wohin? Die Frau zeigte uns durch das geöffnete Scheunentor einen von hohem und dichtem Gebüsch überwachsenen Graben auf der andern Seite des Hofes, in welchem wir uns verstecken könnten. Unsere Lage wurde verzweifelt. Da standen wir, alle drei in badischer Uniform, sofort als Soldaten der Revolutionsarmee zu erkennen. Und nun sollten wir keinen andern Zufluchtsort haben als das einen Graben deckende Gebüsch, mitten in einer Stadt, die von feindlichen Truppen wimmelte! Natürlich zögerten wir, die Scheune zu verlassen, obgleich das auch ein gefährlicher Aufenthalt war; doch bot sie uns ein Dach über dem Kopf, und vielleicht ließ sich darin ein gutes Versteck finden. Noch hofften wir, die Base werde sich erbitten lassen. Sie ging ins Haus, da sie die Ankunft der Einquartierung jeden Augenblick erwartete. Nach etwa einer halben Stunde kehrte sie zurück und sagte, die Kavalleristen seien gekommen und säßen gerade beim Frühstück. Jetzt könnten wir den Hof passieren, ohne von ihnen gesehen zu werden. Sie bestand mit solcher Entschiedenheit darauf, daß wir uns in unser Schicksal ergeben mußten. So liefen wir denn über den

Hof nach dem überwachsenen Graben, der an der entgegengesetzten Seite durch einen hohen Bretterzaun von einer Straße geschieden war. Es regnete wieder in Strömen, und in der unmittelbaren Umgebung schien sich niemand zu regen. So konnten wir denn mit einiger Sicherheit unsern neuen Zufluchtsort untersuchen. Wir fanden, daß an dem Ende des Grabens, nach dem Garten zu, Brennholz über Mannshöhe aufgestapelt war, ein hohles, an der uns zugekehrten Seite offenes Viereck bildend. Bis zu diesem Viereck konnten wir durch den von dem Gebüsch gedeckten Graben schleichen, und in dem so geschlossenen Raum waren wir so ziemlich vor den Blicken derjenigen geschützt, die etwa vorübergehen mochten. Dort setzten wir uns auf Holzblöcken nieder.

Aber was sollte nun aus uns werden? Das Unbehagen unserer erbärmlichen Lage, wie wir, bis auf die Haut durchnäßt, da saßen, würden wir schon gern ertragen haben, hätte sich nur die geringste Aussicht des Entkommens geboten. Der treue Adam, sonst so gutmütig, war heftig aufgebracht über das Benehmen seiner Base. Neustädter sah unsere Lage für hoffnungslos an und fragte, ob es nicht besser sei, unserer Not damit ein Ende zu machen, daß wir uns freiwillig bei den Soldaten im Hause als Gefangene meldeten. Und ich muß gestehen, daß auch mein sonst so sanguinisches Temperament eine harte Probe zu bestehen hatte. Doch raffte ich meinen Mut zusammen, und wir beschlossen dann, bis aufs Äußerste auszuhalten und dem Glück zu vertrauen. So saßen wir denn, eine Stunde nach der andern auf das Schicksal wartend, im

beständig herabströmenden Regen, auf unsern Holzblöcken, wahre Jammergestalten. Gegen Mittag hörten wir Schritte im Garten nahe bei userm Versteck.
Vorsichtig blickte ich aus der offenen Seite des Brenn-
holzvierecks heraus und sah vom Hause herkommend
einen Mann mit einer Säge in der Hand. Nach seinem
Aussehen und der Säge, die er trug, schloß ich, daß er
ein Arbeiter sei; und da die Arbeiter durchweg der
revolutionären Sache günstig waren, so zauderte ich
nicht, ihm zu vertrauen. Ich warf einen Holzspan nach
ihm, der ihn am Arme traf, und als er stillstand, zog ich
seine Aufmerksamkeit auf mich mit einem leisen
Husten. Er sah mich und trat zu uns. In aller Schnelligkeit erklärte ich ihm unsere Lage und bat ihn, uns ein
sicheres Unterkommen zu schaffen und auch etwas zu
essen, da unser letzter Bissen verzehrt sei. Mein Vertrauen hatte mich nicht getäuscht. Er versprach zu tun,
was nötig sei. Dann ging er fort, kehrte aber schon in
einer halben Stunde zurück und zeigte uns hart bei dem
aufgeschichteten Brennholz einen großen offenen
Schuppen. An dem Ende des Schuppens, das uns am
nächsten lag, befand sich ein kleiner geschlossener
Verschlag, in welchem wahrscheinlich die Arbeiter
ihre Werkzeuge verwahrten, und über diesem Verschlag unter dem Dach des Schuppens ein kleiner
mit Planken verkleideter Söller. «Ich will eine dieser Planken losbrechen», sagte der Arbeitsmann.
«Ihr könnt dann über das Brennholz unters Dach
hineinsteigen und euch dort niederlegen. Ich werde
bald wiederkommen und euch etwas zu essen
bringen.»

Wir folgten seinem Rat, und es gelang uns, unbemerkt in den kleinen Raum unter dem Dach hineinzu-
schlüpfen. Unser Gemach war gerade groß genug, daß
wir drei bequem darin nebeneinander liegen konnten.
Der Boden, auf dem wir uns ausstreckten, war gedielt
und mit zollhohem weißem Staube bedeckt. In diesem
Staub lagen wir nun mit unsern nassen Kleidern. Aber
wir fühlten uns wenigstens vorläufig sicher. Es war
ungefähr ein Uhr nachmittags, als wir unser neues
Asyl bezogen. Wir warteten ruhig, bis unser Freund
uns den nötigen Mundvorrat bringen würde, um dann
mit ihm weitere Rettungspläne zu überlegen. Nun
hörten wir die Turmuhr zwei Uhr schlagen, und drei,
und vier, aber unser Mann kam noch immer nicht
zurück. Kurz nach vier Uhr wurde es in dem Schuppen
unter uns sehr lebhaft. Aus dem Sprechen und Rufen
und Poltern, das wir hörten, schlossen wir, daß ein
Trupp Reiter gekommen und damit beschäftigt sei,
den Schuppen zur zeitweiligen Unterbringung von
Kavalleriepferden einzurichten. Die Pferde kamen
bald an, und auf allen Seiten schwärmte es von Soldaten. Durch die Ritzen der Bretterwände unseres Dach-
raumes konnten wir sie deutlich sehen. Unsere Lage
wurde nun wieder eine äußerst kritische. Wäre es
einem der Soldaten eingefallen, den Verschlag zu
untersuchen und nachzusehen, was es in dem Dach-
raum geben möchte, so war unsere Entdeckung un-
vermeidlich. Irgendein Geräusch, ein Husten oder
Niesen unsererseits würde uns verraten haben. Wir
gaben uns Mühe, möglichst leise zu atmen, und sehnten uns nach der Nacht. Die Nacht kam, und wir

waren noch unentdeckt, aber der Freund, auf dessen
Beistand wir rechneten, hatte sich noch immer nicht
wieder gezeigt.

Wir fingen an, recht hungrig und durstig zu werden,
und hatten weder einen Bissen noch einen Schluck.
Der Rest unseres Branntweins war auf dem eiligen
Lauf von dem Kanal nach dem Hause der Base verlorengegangen. Nun lagen wir still wie Tote. Nach und
nach wurde es ruhiger im Schuppen, und bald hörten
wir einige Leute schnarchen, andere von Zeit zu Zeit
umhergehen – wahrscheinlich die Stallwache. Wir
fürchteten uns, selbst zu schlafen, obgleich wir sehr
erschöpft waren; schließlich aber verständigten wir
uns mit leisem Geflüster dahin, abwechselnd zu schlafen und zu wachen und den jeweiligen Schläfer zu
wecken, wenn er zu schwer atmete. So ging die Nacht
vorüber, und der Morgen brach an, aber unser Helfer
kam noch immer nicht. Mittag, Nachmittag, Abend –
der ganze zweite Tag dahin –, aber von unserem
Freunde keine Spur. Da lagen wir still und steif, von
feindlichen Soldaten umgeben, und mit jedem Augenblick schien die Aussicht auf Hilfe immer mehr zu
schwinden. Der Durst fing an, uns sehr zu quälen.
Glücklicherweise setzte während der Nacht wieder ein
starker Regen ein. Über meinem Kopf befand sich im
Dache ein gebrochener Ziegel, und durch das Loch,
klein, wie es war, tröpfelte das Regenwasser herab. Ich
fing etwas davon in der hohlen Hand auf und gewann
so einen erquickenden Trunk. Meine Gefährten folgten meinem Beispiel. Wieder wurde es Morgen, und
unsere Hoffnung auf die Rückkehr unseres Freun-

des sank und sank. Die Turmuhr schlug Stunde nach
Stunde, und keine Hilfe. Unsere Glieder begannen von
dem starren Liegen zu schmerzen, und doch konnten
wir kaum wagen, unsere Lage zu ändern. Drei Tage
und zwei Nächte waren wir nun ohne Nahrung gewesen, und ein ungewohntes Gefühl der Schwäche trat
ein. So kam die dritte Nacht. Alle Hoffnung auf das
Kommen unseres Freundes war nun dahin. Wir erkannten die Notwendigkeit, selbst einen neuen Versuch zu unserer Rettung zu machen, ehe unsere Kräfte
gänzlich schwanden. Wir sannen und sannen, ohne ein
Wort zu sprechen als höchstens: «Er kommt nun nicht
mehr.»

Endlich tauchte in mir ein neuer Gedanke auf. Als
wir während dieser dritten Nacht die Soldaten unter
uns kräftig schnarchen hörten, flüsterte ich meinem
Nachbar zu, indem ich meinen Mund seinem Ohr
nahe brachte:

«Neustädter, haben Sie nicht, als wir über das
Brennholz kletterten, ein kleines Häuschen bemerkt,
das etwa fünfzig Schritt von hier steht?» – «Ja», sagte
Neustädter.

«Da muß ein armer Mann wohnen», fuhr ich fort,
«wahrscheinlich ein Arbeiter. Einer von uns muß zu
ihm ins Haus gehen und zusehen, ob er uns helfen
kann. Ich würde gern selbst hingehen, aber ich müßte
über Sie weg klettern» – Neustädter lag der Öffnung in
der Bretterwand am nächsten –, «und das möchte
Geräusch geben. Sie sind ohnehin der Kleinste und
Leichteste von uns. Wollen Sie es versuchen?»

«Ja.»

Ich hatte noch etwas Geld; man hatte uns nämlich kurz vor der Kapitulation unsere Löhnung ausbezahlt. «Nehmen Sie meinen Geldbeutel», flüsterte ich, «und geben Sie dem Mann, der in dem Häuschen wohnt, zehn Gulden davon, oder soviel er will. Sagen Sie ihm, er solle uns etwas Brot und Wein oder auch nur Wasser schaffen und sich sobald als möglich erkundigen, ob die preußische Postenkette noch um die Festung herum steht. Sind die Posten eingezogen, so können wir morgen nacht noch einmal den Versuch machen, durch den Kanal fortzukommen. Gehen Sie jetzt, und bringen Sie uns ein Stück Brot mit, wenn Sie können.»

«Gut.»

In einer Minute war Neustädter leicht und leise wie eine Katze durch das Loch in der Bretterwand verschwunden. Mein Herz schlug fast hörbar während seiner Abwesenheit. Ein falscher Tritt, ein zufälliges Geräusch konnte ihn verraten. Nach weniger als einer halben Stunde kam er zurück, ebenso leicht und lautlos, wie er gegangen war, und streckte sich neben mir aus.

«Es ist alles gut gegangen», flüsterte er. «Hier ist ein Stück Brot – alles, was sie im Hause hatten. Und hier ist auch ein Apfel, den ich im Vorbeigehen von einem Baum gepflückt habe. Aber ich glaube, er ist noch grün.»

Das Brot und der Apfel waren schnell unter uns verteilt und mit Gier verzehrt. Dann berichtete Neustädter mit seinem Mund an meinem Ohr, er habe in dem kleinen Häuschen einen Mann und dessen Frau gefunden; der Mann, dem er die zehn Gulden gegeben, habe ihm fest versprochen, uns Nahrung und auch die gewünschte Kunde über den Stand der Dinge außerhalb der Festung zu bringen.

Das erfrischte unsere Lebensgeister, und beruhigt schliefen wir abwechselnd bis zum hellen Morgen. Nun erwarteten wir jeden Augenblick unseren Befreier. Aber eine Stunde nach der andern verging, und er kam nicht. Waren wir wieder getäuscht? Endlich gegen Mittag hörten wir jemanden in dem Verschlage dicht unter uns geräuschvoll herumrumoren, als schöbe er schwere Gegenstände von einer Ecke in die andere; dann ein leichtes Husten. Im nächsten Augenblick erschien ein Kopf in der Öffnung unserer Bretterwand, und ein Mann stieg zu uns herein. Es war unser neuer Freund. Er schob einen Korb vor sich her, der anscheinend mit Handwerkszeug gefüllt war, aus dessen Tiefe aber bald zwei Flaschen Wein, ein paar Würste und ein großer Laib Brot hervorgelangt wurden. «Da ist etwas für Hunger und Durst», sagte unser Freund leise. «Ich bin auch um die Stadt herum gewesen. Die preußischen Wachtposten sind nicht mehr draußen. Ich will euch gern helfen. Sagt mir nur, was ich tun soll.»

Ich bat ihn nun, nach Steinmauern zu gehen und sich dort nach einem Kahn umzusehen, der uns in der kommenden Nacht über den Rhein bringen könne. Dann solle er gegen Mitternacht in dem Welschkornfelde nahe bei dem Steinmauerner Tor uns erwarten. Das Signal werde ein Pfiff sein, den er beantworten solle, um dann mit uns zusammenzutreffen und uns nach der Stelle zu führen, wo der Kahn liege. Seiner

Frau sollte er sagen, daß sie um 11 Uhr nachts etwas zu essen für uns bereit haben möge.

Ich gab dem Manne noch etwas mehr Geld; er versprach, alles zu tun, was ich verlangt, und verschwand wieder, wie er gekommen war. Nun hielten wir ein königliches Mahl, während dessen unsere gute Laune es uns sehr schwer machte, die nötige Stille zu bewahren. Um so länger schienen uns die folgenden Stunden. Sie waren voll von Hoffnung und Besorgnis. Gegen zwei Uhr hörten wir das Knattern einer Gewehrsalve in einiger Entfernung.

«Was ist das?» flüsterte Neustädter. «Da erschießen sie wohl einen.»

Mir schien es auch so. Wir nahmen es als eine Andeutung des Schicksals, das uns bevorstände, wenn wir gefangen würden. In der Tat aber begann, wie wir später erfuhren, das Erschießen erst einige Tage nachher.

Gegen drei Uhr erhob sich ein geräuschvolles Getriebe in dem Schuppen unter uns. Die Reiter machten sich offenbar zum Abzuge bereit. Aber kaum waren sie fort, als eine andere Truppe von dem Schuppen Besitz nahm. Wie wir aus den zu uns heraufdringenden Gesprächen schließen konnten, war es eine Abteilung Husaren. Gegen Abend schien sich eine große Menge zu versammeln, und wir unterschieden auch weibliche Stimmen darunter. Dann erklang eine Trompete, die Walzerweisen spielte, wozu die lustige Gesellschaft tanzte. Dies war uns nicht unlieb, denn wir erwarteten, daß nach einem solchen Vergnügen, bei dem es nicht ohne tapferes Trinken abging, unsere Husaren nur um so tiefer schlafen würden. Gegen neun Uhr zerstreute sich die Menge, und es würde alles still geworden sein, hätte nicht einer der Husaren eine Rastatter Maid auf dem Platze zurückgehalten. Das Pärchen stand oder saß dicht bei unserem Versteck, und jedes der gewechselten Worte konnten wir verstehen. Die Unterhaltung war sehr gefühlvollen Charakters. Er beteuerte ihr, daß sie reizend sei, daß sie sogleich beim ersten Blick sein Herz in Flammen gesetzt habe und daß er sie liebe. Sie antwortete, er möge sie mit seinen schlechten Späßen in Ruhe lassen; aber er merkte vielleicht, daß sie wirklich nicht in Ruhe gelassen sein wollte, und so fuhr er fort, dasselbe Thema in allerlei kühnen und blumenreichen Redewendungen zu variieren. Endlich schien sie denn auch geneigt, alles zu glauben, was er ihr sagte. Gerne würden wir gelacht haben, hätten wir lachen dürfen. Als aber dieses sonst so interessante Gespräch gar kein Ende nehmen wollte, fing ich an, besorgt zu werden, es möge bis Mitternacht dauern, und so werde uns die Husarenliebe einen bedenklichen Strich durch die Rechnung machen. Es war uns also eine große Erleichterung, als das Paar endlich gegen zehn Uhr davonging, und wir wünschten ihm den Segen des Himmels.

Nun zählten wir die Minuten, da der entscheidende Augenblick nahte. Mit dem Glockenschlage elf kroch Neustädter aus der Öffnung in der Plankenwand, trat auf das aufgeschichtete Brennholz und erreichte mit einem leichten Sprung den Boden. Ich folgte ihm. Meine Beine waren durch das viertägige, bewegungslose Liegen sehr steif geworden, und als ich meinen

Fuß auf den Holzhaufen setzte, fielen mehrere Scheite
mit großem Geräusch zur Erde. Einen Augenblick
später hörte ich in geringer Entfernung den Tritt einer
Patrouille. Ich hatte noch eben Zeit, meinem treuen
Adam zuzuflüstern, daß er zurückbleiben solle, bis die
Patrouille vorübergegangen sei, um uns dann zu folgen. Es gelang mir, zur Erde zu springen und mich zu
verbergen, ehe die Patrouille um die Gasse bog. Ich
fand Neustädter in dem Häuschen, und Adam kam
nach einigen Minuten. «Die Patrouille ging ruhig
vorüber», sagte er. «Im Schuppen wurde so laut
geschnarcht, daß man kaum ein anderes Geräusch
hören konnte.»

Die Frau unseres Freundes in dem Häuschen hatte
eine köstliche Rindfleischsuppe mit Reis für uns bereit.
Nachdem diese, das gesottene Fleisch und gebratene
Kartoffeln unsere Kräfte gestärkt, machten wir uns auf
den Weg durch die Gärten nach dem Kanal. Es war
eine helle Mondnacht, und wir hielten uns vorsichtig
im Schatten der Hecken, um nicht gesehen zu werden.
Dies gelang, bis wir an dem Graben hart bei der
Mündung des Kanals ankamen. Da erwartete uns ein
neuer Schrecken. Ein Wachtposten marschierte auf
und ab jenseits der Mündung, kaum dreißig Schritte
davon entfernt. Wir hielten an und duckten uns hinter
der Hecke. Hier war nur eins zu tun. Wie der Mann uns
den Rücken kehrte und nach der andern Seite ging,
schlüpfte einer von uns vorsichtig in den Kanal. Die
beiden anderen gerade so nachher. In wenigen Minuten waren wir dort versammelt. Wir krochen behut-
sam vorwärts und stießen auch wieder auf unsere alte

Bank, wo wir ein wenig ausruhten. Dann unseren Weg verfolgend, fanden wir das Gitter in seinem alten Zustande, krochen durch und sahen bald vor uns einen hellen Schein, durch dunkles Blätterwerk dringend, der uns zeigte, daß der Ausgang ins Feld vor uns lag. Wir standen nochmals still, um unsere Pistolen fertig zu machen – ob sie nach der Durchnässung hätten abgefeuert werden können, ist fraglich –, denn nach allem, was wir gelitten, waren wir nun nötigenfalls zum Äußersten entschlossen, um uns den Weg zu bahnen. Aber der Ausgang war frei, die Postenkette verschwunden. Das Welschkornfeld lag vor uns. Ein leiser Pfiff von unserer Seite wurde sogleich beantwortet, und unser Mann trat aus dem Korn hervor.

Er berichtete uns, daß die Bahn frei sei. Wir schritten rüstig vorwärts, und in weniger als einer Stunde hatten wir das Dorf Steinmauern erreicht. Unser Freund führte uns an das Rheinufer und zeigte uns einen Kahn, in dem ein Mann fest schlafend lag. Er wurde schnell geweckt, und unser Freund kündigte ihm an, wir seien die Leute, die über den Rhein gesetzt werden sollten. «Das kostet fünf Gulden», sagte der Bootsmann, der sich auf meine Frage, wo er her sei, als einen Koblenzer zu erkennen gab. Ich reichte ihm den verlangten Lohn und bot auch noch etwas Geld unserem braven Führer an. «Ihr habt mir schon genug gegeben», sagte dieser. «Was ihr noch habt, braucht ihr wohl selbst. Ich heiße Augustin Löffler. Vielleicht sehen wir uns im Leben noch einmal wieder. Gott behüt euch!» Damit schüttelten wir einander die Hände zum Abschied. Wir Flüchtlinge stiegen in den Kahn, und unser Freund

wanderte nach Rastatt zurück. Viele Jahre später, als
ich Minister des Innern in der Regierung der Vereinigten Staaten war, empfing ich eines Tages von Augustin
Löffler einen Brief aus einem kleinen Ort in Kanada.
Er schrieb mir, er sei nicht lange nach der Revolutions-
zeit aus Deutschland ausgewandert, und es gehe ihm
gut in seiner neuen Heimat. Er habe in einer Zeitung
gelesen, ich sei einer von den drei jungen Leuten, die er
in jener Julinacht 1849 von Rastatt an den Rhein
geführt habe. Ich antwortete ihm, drückte meine
Freude über den Empfang seines Briefes aus und bat
ihn, wieder zu schreiben, habe aber seither nichts
wieder von ihm gehört.

Nach kurzer Wasserfahrt setzte uns der Bootsmann
in einem dichten Weidengebüsch ans Land. Es war
zwischen zwei und drei Uhr morgens, und da das
Gebüsch unwegsam schien, so beschlossen wir, auf
alten Baumstumpen sitzend, dort das Tageslicht zu
erwarten. In der Morgendämmerung brachen wir auf,
um das nächste elsässische Dorf zu suchen. Bald aber
entdeckten wir, daß wir auf einer Insel gelandet waren.
Wir fanden ein kleines Haus, das ungefähr in der Mitte
der Insel stand und das Häuschen eines badischen
Zollwächters zu sein schien. So waren wir also noch in
«Feindesland», und der Bootsmann aus Koblenz hatte
uns getäuscht. Das Häuschen war dicht verschlossen,
die Fensterläden sowohl wie die Türe. Wir horchten,
aber drinnen rührte sich nichts. Ein rascher Lauf über
die kleine Insel überzeugte uns, daß diese, uns drei
ausgenommen, menschenleer sei. Wir begaben uns
nun an das dem Elsaß zugekehrte Ufer und, als eben

die Sonne aufging, sahen wir drüben zwei Männer einhergehen, die wir bald als französische Douaniers erkannten. Wir riefen ihnen übers Wasser zu, daß wir Flüchtlinge seien und dringend wünschten, hinübergeholt zu werden. Ohne sich lange bitten zu lassen, bestieg einer der Douaniers, ein biederer Elsässer, einen kleinen Nachen und brachte uns auf elsässischen Boden. Unsere Waffen gaben wir den Zollbeamten ab und versicherten ihnen unter beiderseitigem Lachen, daß wir sonst nichts Steuerpflichtiges aus Rastatt mitgebracht hätten. Als ich mich nun wirklich in Freiheit und Sicherheit wußte, war mein erster Impuls, nach dem viertägigen Schweigen oder Flüstern, einmal laut zu schreien. Meinen Schicksalsgenossen war es ebenso zumute, und so schrien wir denn nach Herzenslust, zum großen Erstaunen der Douaniers, die uns für toll halten mochten.

Wir waren bei einem kleinen Dorf, Münchhausen genannt, gelandet. Die Douaniers sagten uns, daß sich in dem nahen Städtchen Selz viele deutsche Flüchtlinge befänden, und dahin wendeten wir unsere Schritte. Unterwegs blickten wir einander im hellen Sonnenlichte an und fanden, daß wir schauderhaft aussahen. Vier Tage und Nächte hatten wir mit durchnäßten Kleidern in Wasser, Schlamm und Staub gewatet und gelegen. Unsere Haare waren von Schmutz aneinandergeklebt, und unsere Gesichter kaum zu erkennen. Am nächsten Bach genossen wir dann den unbeschreiblichen Luxus einer Wäsche, und so, zu menschlicher Erscheinung hergestellt, erreichten wir bald das Wirtshaus in Selz.

Am Tage nach unserer Ankunft in Selz erschien im
Wirtshause ein Gendarm im Auftrage des Maire, um
unsere Namen zu erfahren und auch, ob wir zu
bleiben, oder, wenn nicht, wohin wir zu gehen beabsichtigten. «Wir wollen nach Straßburg gehen», antwortete ich aufs Geratewohl. Der Maire fertigte uns
darauf eine Art von Laufpaß aus mit der Anweisung,
daß wir uns in Straßburg sofort auf der dortigen
Präfektur melden sollten. Ein drückendes Gefühl kam
über mich, daß ich nun wirklich ein Heimatloser, ein
Flüchtling sei und unter polizeilicher Überwachung
stehe. Nachdem ich meinen Eltern geschrieben und
ihnen meine Rettung mitgeteilt hatte, machten wir uns
ohne weiteren Aufenthalt nach Straßburg auf den
Weg. Mein eigentliches Reiseziel war die Schweiz, wo,
wie ich hörte, Anneke, Techow, Schimmelpfennig
und andere Freunde sich befanden.

Wäre ich ein paar Tage länger in Selz geblieben, so
würde ich in demselben Wirtshaus, in dem ich eingekehrt, meinen Vater gesehen haben. Dies ging so zu:
Wie bereits erwähnt, schrieb ich am Tage der Übergabe von Rastatt, in der Erwartung, daß ich mit der
Besatzung würde gefangen werden, einen Brief an
meine Eltern, den ich meinem Hauswirt zur Besor-
gung anvertraute. Dieser Brief traf meine Eltern wie
ein Donnerschlag, und sofort machte mein Vater sich
auf, um womöglich seinen Sohn noch einmal zu sehen.
In Rastatt angekommen, meldete er sich bei dem
preußischen Kommandanten der Festung, von dem er
hoffte, über mein Schicksal Kunde zu erhalten. Der
Kommandant empfing ihn freundlich genug, wußte

ihm aber nach einiger Nachfrage nichts Weiteres zu
sagen, als daß mein Name nicht auf den Listen der
Gefangenen stehe. Erstaunt darüber, bat mein Vater
um die Erlaubnis, die Kasematten, in denen die Gefangenen gehalten wurden, nach mir zu durchforschen.
Diese Erlaubnis erhielt er, und ein Offizier begleitete
ihn auf der angstvollen Suche. Von Kasematte zu
Kasematte gingen sie, drei Tage lang, und Mann für
Mann fragten sie die Gefangenen nach mir, aber alles
umsonst. Mich fanden sie nicht, und obgleich manche
sich meiner erinnerten, wußte doch niemand über
mich Auskunft zu geben. Niemand hatte mich bei der
Waffenstreckung gesehen. Auch auf Kinkel traf mein
Vater im Gefängnis. «Was?» rief dieser aus. «Auch Carl
hier? O weh, ich glaubte ihn sicher in der Schweiz!» In
stillem Schmerz drückten die Männer sich die Hände.

Nachdem mein Vater so vergeblich nach mir ge-
forscht, dämmerte ihm eine Hoffnung auf, ich möchte
doch vielleicht entkommen sein. Von Bürgersleuten in
Rastatt hörte er, es seien mehrere Flüchtlinge aus
Baden drüben überm Rhein in Selz. Von diesen möchte einer imstande sein, über mich Nachricht zu geben.
Wenige Stunden später war mein Vater in dem Wirtshaus in Selz, in dem die Flüchtlinge verkehrten. Dort
nannte er seinen Namen; und nun erfuhr er die ganze
Geschichte meiner Flucht und wie ich noch vor wenigen Tagen in Selz gewesen und nach Straßburg abmar-
schiert sei, mit der Absicht, von dort sofort weiterzu-
gehen, wohin, wisse man nicht, wahrscheinlich nach
der Schweiz. Mein Vater brach in Freudentränen aus
und rief ein übers andre Mal: «Der Schwerenotsjunge!

Nun muß ich schnell heim, um es der Mutter zu erzählen.» Und da er kaum hoffen durfte, mich in Straßburg noch zu finden, und erwartete, bald aus der Schweiz von mir zu hören, so kehrte er ohne Verzug nach Bonn zurück. Einer der badischen Flüchtlinge, die meinen Vater im Wirtshause zu Selz gesehen und ihm die Auskunft über mich gegeben hatten, erzählte mir dies alles einen Monat später in der Schweiz, und er konnte sich dann noch selbst seiner Rührung kaum erwehren, als er mir die Freude meines Vaters beschrieb.

Wir kauften uns leichte Staubröcke, die wir über unseren badischen Uniformen tragen konnten, und nahmen dann einen Eisenbahnzug nach Basel, stiegen aber, kurz ehe wir die Schweizer Grenze erreichten, an einer Wegestation aus, deren Namen ich vergessen habe. Es war gegen Abend. Wir gingen in das nahe Dorf und fanden ein kleines Wirtshaus, durch dessen offene Tür wir eine Frau am Herde beschäftigt sahen. Wir traten ein und fragten die Frau, ob sie uns zu essen geben könne, und aus langen Verhandlungen, ihrerseits in der uns schwer verständlichen elsässischen Mundart geführt, ging hervor, daß sie uns wohl einen Eierkuchen mit Speck zu bieten imstande sei. Während der Kuchen in der Pfanne zischte und duftete, trat der Wirt ein. Sein biederer Gesichtsausdruck erweckte Vertrauen, und ich hielt es für das beste, ihn offen mit unserer Lage bekannt zu machen sowie mit unserm

Wunsche, die Grenze der Schweiz zu passieren, ohne auf einen Beamten zu stoßen, der uns nach einem Paß oder einer sonstigen Legitimation fragen möchte. Das lebhafte Interesse und die genaue Sachkenntnis, die der Wirt uns entwickelte, ließen vermuten, daß dem Biedermann die Schleichwege der Grenzschmuggler durchaus nicht fremd seien. Nach eingetretener Dunkelheit begleitete er uns eine Strecke und gab uns dann eine sehr klare Beschreibung der Fußpfade, auf denen wir alle Grenzwächter vermeiden und nach nicht gar langer Wanderung das schweizerische Dörfchen Schönebühl erreichen würden. Dort bezeichnete er uns eine am Wege stehende Scheune, die wir wahrscheinlich offen finden und in der wir uns auf gutem Heulager bis zum Morgen würden ausruhen können. Genau folgten wir seinen Anweisungen, und es mochte etwa Mitternacht sein, als wir uns in der bezeichneten Scheune auf duftigem Heulager zum Schlafe ausstreckten.

Mit Sonnenaufgang waren wir wieder auf den Füßen und erfragten uns von den Bauern, die zu ihrer Arbeit gingen, den Weg nach Bern – denn ich hatte in Straßburg erfahren, daß Anneke und die übrigen Freunde, denen ich mich anschließen wollte, sich in Bern aufhielten. Die Straße führte uns zuerst durch fruchtbare Talgründe. Es war ein sonniger Tag. Die Felder wimmelten von Landleuten, mit der Ernte beschäftigt. Ich erinnere mich noch deutlich der Empfindungen, die mich auf jenem Marsche bewegten. Ich freute mich an dem Bilde heitern Friedens, aber immer stieg mir wieder der Gedanke auf: «Wieviel glücklicher sind doch diese da als du. Wenn sie ihre schwere

Arbeit getan haben, so kehren sie nach Hause zurück. Sie haben eine Heimat; du hast keine mehr.» Ich konnte diese trüben Reflexionen nicht loswerden, bis wir ins Münstertal eintraten, jenen großartig wilden Spalt im Juragebirge, den eine gewaltige Erdrevolution aufgerissen zu haben schien. Nachdem wir geruht, konnte ich das Verlangen nicht bezähmen, sogleich die Alpen zu sehen. So stiegen wir denn jenseits von Moutiers den etwa 4000 Fuß hohen Monto hinauf, und da stand dann in klarer Ferne die wunderbare Erhabenheit der Schneehäupter vor uns. Es war mir ein seltsam stärkender, ermutigender Anblick.

Unterwegs erfuhren wir, daß unsere Freunde von Bern nach Dornachbruck bei Basel gezogen seien. Sogleich kehrte ich dorthin um, mußte aber in Dornachbruck zu meiner Enttäuschung erfahren, daß Anneke und die anderen bereits nach Zürich abgereist waren. Dagegen feierte ich ein Wiedersehen mit meinem Freunde Strodtmann, der von Bonn gekommen war, um mir Briefe von meinen Eltern und Universitätsfreunden zu bringen; auch einen Beutel voll Geld und was ich sonst brauchte. Alsbald beschlossen wir, unsere Reise nach Zürich anzutreten.

So zogen wir denn los in lustiger Studentenweise, kehrten häufig ein und wanderten wieder vorwärts mit gesteigerter Heiterkeit. An der Aare, im Angesicht der Ruine Habsburg, nicht weit von dem Fleck, wo vor Jahrhunderten Kaiser Albrecht von Johann von Schwaben erschlagen worden war, lagerten wir uns ins Gras, verloren uns in geschichtlichen Betrachtungen und poetischen Ergüssen und schliefen ein. Es war

Abend, als ein schweizerischer Gendarm uns weckte.
Wir fanden im nächsten Wirtshaus Nachtquartier, und
am Tag darauf nahmen wir Plätze auf der Postkutsche
nach Zürich, da es uns anständiger schien, so dort
anzukommen, und da unser Kassenbestand uns solchen Luxus erlaubte. Das war meine letzte Studenten-
fahrt. Als wir nun oben auf der Kutsche sitzend in
Zürich einfuhren – was sollte ich sehen? Da standen am
Halteplatz des Postwagens, als hätten sie meine Ankunft erwartet, Anneke, Techow, Schimmelpfennig
und Beust, die Freunde, die ich so lange auf meiner
Irrfahrt gesucht. Aber ihre Überraschung war nicht
geringer als die meinige. Als ich so plötzlich unter sie
sprang, trauten sie ihren Augen nicht. Von meinem
Entkommen aus Rastatt hatten sie in der Schweiz
nichts vernommen. Auch hatten sie meinen Namen
nicht in den Zeitungen gefunden, die über die in
Rastatt gefangenen Revolutionsoffiziere berichteten.
Von niemand hatten sie über mich Nachricht empfangen. So hatten sie dann geglaubt, ich sei auf irgendeine Weise verlorengegangen, vielleicht im letzten
Gefecht, vielleicht bei einem Versuch, durch die preußischen Linien zu dringen. Als sie mich nun lebendig
und in unzweifelhafter Gestalt vor sich sahen, war der
Ausrufe des Erstaunens kein Ende.

Sogleich wurde für meine Einrichtung gesorgt. Ehe
es Abend wurde, hatte ich schon ein kleines Schlafzimmer bei der Bäckerswitwe Landolt im Dorfe Enge,
einer kleinen Vorstadt von Zürich, gemietet, mit dem
Recht, einen anstoßenden großen, mit einem langen
Tisch und zwei Bänken möblierten Raum zu benut-

zen. Strodtmann nahm eine Stube im benachbarten Wirtshaus. Meine Freunde wohnten zusammen in der Nähe beim Schulmeister von Enge. Alles ließ sich gemütlich genug an. Solange Strodtmann bei mir war, bewegten sich meine Gedanken noch meist in den alten Verhältnissen, und mein Aufenthalt in Zürich hätte als ein Abschnitt einer studentischen Vergnügungsreise gelten können. Aber nach etwa zehn Tagen kehrte der liebe gute Freund nach Bonn zurück, und nun begann für mich das Flüchtlingsleben in seiner wahren Gestalt. Ich war noch nicht zu dessen klarer Erkenntnis gekommen, als die Krankheit, die sich schon in Dornachbruck gemeldet hatte und dann durch die frohe, durch Strodtmanns Kommen hervorgebrachte Aufregung unterbrochen worden war, sich zu einem heftigen Fieber entwickelte, das mich ein paar Wochen im Bett hielt. Der Arzt von Enge sowie die gute Witwe Landolt und ihre Tochter sorgten treulich für mich, und ich genas. Aber als ich wieder aufstand, fand ich mich in einer fremden Welt. Es kam mir zum Bewußtsein, daß ich absolut nichts zu tun hatte. Mein erster Impuls war, mir eine regelmäßige Beschäftigung zum Lebensunterhalt zu suchen. Ich überzeugte mich bald, daß für einen jungen Menschen meiner Art, der etwa Unterricht im Lateinischen, Griechischen und der Musik hätte geben können, bei einer Bevölkerung, welche die massenhaft eingeströmten Flüchtlinge keineswegs gern sah, an eine lohnende Erwerbstätigkeit nicht zu denken sein werde, wenigstens nicht auf einige Zeit hinaus. Die andern Flüchtlinge waren in derselben Lage, aber viele von

ihnen blickten auf solche Bestrebungen, solange das
mitgebrachte Geld nicht erschöpft war, mit einer
gewissen vornehmen Geringschätzung herab. Es stand
bei ihnen durchaus fest, daß in naher Zukunft in den
politischen Verhältnissen des Vaterlandes ein neuer
Umschwung eintreten müsse. Niemand übt die
Kunst, sich selbst mit den windigsten Illusionen zu
täuschen, so geschickt, geschäftsmäßig und unver-
drossen aus wie der politische Flüchtling. In jeder
Zeitung gelang es uns, Nachrichten zu finden, die auf
den unvermeidlichen und baldigen Ausbruch einer
neuen Revolution klar hindeuteten. Es war gewiß, daß
wir bald triumphierend in das Vaterland zurückkehren
und dann als die Vorkämpfer und Märtyrer unserer
siegreichen Sache die Helden des Tages sein würden.
Warum sollte man sich da Sorge um die Zukunft
machen? Wichtiger schien es, für die kommende Aktion die Rollen zu verteilen. Mit tiefem Ernste erör-
terte man, wer bei der bevorstehenden Umwälzung
Mitglied der provisorischen Regierung, Minister, militärischer Führer werden sollte und wer nicht. Man
saß über den Charakter, die Fähigkeiten und besonders
die «revolutionäre Gesinnungstüchtigkeit» aller, die
dabei in Betracht kommen konnten, scharf zu Gericht,
und wenige vergaßen dabei die Stellung, zu welcher sie
sich selbst berechtigt hielten. Kurz, man disponierte
über die zukünftige Herrlichkeit, als hätte man das
Heft der Macht tatsächlich in der Hand. Dieser Geist
war wohl geeignet, die Entwicklung eines leichtsinni-
gen Wirtshauslebens zu fördern, dem sich viele unserer
Schicksalsgenossen denn auch nach Kräften hingaben.

Ich hörte nicht selten Flüchtlinge mit einer Art vornehmen Hochgefühls sagen, daß das Vaterland auf uns als die Helfer und Führer blicke; daß wir unser Leben dieser hohen Pflicht ungeteilt widmen müßten und daß wir daher unsere Zeit und Kräfte nicht mit alltäglichen, spießbürgerlichen Beschäftigungen zersplittern und vergeuden dürften. Zur Verhütung solches Zersplitterns war es denn am besten, sich mit Gleichgesinnten über die Interessen der Freiheit und des Vaterlandes zu besprechen und sich in dieser patriotischen Arbeit höchstens die Erholung einer Partie Domino oder Kegel oder eines Ausfluges nach einem nahen Vergnügungsorte zu gönnen.

Ich muß zugestehen, daß ich die Illusion über das Bevorstehen einer neuen revolutionären Erhebung treuherzig teilte. Aber das Wirtshaus hatte für mich nicht den geringsten Reiz, und bald fing das Flüchtlingsleben an, mich wie eine fürchterliche Öde anzustarren. Es befiel mich wie wahrer Hunger nach einer geregelten und nützlichen geistigen Arbeit. Zuerst schloß sich dieses Verlangen an die Aufgaben an, die ich als junger Mann in den vorausgesehenen neuen Kämpfen in Deutschland zu erfüllen haben würde. Mit meinen nächsten Freunden, die fast alle preußische Offiziere gewesen und vortreffliche Lehrer waren, ging ich die militärischen Operationen in Baden auf einer eigens dazu gezeichneten Karte kritisch durch.

Aber diese Arbeit tat mir nicht Genüge. Meine alte Liebe zu historischen Studien war ungeschwächt, und da es mir gelang, zu einer ziemlich wohlausgestatteten Bibliothek Zutritt zu erhalten, in der ich Rankes Werke und manche andere Bücher von Wert fand, so war ich bald wieder in die Geschichte der Reformationszeit vertieft. Als der Winter kam, wurde meine von der guten Witwe Landolt gemietete Stube mangelhafter Heizung wegen unbehaglich. Ich bezog also mit einem pfälzischen Revolutionsgenossen, einem alten Oberförster namens Emmermann, ein bequemes Quartier in der Wohnung eines Kaufmanns namens Dolder, im dritten Stock eines ansehnlichen Hauses am Schanzengraben.

Unser Hausherr, der Kaufmann Dolder, an dessen Tisch wir auch unsere Mahlzeiten nahmen, war ein Mann von der durchschnittlichen schweizerischen Bildung, die bei dem vortrefflichen Unterrichtswesen im Kanton Zürich eben nicht niedrig steht. Er nahm an allen Zeitereignissen ein lebhaftes und intelligentes Interesse und war besonders stolz darauf, im Sonderbundskriege als Major im eidgenössischen Heer gedient zu haben. Seine einzige «Schlacht» war allerdings nur ein kleines Gefecht bei Lunnern gewesen, aber obgleich man bei dieser Affäre auch nur wenige Schüsse gewechselt hatte, so erzählte er doch gern davon. Auch besaß er eine kleine Sammlung militärischer Bücher, die er mir bereitwillig zur Verfügung stellte; und wenn ich sonst wissenschaftlichen Materials bedurfte, so bemühte er sich eifrig, mir dazu zu verhelfen. Mit warmer Dankbarkeit gedenke ich auch seiner Gattin, einer Frau in mittleren Jahren, weder schön noch geistreich, aber in hohem Grade verständig und von einer edlen Mütterlichkeit des Wesens. Sie erinnerte mich nicht selten so lebhaft an meine eigene

Mutter, daß es mir in ihrer Nähe fast heimatlich
zumute wurde.

So lebte ich in angenehmen häuslichen Verhältnissen und setzte meine militärischen und geschichtlichen
Studien emsig fort. Obgleich ich das Bierhausleben
vermied, so schloß ich mich doch keineswegs von dem
Verkehr mit den Flüchtlingen im größeren Kreise ab.
Wir hatten einen politischen Klub, der sich wöchentlich versammelte und an dessen Verhandlungen ich
regen Anteil nahm.

Meine merkwürdigste Bekanntschaft in jenen Tagen war die von Richard Wagner, der infolge seiner
Beteiligung an den revolutionären Ereignissen in
Dresden auch in Zürich als Flüchtling lebte. Er hatte
schon einige seiner bedeutendsten Werke geschaffen,
aber seine Größe war nur in einem engen Kreise
erkannt worden. Unter seinen damaligen Schicksalsgenossen war er keineswegs beliebt. Er galt als ein
äußerst anmaßender, herrischer Geselle, mit dem niemand umgehen könne und der seine Gattin, eine recht
stattliche, gutmütige, aber geistig nicht hervorragend
begabte Frau, sehr schnöde behandelte. Wer uns damals seine großartige Laufbahn prophezeit hätte, würde wenig Glauben gefunden haben. Ich, ein unbedeutender und schüchterner junger Mensch, kam ihm
natürlich auch nicht nahe. Obgleich ich mehrmals mit
ihm zusammengetroffen bin und mit ihm gesprochen
habe, hat er mich schwerlich jemals hinreichend bemerkt, um sich später meiner zu erinnern.

Es würde mir wahrscheinlich im Laufe der Zeit
gelungen sein, mir, wenn auch nicht an der großen

eidgenössischen Universität in Zürich, deren Einrichtung wohl nicht ernstlich beabsichtigt wurde, aber
doch an irgendeiner andern Anstalt eine Lehrstelle zu
gewinnen, wäre nicht die stille Geschäftigkeit meiner
Existenz von einem Ereignis unterbrochen worden,
das meinen Lebenslauf in eine andere Richtung zu
drängen bestimmt war. Das unglückliche Schicksal
meines Freundes Kinkel erregte mein Mitgefühl in so
hohem Grade, daß ich einen Ruf um Hilfe, der an mich
erging, nicht widerstehen konnte. Kinkel war, wie
schon erwähnt, unmittelbar vor der Einschließung
von Rastatt in einem Gefechte am Kopf verwundet
und von den Preußen ergriffen worden. Man brachte
ihn zuerst nach Karlsruhe und dann, nachdem durch
die Übergabe von Rastatt der Aufstand sein Ende
erreicht hatte, in diese Festung, wo er mit den übrigen
gefangenen Notabilitäten der pfälzisch-badischen Erhebung kriegsgerichtlich abgeurteilt werden sollte.
Am 4. August erschien Kinkel vor dem Kriegsgericht,
das aus preußischen Offizieren bestand. Todesurteile
waren damals an der Tagesordnung, und es unterliegt
wohl keinem Zweifel, daß vom Armeekommando
sowohl wie von der preußischen Regierung Kinkels
Verurteilung zum Tode gewünscht und erwartet wurde. Aber Kinkel führte seine Verteidigung zum Teil
selbst, und dem Zauber seiner wunderbaren Beredsamkeit konnten sich auch die an den blutigen Geist
des Kriegsrechts und den strengsten Glauben an die
absolute Königsgewalt gewöhnten Offiziere, die seine
Richter waren, nicht entziehen. Anstatt zum Tode
verurteilten sie ihn zu lebenslänglicher Festungshaft.

Dieses Urteil wurde jedoch von der preußischen Regierung als ungesetzlich verworfen, und die Festungshaft in eine lebenslängliche Zuchthausstrafe verwandelt.

Kinkel wurde nun zuerst in das badische Gefängnis in Bruchsal gebracht, um bald darauf in das Zuchthaus zu Naugard in Pommern übergeführt zu werden. Man wollte ihn offenbar vom Rheinland, dem Herde der Sympathie für ihn, möglichst weit entfernen. Geschorenen Hauptes, in graue Züchtlingsjacke gekleidet, hatte er seine Tage mit Wollespulen zu verbringen. An den Sonntagen mußte er seine Zelle scheuern. Von aller geistigen Tätigkeit wurde er soviel wie möglich abgeschnitten. Seine Nahrung war diejenige der im Zuchthaus eingesperrten Verbrecher. Vom Tage seiner Ankunft in Naugard, dem 8. Oktober 1849, bis zum April 1850 erhielt er nur ein Pfund Fleisch. Doch scheint er das Herz des Direktors des Zuchthauses bald gewonnen zu haben; denn seine Behandlung nahm nach und nach einen etwas rücksichtsvolleren Charakter an, und es wurden ihm kleine Vergünstigungen gewährt. Man gestattete ihm eine etwas häufigere Korrespondenz mit seiner Gattin – wobei freilich alle Briefe immer offen durch die Hände des Direktors gingen; er wurde von dem sonntäglichen Scheuern seiner Zelle dispensiert; ein kleines Geschenk von Zuckerwerk, welches seine Familie ihm zu Weihnachten schickte, wurde ihm überliefert. Aber Wollespulen mußte er noch immer, und als unser guter Strodtmann, damals noch Student in Bonn, durch ein Gedicht: «Das Lied vom Spulen», für Kinkel an das

Volksherz appellierte, wurde der junge Dichter sofort von der Universität ausgestoßen.

Es war im Februar 1850, daß ich einen Brief von Frau Kinkel empfing. In brennenden Farben schilderte sie mir die entsetzliche Lage ihres Mannes und den Jammer der Familie. Aber die geistvolle und energische Frau sprach keineswegs zu mir in dem Tone jener ohnmächtigen Verzweiflung, die nur die Hände ringt und sich dem übermächtigen Schicksal schwachmütig unterwirft. Der Gedanke, daß es möglich sein müsse, Mittel und Wege zur Befreiung ihres Mannes zu finden, beschäftigte sie Tag und Nacht. Schon seit Monaten hatte sie mit Freunden korrespondiert, in deren Gesinnung sie Vertrauen setzte und deren Tatkraft sie anzuregen hoffte. Einige hatten auch Befreiungspläne mit ihr beraten, andere ihr Summen Geldes zur Verfügung gestellt. Aber, schrieb sie mir, niemand habe sich bereit gezeigt, selbst das Wagestück zu unternehmen. Was not tue, sei ein Freund, der Mut, Ausdauer und Geschick habe und der seine ganze Kraft dem Befreiungswerk widmen wolle, bis es gelungen sei. Sie selbst würde den Versuch machen, müßte sie nicht fürchten, durch ihr Erscheinen in der Nähe ihres Mannes sofort Verdacht zu erregen und die ihn umgebende Wachsamkeit noch zu verschlimmern. Aber es müsse schnell gehandelt werden, ehe die nagende Qual des Gefängnislebens Kinkels geistige und körperliche Kraft völlig zerstört hätte.

Die Nacht nach der Ankunft dieses Briefes lag ich lange wach. Zwischen den Zeilen hatte ich darin die Frage gelesen, ob ich nicht selbst das Wagnis unternehmen wolle. Diese Frage ließ mich nicht schlafen. Ich sah Kinkel in seiner Züchtlingsjacke am Spulrade beständig vor mir, und ich konnte den Anblick kaum ertragen. Als Freund war ich ihm von Herzen zugetan. Auch glaubte ich, daß er berufen sein möchte, mit seinen Geistesgaben, seinem Enthusiasmus und seiner seltenen Beredsamkeit der Sache des Vaterlandes und der Freiheit noch große Dienste zu leisten. Der Wunsch, ihn, wenn ich könnte, Deutschland und seiner Familie wiederzugeben, wurde mir unwiderstehlich. Ich entschloß mich, es zu versuchen, und beruhigt von diesem Entschluß schlief ich ein.

Am nächsten Morgen fing ich an, mir die Sache im einzelnen zu überlegen. Ich erinnere mich jenes Morgens noch sehr klar. Zwei Bedenken beschäftigten mich ernstlich. Das eine war, ob ich fähig sei, ein so schwieriges Unternehmen zu glücklichem Ende zu führen. Ich sagte mir, Frau Kinkel, die doch am meisten zu gewinnen und zu verlieren habe, schiene mich doch für fähig zu halten, und dann zieme es sich mir nicht, ihrem Vertrauen gegenüber meine Fähigkeit in Zweifel zu stellen. Würden aber diejenigen, deren Mitwirkung bei einem so gefährlichen Streich gewonnen werden müßte, einem so blutjungen Menschen, wie ich war, dasselbe Vertrauen entgegenbringen? Ich konnte es mir vielleicht durch festes und besonnenes Auftreten erwerben. Auch sagte ich mir, daß ich als junger, unbedeutender und wenig gekannter Mensch weit eher unbemerkt bleiben würde als ein älterer und mehr bekannter Mann und daß ich mich daher mit geringerer Gefahr in den Rachen

des Löwen wagen könne. Und schließlich – würden
ältere, erfahrene, an genaues Abwägen der Chancen
gewöhnte Männer sich überhaupt willig finden, alles
das zu tun, was die Lösung der Aufgabe erfordern
möchte? Vielleicht nicht. Kurz, dies war, alles bedacht,
ein Stück Arbeit für einen jungen Menschen, und
meine Jugend erschien mir zuletzt eher im Lichte eines
Vorzuges als eines Nachteils.

Mein zweites Bedenken betraf meine Eltern. Konnte ich es ihnen gegenüber verantworten, nachdem ich
soeben einem furchtbaren Schicksal entgangen war,
Leben und Freiheit nochmals aufs Spiel zu setzen?
Würden sie es billigen? Eines war mir klar: Ich durfte
meine Eltern in diesem Falle nicht um ihre Einwilligung fragen; denn ich hätte dann mit ihnen über mein
Vorhaben korrespondieren müssen, und eine solche
allen möglichen Zufällen unterworfene Korrespondenz hätte leicht zur Entdeckung und gänzlichen Ver-
eitelung des Planes führen können. Nein, sollte das
Unternehmen gelingen, so mußte es ein tiefes Geheimnis bleiben, von dem nur die Mitwirkenden
wissen durften, und auch diese womöglich nur teilweise. Selbst den Meinigen durfte ich es nicht einmal
mündlich anvertrauen; denn ein Gespräch unter ihnen,
zufällig von Unberufenen gehört, könnte es verraten.
Ich mußte mir also die Frage der Einwilligung meiner
Eltern selbst beantworten, und ich beantwortete sie
schnell. Sie waren warme Bewunderer Kinkels und
ihm in herzlicher Freundschaft ergeben. Sie waren
gute Patrioten. Meine Mutter, so dachte ich, die mir im
vorigen Jahre, als ich auszog, selbst meinen Säbel

gereicht, würde mir sagen: «Geh und rette deinen Freund.» Somit waren alle Bedenken überwunden.

An demselben Tage schrieb ich an Frau Johanna. Mein Brief war so abgefaßt, daß sie ihn verstehen konnte, während er meine Absicht nicht verraten haben würde, wäre er in falsche Hände gefallen. Da sie auch meine Handschrift kannte, so unterschrieb ich ihn mit einem andern Namen und dirigierte die Aufschrift an eine dritte Person, welche sie mir angegeben hatte. Ich faßte sogleich den Plan, sie persönlich in Bonn aufzusuchen und dort mit ihr mündlich das Weitere zu verabreden, statt es dem Papier anzuvertrauen.

Ohne Aufschub begann ich meine Vorbereitungen. Ich schrieb meinem Vetter Heribert Jüssen in Lind bei Köln, dessen Signalement in allen wesentlichen Punkten mit dem meinigen übereinstimmte, er solle sich von der Polizeibehörde einen Reisepaß für das In- und Ausland geben lassen und ihn mir schicken. Wenige Tage darauf war der Paß in meinen Händen, und ich konnte nun wie ein gewöhnliches unverdächtiges Menschenkind ohne Schwierigkeit reisen, wo man mich nicht persönlich kannte. Nun galt es, für mein Vorhaben aus meiner Verbindung mit der Flüchtlingschaft möglichst viel Vorteil zu ziehen, ohne meine Freunde auf die Fährte meines Planes zu bringen. So gab ich denn dem Vorstande unseres Klubs zu verstehen, ich sei bereit, als Emissär verschiedene Plätze in Deutschland zu besuchen, um dort geheime Zweigklubs zu organisieren und diese mit dem Komitee in der Schweiz in Verbindung zu setzen. Diese Andeutung wurde mit großem Vergnügen aufgenommen, und ich empfing mit ausführlichen Instruktionen eine lange Liste von zuverlässigen Personen in Deutschland. Nun war alles für meine Abreise bereit, und da ich als Emissär auf eine geheime Expedition auszog, so fanden meine Freunde es natürlich, daß ich gegen Mitte März plötzlich ohne Abschied aus Zürich verschwand.

Es ist später erzählt worden, ich habe damals Deutschland in einer mich unkenntlich machenden Verkleidung durchreist. Dies war keineswegs der Fall. Ich suchte und fand meine Sicherheit darin, daß ich in der Gestalt erschien, die mir natürlich war und daß ich mich in Gesellschaft anderer Menschen möglichst unbefangen bewegen konnte. Freilich zeigte ich mich nicht mehr, als nötig war, und vermied es, die Aufmerksamkeit anderer auf mich zu ziehen. So durchfuhr ich von Basel aus das Großherzogtum Baden an Rastatt vorbei, dessen Schloßturm, auf dem ich so manche Stunde verbracht, ich von dem Fenster meines Eisenbahnwagens sehen konnte. Meine erste Reisestation war Frankfurt, wo mehrere der von dem Vorstand unseres Klubs in Zürich bezeichneten Vertrauenspersonen wohnten. Diese besuchte ich, ließ mir von ihnen Aufschluß über den Stand der Dinge in diesem Teile von Deutschland geben und berichtete das Gehörte meinen Auftraggebern in der Schweiz. Überhaupt führte ich die mir von diesen gegebenen Instruktionen getreulich aus, und es gelang mir, den Eindruck in bezug auf den Zweck meiner Reise, den ich in Zürich zurückgelassen, so vollständig aufrechtzuerhalten. So besuchte ich denn eine Reihe von Städten, Wiesbaden, Kreuznach, Birkenfeld, Trier, wo ich Gesinnungsgenossen fand und neue Verbindungen anknüpfte. Überall gab es noch Leute, die hofften, durch Geheimbünde eine neue revolutionäre Umwälzung herbeiführen zu können. Es ist dies eine gewöhnliche Nachwehe fehlgeschlagener Volkserhebungen. Ich reiste die Mosel hinunter nach Koblenz, wo ich mich des Tages über still hielt, um von dort die Nachtpostkutsche nach Bonn zu nehmen. Alles dies gelang mir, ohne daß ich durch ein zufälliges Zusammentreffen mit andersgesinnten Bekannten in Gefahr gekommen wäre. Wie ich mich meiner Heimat näherte, fing meine Fahrt jedoch an, bedenklicher zu werden. Gegen zwei Uhr morgens kam ich in Godesberg an, wo ich die Postkutsche verließ. Dann machte ich den Rest des Weges nach Bonn zu Fuß. Wie schon erwähnt, lag das Haus meiner Eltern außerhalb der Stadt an der Koblenzer Straße. Ich erreichte es gegen drei Uhr morgens. Zufällig besaß ich den Hausschlüssel noch, den ich als Student gebraucht hatte und der eine Hintertür öffnete. So gelangte ich in das Haus und stand plötzlich in dem Schlafzimmer meiner Eltern. Sie schliefen beide tief. Nachdem ich eine Weile still auf einem Stuhl gesessen und als schon das Frühlicht durch das Fenster dämmerte, weckte ich sie. Ihr Erstaunen mich zu sehen, war unbeschreiblich. Einige Augenblicke konnten sie sich nur schwer überzeugen, daß ich es auch wirklich sei.

Dann ging ihre Überraschung in die lebhafteste Freude über. Meine Mutter fand, daß ich zwar etwas ermüdet, aber sonst doch vortrefflich aussah, und wollte sogleich für ein Frühstück sorgen. Nachdem ich über mein Kommen die notdürftigste Auskunft gegeben, wollte mein Vater, der unmäßig stolz auf mich war, von mir wissen, wen ich denn im Laufe des Tages sehen möchte. Ich hatte Mühe, ihn zu überzeugen, daß vor allem meine Gegenwart mit der größten Sorgfalt geheimgehalten werden müsse und daß ich daher mit niemandem als den allervertrautesten und zuverlässigsten Personen in Berührung kommen dürfe.

Glücklicherweise traf es sich, daß Frau Johanna Kinkel an demselben Morgen, wie sie das oft zu tun pflegte, meine Eltern besuchte, und ich konnte mit ihr ein Gespräch unter vier Augen haben. Ich sagte ihr, daß ich bereit sei, mich der Befreiung Kinkels zu widmen, wenn sie das Unternehmen ganz in meine Hände legen, sich niemandem anders darüber anvertrauen, niemandem meinen Namen nennen und von mir nicht mehr Berichte über den Fortgang des Unternehmens verlangen wolle, als ich ihr freiwillig geben werde. Mit rührender Begeisterung dankte sie mir für meine Freundschaft und versprach alles. Nachdem wir uns darüber verständigt, was vorläufig zu tun und zu unterlassen sei, gab ich ihr das in Zürich von mir empfangene Rezept einer «Zaubertinte», mit welcher wir die Korrespondenz, die zwischen uns nötig sein möchte, führen konnten. Es war eine chemische Lösung, mit der man ein Blatt Papier beschrieb, ohne daß die Schrift sichtbar wurde. Dann wurde ein Brief, unverfängliche Dinge enthaltend, mit gewöhnlicher Tinte darübergeschrieben. Der Empfänger trug dann mit einem Pinsel oder Schwamm eine andere chemische Lösung auf das Papier, die das mit gewöhnlicher Tinte Geschriebene verschwinden machte. Darauf wurde das Blatt am Ofen oder einer Lampe erwärmt, worauf die mit der «Zaubertinte» geschriebene Mitteilung leserlich wurde. Kinkels ältester Sohn, Gottfried, damals ein kleiner Knabe, erzählte später, daß er gesehen, wie seine Mutter dann und wann Blätter Papier gewaschen und am Ofen oder über dem Lampenschirm getrocknet habe. Das waren meine Briefe.

Nach wenigen Tagen waren so viele Freunde von meiner Anwesenheit unterrichtet worden und die Gefahr, durch eine zufällige Unterhaltung zwischen ihnen verraten zu werden, trat mir so nahe, daß ich es für nötig hielt, von Bonn zu verschwinden. Auf meinen Wunsch kam mein Vetter Heribert Jüssen, derselbe, dessen Paß und Namen ich führte, mit seinem Fuhrwerk nach Bonn herüber, um mich während der Nacht nach Köln zu bringen. Der Abschied von meinen Eltern und Geschwistern war hart, aber sie sahen mich doch guten Mutes von dannen ziehen. Ich ließ sie, wie meine Freunde in der Schweiz, in dem Glauben, daß ich ausschließlich im Auftrage des Zürcher Komitees in Deutschland sei. Doch hatten wir oft über Kinkels entsetzliches Schicksal gesprochen, und meine Eltern hatten wiederholt und nachdrücklich den Wunsch geäußert, es möge sich doch jemand dazu finden, einen Rettungsversuch zu unternehmen. Obgleich sie dabei wahrscheinlich nicht an mich dachten, so hielt ich mich doch überzeugt, daß sie meinen Entschluß billigen würden. Aber wie gern ich es auch getan hätte, ich teilte ihnen nichts davon mit, da ich das tiefste Geheimnis für eine Bedingung des Gelingens ansah. So wußte denn, als ich Bonn verließ, niemand von meinem Vorsatz als Frau Johanna Kinkel selbst. In der Tat war es mir hauptsächlich darum zu tun, an einem sichern Platz still zu sitzen, bis Kinkel nach Naugard oder einer anderen Strafanstalt transportiert sein würde, so daß ich ihn an einem bestimmten Orte finden und dort die vielleicht langwierige Arbeit beginnen könnte.

Ich reiste nach Köln, und von dort zu einem zeitweiligen Aufenthalte nach Paris.

Die Eindrücke, die ich am Tage meiner Ankunft in Paris empfing, werden mir immer gegenwärtig bleiben. Die Nacht hatte ich, in einem gefüllten Bahncoupé sitzend, fast schlaflos zugebracht. Vom Bahnhofe ging ich in das nächste kleine Hotel, ließ mir ein Zimmer anweisen und streckte mich auf dem Bette aus, um die verlorene Nachtruhe nachzuholen. Aber der Gedanke, daß ich nun wirklich in Paris sei, ließ den Schlaf nicht kommen. Ich stand auf und wanderte, mit einem Stadtplan bewaffnet, hinaus. Mit Begierde las ich die Straßennamen an den Ecken. Da waren sie denn, diese Schlachtfelder der neuen Ära, die meine erregte Phantasie sofort mit den historischen Gestalten bevölkerte – hier der Platz der Bastille, wo das Volk

seinen ersten Sieg erfocht; da der Temple, wo die
königliche Familie gefangen gewesen; da das Faubourg
St.-Antoine, welches an den Tagen großer Entscheidung die Massen der Blusenmänner auf den Kampf-
platz geschickt; da das Karree St.-Martin, wo die
ersten Barrikaden des Februar gestanden; da das Hotel
de Ville, wo die Kommune gesessen und Robespierre
mit blutendem Kopf auf einem Tisch gelegen; da das
Palais Royal, wo Camille Desmoulins, auf einem Stuhl
stehend, seine feurige Rede gehalten und ein grünes
Blatt als Kokarde an seinen Hut gesteckt; da der
Karusselplatz, wo an dem berühmten 10. August das
Königtum Ludwigs XVI. fiel.

Mehrere Stunden war ich so wie in einem Traum
befangen umhergewandert, als ich an einem Schaufen-
ster eines Ladens zwei Männer miteinander deutsch
sprechen hörte. Dies weckte mich aus meinen Phantasien auf, und es fiel mir ein, daß ich mich wohl nach
den deutschen Flüchtlingen umsehen sollte, deren
Adressen ich besaß. Ich redete also die deutsch spre-
chenden Männer an, indem ich sie fragte, wo eine
gewisse Straße sei. Ich empfing höflich Bescheid und
befand mich bald in der Wohnung meines Freundes,
den ich in der Pfalz kennengelernt – des sächsischen
Flüchtlings von Zychlinski. Dieser besorgte mir ein
möbliertes Zimmer in der Nähe der Kirche St.-Eusta-
che und unterwies mich schnell in der Kunst, in Paris
für wenig Geld ziemlich gut zu leben.

Mein Aufenthalt in der französischen Hauptstadt
dauerte etwa vier Wochen.

Ich erinnere mich aus jener Zeit eines Vorfalles, der, wie an sich unbedeutend er auch war, mir doch später wieder häufig im Gedächtnis aufstieg und mich zum Nachdenken anregte. Ich pflegte mit Zychlinski und einigen anderen Deutschen nach Tisch in einem gewissen Café im Quartier Latin zusammenzukommen. Eines Abends suchte ich meine Freunde dort vergebens. Dies war mir um so verdrießlicher, als ich Zychlinski bitten wollte, mir aus einer augenblicklichen Verlegenheit zu helfen. Eine Geldanweisung aus Köln für Zeitungshonorar, die schon vor drei Tagen hätte ankommen sollen, war nämlich zu meiner Verwunderung ausgeblieben, und meine Barschaft bestand nur noch den wenigen Sous, die hinreichten, um für eine Tasse Kaffee zu bezahlen und dem Kellner das übliche Trinkgeld zu geben. Ich setzte mich nieder und ließ mir, wie gewöhnlich, eine Tasse Kaffee geben mit der zuversichtlichen Hoffnung, daß der eine oder andere meiner Freunde bald erscheinen werde. Ich trank meinen Kaffee möglichst langsam, aber als ich die Tasse geleert hatte, war noch keiner von den Erwarteten da. Ich warf meinen übriggebliebenen Zucker in ein Glas Wasser und bereitete mir so mein Eau sucrée, wie das die ökonomischen Gäste in den Cafés des Quartier Latin nicht selten taten; ich las ein Journal nach dem andern, indem ich mein Zuckerwasser mit peinlicher Langsamkeit fast tropfenweise schlürfte – noch immer niemand. Ich mochte wohl zwei Stunden dagesessen haben, und es wurde spät. Die Dame du comptoir, der man Zahlung zu leisten hatte, fing an zu gähnen, und selbst Monsieur Louis,

der Billardmarkör, der schon eine halbe Stunde unbe-
schäftigt gewesen, schien schläfrig zu werden. Ich sehe
den flinken Monsieur Louis noch vor mir, wie er von
Zeit zu Zeit die Bälle auf dem Billard mit den Fingern
umherrollte und dann zu mir herüberblickte. Ich fühlte, als wäre die ganze Wirtschaft auf die lange Zeit, die
ich bei meiner Tasse Kaffee verbracht, aufmerksam
geworden. Das war mir höchst unangenehm, und ich
beschloß, mit meinen letzten Sous zu zahlen und nach
Hause zu gehen.

Aber als ich von meinem Stuhl aufstand, begegnete
mir ein Unglück. Durch eine ungeschickte Bewegung
stieß ich die Kaffeetasse von dem kleinen Tisch auf die
Steinplatten des Fußbodens hinunter, und sie zerbrach.
Natürlich dachte ich, ich müßte für die zerbrochene
Tasse auch zahlen. Für den Kaffee, den ich getrunken,
hatte ich Geld genug, für die zerbrochene Tasse aber
nicht. Ich fing einen raschen Blick der Dame du
comptoir auf und einen von Monsieur Louis. Mir war,
als bohrten beide in die Tiefe meines schuldigen
Gewissens. Was tun? In diesem Augenblick traten
mehrere frische Gäste ein, französische Studenten, von
denen zwei oder drei mit der Dame du comptoir
scherzhafte Gespräche begannen. Konnte ich nun in
diese Gruppe treten und in meinem holperigen Französisch der Dame das Geständnis meiner fatalen Lage
machen? Würde ich mich nicht so dem Gespött und
Gelächter der ganzen Gesellschaft aussetzen? In der
Aufregung des Augenblicks faßte ich einen verwege-
nen Entschluß. Ich sagte mir selbst, daß ebenso wie
andere Gäste auch einige meiner Freunde noch zu so

später Stunde kommen könnten. Ich bestellte mir noch
eine Tasse Kaffee, setzte mich nieder und nahm wieder
ein Journal auf. Aber lesen konnte ich nicht mehr. Ich
litt die Qualen des bösen Gewissens. Mit angstvoller
Erwartung blickte ich Elender jeden Augenblick von
der Zeitung auf nach der Türe. Lange wartete ich –
aber nicht vergebens. Zychlinski kam wirklich noch.
Eine Zentnerlast fiel von meiner Seele. Ich mußte an
mich halten, um nicht einen Freudenschrei auszusto-
ßen. Ich erzählte ihm meine Geschichte, und wir
lachten herzlich darüber, aber es war mir doch nicht
wohl dabei zumute. Zychlinski lieh mir Geld, so daß
ich meine eigene Zeche bezahlen konnte. Als wir nun
aufbrachen und ich die Dame du comptoir fragte, was
die zerbrochene Tasse koste, erwiderte sie mit huldvoll
herablassendem Lächeln, in diesem Café nehme man
nie Bezahlung für zufällig zerbrochenes Geschirr. Meine Angst war also durchaus überflüssig gewesen. Und
in meinem Quartier angelangt, fand ich einen Brief aus
Köln, welcher die so heißersehnte Anweisung auf
einen Pariser Bankier enthielt.

Dieses kleine Abenteuer ist im späteren Leben noch
oft in meiner Erinnerung aufgestiegen, und ich habe
hin und wieder in mir die Frage erörtert, ob ich recht
gehandelt habe, als ich mir die zweite Tasse Kaffee
bestellte. Als Resultat dieser Überlegung möchte ich
nun meinen Nachkommen, die diese Geschichte lesen,
den ernstlichen Rat geben, unter ähnlichen Umständen nicht meinem Beispiel zu folgen und nie auf die
Chance des Zufalls hin der alten Schuld eine neue,
unnötige, ohne Zahlungsfähigkeit der alten, hinzuzu-

fügen. Es war eben ein Fall falscher Scham – jener falschen Scham, die schon so manchen sonst gut angelegten und ursprünglich ehrlichen Menschen auf die abschüssigsten Bahnen des Unheils gedrängt hat. Mancher ist zum Lügner, zum Meineidigen, zum Fälscher, zum Dieb, ja zum Mörder geworden, dessen verbrecherische Laufbahn damit anfing, daß er nicht den sittlichen Mut besaß, sich lieber einer Beschämung auszusetzen als einen Schritt von zweifelhafter Ehrlichkeit zu riskieren.

Inzwischen war Kinkel von Naugard nach Köln transportiert worden, wo der Prozeß wegen der Siegburger Ereignisse vor sich ging. Nach einer hinreißenden Verteidigungsrede wurde Kinkel freigesprochen, was natürlich an dem Rastatter Urteil und dessen Verschärfung nichts änderte.

Die Regierung hatte unterdes beschlossen, Kinkel nicht wieder in das Zuchthaus zu Naugard, sondern in das zu Spandau zu bringen, wahrscheinlich weil in Naugard, wie in Pommern überhaupt, sich warme Sympathien für den Unglücklichen offenbart hatten. Um Kinkels Freunde irrezuführen und alle Schwierigkeiten unterwegs zu verhüten, wurde angeordnet, daß Kinkel nicht, wie das Publikum allgemein erwartete, auf der Eisenbahn, sondern in einer Kutsche, von zwei Gendarmen begleitet, die Reise machen sollte. Die Abfahrt bewerkstelligte man am Tage nach dem Schluß des Prozesses mit aller Heimlichkeit. Aber

gerade diese Vorkehrungen machten einen Fluchtver-
such möglich, den Kinkel auf eigene Faust, ohne äußere
Hilfe unternahm und den er mir später so erzählte:

Eines Abends ließen die Gendarmen die Kutsche an
dem Wirtshause eines westfälischen Dorfes halten, wo
sie und ihr Gefangener zu Abend essen sollten. Kinkel
wurde in ein Zimmer des oberen Stockwerks geführt,
wo ein Gendarm bei ihm blieb, während der andere
hinunterging, um einige Anordnungen zu treffen.
Kinkel bemerkte, daß die Türe des Zimmers nur
angelehnt war und daß der Schlüssel draußen im
Schloß steckte. Der Gedanke, diesen Umstand zu
seiner Flucht zu benutzen, schoß ihm durch den Kopf.
Am Fenster stehend, suchte er die Aufmerksamkeit des
ihn bewachenden Gendarmen, der an der Türe saß, auf
ein Geräusch zu lenken, das sich drunten auf der Straße
hören ließ. Sobald der Gendarm die Nähe der Türe
verlassen hatte, um an das Fenster zu treten, sprang
Kinkel mit einem raschen Satz aus der Tür und drehte
draußen den Schlüssel um. Nun lief er, so schnell er
konnte, die Treppe hinunter, durch eine Hintertür in
den Hof, dann in den Garten und in der Richtung, die
ihm eben offenstand, querfeldein. Es war unterdessen
ganz dunkel geworden. Bald hörte der Flüchtige Stimmen hinter sich und, sich umwendend, sah er in der
Entfernung Lichter, die sich hin und her bewegten.
Kinkel rannte mit rasender Eile vorwärts, von der
Verfolgung angespornt, die ihm augenscheinlich auf
den Fersen war. Plötzlich stieß er mit der Stirn gegen
einen harten Gegenstand und stürzte nieder, von dem
Schlage betäubt.

Die Verfolgung hatte mittlerweile auch mit Schwierigkeiten zu kämpfen. Der Gendarm, dem Kinkel aus dem Zimmer entwischt war, sprang nach der Tür, die er verschlossen fand. Er eilte nach dem Fenster zurück, aber in der Aufregung des Augenblicks gelang es ihm nicht, es so schnell, wie er wünschte, zu öffnen. Nun zertrümmerte er mit kräftigem Faustschlag die Scheiben und schrie auf die Gasse hinaus, der «Spitzbube» sei entkommen. Das ganze Haus kam sofort in Alarm. Die Gendarmen sagten dem Wirte und den Dienstboten, der Entflohene sei einer der berüchtigtsten und gefährlichsten Verbrecher des Rheinlandes, und wer ihn wieder einfinge, würde einer Belohnung von hundert Talern sicher sein. Natürlich glaubten die Dorfleute alles, was ihnen gesagt wurde. Der Postillon, der die Kutsche gefahren und der keine Ahnung davon hatte, daß sein Passagier Kinkel gewesen, zeigte sich besonders tätig. Schnell wurden Laternen herbeigeschafft, um die Spur des Flüchtigen, der aus dem Hause und Hofe unbemerkt entwischt war, draußen aufzusuchen. Bald entdeckte der Postillon die Spur; doch hatte Kinkel durch diese Verzögerungen einen ansehnlichen Vorsprung gewonnen. Aber sein Anrennen gegen einen aufgestapelten Holzhaufen, von dem ein herausstehendes Scheit ihn an der Stirne traf, hatte diesen Vorteil wieder zunichte gemacht. In weniger als einer Viertelstunde wurde er, immer noch in betäubtem Zustande, von dem Postillon, der wirklich glaubte, einen Straßenräuber vor sich zu haben, aufgefunden und den herbeieilenden Gendarmen zurückgeliefert. Diese verdoppelten nun ihre Wachsamkeit, bis das Tor

des Zuchthauses in Spandau sich hinter dem Unglücklichen schloß.

Nachdem Kinkel, still im Spandauer Zuchthause
sitzend, zeitweilig aufgehört hatte, die öffentliche Aufmerksamkeit in Anspruch zu nehmen, reiste ich von
Paris nach Deutschland zurück. Ich hatte unterdessen
neue Instruktionen von dem Zürcher Komitee erhalten, die ich getreulich ausführte. Zu diesem Zwecke
besuchte ich mehrere Plätze im Rheinland und in
Westfalen und wohnte sogar einer Zusammenkunft
demokratischer Führer bei, die im Juli in Braunschweig stattfand. Dort machte ich die Bekanntschaft
des mecklenburgischen Abgeordneten Moritz Wiggers, mit dem ich später in interessante Beziehungen
kommen sollte. Auf diesen Reisen schien mir nur
einmal eine Gefahr recht nahe zu treten. Ich war auf ein
paar Stunden im Posthaus zu Hamm eingekehrt und
saß im Restaurationszimmer, auf eine bestellte Speise
wartend. Mit einem preußischen Leutnant, der an
demselben Tische mir gegenüber sitzend eine Tasse
Kaffee trank, knüpfte ich ein harmloses Gespräch an –
wie ich denn gewöhnlich an öffentlichen Plätzen mich
womöglich an Militärs oder Beamte, auf den Bahnhö-
fen vorzugsweise an die Polizisten hielt, um mich so als
ein ganz unbefangenes und unverdächtiges Individu-
um zu beweisen. Während ich nun im Posthause zu
Hamm mit dem Leutnant über gleichgültige Dinge
sprach, bemerkte ich plötzlich, durchs Fenster blik-
kend, eine sonderbare Bewegung. Ein Wagen hielt,
und ein ältlicher Herr in hellem Reiseüberrock stieg
aus; mit ihm zwei Gendarmen, von denen einer an der

Haustüre stehenblieb, während der andere mit dem Herrn im hellen Reiseüberrock hereinkam und sich auf dem Flur an der Treppe postierte. Der Herr trat ins Gastzimmer, und ich bemerkte, wie aus dem zugeknöpften Überrock ein dunkelroter Uniformkragen hervorsah. Der Herr war also ein Beamter – wahrscheinlich ein Polizeibeamter. Er fragte nach dem Wirt, und sobald dieser herzugetreten war, eröffnete sich zwischen beiden ein angelegentliches Gespräch, in leisem Tone geführt. Dieser Umstand beunruhigte mich. Unterdessen kam das Beefsteak, das ich bestellt hatte, und ich bezeichnete dem Kellner einen leeren Tisch an einem Fenster, das auf den Hof des Gasthauses hinausging. Dort wünschte ich zu essen. Um an diesen Tisch zu gelangen, schritt ich an dem Herrn im Überrock und dem Wirt möglichst dicht vorüber und suchte ein Wort aufzufangen, das mir über den Gegenstand der eifrigen Unterhaltung Aufschluß geben könnte. Ich hörte den Beamten die Worte aussprechen: «blonde Haare und Brille», worauf der Wirt ziemlich laut antwortete: «Ich glaube, das muß er sein.» Dies konnte auf mich passen, und es wurde mir ziemlich schwül zumute. Indes ging ich an den Tisch, auf dem mein Beefsteak mich erwartete, schob meinen Stuhl ans Fenster und fragte zwei in der Nähe sitzende Herren, ob es ihnen unangenehm sein werde, wenn ich das Fenster öffnete, da die Luft im Zimmer drückend warm sei. Ich erhielt die gewünschte Erlaubnis und rekognoszierte durch das geöffnete Fenster den Hof, ob ich eine Chance des Entkommens haben würde, wenn ich den Sprung durchs Fenster wagen müßte.

Der Ausblick war sehr zweifelhaft. Dann setzte ich mich nieder und beschäftigte mich mit dem Beefsteak.

Der Wirt hatte unterdessen mit dem Beamten das Gastzimmer verlassen. Nach einigen Minuten traten sie wieder ein, und sogleich entstand um sie her ein Gemurmel, aus welchem die Worte «Sie haben ihn» herausklangen. Bald darauf kam der Wirt in die Nähe meines Tisches, und ich fragte ihn, was da los sei? Da hörte ich denn, ein junger Mann sei morgens früh angekommen, habe sich ein Zimmer geben lassen und sich auch seine Mahlzeiten aufs Zimmer bestellt. So-eben sei er verhaftet worden. Er sei Postsekretär in einem nicht weit entfernten Städtchen und habe die Postkasse um 300 Taler bestohlen, um damit nach Amerika zu gehen. «Der arme Kerl!» setzte der Wirt verächtlich hinzu. «Es war mir gleich auffallend, daß er sich sein Mittagessen ins Zimmer bestellte, statt zur Table d'hôte zu kommen. Und dann nur 300 Taler!» Ich fühlte mich sehr erleichtert und konnte mich nicht enthalten, von dem Tisch, an dem der geheimnisvolle Beamte sich zu einem Imbiß und einem Schoppen Wein niedergelassen hatte, mir ein Zündhölzchen zu holen, um mir zur Tasse Kaffee eine Zigarre anzu-zünden.

Am 11. August kam ich in Berlin an. Da mein auf Heribert Jüssen lautender Paß in bester Ordnung war, so ließ mich die Polizei, die sonst alle Reisenden scharf beobachtete, ohne Schwierigkeit in die Stadt ein.

Zunächst suchte ich einige meiner Universitätsfreunde
auf, die von Bonn nach Berlin übergesiedelt waren.
Ihnen vertraute ich mich an – das heißt meine Person,
nicht das Geheimnis meines Planes. Bei zweien von
ihnen, Müller und Rhodes, ehemaligen Mitgliedern
der Bonner Frankonia, die nun in Berlin studierten und
ein Quartier auf der Markgrafenstraße bewohnten,
fand ich Obdach und herzliches Willkommen. Mit
ihnen ging ich aus und ein, so daß die Polizisten, die in
jenem Bezirk Dienst hatten, mich für einen der Berliner Universität angehörenden Studenten hielten. Und
wie es damals in Berlin Sitte war und vielleicht teilweise noch ist, daß der Einwohner eines Mietshauses nicht
selbst einen Hausschlüssel führt, sondern, wenn er
nachts nach Hause kommt, sich vom Nachtwächter
der Straße das Haus aufschließen läßt, so rief auch ich,
wenn ich spät von meinen Gängen zurückkehrte, den
Nachtwächter herbei, damit er mir das gastliche Haus
öffne. Daß ich, der steckbrieflich Verfolgte, der
Flüchtling, von der Berliner Polizei, die für so allwis-
send galt, so willig bedient wurde, gab uns häufig Stoff
zum Lachen und war in der Tat scherzhaft genug. Es ist
daher nicht zu verwundern, daß ich unter solchen
Umständen ein wenig übermütig wurde und einige
leichtsinnige Dinge tat, die mir hätten teuer zu stehen
kommen können. Während ich Verbindungen anknüpfte und Anstalten traf, welche die Befreiung
Kinkels vorbereiteten und von denen ich später genauer erzählen werde, konnte ich mich der Versuchung
der von der Hauptstadt gebotenen Genüsse nicht ganz
entziehen, und unter diesen Genüssen war einer, der

mir besonders kostbar, aber auch besonders gefährlich wurde.

Die berühmte französische Schauspielerin Rachel befand sich damals in Berlin, um dort ihr klassisches Repertoire dem hauptstädtischen Publikum vorzuführen. Sie hatte zu jener Zeit den Höhepunkt ihres Ruhmes erreicht. Ihre Lebensgeschichte wurde wieder und wieder von den Zeitungen erzählt – wie dieses Kind armer elsässischer Juden, geboren im Jahre 1820 in einem kleinen Wirtshause im schweizerischen Kanton Aargau, ihre Eltern auf ihren Hausiertouren in Frankreich begleitet hatte; wie sie Pfennige erworben hatte, indem sie mit einer ihrer Schwestern auf den Straßen von Paris zur Harfe sang; wie ihre Stimme vielfache Aufmerksamkeit auf sich zog und sie darauf im Konservatorium aufgenommen wurde; wie sie vom Singen zum Deklamieren und zu schauspielerischen Versuchen überging; wie ihr phänomenales Genie, plötzlich hervorstrahlend, sie sofort den berühmtesten histrionischen Künstlern der Zeit voranstellte. Wir revolutionären jungen Leute erinnerten uns auch mit besonderem Interesse an die kurz nach der Februarrevolution des Jahres 1848, als König Louis Philipp geflohen und die Republik proklamiert worden war, von Paris gekommenen Berichte, wie die Rachel auf einer Bühne in Paris die Marseillaise halb singend und halb sprechend rezitiert und damit in ihren Zuhörern einen wunderbaren Paroxysmus von patriotischer Begeisterung entflammt habe.

Einige meiner jungen Freunde in Berlin, die ihrer ersten Aufführung dort beigewohnt, kamen zu mir

mit überaus enthusiastischen Erzählungen. Natürlich
wünschte ich sehr, das auch zu genießen. Freilich
konnte ich das nicht ohne Gefahr. Aber meine Freunde
meinten, die Polizeispitzel würden schwerlich im
Theater sich nach Staatsverbrechern umsehn, und ich
würde in einem Schwarm von Rachelenthusiasten
ziemlich sicher sein. Ich könnte mich ja in irgendeiner
dunklen Ecke des Parterres aufhalten ohne Gefahr,
einem feindlichen Blick zu begegnen – wenigstens
einen Abend. Mit dem Leichtsinn der Jugend ent-
schloß ich mich dann zu dem Wagnis.

So sah ich die Rachel. Es war einer der überwälti-
gendsten Eindrücke meines Lebens. Ich hatte die meisten der Tragödien Racines, Corneilles und Voltaires
gelesen und getraute mich wohl, dem Dialog folgen zu
können. Aber ich hatte nie an diesen Stücken viel
Gefallen gefunden. Die darin dargestellten Empfindungen waren mir gekünstelt erschienen, die Leidenschaften unecht, die Sprache stelzenhaft, die alexandri-
nische Versform mit ihrer unerbittlichen Zäsur über
die Maßen steif und langweilig. Ich hatte mich immer
gewundert, wie solche Stücke auf der Bühne packend
dargestellt werden könnten. Das sollte ich nun erfahren. Als die Rachel auf die Szene trat – nicht mit dem
bekannten affektierten Kothurnschritt, sondern mit
einer ihr eigentümlichen Würde und majestätischen
Anmut, gab es zuerst einen Moment schweigenden
Erstaunens und dann einen rauschenden Ausbruch
von Beifall. Einen Augenblick stand sie still, in den
Falten ihres klassischen Gewandes wie eine antike
Statue frisch von der Hand des Phidias – das Gesicht

ein langes Oval; eine schön gewölbte Stirn beschattet
von schwarzem welligem Haar; unter hochgeschwun-
genen gewitterdunkeln Brauen zwei Augen, die wie
schwarze Sonnen in tiefen Höhlen brannten und leuch-
teten; die Nase fein und leicht gebogen mit offenen,
zuckenden Nüstern; über einem energischen Kinn eine
strenge, vornehme Linie der Lippen mit leicht abwärts
geneigten Mundwinkeln, wie wir uns den Mund der
tragischen Muse vorstellen mögen; die Gestalt – zuweilen groß, zuweilen klein scheinend, sehr mager und
doch voll Kraft; die schlanke, sprechende Hand mit
ihren feinen Fingern von seltener Schönheit – der
bloße Anblick versetzte den Zuschauer in einen Zustand des Erstaunens und der geheimnisvollen Erwartung.

Nun begann sie zu sprechen. In tiefen Tönen, wie
aus den innersten Höhlen der Brust, ja, wie aus dem
Bauche der Erde, kamen die ersten Sätze hervor. War
das die Stimme eines Weibes? Eines fühlte man gewiß
– eine solche Stimme hatte man nie gehört –, nie einen
Ton zuweilen so hohl und doch so voll, so gewaltig
und doch so weich, so übernatürlich und doch so
wirklich. Aber diese erste Überraschung mußte bald
neuen und größeren weichen. Diese Stimme, in so
tiefen Tönen beginnend, flog und rollte nun im wechselnden Spiel der Empfindungen oder Leidenschaften
die Tonleiter auf und ab – eine Oktave oder zwei, wie
die Noten eines musikalischen Instrumentes von
scheinbar unbegrenztem Umfang und endloser Man-
nigfaltigkeit der Tonfarbe. Wo war nun die Steifheit
der Alexandriner geblieben? Wo die langweilige Ein-

förmigkeit der Zäsur? Diese wunderbare Stimme und die Wirkungen, die sie auf den Hörer hervorbrachte, lassen sich kaum beschreiben ohne die Hilfe scheinbar übertriebener Metapher.

Wie ein stiller Strom durch grüne Gefilde floß die Rede dahin; oder sie hüpfte munter spielend wie ein Bach über Kieselgeröll; oder sie stürzte rauschend herab wie ein Bergwasser von Fels zu Fels. Aber wenn die Leidenschaft losbrach, wie schwoll und wogte und brauste diese Stimme gleich der vom Sturm gejagten Brandung der Meeresflut stürzend gegen den Strand; oder sie rollte und krachte und schmetterte wie der Donner nach dem Zischen des nah einschlagenden Blitzes, der uns in Schrecken auffahren macht. Die elementaren Kräfte der Natur und alle Gefühle und Erregungen der menschlichen Seele schienen entfesselt in dieser Stimme, um darin ihre beredteste, ergreifendste, durchschauerndste Sprache zu finden. Jetzt kam ein Ton der Rührung, und die Tränen schossen uns jählings in die Augen; nun eine scherzende oder einschmeichelnde Wendung, und ein glückliches Lächeln flog über alle Gesichter; nun eine Note der Trauer oder der Verzweiflung, und die Herzen aller Zuhörer zitterten vor Wehmut; aber dann einer jener furchtbaren Ausbrüche der Leidenschaft, und man griff unwillkürlich nach dem nächsten Gegenstand, um sich festzuhalten gegen den Orkan. Die wunderbaren Modulationen dieser Stimme würden allein, ohne sichtbare Gestalt, hingereicht haben, die Seele des Zuhörers mitzureißen durch alle Phasen der Empfindung, der Freude, des Schmerzes, der Liebe, des Hasses, der Verzweiflung,

der Eifersucht, der Verachtung, des unbändigen Zornes, der wütenden Rachesucht.

Aber wer kann den Zauber der Geste beschreiben
und das Spiel der Augen und der Gesichtszüge, mit
denen die Rachel den Zuschauer überwältigte, so daß
die gesprochenen Worte zuweilen fast überflüssig
schienen? Das war nicht allein kein Umherschwenken
der Arme, kein Durchsägen der Luft, keine der armseligen mechanischen Künste, von denen Hamlet
spricht. Rachels Gestikulation war sparsam und einfach. Aber wenn diese schöne Hand mit ihren schlan-
ken, fast durchsichtigen Fingern sich erhob oder senk-
te, so sprach sie, und jedem Zuschauer war diese
Sprache eine Offenbarung. Breiteten diese Hände sich
offen in erklärender Weise aus und verharrten einen
Augenblick in dieser Stellung – einer Stellung, die das
Genie des Bildhauers sich nicht schöner hätte träumen
können –, so eröffneten sie das vollste, befriedigendste
Verständnis. Streckten diese Hände sich nach dem
Freunde, dem Geliebten aus und begleitete sie diese
Bewegung mit einem Lächeln – dem Lächeln, das in
ihrer Aktion selten war, aber wenn es kam, die Umgebung bestrahlte wie ein freundlicher Sonnenblick aus
einem wolkigen Himmel –, so flog etwas wie ein
glückliches Beben über das Haus. Wenn sie ihren edeln
Kopf mit dem majestätischen Stolz der Autorität
erhob, als beherrschte sie die Welt, so mußte jeder sich
vor ihr beugen. Wer würde gewagt haben, den Gehorsam zu verweigern, wenn sie, mit königlicher Macht
auf ihrer Stirn, die Hand erhob zum Zeichen des
Befehls? Und wer hätte aufrecht vor ihr stehen können

gegen den steinig stieren Blick der Verachtung in ihrem Auge und gegen das höhnisch vorgestoßene Kinn und den wegwerfenden Schwung ihres Armes, der den Elenden vor ihr in das Nichts zu schleudern schien?

Es war in der Darstellung der bösen Leidenschaften und der wildesten Empfindungen, daß sie ihre ungeheuersten Wirkungen erreichte. Nichts Furchtbareres kann die Phantasie sich ausmalen als ihren Anblick in den größten Steigerungen des Ausdrucks. Wolken von unheimlich drohender Finsternis sammelten sich auf ihren Brauen. Ihre Augen, von Natur tief liegend, schienen hervorzuquellen und funkelten und blitzten mit wahrhaft höllischem Feuer. Ihr Gesicht verwandelte sich in ein Gorgonenhaupt, und man fühlte, als sähe man die Schlangen sich in ihren Haaren winden. Ihr Zeigefinger schoß hervor wie ein vergifteter Dolch auf den Gegenstand ihrer Verwünschung. Oder ihre Faust ballte sich, als wollte sie die Welt mit einem einzigen Schlage zerschmettern. Oder ihre Finger krallten sich, wie mörderische Tigerklauen, um das Opfer ihrer Wut zu zerreißen – ein Anblick, so grauenvoll, daß der Zuschauer, schaudernd vor Entsetzen, sein Blut erstarren fühlte und, nach Atem ringend, unwillkürlich stöhnte: «Gott steh uns bei!»

Dies alles mag wie eine wilde Übertreibung klingen, wie ein extravagantes Phantasiebild, geboren aus der erhitzten Einbildung eines von der Theatergöttin bezauberten jungen Menschen. Ich muß gestehen, daß ich zuerst meinen eigenen Empfindungen mißtrauen wollte. Ich habe daher, damals sowohl wie zu späteren

Zeiten, Personen reifen Alters, welche die Rachel
gesehen hatten, nach den Eindrücken gefragt, die sie
empfangen, und ich habe gefunden, daß diese Eindrücke sich fast nie von den meinen wesentlich unterschieden. In der Tat, ich habe oft grauköpfige Männer
und Frauen, Personen von künstlerischer Erfahrung,
gebildetem Geschmack und ruhigem Urteil über die
Rachel sprechen hören mit derselben unbeherrschba-
ren Begeisterung, die mich zur Zeit überwältigt hatte.

Ich kann in Wahrheit sagen, daß in meiner Bewunderung der Rachel nichts war von der oft vorkommen-
den Schwärmerei eines romantischen Jünglings für
eine Schauspielerin. Wenn jemand mir angeboten hätte, mich bei der Rachel persönlich einzuführen, so
würde nichts mich bewogen haben, die Einladung
anzunehmen. Die Rachel war mir ein Dämon, ein
übermenschliches Wesen, eine geheimnisvolle Naturkraft – nur kein Weib, mit dem man frühstücken oder
über alltägliche Dinge sprechen oder im Park spazie-
renfahren könnte. Meine Bezauberung war von
durchaus geistiger Art. Aber die Anziehungskraft
ihres Genies war so stark, daß ich ihr nicht widerstehen
konnte, und so ging ich denn ins Theater, um sie zu
sehen, sooft der Zweck, zu dessen Erreichung ich in
Berlin war und der häufige nächtliche Besuche in
Spandau erforderte, mir dazu Zeit ließ. Dabei vergaß
ich allerdings nicht ganz die Gefahr, der die Theaterbe-
suche mich aussetzten. Ich nahm mir immer einen Sitz
im Parterre möglichst nahe beim Ausgang. Bei offe-
nem Vorhang durfte ich darauf rechnen, daß aller
Augen auf die Szene geheftet blieben. In den Zwi-

schenakten aber, wenn manche der Zuschauer sich
umdrehten, um sich das Publikum anzusehen, hatte ich
stets mein Opernglas vor den Augen, auf die Leute in
den Logen gerichtet, und gelegentlich hielt ich mein
Taschentuch vors Gesicht, als ob ich Zahnweh hätte.
Und sobald nach dem letzten Akte der Vorhang fiel,
eilte ich möglichst schnell hinaus, um das Gedränge zu
vermeiden.

Aber eines Abends, als die Schlußszene mich noch
mehr als gewöhnlich gefesselt hatte, war ich doch
nicht schnell genug. Ich geriet unter die Menge der
Hinausströmenden, und plötzlich wandte sich mir in
diesem Gedränge ein Gesicht zu, dessen Anblick mich
erschreckte. Es war das eines Menschen, der nach der
Märzrevolution im Jahre 1848 in Bonn studiert und
unserem demokratischen Verein angehört hatte, aber
durch einige sonderbare Vorkommnisse unter den
Verdacht gefallen war, der Polizei als Spion zu dienen.
Ich hatte von seiner Anwesenheit in Berlin gehört, und
auch dort wurde er als eine verdächtige Persönlichkeit
gemieden. Nun befand ich mich in diesem Menschen-
knäuel ihm dicht gegenüber, und er blickte mir gerade
in die Augen mit einem Ausdruck, als sei er überrascht,
mir dort zu begegnen. Ich sah ihn fest an, als wunderte
ich mich, von einem unbekannten Menschen so fixiert
zu werden. So standen wir einige Augenblicke Angesicht zu Angesicht, ohne uns bewegen zu können.
Dann lockerte sich das Gedränge, und ich machte mich
eiligst davon. Das war mein letzter Rachelabend in
Berlin.

Aber ich habe sie doch später wiedergesehen, im

nächsten Jahre in Paris und noch später in Amerika. In der Tat, ich habe sie zu verschiedenen Zeiten in all ihren großen Rollen gesehen, in einigen davon mehrere Male, und der Eindruck war immer der gleiche, selbst auf ihrer amerikanischen Tour, als ihre Lungenkrankheit schon stark bemerklich war und es hieß, ihre Kräfte seien sehr auf der Neige. Ich habe oft versucht, mir über diese Eindrücke Rechenschaft zu geben, und mich zu diesem Ende gefragt: «Aber ist dies nun wirklich der Spiegel der Natur? Hat wirklich je ein Weib in solchen Tönen gesprochen? Haben solche Wesen, wie die Rachel uns vorführt, jemals wirklich gelebt?» Nie konnte ich eine andere Antwort finden, als daß solche Fragen müßig und eitel seien. Wenn die Phädra, die Roxane je gelebt haben, so mußten sie so gewesen sein und nicht anders. Aber die Rachel stellte nicht nur individuelle Menschen dar; in ihren verschiedenen Charakteren *war* sie die ideale Verkörperung des Glücks, der Freude, des Schmerzes, des Elends, der Liebe, der Eifersucht, des Hasses, des Zornes, der Rache; und alles dies in plastischer Vollendung, in höchster poetischer Gewalt, in gigantischer Wahrheit. Dies mag keine besonders klare oder genaue Definition sein, aber sie ist so klar und genau, wie ich sie geben kann. Man sah, man hörte, und man war überwunden, unterjocht, zauberhaft, unwiderstehlich. Die Schauer des Entzückens, der Angst, des Mitgefühls, des Entsetzens, mit denen die Rachel ihre Zuschauer übergoß, entzogen sich aller Analyse. Die Kritik tastete in hilfloser Verlegenheit umher, wenn sie unternahm, die Leistungen der Rachel zu klassifizieren oder sie mit irgendeinem herkömmlichen Maßstabe zu messen. Die Rachel stand ganz allein in ihrer Eigentümlichkeit. Der Versuch, sie mit irgend andern Schauspielern oder Schauspielerinnen zu vergleichen, schien sinnlos, denn die Verschiedenheit zwischen ihr und den andern war nicht eine bloße Verschiedenheit zwischen Graden der Vortrefflichkeit, sondern eine Verschiedenheit der Art, des Wesens. Einige Schauspielerinnen jener Periode mühten sich ab, die Rachel nachzuahmen; aber wer das Original gesehen, hatte nur ein Achselzucken für die Kopie. Es war der bloße Mechanismus ohne den göttlichen Hauch. Ich habe seither nur drei Künstlerinnen höheren Ranges gesehen, die Ristori, die Wolter und Sarah Bernhardt, die dann und wann mit einer Geste oder einer besondern Intonation der Stimme an die Rachel erinnerten, aber nur in flüchtigen Momenten. Im ganzen war der Unterschied doch unverkennbar. Es war der Unterschied zwischen dem wahren Genie, das unwiderstehlich überwältigt und vor dem wir uns unwillkürlich beugen, und dem großen Talent, das wir bloß bewundern. Die Rachel ist mir daher eine alles überschattende Erscheinung geblieben. Und wenn in späteren Jahren dann und wann in meinem Freundeskreise von großen Bühnenleistungen die Rede war und sich ein besonderer Enthusiasmus über eine lebende Theatergröße laut machte, so habe ich selten die Bemerkung zurückhalten können – in der Tat, ich fürchte, ich habe sie oft genug bis zur Langweiligkeit wiederholt: «Alles recht schön, aber ihr hättet die Rachel sehen sollen!»

Wenige Tage nach meiner Begegnung mit dem

Polizeispion traf mich ein wirkliches Unglück. Ich
ging mit meinen Freunden Rhodes und Müller in ein
öffentliches Badehaus. In der Zelle, in welcher ich
mich nach dem Bade wieder ankleidete, glitt ich auf
dem nassen Fußboden aus und verletzte durch den Fall
meine linke Hüfte dergestalt, daß ich nicht aufzustehen
vermochte. Ich wurde nun von meinen Freunden
unter großen Schmerzen in eine Droschke gepackt und
nach meinem Quartier in der Markgrafenstraße ge-
schafft, wo zwei herbeigerufene junge Ärzte, von
denen einer, Dr. Tendering, mein Universitätsgenosse
in Bonn gewesen, zur Zeit aber Kompaniechirurg in
einem Infanterieregiment war, den Schaden unter-
suchten. Da ich sehr litt, so wurde ich, zum erstenmal
in meinem Leben, unter Chloroform gesetzt. Ich
erinnere mich noch sehr deutlich des Traumes, den das
Chloroform hervorbrachte. Mir war, als säße ich auf
einer rosafarbenen Wolke, die sich langsam mit mir
von der Erde erhob, aber mein linker Fuß war an der
Erde festgebunden und das Hinaufsegeln der Wolke
verursachte eine etwas schmerzhafte Spannung. In der
Tat waren die beiden Ärzte damit beschäftigt, mein
linkes Bein zu ziehen und hin und her zu drehen. Sie
fürchteten nämlich, ich hätte den linken Schenkelhals
gebrochen. Aber ich litt nur, wie die Ärzte sich über-
zeugten, an einer sehr starken Quetschung, die mich
längere Zeit ans Bett zu fesseln drohte. Da lag ich denn,
unbeweglich und hilflos, während die Stadt von Polizeiagenten wimmelte, denen der Fang eines pfälzisch-
badischen Freischärlers, der noch dazu wegen sonstiger politischer Untaten verfolgt und jetzt in sehr

sträflichen Dingen engagiert war, ein besonderes Vergnügen gewesen sein würde. Mein Invalidentum dauerte über zwei Wochen. Sobald ich mich wieder hin-
auswagen konnte, ging ich mit verdoppeltem Eifer an
die Aufgabe, von deren Lösung ich nun einen zusam-
menhängenden Bericht geben werde.

Sogleich nach meiner Ankunft in Berlin setzte ich
mich mit mehreren Personen in Verbindung, die mir
teils von Frau Kinkel, teils von demokratischen Gesinnungsgenossen als zuverlässig bezeichnet worden waren. Ich brachte einige Zeit damit zu, sie möglichst
sorgfältig zu studieren, da ich den wahren Zweck
meiner Anwesenheit in Berlin niemandem anvertrau-
en wollte, von dem ich nicht überzeugt sein durfte, daß
er zur Erreichung dieses Zweckes wesentlich helfen
werde. Nach dieser Umschau teilte ich nur einem mein
Geheimnis mit, dem Doktor Falkenthal, einem Arzt,
der in der Vorstadt Moabit wohnte, dort einen Jungge-
sellenhaushalt führte und der mir seinem Charakter
und seinen Umständen nach am geeignetsten schien,
an dem beabsichtigten Wagestück teilzunehmen. Auch
hatte er schon mit Frau Kinkel in Briefwechsel gestanden. Falkenthal hatte eine ziemlich ausgedehnte Bekanntschaft in Spandau und brachte mich dort mit
dem Gastwirt Krüger zusammen, für den er sich als
einen durchaus vertrauenswerten und tatkräftigen
Mann verbürgte. Herr Krüger nahm in Spandau eine
sehr geachtete Stellung ein. Er hatte seiner Gemeinde

mehrere Jahre als Ratsherr würdig gedient, führte das
beste Gasthaus in der Stadt, war wegen seines ehren-
haften Charakters und seiner Leutseligkeit allgemein
beliebt und auch in seinen Vermögensverhältnissen
gut gestellt. Obgleich er viel älter war als ich, so
entwickelte sich doch zwischen ihm und mir bald ein
Gefühl wahrhafter Freundschaft. Ich fand in ihm nicht
nur ein mir sehr sympathisches Wesen, sondern einen
ungemein klaren Verstand, große Diskretion, festen
Mut und eine edle, opferwillige Hingebung an Zwek-
ke, die er für gut erkannte. Er bot mir sein Haus an zum
Hauptquartier meines Unternehmens.

Ich zog es jedoch vor, nicht in Spandau zu wohnen,
da die Anwesenheit eines Fremden in einer so kleinen
Stadt nicht lange geheim bleiben konnte. Der Aufenthalt in dem großen Berlin schien mir weniger gefährlich, wenigstens während der voraussichtlich langwie-
rigen Vorbereitungen zu dem Schlußakt. Um von
Berlin nach Spandau und von da nach Berlin zurück-
zufahren, bediente ich mich nicht der Eisenbahn, da
auf dem Berliner Bahnhof die Paßkarte eines jeden
Reisenden, selbst auf den Lokalzügen, visitiert wurde
und mein auf Heribert Jüssen lautender rheinischer
Paß, obgleich er äußerlich in bester Ordnung war,
durch häufiges Wiedererscheinen zwischen Berlin und
Spandau doch einem wachsamen Polizeibeamten hätte
verdächtig werden können. Wenn ich also nach Spandau wollte, so passierte ich, gewöhnlich mit Einbruch
der Nacht, das Brandenburger Tor zu Fuß und nahm
mir dann in Moabit oder Charlottenburg ein Lohn-
fuhrwerk, aber jedesmal ein anderes.

Herr Krüger war über das innere Getriebe des Spandauer Zuchthauses wohlunterrichtet, und was er nicht wußte, das konnte er durch seine Bekanntschaft mit den Beamten der Anstalt leicht erfahren. Die erste zu erwägende Frage war, ob es möglich sein werde, Kinkel mit Gewalt zu befreien. Ich überzeugte mich bald, daß es eine solche Möglichkeit nicht gebe. Die bewaffnete Besatzung des Zuchthauses bestand zwar nur aus einer Handvoll Soldaten und den wachhabenden Gefängnisbeamten. Es wäre daher einer nicht gar großen Zahl entschlossener Leute möglich gewesen, das Zuchthaus mit gewalttätiger Hand zu stürmen, hätte es nicht inmitten einer starken, mit Soldaten gefüllten Festung gelegen, wo das erste Alarmsignal eine überwältigende Macht augenblicklich auf den Platz gebracht haben würde. Ein solches Beginnen war also hoffnungslos. Nun wußten wir von Fällen, in denen selbst noch schärfer bewachte Gefangene vermittels Durchsägen von Gitterstäben und Durchbrechen von Mauern aus ihren Kerkern entkommen und dann von helfenden Freunden in Sicherheit gebracht worden waren. Aber auch gegen einen solchen Plan erhoben sich große Bedenken, unter denen Kinkels Ungeübtheit in handlichen Verrichtungen nicht das geringste war. Auf alle Fälle schien es geraten, zuerst zu versuchen, ob nicht einer oder mehrere der Zuchthausbeamten zur Mithilfe gewonnen werden konnten.

Es wurden nun auf Krügers Rat und durch seine Vermittlung noch zwei ihm wohlbekannte junge Männer, die mit einigen der Zuchthausbeamten in freundlichem Verkehr standen, ins Vertrauen gezogen.

Der eine hieß Poritz, der andere Leddihn, gesunde,
kräftige, treuherzige Naturen, bei so gutem Werk zu
jedem Dienste willig. Mit ihnen wurde verabredet,
daß sie mir denjenigen der Zuchthausbeamten vorführen sollten, von dem sie glaubten, daß er am leichtesten
zugänglich sei. Dieser Teil des Geschäftes war mir sehr
zuwider; aber was hätte ich nicht tun mögen, um den
so schmählich mißhandelten Freund und Freiheitskämpfer aus den Banden tyrannischer Willkür zu
retten? So brachten sie mir denn einen Gefangenenwärter, den ich Schmidt nennen will, nach einer Schenke, in der ich in einem kleinen Zimmer allein saß, und
überließen es mir, mich mit ihm zu verständigen. Er
war, wie fast alle seiner Kollegen, Unteroffizier in der
Armee gewesen und hatte eine ziemlich zahlreiche
Familie von einem sehr kleinen Gehalt zu ernähren.
Poritz und Leddihn hatten sich bei ihm für meine
Diskretion verbürgt, und er hörte ruhig an, was ich
ihm zu sagen hatte. Ich stellte mich ihm als ein in
Geschäften Reisender vor, der mit der Familie Kinkel
eng verbunden sei. Ich beschrieb ihm den Jammer der
Frau und der Kinder um den Gatten und Vater, der bei
der ärmlichen Lebensweise der Züchtlinge körperlich
und geistig verelenden werde. Würde es nicht möglich
sein, Kinkel zuweilen etwas kräftige Kost, ein Stück
Fleisch, einen Schluck Wein zukommen zu lassen, um
ihn wenigstens einigermaßen bei Kräften zu erhalten,
bis des Königs Gnade sich seiner erbarme?

In der Tat, meinte Schmidt, es würde wohl ein gutes
Werk sein – vielleicht nicht unmöglich, aber gefährlich. Er wolle zusehen, was sich tun lasse.

Dann schob ich Schmidt eine Zehntalernote in die Hand mit der Bitte, damit für Kinkel etwas Stärkendes zu kaufen, das er ihm ohne Gefahr zustellen könne. Ich müsse jetzt meiner Geschäfte wegen Spandau verlassen, werde aber in wenigen Tagen zurückkehren, um zu hören, was für einen Bericht er mir dann über den Zustand des Gefangenen geben könne. Meiner Dankbarkeit dürfe er gewiß sein.

So trennten wir uns. Nachdem drei Tage vergangen, fuhr ich abends wieder nach Spandau und sah Schmidt in derselben Weise wie früher. Er erzählte mir, es sei ihm gelungen, Kinkel eine Wurst und einen kleinen Laib Brot zuzustecken, und er habe den Gefangenen in guter Verfassung gefunden. Er sei auch bereit, in ähnlicher Art noch mehr zu tun. Natürlich wollte ich nicht, daß er sich selbst deshalb in Unkosten stürzen sollte, und gab ihm daher eine zweite Zehntalernote. Diese aber begleitete ich mit dem Wunsche, daß Schmidt einen kleinen Zettel von mir in Kinkels Hände liefern und diesen mit einem Worte von Kinkel mir zurückbringen sollte. Auch dies versprach Schmidt auszuführen. Ich schrieb also auf ein Stückchen Papier ein paar Worte ohne Unterschrift, etwa wie folgt: «Deine Freunde sind treu. Halte Dich aufrecht.» Es war mir weniger darum zu tun, Kinkel von mir Nachricht zu geben, als mich davon zu überzeugen, ob Schmidt meinen Auftrag wirklich erfüllt habe und ob ich mit ihm weitergehen könne.

Ich verließ also Spandau wieder und kehrte nach wenigen Tagen zurück. In derselben Weise wie früher stellte Schmidt sich ein und brachte mir auch meinen

Zettel wieder, der ein Wort des Dankes in Kinkels Handschrift trug. Schmidt hatte also sein Versprechen gehalten, damit aber auch einen Schritt getan, der ihn schwer kompromittierte. Nun schien es mir an der Zeit, eingehender mit ihm zu reden. So sagte ich ihm denn, der Gedanke sei mir durch den Kopf gegangen, daß es ein sehr löbliches Werk sein werde, Kinkel gänzlich aus seiner entsetzlichen Lage zu befreien, und ehe ich nach dem Rheinlande zurückkehrte, hielte ich es für meine Pflicht, ihn, Schmidt, zu fragen, ob diese Befreiung mit seiner Hilfe nicht ins Werk gesetzt werden könne. Schmidt fuhr auf und fiel mir sogleich ins Wort. Das sei unmöglich, sagte er. Mit einem solchen Versuche dürfe und wolle er nichts zu tun haben.

Die bloße Andeutung hatte ihm offenbar einen Schrecken eingejagt, und ich erkannte deutlich, daß dies der Mann nicht sei, den ich brauchte. Jetzt galt es, ihn loszuwerden und mich zugleich seines Schweigens zu versichern. Ich drückte mein Bedauern über seine Ablehnung aus und setzte hinzu, daß, wenn er, der mir als ein mitleidiger und zugleich mutiger Mann bezeichnet worden sei, den Versuch für hoffnungslos halte, ich seine Meinung annehmen und die Sache aufgeben müsse. Ich werde also ohne Verzug nach dem Rheinlande abreisen und nicht wieder zurückkehren. Dann erging ich mich in einigen dunklen Redensarten, die durchblicken ließen, daß es eine geheimnisvolle Macht gebe, die, wenn sie auch Kinkel nicht zu befreien vermöchte, doch denen furchtbar werden könnte, die an ihm zum Verräter würden. Es gelang

mir wirklich, Schmidt so sehr in Angst zu setzen, daß
er mich inständig bat, ihm nicht übelzuwollen. Ich
versicherte ihm, daß, wenn er das Geschehene in
Schweigen begraben wolle, er sich desselben von mir
zu versehen habe. Er dürfe sogar auf meine weitere
Erkenntlichkeit rechnen, wenn er auch nach meiner
Abreise fortfahren wolle, Kinkel von Zeit zu Zeit mit
kräftigen Nahrungsmitteln beizustehen. Dies versprach er mir mit großer Wärme. Dann händigte ich
ihm noch eine Zehntalernote ein und sagte ihm für
immer Lebewohl.

Der erste Versuch war also mißglückt. Ich lag dann
einige Tage still, bis Krüger, Leddihn und Poritz, die
mittlerweile das Zuchthauspersonal sorgfältig über-
wachten, mir ihre Überzeugung mitteilen konnten,
daß Schmidt nicht geschwatzt habe. Darauf führten
meine Spandauer Freunde mir einen zweiten Gefangenenwärter vor. Ich verfuhr mit ihm in derselben Weise
wie mit dem ersten, und alles ging nach Wunsch, bis
ich ihm die entscheidende Frage stellte, ob er willig sei,
zu einem Befreiungsversuche die Hand zu bieten.
Dazu zeigte der zweite nicht mehr Mut als der erste,
worauf ich auch für ihn verschwand. Ein dritter Mann
wurde herangebracht, der aber schon nach dem ersten
Schritt wankte und es zu der entscheidenden Frage gar
nicht kommen ließ.

Nun schien es mir geraten, die Angelegenheit ruhen
zu lassen, wenigstens bis wir ganz gewiß sein konnten,
daß die drei beunruhigten Gemüter im Zuchthaus
reinen Mund gehalten. Auch begann mein Aufenthalt
in Berlin, wo unterdessen die bereits erzählten Dinge

geschehen waren, mir unbehaglich zu werden. Die
Zahl der Freunde, die um meine Anwesenheit in der
Hauptstadt wußten, war etwas zu sehr angewachsen,
und die Frage, was ich denn eigentlich dort vorhabe,
begegnete mir zu häufig. Einer meiner Freunde erhielt
nun den Auftrag, den andern für mich Lebewohl zu
sagen. Ich reiste ab, um nicht wiederzukommen –
wohin, wußte niemand. – In der Tat fuhr ich auf ein
paar Wochen nach Hamburg. Vor Ende September
kehrte ich zu meiner Arbeit zurück, schlug jedoch
nicht in Berlin selbst, sondern in der Vorstadt Moabit
bei Dr. Falkenthal mein Quartier auf.

In Spandau wurde mir berichtet, daß dort alles ruhig
geblieben sei. Überhaupt war mein Geheimnis gut
bewahrt worden. Meinen Freunden in Berlin war ich
in unbekannte Fernen verschwunden. Nur einer davon, ein Student der Jurisprudenz namens Dreyer, traf
mich einmal zufällig in Moabit. Er ahnte, was mein
Geschäft war, aber auf seine Diskretion konnte ich
mich fest verlassen. Später haben viele Personen, die
mir ganz fremd waren, erzählt, sie seien damals mit
mir zusammengetroffen und in meinem Vertrauen
gewesen, aber das war bloße Einbildung. Selbst Dr.
Falkenthal und Krüger kannten zu jener Zeit meinen
wahren Namen nicht. Ihnen war ich, wie mein Reisepaß besagte, Heribert Jüssen, und unter Dr. Falkenthals
Nachbarn in Moabit, die mich zuweilen sahen, galt ich
als ein junger Mediziner, der dem Doktor bei seinen
Studien assistierte. Um diesen Glauben zu bestärken,
trug ich eine kleine Tasche mit chirurgischen Werkzeugen, wie die Ärzte sie häufig bei sich führen, mit

mir herum. Von Moabit machte ich meine nächtlichen Fahrten nach Spandau wie vorher.

Aber auch nach meiner Rückkehr von Hamburg wollte es mir nicht sogleich glücken, unter den Zuchthausbeamten den richtigen Mann zu finden. Ein vierter wurde mir vorgeführt, doch auch dieser wollte sich zu nichts mehr verstehen, als Kinkel einige Lebensmittel und etwa Briefe zuzuführen. Ich fing an, die Ausführbarkeit des bis dahin verfolgten Planes ernstlich zu bezweifeln, denn die Liste der Unterbeamten des Zuchthauses mußte nahezu erschöpft sein. Da fand ich plötzlich, was ich so lange vergeblich gesucht hatte. Meine Spandauer Freunde machten mich mit dem Gefangenenwärter Brune bekannt.

Im ersten Augenblick empfing ich von Brune einen Eindruck sehr verschieden von dem, den seine Kollegen mir gegeben hatten. Auch er war Unteroffizier gewesen; auch er hatte Frau und Kinder und ein spärliches Gehalt wie die andern. Aber in seinem Wesen war nichts von der unterwürfigen Demut der Subalternnatur. Als ich ihm von Kinkel sprach und von meinem Wunsche, daß sein Elend wenigstens durch kräftigere Nahrung etwas erleichtert werde, machte Burne nicht das kläglich verlegene Gesicht eines Menschen, der zwischen seinem Pflichtgefühl und einer Zehntalernote mit sich unterhandelt. Brune trat fest auf wie ein Mann, der sich dessen nicht schämt, was er zu tun willig ist. Er sprach frei davon, ohne auf meine schrittweise vorgehenden Andeutungen zu warten. «Gewiß will ich dem Mann helfen, soviel ich kann», sagte er. «Es ist eine Gottesschande,

daß ein so gelehrter und tüchtiger Herr unter gemeinen Halunken im Zuchthause sitzt. Ich würde ihm
selbst heraushelfen, wenn ich nicht für Frau und
Kinder zu sorgen hätte.» Seine Entrüstung über die
Behandlung, die Kinkel erfahren, schien so ehrlich,
und die ganze Art des Mannes drückte so viel Mut und
Entschlossenheit aus, daß ich dachte, auch ohne die
gewöhnlichen Umwege mit ihm zum Ziele zu kommen. So sagte ich ihm denn ohne weiteres, daß, wenn
der Lebensunterhalt seiner Familie sein größtes Bedenken sei, ich wohl imstande sein werde, dafür zu sorgen.
Wenn dies geschähe, würde er dann, fragte ich, bereit
sein, zur Befreiung Kinkels hilfreiche Hand zu leisten?
«Wenn es gemacht werden kann», antwortete er.
«Aber Sie sehen ein, es ist eine schwierige und gefährliche Sache. Ich will mir's überlegen, ob und wie es
gelingen kann. Geben Sie mir drei Tage Bedenkzeit.»

«Gut», sagte ich. «Überlegen Sie sich's.»

«Nach Ihrer Sprache sind Sie ein Westfale», setzte
ich hinzu.

«Ja, bei Soest zu Hause.»

«Dann sind wir ja nicht entfernte Nachbarn. Ich bin
ein Rheinländer. In drei Tagen also, Landsmann.»

Das waren lange drei Tage, die ich in Dr. Falkenthals
Quartier zubrachte. Ich beschwichtigte meine Ungeduld damit, daß ich Dumas' «Drei Musketiere» und
einen großen Teil von Lamartines «Geschichte der
Girondisten» las. Aber das Buch sank mir nicht selten
in den Schoß, und meine Gedanken schweiften abseits.

Am Abend des dritten Tages fuhr ich wieder nach
Spandau, und es fiel mir eine schwere Last vom

Herzen, als ich Brunes erstes Wort hörte. «Ich habe mir's überlegt», sagte er. «Ich glaube, es wird gehen.»

Ich hätte ihm um den Hals fallen mögen. Brune setzte mir nun auseinander, wie in einer Nacht, wenn er die Wache in den oberen und ein gewisser anderer Beamter die Wache in den unteren Räumen des Zuchthauses habe, er sich die nötigen Schlüssel verschaffen und Kinkel an das Tor des Gebäudes bringen wolle. Der Plan, den er mir darlegte und auf dessen Einzelheiten ich zurückkommen werde, schien ausführbar. «Aber», setzte Brune hinzu, «es wird noch einige Zeit dauern, bis alles in rechter Ordnung ist. In der Nacht vom 5. auf den 6. November sind die Nachtwachen, wie sie sein sollen.»

«Gut», antwortete ich. «Auch ich brauche noch einge Zeit für nötige Einrichtungen.»

Dann eröffnete ich Brune, was ich für seine Familie zu tun imstande sei. Es stand mir eine Summe Geldes zur Verfügung, die teils von deutschen Parteigenossen, teils von persönlichen Freunden oder Bewunderern Kinkels, darunter die russische Baronin Brüning, von der noch mehr die Rede sein wird, zusammengesteuert worden war. Diese Summe erlaubte mir, Brune einen anständigen Vorschlag in bezug auf die Versorgung seiner Familie zu machen. Brune war damit zufrieden. Die Frage, ob es nicht am besten sein werde, ihn mit den Seinigen nach Amerika zu befördern, verneinte er sofort – sei es, daß er hoffte, als Helfer bei dem Unternehmen unentdeckt zu bleiben, oder daß er vorzog, im Falle der Entdeckung seine Strafe zu erdulden und seine Familie im Vaterlande zu behalten.

Wir waren also einig. Die schwierigste Aufgabe, die ich vor der entscheidenden Stunde noch zu lösen hatte, bestand darin, für Transportmittel nach einem sicheren Zufluchtsort zu sorgen. Wohin sollten wir uns wenden, nachdem die Befreiung des Gefangenen gelungen sein würde? Die Grenzen der Schweiz, Belgiens und Frankreichs waren zu weit entfernt. Die lange Landreise konnten wir nicht wagen. Es blieb also nichts übrig, als irgendwo die Seeküste zu gewinnen und dann zu Schiff nach England zu fliehen. Nach kurzer Überlegung kam ich zu dem Schluß, daß die Regierung Anstalt treffen werde, in den Häfen von Bremen und Hamburg jedes abgehende Fahrzeug mit Argusaugen zu bewachen. Es schien mir daher geboten, einen anderen Hafenplatz zu wählen, und so wendete ich mich nach Mecklenburg. In Rostock hatten wir in dem hervorragenden Advokaten und Präsidenten des Abgeordnetenhauses Moritz Wiggers, den ich auf dem Demokratenkongreß in Braunschweig persönlich kennengelernt hatte, einen einflußreichen und treuen Freund. Auch war Rostock zu Wagen am schnellsten zu erreichen – denn den Eisenbahnen durften wir uns nicht anvertrauen – und die Reise dahin bot noch den Vorteil, daß, wenn wir Spandau um Mitternacht verließen, wir hoffen durften, vor Tagesanbruch die mecklenburgische Grenze zu erreichen und so der unmittelbarsten Verfolgung durch preußische Polizei zu entgehen. Auch hatte ich auf meiner Liste zuverlässiger Personen eine ansehnliche Zahl von Mecklenburgern, an die ich mich um Hilfe wenden konnte.

Nun unternahm ich es, die Route, die ich zu nehmen gedachte, entlangzureisen und mit den Gesinnungsgenossen, die ich auf ihr oder rechts und links davon finden würde, für die entscheidende Nacht und den darauffolgenden Tag Verabredungen für Relais von Pferden und Wagen zu treffen. Natürlich durften das nur Privatfuhrwerke sein, womöglich von den Eigentümern selbst kutschiert. Bis dahin war es gelungen, mein Geheimnis auf einen sehr kleinen Kreis zu beschränken. Nun aber wurde es nötig, eine größere Zahl von Personen ins Einverständnis zu ziehen, und damit wuchs die Gefahr. Was ich am meisten fürchtete, war nicht böswilliger Verrat, sondern übergroßer und indiskreter Eifer. Überall kam man mir mit biederer Herzlichkeit entgegen, und diese Herzlichkeit beschränkte sich nicht auf die politischen Glaubensbrüder. Davon hatte ich ein merkwürdig überraschendes Beispiel. Im Innern von Mecklenburg wurde mir ein Mann von hervorragender Stellung, dessen Name jedoch nicht auf meiner Liste stand, als besonders vertrauenswert und hilfsbereit von meinen demokratischen Freunden bezeichnet. Ich besuchte ihn und wurde sehr freundlich empfangen. Auch sagte er mir bei der Aufstellung der Relais seine Mitwirkung ohne Umstände zu. Dann kamen wir auf Politik zu sprechen, und zu meinem größten Erstaunen erklärte mir mein neuer Freund, daß er unsere demokratischen Ideen für gutgemeinte, aber eitle Phantastereien halte. Mit großem Behagen setzte er mir auseinander, wie seiner Meinung nach die menschliche Gesellschaft am schönsten aussehe und auch am glücklichsten fahren

werde, wenn sie recht bunt sei in ihrer Ständegliede-
rung mit Fürsten, Rittern, Kaufleuten, Handwerks-
zünften, Bauern, Geistlichen und Laien, mit verschiedenen Rechten und Pflichten. Sogar die Klöster hätte
er erhalten mögen mit ihren Äbten und Äbtissinnen,
Mönchen und Nonnen. Kurz, von allen Phasen der
menschlichen Zivilisation schien ihm die des Mittelal-
ters als die erquicklichste. «Sie sehen», setzte er gemütlich hinzu, «ich bin so, was man einen Vollblutreaktio-
när nennt, und an euere Freiheit und Gleichheit glaube
ich nicht. Aber daß man den Kinkel, einen Dichter und
Gelehrten, wegen seiner idealistischen Hirngespinste
ins Zuchthaus gesteckt hat, das ist ein empörender
Skandal, und, obgleich ein gut konservativer Mecklenburger, bin ich jederzeit bereit, ihm fortzuhelfen.»
So schieden wir denn voneinander im besten Einverständnis. Aber so ganz geheuer war mir doch nicht
dabei, und ich sprach nachher mit meinen demokratischen Freunden in Mecklenburg von den sonderbaren
Reden dieses Mannes und meiner Besorgnis. «Darüber
können Sie sich beruhigen», war die Antwort. «Er ist
allerdings ein kurioser Heiliger und schwätzt wunder-
liches Zeug. Aber wenn es eine gute Tat zu tun gibt, so
ist er treu wie Gold.» Und so bewies er sich auch.

Nach einer Rundreise von einigen Tagen waren
meine Relais angeordnet, und ich durfte hoffen, daß
eine Fahrt von weniger als dreißig Stunden uns nach
Rostock bringen würde. Dort konnten wir uns dann
unseren Freunden anvertrauen, bis eine sichere Fahrgelegenheit zur See bereit sein würde. Um uns von
Spandau bis zum ersten Relais zu bringen, wandte

Krüger sich an einen in der Nähe wohnenden Gutsbesitzer namens Hensel, der besonders schnelle Pferde
besaß und sie uns mit seinem Wagen und sich selbst als
Kutscher gern zur Verfügung stellte.

Am 4. November nahm ich von Dr. Falkenthal
Abschied. Er war mit meinem Plane im allgemeinen
bekannt, aber ich hatte es nicht nötig gefunden, ihm
alle Einzelheiten mitzuteilen. So wußte er nicht genau,
in welcher Nacht der Befreiungsversuch gemacht
werden sollte, und er war auch diskret genug, nicht
mit Fragen in mich zu dringen. Aber beim Lebewohl
schenkte er mir ein Paar Pistolen, die mir dienen
sollten, wenn ich ins Gedränge käme. Nachdem ich am
Abend des 4. November in Spandau angelangt war,
hatte ich noch eine Unterredung mit Brune, in welcher
wir alle Details unseres Planes wiederum durchspra-
chen, um uns zu vergewissern, daß nichts vernachlässigt worden sei. Alles, so schien es, war in Ordnung.

«Nun noch eine Sache, von der ich nicht gern
spreche», sagte Brune, als wir mit dem Hauptgeschäft
zu Ende gekommen waren.

Ich horchte auf. «Was ist es?»

«Ich vertraue Ihnen durchaus», fuhr Brune fort.
«Was Sie versprochen haben, für meine Familie zu tun,
das werden Sie redlich tun, wenn Sie können.»

«Freilich kann ich. Ich habe die Mittel in meinem
Besitz.»

«Das meine ich nicht», warf Brune ein. «Wenn alles
gut geht morgen nacht, dann bin ich des Geldes so
sicher, als wenn ich es jetzt schon in meiner Tasche
hätte. Das weiß ich. Aber es mag auch morgen nacht

nicht alles gut gehn. Die Sache ist gefährlich. Der
Zufall kann sein Spiel haben. Ihnen kann etwas
Menschliches passieren und mir auch, uns beiden. Und
was wird dann aus meiner Frau und meinen Kindern?»

Er schwieg, und ich einen Augenblick auch. «Nun,
was wollen Sie weiter sagen?» fragte ich dann. «Wenn
Sie sich die Sache richtig bedenken», antwortete Brune
langsam, «so werden Sie selbst einsehen, daß das Geld
in den Händen meiner Familie sein muß, ehe ich
meinen Kopf wage.» «Sie meinen selbst, daß ich mir
die Sache bedenken soll», sagte ich nach einigem
Zaudern. «Ich will mir also überlegen, wie es zu
machen ist, und Ihnen sobald wie möglich Bescheid
geben. Wollen Sie unterdessen alles der Abrede nach
fertigmachen?»

«Verlassen Sie sich drauf.»

Damit sagten wir uns gute Nacht.

Die Stunde, die ich dann in der Einsamkeit meines
Zimmers im Krügerschen Gasthause mit mir selbst zu
Rate gehend zubrachte, werde ich nie vergessen.

Das Geld, eine nach meinen Begriffen sehr große
Summe, war mir für einen bestimmten Zweck anvertraut worden. Ging es verloren, ohne daß dieser
Zweck erfüllt wurde, so war es um Kinkel geschehen,
denn eine solche Summe ließ sich schwerlich zum
zweitenmal für ihn aufbringen. Meine persönliche
Ehre war auch verloren, denn ich hatte dann den
Verdacht der Unredlichkeit auf mir – oder im besten
Falle den Vorwurf sträflichen Leichtsinns. Und war es
nicht wirklich sträflicher Leichtsinn, einem mir unbekannten Menschen, auf ein bloßes Versprechen hin,

ohne weitere Garantie, das mir anvertraute Geld auszuliefern? Was wußte ich von Brune? Nichts, als daß
sein Gesicht und seine äußere Haltung auf mich einen
günstigen Eindruck gemacht hatten und daß er bei
seinen Bekannten in gutem Rufe stand. Und diese
Bekannten hatten mir gesagt, sie würden mir Brune
zuallererst zugeführt haben, hätten sie nicht gedacht,
daß ein Mann wie Brune sich schwerlich auf mein
Ansinnen einlassen würde. Freilich hatten sie hinzuge-
setzt, daß, wenn er das täte, man sich auf ihn am
zuversichtlichsten würde verlassen können. Aber war
nicht für einen Menschen in seiner Stellung die Gelegenheit, sich eine solche Summe Geldes anzueignen
und dann seine Amtstreue durch meine Auslieferung
an die Behörden zu beweisen, im höchsten Grade
verführerisch? Und würde nicht derjenige, der einen
solchen Verrat im Sinne führte, genauso handeln wie
Brune? Würde er nicht durch die bestimmtesten Versprechen und scheinbare Vorbereitung mich auf den
Gipfel der Hoffnung geführt haben, um mir unter
irgendeinem schlauen Vorwande das Geld abzulocken
und mich dann um so leichter zu verderben?

Auf der andern Seite – konnte Brune denn eigentlich
anders handeln, auch wenn er es ehrlich meinte?
Konnte er seine Frau und seine Kinder der Laune des
Zufalls preisgeben? Mußte er nicht, um die Seinigen
sicherzustellen, das Geld im voraus verlangen? Würde
ich nicht in seiner Lage geradeso handeln wie er?

Ferner, sah Brune aus wie ein Verräter? Konnte ein
Verräter mir so in die Augen blicken und so zu mir
sprechen wie Brune? War sein gerades, offenes, biede-

res, ja stolzes Wesen das eines Menschen, der einen andern in einen Hinterhalt lockt, um ihn zu berauben? Unmöglich.

Und schließlich, wie konnte ich hoffen zu gewinnen, wenn ich nicht wagen wollte? Sollte ich die Befreiung meines Freundes aufgeben, weil ich Brune eine Forderung zu bewilligen zauderte, die jeder andere unter denselben Umständen an mich stellen würde? Es war klar, wollte ich Kinkel seinem furchtbaren Schicksal entreißen, so mußte ich auch meine Ehre aufs Spiel setzen.

Der Gedanke, das Geld für Brune in dritter Hand zu hinterlegen, war mir natürlich auch gekommen, aber ich verwarf ihn, teils, weil das zu neuen Verwicklungen hätte führen können, teils auch, weil ich, wenn nun einmal gewagt werden mußte, in einer Weise zu wagen vorzog, die von Brune als ein Beweis meines Vertrauens in seine Ehrlichkeit genommen werden mußte.

Ich erinnere mich, daß der Krieg in Schleswig-Holstein, damals auf deutscher Seite nur von der schleswig-holsteinischen Armee geführt, noch im Gange war. In diese Armee, dachte ich, könnte ich unter irgendeinem Namen als Freiwilliger eintreten und auf dem Schlachtfelde mein Schicksal suchen, wenn mein Unternehmen in Spandau fehlschlüge und das Geld verlorenginge, ich persönlich aber davonkäme. Meine Freunde würden dann wenigstens an meine Ehrlichkeit glauben. Dies war der Gang meiner Überlegung, die mich zu dem Entschlusse führte, Brune das Geld vor der Erfüllung seines Versprechens in die Hand zu geben. Ich war eben mit mir selbst darüber einig geworden, als Herr Krüger anklopfte und sagte, Poritz und Leddihn seien unten; ob ich noch etwas zu bestellen hätte. «Ja», antwortete ich, «ich möchte sie bitten, mir Brune in einer Viertelstunde noch einmal auf den Heinrichsplatz zu bringen.»

In einer Viertelstunde fand ich Brune dort mit meinen Freunden. Ich nahm ihn abseits.

«Herr Brune», sagte ich, «ich wollte Sie nicht mit einem Zweifel zu Bett gehen lassen. Wir sprachen von dem Geld. Das Geld ist mir anvertrautes Gut. Meine Ehre hängt daran. Ich vertraue Ihnen ganz, Geld, Ehre, Freiheit, alles. Sie sind ein braver Mann. Ich wollte Ihnen heute nacht noch sagen, daß ich Ihnen morgen abend um fünf Uhr das Geld in Ihre Wohnung bringen werde.»

Brune schwieg einen Augenblick. Endlich atmete er auf und sagte: «Ich hätt's auch wirklich ohne das getan. Morgen um Mitternacht ist Ihr Freund Kinkel ein freier Mann.»

Ich schlief die Nacht in Spandau und brachte den größten Teil des folgenden Tages damit zu, daß ich mit Krüger, Leddihn und Poritz jede mögliche Chance des Unternehmens durchsprach, um für alle bis dahin noch nicht vorgesehenen Fälle Vorsorge zu treffen. Endlich brach die Dunkelheit ein. Ich packte das Geld für Brune wohl gezählt in eine kleine Zigarrenkiste und ging nach seiner Wohnung. Ich fand ihn in seiner ärmlichen, aber sauberen Stube allein, händigte ihm die Zigarrenkiste ein und sagte: «Hier ist es; zählen Sie es.»

«Da kennen Sie mich schlecht», antwortete er.

«Wenn's bei uns nicht aufs Wort ginge, hätten wir
nichts miteinander anfangen sollen. Was von Ihnen
kommt, zähle ich nicht nach.»

«Ist irgend etwas an unserm Plane zu ändern?»

«Nichts.»

«Auf Wiedersehen also heute nacht!»

«Auf Wiedersehen und gut Glück!»

In der Tat hatten wir guten Grund, das Gelingen
unseres Planes mit Zuversicht zu erwarten, wenn uns
nur der Zufall keinen Strich durch die Rechnung
machte. Das Zuchthaus lag in der Mitte der Stadt – ein
großes, kasernenartiges Gebäude, dessen kahle Wände
von einem Tor und einer Menge enger Fensterluken
durchbrochen waren –, auf allen vier Seiten von Straßen umgeben. Nach der Hauptstraße zu befand sich
das Tor, durch das man zunächst in einen großen
Torweg trat. Innerhalb des Torwegs gab es auf der
rechten Seite eine Tür, die in die Amtswohnung des
Gefängnisdirektors, und auf der linken eine andere, die
in die Soldatenwachtstube führte. Am Ende des Torwegs öffnete sich eine dritte Tür auf einen inneren Hof.
Eine steinerne Treppe, die in den Torweg mündete,
verband das Erdgeschoß mit den oberen Stockwerken.
Auf dem zweiten Stockwerke über dem Erdgeschoß
lag Kinkels Zelle. Sie hatte ein Fenster nach der
Rückseite des Gebäudes. Dieses Fenster war durch
einen Blechkasten verwahrt, der, an der unteren Seite
fest an die Mauer geschlossen, sich nach oben schief
öffnete, so daß das Tageslicht von oben einfiel und von
der Zelle aus nur ein kleines, quadratisch abgegrenztes
Stückchen Firmament, von der irdischen Umgebung

aber gar nichts sichtbar war. Außerdem hatte das
Fenster starke Eisenstäbe, ein enges Drahtgitter und
einen hölzernen Laden, der nachts verschlossen wurde
– kurz, all die Vorkehrungen, die gewöhnlich angewandt werden, um einen Gefangenen von aller Verbindung mit der Außenwelt abzuschließen. Außerdem
war die Zelle durch ein starkes, vom Fußboden bis zur
Decke reichendes Lattengitter mit ebenso starken
Querriegeln in zwei Abteilungen geschieden. In der
einen stand Kinkels Bett; in der andern hatte er während des Tages seine Arbeit zu verrichten. Die beiden
Abteilungen waren durch eine Tür im Lattengitter
verbunden, die abends verschlossen wurde. Der Eingang der Zelle von dem Treppenflur aus war mit zwei
schweren, mit mehreren Schlössern versehenen Türen
verwahrt. Auf der Straße, nach welcher Kinkels Zelle
hinaussah, stand Tag und Nacht eine Schildwache. Ein
anderer Posten bewachte während des Tages das Tor
des Gebäudes an der Hauptstraße, wurde aber des
Nachts auf den inneren Hof versetzt – eine Einrichtung, die uns in der Folge sehr wichtig wurde. Die
Zelle, Türen, Schlösser und Gitter wurden mehrmals
während der vierundzwanzig Stunden von wachhabenden Beamten revidiert.

Die Schlüssel zu Kinkels Zelle sowie zu der Tür des
Lattengitters in deren Innern wurden des Nachts,
nachdem Kinkel in der innern Abteilung eingeschlossen worden, in einem Spinde verwahrt, das sich in der
Stube der Inspektoren des Zuchthauses, der sogenannten Revierstube, befand. Da Brune des Nachts zur
Revierstube nicht Zutritt hatte und der Schlüssel dazu

einem andern höhern Beamten anvertraut war, so
verschaffte er sich von diesem Schlüssel, der während
des Tages im Schlosse stak, gelegentlich einen Wachsabdruck, nach welchem meine Spandauer Freunde ein
Duplikat anfertigten, das sie Brune zustellten, um ihm
den nächtlichen Eintritt in die Revierstube zu ermöglichen. Der Schlüssel zu dem Spinde, das Kinkels Zellenschlüssel verwahrte, wurde, wie Brune wußte, des
Abends immer auf das Spinde selbst gelegt, so daß er
ohne Schwierigkeit sich der Zellenschlüssel bemächtigen konnte. So glaubte sich also Brune in den Stand
gesetzt, Kinkel aus seiner Zelle herauszubringen. Nun
war verabredet, daß Brune, der in der Nacht vom 5.
auf den 6. November auf Kinkels Korridor die Wache
hatte, Kinkel, nachdem er ihn aus der Zelle geholt, die
Treppe herunter über den Korridor des ersten Stockwerks und dann weiter herunter in den Torweg führen
sollte. Auf dem ersten Stockwerk hatte in jener Nacht
der Gefangenenwärter Beyer die Aufsicht. Brune
nahm es auf sich, Kinkel ungefährdet an Beyer vor-
überzubringen. Ob er diesen auch ins Interesse ziehen,
oder in irgendeiner Weise zur Zeit anderwärtig beschäftigen und so seine Aufmerksamkeit ablenken
wollte, sagte Brune mir nicht. Er versicherte mir nur,
ich könne mich darauf verlassen, daß es damit keine
Schwierigkeit haben werde. Sobald nun Kinkel in den
Torweg heruntergeführt war, sollte ich ihn dort in
Empfang nehmen. In einem der Flügel des großen
Tors, das sich nach der Hauptstraße öffnete, befand
sich ein kleines Pförtchen zum Zweck der Erleichterung des Personenverkehrs. Von dem Schlüssel zu

diesem Pförtchen hatten wir uns ebenfalls einen Wachsabdruck verschafft und danach einen Nachschlüssel angefertigt. Meine Aufgabe war es nun, kurz nach Mitternacht, nachdem der Nachtwächter – denn in Spandau gab es damals noch Nachtwächter mit Schnarre und Spieß – auf der Straße vorbeipassiert sein würde, das Pförtchen von der Straße aus zu öffnen, mich in das Innere des Torwegs zu begeben, dort Brune und Kinkel zu erwarten, Kinkel eine Hülle umzuwerfen, ihn durch das Pförtchen ins Freie zu führen und mit ihm nach Krügers Gasthaus zu eilen, wo er die für ihn bereitgehaltenen Kleider anlegen und dann mit mir in Hensels zur Flucht fertig stehenden Wagen steigen sollte.

Ich hatte Kinkel schon vor einiger Zeit durch Brune mit kräftigenden Speisen versehen lassen, um ihn in gutem körperlichen Zustande zu halten. Aber, um lange Aufregung zu vermeiden, wurde ihm erst am Abend des 5. November durch Brune eröffnet, daß etwas für ihn unmittelbar im Werke sei; er solle um die gewöhnliche Zeit zu Bett gehen, doch kurz vor Mitternacht wieder aufstehen, sich ankleiden und bereit sein, seinen Kerker zu verlassen.

An demselben Tage hatten Leddihn und Poritz ein paar handfeste Freunde ins Vertrauen gezogen, um mit ihnen während der Nacht die nächsten Straßenecken zu besetzen und sie im Falle der Not zur Hilfe zu haben.

Um Mitternacht waren meine Leute auf ihren Posten, und nachdem der Nachtwächter die Straße hinunter passiert war, näherte ich mich dem Tor des Zuchthauses. Ich hatte Gummischuhe über die Stiefel gezogen, um meinen Schritt unhörbar zu machen. Ein zweites Paar Gummischuhe für Kinkel führte ich bei mir. Im Gürtel unter dem Rock trug ich die Pistolen, die Falkenthal mir gegeben hatte. In einer Tasche hatte ich ein scharfes Jagdmesser und in einer andern einen fußlangen Lederstock mit schwerem Bleiknopf, einen sogenannten Totschläger, um Kinkel für den Fall der Not damit zu bewaffnen. Um die Schultern hatte ich einen weiten Mantel mit Ärmeln geworfen, die Kinkel als erste Verhüllung dienen sollte. So ausgerüstet öffnete ich leise das Pförtchen und trat in den Torweg des Gefängnisses. Das Pförtchen ließ ich angelehnt und den Schlüssel draußen im Schloß stecken. Der Torweg war durch eine von der Decke herabhängende Laterne matt erhellt. Rechts sah ich die Tür, die in das Quartier des Zuchthausdirektors Jeserich führte; links die Tür der Wachtstube. Es war mein Geschäft, das Öffnen dieser Türen von innen zu verhindern, indem ich mit einer starken Schnur die äußeren Türklinken an die Schellenzüge festband. Nichts regte sich. Mein Blick war auf das gegenüberliegende Ende des Torwegs geheftet, wo Brune mit Kinkel erscheinen sollte.

So wartete ich. Eine Minute nach der andern verging – alles blieb totenstill. Ich mochte bereits eine Viertelstunde gewartet haben – noch immer regte sich nichts. Was bedeutete das? Aller Berechnung nach hätten sie längst herunter sein können. Meine Lage fing an, mir sehr bedenklich zu scheinen. War Brune doch untreu? Ich zog meine Pistolen aus dem Gürtel und hielt sie schußfertig in der linken Hand, mein Jagdmesser in der rechten. Doch nahm ich mir vor, auf

meinem Posten zu bleiben, bis ich mir sagen könnte,
die letzte Chance des Gelingens sei vorüber. Es mochte
schon eine halbe Stunde vergangen sein, und noch alles
still wie das Grab. Plötzlich hörte ich eine leise Bewegung, und an dem andern Ende des Torwegs sah ich
eine dunkle Gestalt erscheinen, als wäre sie, wie ein
Gespenst, aus der Mauer herausgetreten. Meine Hände
schlossen sich fester um meine Waffen. Im nächsten
Augenblick erkannte ich im matten Licht Brune. Da
war er endlich, aber allein. Er legte den Finger auf den
Mund und näherte sich mir. Ich erwartete ihn, auf alles
gefaßt.

«Ich bin unglücklich», flüsterte er kaum hörbar mir
zu. «Ich habe alles versucht. Es ist mißlungen. Die
Schlüssel waren nicht in dem Spinde. Kommen Sie
morgen zu mir, und holen Sie das Geld wieder.»

Ich antwortete nicht, sondern löste schnell die
Schnüre an den Türklinken und trat dann durch das
Pförtchen zurück, schloß es ab und steckte den Schlüssel in die Tasche. Kaum war ich auf der Straße, als
Leddihn und Poritz zu mir eilten. Mit wenigen Worten
erzählte ich ihnen im Davongehen, was geschehen
war. «Wir fürchteten schon, es wäre Ihnen etwas
passiert», sagte Leddihn. «Sie blieben so lange drinnen,
daß wir auf dem Punkte waren, Ihnen nachzukom-
men, um Sie herauszuholen.»

Bald hatten wir Krügers Gasthaus erreicht, wo
Hensel mit seinem Wagen bereitstand, Kinkel und
mich hinwegzuführen. Die Enttäuschung, die meinem
Bericht folgte, war entsetzlich.

«Aber es gibt diese Nacht noch etwas zu tun», sagte

ich. «Meine Relais stehen auf der Landstraße bis tief nach Mecklenburg hinein. Die müssen wir abbestellen.»

Ich stieg in den Wagen, eine offene Kalesche mit Kappe über dem Hintersitz. Hensel ergriff die Zügel, und so rollten wir davon. Es war eine traurige Reise. Wir mochten etwas über drei Stunden in der finsteren Novembernacht gefahren sein, als wir auf dem Kutschbock eines Fuhrwerkes, das uns entgegenkam, Funken sprühen sahen. Ich hatte Stahl und Stein bei der Hand und schlug ebenfalls Funken. Dies war das Erkennungssignal, das ich mit den Mecklenburger Freunden verabredet hatte. Der uns entgegenkommende Wagen hielt an, der unsrige auch.

«Ist das der Richtige?» fragte eine Stimme von drüben. – Dies war die verabredete Frage.

«Es ist der Richtige», antwortete ich. «Aber die Sache ist mißlungen. Bitte, fahren Sie zurück, und sagen es dem nächsten Relais, und ersuchen Sie unsern Freund da, die Nachricht so weiterzubringen. Aber um Gottes willen, im übrigen tiefes Stillschweigen, sonst ist alles verloren.» – «Versteht sich. Aber das ist eine verfluchte Geschichte. Wie ging denn das zu, daß es mißlungen ist?»

«Ein andermal und gute Nacht!»

Die beiden Wagen drehten um. Wir fuhren wieder auf Spandau zu, aber recht langsam, fast wie ein Leichenzug. Beide saßen wir schweigend und hingen unsern Gedanken nach. Ich machte mir schwere, quälende Vorwürfe. Hätte nicht dem unglücklichen Zufall, der unsern Plan durchkreuzt, leicht vorgebeugt

werden können? Hätten wir nicht ebensogut wie von
den Schlüsseln zum Tor und zu der Revierstube uns
auch von den Zellenschlüsseln Duplikate verschaffen
können? Gewiß. Aber warum war es nicht geschehen?
Warum hatte Brune nicht daran gedacht? Aber wenn
Brune nicht daran dachte, war es nicht meine Pflicht
gewesen, daran zu denken? So hatte ich meine Pflicht
versäumt. Mein, mein war die Schuld an diesem
entsetzlichen Fehlschlag. Mein die Verantwortlichkeit
dafür, daß Kinkel nicht jetzt ein freier Mann war und
hinter schnellen Pferden der Seeküste zueilte. Die
Frucht monatelanger und gefahrvoller Arbeit war
durch mich gedankenlos, leichtsinnig verscherzt worden. Würde ich jemals imstande sein, die zerrissenen
Fäden wieder anzuknüpfen? Und wenn auch – war es
nicht wahrscheinlich, daß durch die Unvorsichtigkeit
irgendeines Beteiligten Gerüchte von dem Geschehenen entstehen und Kinkel mit strengeren Vorsichts-
maßregeln umgeben oder gar in eine andere und
sicherere Strafanstalt versetzt werden würde? Und
wenn auch dieses nicht – wo war das mir anvertraute
Geld? Nicht mehr in meinem Besitz – in eines anderen
Menschen Hand, der es behalten konnte, wenn er nur
wollte – und ich ganz machtlos, es wiederzuerlangen.
Und somit mochte Kinkels grauenvolles Schicksal
durch meine Schuld für immer besiegelt sein. So
marterte mich mein Gewissen in jener furchtbaren
Nacht.

Endlich unterbrach Hensel das Schweigen. «Wie
wär's, wenn wir in Oranienburg auf ein paar Stunden
einkehrten?» sagte er. «Wir könnten dort die Pferde

füttern lassen, ein wenig schlafen und dann in aller Gemütlichkeit weiterfahren.» Ich war's zufrieden. Ich fing an, mich sehr ermattet zu fühlen; und dann, sollte von den Ereignissen der Nacht in Spandau etwas laut geworden sein und somit irgendwelche Gefahr drohen, so dachte ich, der kluge und wachsame Krüger würde uns jemanden entgegenschicken, um uns zu warnen.

Es war noch tief dunkel, als wir in Oranienburg an einem Herrn Hensel bekannten Gasthause abstiegen. Nachdem ich mich von meinen Gedanken noch eine Zeitlang hatte quälen lassen, schlief ich endlich ein. Als ich erwachte, schien der helle Tag durchs Fenster meines Zimmers. Mit mir erwachte auch wieder das Bewußtsein der ganzen Schwere unseres Mißgeschicks, jetzt mit noch größerer Klarheit als während der vergangenen Nacht. Solch ein Erwachen gehört zu den unglücklichsten Momenten des menschlichen Lebens.

Wir frühstückten spät, und es war bei dieser Gelegenheit, daß ich meinen Begleiter, den Gutsbesitzer Hensel, zum erstenmal in hellem Tageslicht ins Auge fassen konnte. Ich hatte ihn bei Krüger und auf unserer Fahrt nur in der Dunkelheit gesehen. Die stattliche breitschultrige Gestalt und der lange dunkle Vollbart waren mir damals schon aufgefallen; aber jetzt erst konnte ich ihm in die klaren, klugen und zugleich kühn blitzenden Augen blicken und den Gesichtsausdruck unterscheiden, der Willenskraft sowohl wie Aufrichtigkeit und Herzensgüte aussprach. Hensel sah wohl, wie mir zumute war; er versuchte heiter auszusehen

und mich darüber zu beruhigen, daß all unsere Freunde
in Spandau nicht allein treu, sondern auch diskret seien
und daß die Gefängnisbeamten in ihrem eigenen Interesse schweigen würden; ein neuer Versuch würde also
bald wieder möglich sein. Ich stimmte ihm gern zu. In
der Tat erfüllte mich schon der Gedanke an das, was
nun zu tun sei, der Gedanke, der stets der wirksamste
Trost für vergangenes Unglück ist. Ich habe im Leben
oftmals die Erfahrung gemacht, daß, wenn uns ein
recht schwerer Schlag trifft, wir nichts Besseres tun
können, als uns im Geiste zuerst alle, auch die
schlimmsten Seiten des Unheils möglichst klar vorzuführen und so den Becher der Bitternis bis auf den
letzten Tropfen zu trinken, dann aber die Gedanken
der Zukunft zuzuwenden und ganz mit dem zu beschäftigen, was getan werden muß, um den Schaden
wiedergutzumachen oder das unwiederbringlich Verlorene durch anderes Wünschenswertes zu ersetzen.
Das ist sichere und rasche Heilung – es sei denn, daß
das Verlorene ein sehr teurer Mensch war.

Mit der Rückfahrt nach Spandau hatten wir keine
Eile. Wir hielten es sogar für geraten, erst mit dem
Abenddunkel dort einzutreffen, und so setzten wir uns
denn erst nachmittags in langsamem Trab in Bewegung. In Spandau angekommen, erfuhr ich von Krüger, daß alles ruhig geblieben war. Sofort ging ich zu
Brunes Wohnung. Ich fand ihn in seiner Stube. Er hatte
mich offenbar erwartet. Das Zigarrenkistchen stand
auf dem Tisch.

«Das war eine verdammte Geschichte letzte Nacht»,
sagte er. «Ich konnte nichts dafür. Alles war in der

schönsten Ordnung, aber als ich das Spinde in der Revierstube aufschloß, fand ich die Schlüssel zur Zelle nicht. Ich suchte und suchte, aber sie waren nicht da. Heut' morgen hörte ich, daß der Inspektor Semmler sie ganz zufällig, statt sie in das Spind zu legen, aus Vergeßlichkeit in der Tasche mit nach Hause genommen hatte.»

Er schwieg einen Augenblick.

«Da ist das Geld», fuhr er fort, auf das Zigarrenkistchen deutend. «Nehmen Sie es mit, oder zählen Sie es erst. Es fehlt kein Taler daran.»

Ich konnte nicht umhin, dem Mann die Hand zu drücken und ihm im Herzen meine Zweifel abzubitten.

«Was von Ihnen kommt», antwortete ich, seine gestrigen Worte wiederholend, «wird nicht nachgezählt. Aber was nun? Ich gebe nicht auf. Müssen wir warten, bis Sie wieder die Nachtwache haben?»

«Wir könnten warten», versetzte er, «und uns mittlerweile all die Schlüssel nachmachen lassen, so daß uns nicht mehr eine so dumme Geschichte passiert. Aber», setzte er hinzu, «ich habe mir heute die Sache bedacht – bei Gott, es ist eine Schande, daß der Mann da noch einen Tag länger sitzen soll –, ich will versuchen, ihm diese Nacht herauszuhelfen, wenn er Mut zu einem halsbrecherischen Stück hat.»

«Was? Diese Nacht?»

«Ja, diese Nacht. Hören Sie mir nur ruhig zu.» Nun erzählte mir Brune, der Beamte, der in der kommenden Nacht die Wache auf dem oberen Stockwerk habe, sei krank geworden, und er, Brune, habe sich erboten, den Dienst für ihn zu versehen. Darauf habe er sich überlegt, er könne Kinkel ohne besondere Schwierigkeit auf den Söller unter dem Dachstuhl bringen und ihn dann mit einem Seil aus der Dachluke auf die Straße herunterlassen. Dazu brauche er allerdings die Zellenschlüssel wieder, aber nachdem gestern abend der Inspektor diese in der Zerstreutheit mit sich nach Hause genommen, würde er sie diese Nacht gewiß an dem gewöhnlichen ordnungsmäßigen Platz niederlegen. Ich sollte nur dafür sorgen, unten die Straße frei zu halten, während Kinkel vom Dach heruntergelassen würde, und ihn dann prompt in Empfang nehmen und fortschaffen.

«Es ist eine etwas halsbrecherische Geschichte», setzte Brune hinzu. «Von der Dachluke bis auf die Straße mag's wohl sechzig Fuß sein. Aber wenn der Professor Mut dazu hat, so glaube ich, daß es gehen wird.»

Für Kinkels Mut konnte ich einstehen. Was wagt ein Gefangener nicht für seine Freiheit?

Die Einzelheiten waren bald besprochen und festgestellt. Ich übernahm es, Brune sofort das nötige Seil zu schaffen. Er wollte es sich dann unter seinem Überrock um den Leib wickeln und so mit ins Zuchthaus nehmen. Ich sollte dann zur Mitternachtsstunde in der tiefen Türnische eines dem Tor des Zuchthauses schräg gegenüberliegenden Hauses stehen und nach den Dachluken des Gebäudes hinaufblicken. Wenn ich in einer Luke den Schein einer in senkrechter Linie auf und ab bewegten Laterne sähe, so würde das ein Zeichen sein, daß oben alles gut stehe und Kinkel bereit sei, heruntergelassen zu werden. Wenn ich dann, in meiner Türnische stehend, mit Stahl und Stein Funken schlüge, so würde Brune das als ein Signal verstehen, daß unten auf der Straße alles in Ordnung sei, um Kinkel zu empfangen.

Mit herzlichem Händedruck nahm ich von Brune Abschied und eilte nach Krügers Gasthaus. Poritz und Leddihn, die ich rasch herbeiholen ließ, besorgten sofort ein Seil von gehöriger Stärke und Länge und trugen es nach Brunes Wohnung. Aber wie sollten wir Kinkel fortschaffen? Ich hatte keine Relais von Pferden und Wagen mehr auf der Landstraße. In der vergangenen Nacht hatte alles so vortrefflich geklappt. Aber was nun? Zum Glück fand ich Hensel noch bei Krüger. Auf die Nachricht, was nun in wenigen Stunden geschehen solle, brach er in lauten Jubel aus.

«Ich fahre Sie, so weit meine Pferde laufen können», rief er aus.

«Unser nächster Freund wohnt in Neustrelitz», entgegnete ich. «Das ist mehrere Poststationen von hier. Werden Ihre Pferde es bis dahin aushalten können?»

«Der Teufel hole sie, wenn sie's nicht tun!» sagte Hensel.

Wir mußten es daraufhin wagen und uns dem Schicksal anvertrauen.

Ein kurzes Gespräch mit Poritz und Leddihn folgte über die Maßregeln, die nötig waren, um die Straße gegen unwillkommene Eindringlinge zu sichern, während Kinkel seinen Seilschwung machte. Die Vorkehrung war einfach. Die Straßenecken auf beiden

Seiten sollten meine Freunde mit ihren handfesten Genossen von der vorigen Nacht besetzen und, wenn sich etwa ein verspäteter Nachtwandler zeigte, sich angetrunken stellen und den Unwillkommenen mit munteren Schnurren zurückhalten und von dem verbotenen Wege ablenken. Im Notfalle sollte auch Gewalt gebraucht werden. Leddihn und Poritz verbürgten sich für die Ausführung.

«Köstliches Zusammentreffen», schmunzelte Krüger. «Heute abend wird hier im Hause Geburtstag gefeiert und mehrere Zuchthausbeamte werden dabeisein. Es gibt eine Bowle Punsch. Ich werde den Punsch besonders gut machen.»

«Und Sie werden die Beamten festhalten?»

«Ob ich sie festhalten werde! Von denen kommt Ihnen keiner in die Quere.»

Dieses Bild versetzte uns in die heiterste Laune, und wir hatten ein gemütliches kleines Souper zusammen. Unsere Gedanken waren jedoch beständig auf die Zufälle gerichtet, die uns wieder einen bösen Streich spielen könnten, und zur rechten Zeit fiel uns noch ein wichtiger Umstand ein.

Wenn Kinkel an dem Seil aus der Dachluke käme und das Seil über die Kante schnurrte, so konnte es leicht Dachschiefer oder gar Mauerziegel loslösen, die dann herunterfallen und ein lautes Geklapper machen würden. Wir verabredeten daher, daß Hensel mit seinem Wagen kurz nach zwölf langsam die Potsdamerstraße entlang am Zuchthause vorbeifahren sollte, um mit dem Rasseln des Wagens auf dem schlechten Pflaster alles andere Geräusch zu übertönen.

Um Mitternacht stand ich, ausgerüstet wie in der vorigen Nacht, wohlverborgen in der tiefen, dunklen Türnische dem Zuchthause gegenüber. Die Straßenecken zur Rechten und Linken waren der Abrede gemäß besetzt, aber die Leute hielten sich abseits. Ein paar Minuten später kam der Nachtwächter in gemächlichem Schritt die Straße herab. Gerade vor mir drehte er seine Schnarre und rief die zwölfte Stunde aus. Dann schlurfte er ruhig weiter und verschwand. Was hätte ich um ein tüchtiges Unwetter und Sturmgebraus und klatschendem Regen gegeben! Aber die Nacht war unheimlich still. Mein Auge war fest auf das Dach des Gefängnisses gerichtet, auf dem ich die Luken in der Dunkelheit kaum unterscheiden konnte. Die spärlichen Straßenlichter flimmerten matt. Plötzlich erschien oben ein heller Schein, der mich den Rahmen einer Dachluke erkennen ließ. Der Schein bewegte sich dreimal auf und ab. Das war das gehoffte Signal. Ich warf einen schnellen Blick auf die Straße rechts und links. Nichts näherte sich. Rasch gab ich, mit Stahl und Stein sprühende Funken schlagend, meinerseits das vereinbarte Zeichen. Eine Sekunde später verschwand das Licht aus der Dachluke, und dann gewahrte ich einen dunklen Körper, der sich langsam über die Mauerkante herunterbewegte. Mein Herz klopfte heftig, und der Schweiß trat mir auf die Stirn. Da geschah, was ich befürchtet hatte. Dachschiefer und Mauerziegel, von dem rutschenden Seile gelöst, regneten mit lautem Geklapper auf das Pflaster. Nun, gütiges Schicksal, steh uns bei! In demselben Augenblick kam Hensels Wagen auf dem holperigen

Pflaster rasselnd herangerollt. Man hörte das Geräusch der fallenden Ziegel nicht mehr. Aber werden diese nicht Kinkels Kopf treffen und ihn betäuben? Nun hatte der dunkle Körper beinahe den Boden erreicht. Mit wenigen Sprüngen war ich zur Stelle. Jetzt faßte ich ihn an; es war mein Freund, und da stand er lebendig auf seinen Füßen. «Das ist eine kühne Tat!» war das erste Wort, das er mir sagte.

«Gott sei Dank!» antwortete ich. «Nun schnell das Seil ab und dann fort!»

Ich bemühte mich umsonst, den Knoten des Seils, das um seinen Leib geschlungen war, zu lösen.

«Ich kann dir nicht helfen», flüsterte Kinkel. «Das Seil hat mir beide Hände furchtbar zerschunden.»

Ich zog mein Jagdmesser, und mit großer Anstrengung schnitt ich das Seil durch. Das lange Ende wurde, sobald es frei war, schleunigst nach oben gezogen. Während ich Kinkel meinen Mantel umwarf und ihm die Gummischuhe anzog, blickte er besorgt um sich. Hensels Kalesche hatte sich umgedreht und kam langsam zurück.

«Was ist das für ein Wagen?» fragte Kinkel.

«Unser Wagen.»

Dunkle Gestalten zeigten sich an den Straßenecken und näherten sich uns.

«Um Himmels willen, was für Leute sind das?»

«Unsere Freunde.»

In einiger Entfernung hörten wir Männerstimmen singen: «Wir sitzen so fröhlich beisammen.»

«Was ist denn das?» fragte Kinkel, während wir durch eine Seitengasse Krügers Hotel zueilten.

«Deine Kerkermeister bei einer Bowle Punsch.»

«Famos», sagte Kinkel.

Bei Krüger traten wir durch eine Hintertür ein und befanden uns bald in dem Zimmer, in welchem Kinkel die für ihn bestimmten Kleider anlegen sollte. Es war ein schwarzer Tuchanzug, ein großer Bärenpelz und eine Kappe, wie sie von preußischen Forstbeamten getragen wird. Von einem nahen Zimmer her erschollen noch die Stimmen der Zechenden. Krüger, der einige Minuten zugesehen hatte, wie Kinkel die Züchtlingsuniform gegen seine neue Bekleidung austauschte, entfernte sich plötzlich mit einem ihm eigenen Lächeln. Bald trat er wieder ein, einige gefüllte Gläser tragend. «Herr Professor», sagte er, «daneben sind einige Ihrer Gefängnisbeamten bei einer Bowle Punsch. Ich habe sie eben gefragt, ob sie mir nicht ein Glas erlauben wollten für ein paar Berliner Freunde, die gerade angekommen wären. Sie hatten nichts dagegen. Nun, Herr Professor, trinken wir Ihr erstes Wohl aus der Bowle Ihrer Kerkermeister!»

Es war uns schwer, nicht vor Vergnügen über den Humor der Situation laut aufzulachen.

Kinkels Umkleidung war schnell vollendet und seine vom Seil zerrissenen blutigen Hände mit Taschentüchern verbunden. Er dankte den aufopfernden Freunden mit wenigen Worten, die sie schluchzen machten. Dann sprangen wir in Hensels Wagen. Die Zuchthausbeamten saßen und jubelten noch immer bei ihrer Bowle.

Es war angeordnet, daß unser Wagen durch das Potsdamer Tor, das auf die Straße nach Hamburg führt, aus Spandau hinausfahren und dann baldmöglichst in eine andere Richtung abbiegen sollte, um etwaige Verfolger irrezuführen. So rasselten wir denn in schnellem Trabe durch das Potsdamer Tor, und diese List gelang so gut, daß, wie wir später erfuhren, wir am nächsten Tage auf den Bericht des Torwächters hin wirklich in der Richtung von Hamburg verfolgt wurden. Ehe wir das Städtchen Nauen erreichten, bogen wir nach rechts in einen Landweg und dann in die Berlin-Strelitzer Chaussee beim Sandkruge. So scharf die Braunen traben konnten, ging es vorwärts.

Erst als ihm auf der schnellen Fahrt die kalte Nachtluft ins Gesicht wehte, schien Kinkel zum klaren Bewußtsein des Geschehenen aufzuwachen.

«Ich möchte gern deine Hand in der meinen halten», sagte er, «aber es geht nicht. Meine Hände sind zu arg geschunden.»

Er legte dann seinen Arm um meinen Nacken und drückte mich ein übers andere Mal an sich.

Ich wollte ihn nicht dazu kommen lassen, seine Dankbarkeit in Worten auszusprechen, sondern erzählte ihm, wie in der vorherigen Nacht alles so vortrefflich eingerichtet gewesen, wie unser Plan durch einen unglücklichen Zufall vereitelt worden und was für eine traurige Fahrt ich in demselben Wagen vor vierundzwanzig Stunden gemacht habe.

«Das war wohl die entsetzlichste Nacht meines Lebens», sagte Kinkel. «Nachdem Brune mich angewiesen, ich solle mich bereit halten, erwartete ich mit der zuversichtlichsten Hoffnung die angesagte Stunde. Vor zwölf Uhr stand ich fertig. Ich horchte, wie nur

ein in langer Isolierhaft geübtes Ohr horchen kann.
Zuweilen hörte ich ein entferntes Geräusch von Schritten in den Gängen, aber sie wollten nicht näher
kommen. Ich hörte aufmerksam die Stunden schlagen.
Als Mitternacht mehr als eine Viertelstunde vorbei
war, stieg mir zum erstenmal der Gedanke auf: Ist es
möglich, daß dies fehlschlägt? Minute nach Minute
verging, und alles blieb still. Da faßte mich eine Angst,
die ich nicht beschreiben kann. Der Schweiß tropfte
mir von der Stirn. Bis um ein Uhr hatte ich noch ein
wenig Hoffnung. Als aber auch dann Brune nicht kam,
gab ich alles verloren. Die grauenvollsten Bilder stiegen in meiner Einbildung auf. Der ganze Anschlag war
gewiß entdeckt worden. Du warst in den Händen der
Polizei und auch auf viele Jahre eingekerkert. Ich sah
mich selbst als einen verelendeten Greis in der Züchtlingsjacke. Meine Frau und meine Kinder gingen vor
Jammer zugrunde. Ich rüttelte an den Stäben des
Lattengitters in meiner Zelle wie ein Toller. Dann fiel
ich erschöpft auf meinen Strohsack. Ich glaube, ich
war dem Wahnsinn nahe.»

«Nun, und diese Nacht?»

«Oh, diese Nacht!» rief Kinkel aus. «Ich konnte
kaum meinen Augen und Ohren trauen, als Brune mit
einer Laterne in der Hand in meine Zelle trat und mir
durchs Lattengitter zuflüsterte: ‹Schnell auf, Herr Professor! Jetzt sollen Sie heraus!› Das war wie ein elektrischer Schlag. Im Nu war ich auf den Beinen. Aber
weißt du, daß auch diese Nacht ums Haar wieder alles
in die Brüche gegangen wäre?»

Ich war aufs äußerste gespannt, und wieder und

wieder lief mir's kalt über, als Kinkel seine Geschichte erzählte.

Schon um halb zwölf war Brune in Kinkels Zelle. Er hatte diesmal die Schlüssel in dem Spinde gefunden und damit die Zellentüren geöffnet. Nachdem er Kinkel geweckt, schickte er sich an, mit einem dritten Schlüssel die Tür im Lattengitter aufzuschließen. Er versuchte und versuchte, aber umsonst. Der Schlüssel paßte nicht. – Bei den späteren Untersuchungen stellte es sich heraus, daß der Schlüssel, mit dem Brune umsonst sich anstrengte, die Lattentür zu öffnen, für das Schloß des Fensterladens bestimmt war, daß aber einer der Schlüssel für die Zellentüren auch das Lattengitter öffnete – daß also Brune den richtigen Schlüssel in der Hand hielt, ohne es zu wissen oder ohne in der Aufregung daran zu denken.

So standen denn Kinkel auf der einen, Brune auf der andern Seite des festen Lattengitters, verblüfft und einen Augenblick ratlos. Dann ergriff Kinkel mit der Kraft der Verzweiflung eine der starken Latten und versuchte, die ganze Wucht seiner Körperschwere dagegen werfend, sie loszubrechen. Umsonst. Brune arbeitete hart mit seinem Säbel zu demselben Zweck. Vergebens.

«Herr Professor», sagte er dann, «Sie sollen heraus, und wenn es mich das Leben kostet.»

Er verließ die Zelle und kehrte nach einer Minute zurück mit einer Axt in der Hand. Mit einigen kräftigen Schlägen waren zwei Latten ein wenig vor dem untern Querriegel gelöst. Die Axt, als Hebel gebraucht, löste sie noch mehr. Kinkels wütend ange-

strengte Kraft brach sie noch weiter auseinander und
schaffte am Boden eine enge Öffnung, durch die
Kinkels breitschulteriger Körper sich mühsam hin-
durchzuzwängen vermochte.

Aber hatten nicht Brunes Axtschläge das ganze
Haus alarmiert? Die beiden lauschten mit verhaltenem
Atem. Nichts regte sich. In der Tat war Brune nicht
weniger klug als verwegen gewesen. Bevor er seine
Axt schwang, hatte er die beiden dicken Zellentüren
sorgfältig hinter sich verschlossen. Der Schall der
Schläge, welcher das Innere der Zelle hatte erdröhnen
machen, war durch die dicken Zwischenmauern und
die schwere Doppeltüre nur sehr gedämpft nach außen
gedrungen. Er hatte nicht allein keinen Schläfer geweckt, sondern sogar die Wachenden entweder gar
nicht erreicht oder auf sie den Eindruck gemacht, als
wäre das Geräusch von außerhalb gekommen.

Nun verließ Brune mit Kinkel die Zelle, deren
Türen er wieder verschloß. Dann hatten sie durch
Korridore zu gehen und Treppen zu steigen und, in
gedeckter Stellung wartend, sogar einen Nachtaufse-
her, der nicht im Geheimnis war, an sich vorbei
passieren zu lassen. Endlich gelangten sie auf den
Söller und an die Dachluke, von welcher die gefährliche Luftfahrt abwärts unternommen werden mußte.
Kinkel gestand mir, daß ihn ein schwindelndes Grauen
erfaßte, als er von oben auf die tief unten liegende
Straße blickte und dann auf das dünne Seil, das ihn
tragen sollte. Aber als er mein Feuersignal aufblitzen
sah, das Brune ihm flüsternd erklärte, gewann er
schnell seine Fassung wieder und schwang sich über

den Abgrund. Sofort begannen die durch das Seil gelockerten Dachschiefer und Mauerziegel ihm um den Kopf zu regnen, aber keiner traf ihn. Nur die Hände, die zuerst das Seil zu hoch gegriffen und durch die er es mußte rutschen lassen, litten schwer. Aber das war eine leichte Wunde für so harten Kampf und so großen Sieg.

Nachdem Kinkel seine Erzählung beendigt hatte, holte Hensel eine Flasche des köstlichen Rheinweins hervor, mit dem der gute Krüger uns für die Reise versehen hatte, und dann tranken wir auf die «glückliche Wiedergeburt» und auf das Wohl des tapfern Brune, ohne dessen Treue und Unerschrockenheit all unser Planen und Arbeiten umsonst gewesen wäre. Es war ein begeisterter, glücklicher Augenblick, der uns fast vergessen ließ, daß, solange wir uns auf deutschem Boden befanden, die Gefahr nicht vorüber und unser Werk nicht ganz gelungen war.

In scharfem Trabe ging es durch die Nacht dahin. Noch höre ich den kräftigen Ruf «Boom op!», den Hensel erschallen ließ, sooft wir eine Chausseezollstätte mit Schlagbaum erreichten. Durch Oranienburg, Teschendorf, Löwenberg flogen wir ohne Aufenthalt. Aber als wir uns dem Städtchen Gransee, acht deutsche Meilen von Spandau, näherten, wurde es nur zu offenbar, daß unsere guten Braunen bald zusammenbrechen würden, wenn wir ihnen nicht kurze Rast und Erfrischung gönnten. So wurde denn an einem Wirts-

hause bei Gransee eine halbe Stunde gehalten und
gefüttert. Dann weiter.

Als das Tageslicht heraufstieg, konnte ich mir Kinkel zum erstenmal genauer anschauen. Wie hatte er
sich verändert, den ich noch vor wenig mehr als einem
Jahr als jugendfrischen, blühenden Mann gesehen! Das
kurzgeschorene Haar war grau gesprenkelt, die Gesichtsfarbe fahl, die Haut pergamentartig, die Wangen
mager und schlaff, die Nase spitz und die Züge scharf
eingefurcht. Wäre er mir unversehens begegnet, ich
würde ihn schwerlich erkannt haben. «Sie haben dir
schlimm mitgespielt», sagte ich.

«Ja», antwortete er, «es war hohe Zeit, daß du mich
herausholtest. Noch ein paar Jahre, und ich würde
ausgebrannt, verkohlt, an Leib und Seele verheert
gewesen sein. Kein Mensch, der es nicht erlitten hat,
weiß, was die Isolierhaft bedeutet und die Erniedrigung, wie ein gemeiner Verbrecher behandelt zu werden. Aber nun», setzte er heiter hinzu, «nun beginnt ja
wieder ein menschliches Leben.»

Und dann beschrieb er in seiner launigsten Weise,
wie zu dieser Stunde im Zuchthaus zu Spandau die
Entdeckung würde gemacht werden, daß Kinkel wie
ein Vogel seiner Zelle entflogen sei, und wie ein
Aufseher mit verstörtem Gesicht zu dem Direktor
Jeserich stürzte und wie dieser und die Inspektoren und
das ganze Beamtenpersonal die Köpfe zusammenstek-
ken und dann nach der höheren Behörde laufen würden; dann würden sie sich bei den Torwächtern erkundigen und von einem Wagen hören, der zwischen
zwölf und eins durch das Potsdamer Tor gerasselt sei,

und dann würde schleunigst ein Trupp berittener
Konstabler zusammengerafft werden, um uns wie toll
über Nauen nach Hamburg nachzujagen, während wir
unsern Freunden in Mecklenburg Besuch machten.
«Ich wünschte nur», bemerkte Hensel besorgt, «wir
kämen etwas schneller vom Fleck.»

Es war schon heller Tag, als wir den mecklenburgischen Grenzpfahl begrüßten. Sicher fühlten wir uns da
noch keineswegs, wenn auch ein wenig sicherer als auf
preußischem Gebiet, denn in Mecklenburg war die
Polizei harmloser. Aber der Trab unserer Pferde wurde
langsamer und langsamer. Eines davon schien im
höchsten Grade ermattet zu sein. So mußten wir denn
am ersten mecklenburgischen Wirtshause, das wir
fanden, in Dannenwalde, wieder Rast machen. Hensel
wusch die Pferde mit warmem Wasser. Das half ein
wenig, aber nur für kurze Zeit. In dem Städtchen
Fürstenberg mußten wir zu längerer Ruhe ausspannen,
weil die Braunen nicht mehr weiter konnten. Erst
nachmittags, nach einer Fahrt von mehr als dreizehn
deutschen Meilen, erreichten wir Strelitz, wo wir an
dem Stadtrichter Petermann einen begeisterten Freund
und Beschützer hatten, der bereits in der vorhergegangenen Nacht an der Aufstellung der Relais beteiligt
gewesen war.

Petermann empfing uns mit einer Freude, die mich
fürchten ließ, er werde sich nicht enthalten können, das
glückliche Ereignis aus den Fenstern den Vorübergehenden zu verkünden. In der Tat vermochte er sich's
nicht zu versagen, sofort einige Freunde herbeizuho-
len. Bald gab's ein reichliches Mahl mit heiterm Glä-

serklang, währenddessen ein Wagen mit frischen Pferden vorfuhr. Dann nahmen wir von dem braven Hensel einen herzlichen Abschied. Seine beiden schönen Braunen hatten sich niedergelegt, sobald sie in den Stall kamen – einer, wie wir später erfuhren, um nicht wieder aufzustehen. Ehre seinem Andenken!

Petermann begleitete uns auf der weiteren Fahrt, die nun mit ununterbrochener Schnelligkeit vonstatten ging. In Neubrandenburg sowie in Teterow wechselten wir die Pferde, und kurz nach sieben Uhr am nächsten Morgen, dem 8. November, erreichten wir das Gasthaus «Zum weißen Kreuz» an der Neubrandenburger Chaussee bei Rostock. Petermann holte sofort Moritz Wiggers herbei, der nun die ganze Sorge für uns übernahm. Ohne Verzug schickte er uns in Begleitung des Kaufmanns Bluhme in einer Droschke nach dem zwei Meilen entfernten Hafen- und Badeort Warnemünde, wo wir in dem Wöhlertschen Gasthause abstiegen. Petermann, überglücklich, daß sein Teil der abenteuerlichen Fahrt so gut gelungen war, wendete sich nach Strelitz zurück. Auf der Reise hatten wir uns angewöhnt, Kinkel mit dem Namen Kaiser und mich mit dem Namen Hensel anzureden, und unter diesen Namen wurden wir in der Herberge einquartiert.

Wiggers hatte uns Warnemünde als einen Platz von patriarchalischen Einrichtungen und Sitten geschildert, wo es eine Polizei nur dem Namen nach gäbe und wo die Ortsobrigkeit, wenn man uns entdecken und die preußische Regierung unsere Verhaftung verlangen sollte, zuerst darauf bedacht sein würde, uns aus der Gefahr zu helfen. Dort, meinte er, würden wir sicher sein, bis eine gute Fahrgelegenheit oder ein besseres Asyl bereit sein würde. Von Warnemünde aus sah ich zum erstenmal in meinem Leben das Meer. Ich hatte mich lange danach gesehnt, aber der erste Anblick war mir eine Enttäuschung. Der Horizont erschien mir viel enger und die Wellen, die, vom Nordostwind gepeitscht, weißköpfig heranstürzten, viel kleiner, als ich sie mir in meiner Phantasie vorgemalt hatte. Ich sollte die See noch besser kennen- und mit größerer Achtung und höherem Genuß betrachten lernen. Übrigens waren wir auch damals wenig zum Naturgenuß gestimmt. Kinkel hatte zwei, ich drei Nächte im Wagen auf der Landstraße zugebracht. Wir fühlten uns bis aufs äußerste erschöpft, suchten bald unser Zimmer auf und sanken fast willenlos dem Schlaf in die Arme. Ich hatte noch Bewußtsein unserer Lage genug, um meine Pistolen unters Kopfkissen zu legen, und Herr Bluhme erzählte nachher, ich habe, als er sich während unseres sechsstündigen Schlafes leise in mein Zimmer geschlichen, sofort die Augen geöffnet, «Werda» gerufen und meine Schießgewehre ergriffen, worauf er schleunigst davongegangen sei. Es war wohl so, aber ich erinnerte mich dessen nicht.

Am nächsten Tage traf Wiggers wieder bei uns ein. Er verkündete uns, es liege nur eine Brigg auf der Reede – wir sahen sie vor uns auf den Wellen tanzen –, die aber noch nicht segelfertig sei. Sein Freund, der Kaufmann und Fabrikherr Ernst Brockelmann, halte es auch für besser, uns auf einem seiner eigenen Schiffe über See zu schaffen, und bis dieses zur Abfahrt bereit sein werde, uns in seinem eigenen Hause zu beherbergen. So verließen wir denn das Gasthaus, bestiegen die Jolle eines Warnemünder Lotsen und, den scharfen Nordost im Segel, flogen wir über die breite Bucht den Warnowfluß hinauf. An einem Gehölze landeten wir, und bei einem nahen Dorfe fanden wir Brockelmann mit seinem Wagen.

Wir sahen einen hochgewachsenen, kräftigen Fünfziger vor uns, mit grauem Haupthaar und Backenbart, aber frischer Gesichtsfarbe und jugendlich lebhaft in Ausdruck und Bewegung. Er begrüßte uns mit freudiger Herzlichkeit, und nach den ersten Minuten waren wir wie alte Freunde. In ihm erkannten wir das wahre Bild des «selbstgemachten» Mannes im besten Sinne des Wortes – eines Mannes, der seines eigenen Glückes Schmied gewesen, der mit Selbstgefühl auf das blicken kann, was er geleistet hat, und in seinen Erfolgen die Inspiration weiteren Strebens und eines unternehmenden und opferwilligen Gemeingeistes findet.

Brockelmann ließ eines seiner eigenen Fahrzeuge, einen Schoner von etwa 40 Last, der sich als guter Segler erprobt hatte, für uns bereit machen. Die «Kleine Anna», so hieß der Schoner, empfing eine Ladung Weizen für England, die man möglichst schnell an Bord schaffte, und Sonntag, der 17. November, wurde als Tag der Abfahrt bestimmt, wenn sich bis dahin der noch immer wehende starke Nordostwind gelegt haben würde. Mittlerweile ging die Nachricht von Kinkels Flucht durch die Zeitungen und erregte allenthalben das größte Aufsehen. Unsere Freunde in Rostock unterrichteten sich mit größer Sorgfalt von allem, was über die Sache gedruckt, gesagt und gerüchtweise gemunkelt wurde. Den von der preußischen Regierung gegen Kinkel erlassenen und in den Blättern veröffentlichten Steckbrief brachten sie uns zum Tee mit, und er wurde unter großer Heiterkeit mit allerlei unehrerbietigen Randglossen vorgelesen. Von meinem Anteil an Kinkels Befreiung wußten damals die Behörden und das Publikum noch nichts. Besonderes Vergnügen machten uns die Zeitungsberichte, die Kinkels Ankunft an den verschiedensten Orten zu gleicher Zeit anzeigten. Der freisinnige Pastor Dulon in Bremen, einem richtigen Instinkt folgend, beschrieb in seinem Blatt mit großer Umständlichkeit, wann und wie Kinkel durch Bremen passiert und zu Schiff nach England gefahren sei. Einige meiner Freunde berichteten sein Eintreffen in Zürich und in Paris. Eine Zeitung brachte sogar einen ausführlichen Bericht über ein Bankett, das Kinkel von deutschen Flüchtlingen in Paris gegeben worden, und von der Rede, die er dabei gehalten habe. So blieb nichts unversucht, um die preußische Polizei zu verwirren und irrezuleiten.

Es kamen aber auch Schreckschüsse beunruhigender Art. So empfing Wiggers am 14. November einen Brief aus der Gegend von Strelitz, ohne Unterschrift und von unbekannter Hand geschrieben, der so lautete: «Beschleunigen Sie die Versendung der Ihnen anvertrauten Waren; es ist Gefahr im Verzuge.» Wahrscheinlich war von den Behörden unsere Spur zwischen Spandau und Strelitz entdeckt und von dort weiterverfolgt worden. So fanden wir, trotz aller Gemütlichkeit, doch nicht geringe Beruhigung in der

Nachricht, daß der Nordostwind sich gelegt habe, daß die «Anna» bereits bei Warnemünde vor Anker liege und daß alles zu unserer Abfahrt am 17. November bereit sei.

An einem frostigen Sonntagmorgen segelten wir mit unserer bewaffneten Begleitung, die unsere Freunde aus zuverlässigen Leuten zusammengesetzt und so stark gemacht hatten, daß sie, wie Wiggers sagte, «einem nicht ungewöhnlich mächtigen Angriff der Polizei hätten widerstehen können», in zwei Booten über die Bucht nach dem Ankerplatz der «Anna». Einige unserer Freunde blieben bei uns, bis der kleine Schleppdampfer, welcher der «Anna» vorgespannt war, uns eine kurze Strecke in die offene See hinausbugsiert hatte. Dann kam der Abschied.

Kinkel und ich blieben an der hintern Schanzkleidung des Schiffes stehen und sahen dem Dampfer nach, der unsere guten Freunde davontrug. Dann ruhten unsere Blicke auf der heimatlichen Küste, bis der letzte Streifen davon in der Abenddämmerung verschwunden war. So nahmen wir stillen Abschied vom Vaterlande. In unserer wortkargen Unterhaltung tauchte mehr als einmal die Frage auf: «Wann werden wir wohl zurückkehren?» Wir verließen das Deck erst, als es dunkel geworden war.

Die Kajüte des Schoners war sehr klein. Sie maß der Schiffsbreite nach, zwischen den an den Seiten befindlichen Schlafkojen, kaum mehr als acht Fuß, und in der andern Richtung nicht über sechs. Sie war so niedrig, daß Kinkel aufrechtstehend mit dem Scheitel die Decke erreichte. In der Mitte stand ein kleiner, an den

Fußboden festgeschraubter Tisch und dahinter ein mit schwarzem Haartuch überzogenes Sofa, das Kinkel und ich nebeneinandersitzend vollständig ausfüllten. Über dem Tische hing eine Lampe von der Decke herab, die nachts den Raum spärlich beleuchtete. Die Schlafkojen, die in der Eile für uns hergerichtet wurden, waren ein paar Fuß über den Boden erhaben und offen, so daß wir, wenn wir zu Bett lagen, einander sehen konnten. Diese Einrichtungen erschienen allerdings sehr verschieden von denen der stolzen Ostindienfahrer und Fregatten, die ich in meinen Büchern so anschaulich und verlockend beschrieben gefunden; aber nach der ersten Ernüchterung, und als ich bedachte, daß dies doch eigentlich ein sehr kleines Seeschiff sei, fand ich sie ebenso praktisch wie einfach.

Anfangs ließ sich die Seereise recht lustig an. Eine leichte Brise schwellte die Segel, und das Schiff glitt mit sanfter Bewegung durch die nur wenig erregte Flut. Aber gegen Morgen wurden Wind und See lebhafter, und als es Zeit zum Aufstehen war, meldete sich Kinkel seekrank. Der Wind blies immer heftiger, die See wogte immer höher, und Kinkel wurde immer kränker. Er raffte sich zusammen, um aufs Deck zu steigen, suchte aber bald wieder seine Koje auf. Ich bemühte mich, ihn aufzumuntern – umsonst. Nach einigen Stunden argen Leidens wurde er ganz verzweifelt in seiner Qual. Er fühlte, daß er sterben müsse. Er hatte Lust, den Kapitän zu bitten, daß er ihn im nächsten Hafen absetzen möge. Diese Marter erschien ihm unerträglich. War er dem Gefängnisse entronnen, um hier jetzt so elend zu verenden?

In diesem Zustande passierten wir Helsingör, die
Sundzollstätte, und damit die letzte Stelle, die uns hätte
möglicherweise gefährlich werden können, und liefen
ins Kattegat ein. War die See im Sunde schon wild
gewesen, so wurde sie im Kattegat noch wilder. Der
Wind schien abwechselnd aus allen Himmelsgegenden
zu blasen, und wir kreuzten zwei Tage lang zwischen
der flachen vorspringenden Landzunge von Däne-
mark, dem Skagen, und den hochaufragenden Felsen-
küsten von Schweden und Norwegen, bis wir das
geräumigere Becken des Skagerrak gewinnen konnten. Aber auch da, und als wir endlich uns in der
offenen Nordsee befanden, dauerte das «schmutzige
Wetter», wie unsere Seeleute es nannten, beharrlich
fort. Zuweilen wurde der Wind so heftig, daß Kapitän
Niemann ihn als einen wirklichen Sturm anerkannte.
Wie eine Nußschale hüpfte die «Kleine Anna» auf den
zornigen Gewässern. Die See wusch beständig über
das Deck, und das Schiff ächzte unter den furchtbaren
Schlägen der darauf einstürzenden Wogen. Wenn Kinkel meiner nicht bedurfte, hielt ich mich beständig auf
dem Deck auf, und um nicht über Bord geschleudert
zu werden, ließ ich mich an dem hinteren Mast
festbinden. So gewann ich denn einen lebhaften Eindruck von der gewaltigen, ewig wechselnden Großartigkeit des Meeres, das mir beim ersten Anblick von
Warnemünde aus nicht hatte imponieren wollen. Nun
bezauberte mich der Anblick dergestalt, daß ich mich
nur schwer davon losreißen konnte, und jede Minute,
die ich in der Kajüte zubringen mußte, erschien mir
wie ein unersetzlicher Verlust.

Das böse Wetter währte unausgesetzt zehn Tage und Nächte lang fort. Nach dem zehnten Tage unserer Fahrt klärte sich endlich der Himmel, und als wir am nächsten Morgen erwachten, lag die «Kleine Anna» in Leith vor Anker.

Es war ein schöner, sonniger Wintermorgen. Welche Lust war es, als wir die Hauptstraße von Leith hinaufwanderten, zu fühlen, daß wir nun wieder festen Boden unter den Füßen hatten und als freie Menschen jedem ins Antlitz schauen durften! Endlich alles überstanden, alle Gefahren glücklich vorüber, keine Verfolgung mehr, ein neues Leben vor uns! Es war über alle Beschreibung herrlich. Wir hätten jauchzen und springen mögen, besannen uns aber und wanderten in raschem Gang aus der Hafenstadt in die Straßen von Edinburg hinauf. Diese Straßen sahen recht sonntäglich aus. Die Kaufläden waren geschlossen, kein Fuhrwerk störte die Stille, die Leute gingen schweigend daher, wahrscheinlich zur Kirche. Doch bemerkten wir bald, daß manche der Vorübergehenden uns mit einer Art Verwunderung anblickten, und es währte nicht lange, bis ein Trupp von Knaben sich um uns sammelte und uns mit spöttischem Lachen verfolgte. Wir blickten einander an und wurden gewahr, daß unsere äußere Erscheinung allerdings sonderbar genug gegen die der sauberen Kirchengänger abstach. Kinkel trug seinen großen Bärenpelzrock, der ihm beinahe bis zu den Füßen reichte. Sein Bart, den er, wie früher, voll wachsen lassen wollte, befand sich in dem Stadium der Entwicklung, in welchem er einem rauhen Stoppelfeld ähnlich sah – und in jener Zeit gehörte in Schottland unter den anständigen Leuten ein Vollbart noch zu den Unmöglichkeiten. Seinen Kopf bedeckte eine Forstbeamtenmütze. Regelrechte Hüte besaßen wir nicht. Ich war in einen langen braunen Überrock mit weiten Ärmeln und einer mit hellblauem Flanell gefütterten Kapuze gekleidet – ein Kleidungsstück, das ich mir in der Schweiz aus meinem großen Soldatenmantel hatte anfertigen lassen. Meine Kopfbedeckung bestand in einer sonderbar geformten schwarzen Samtkappe. Indem wir uns gegenseitig betrachteten, kamen wir zu dem Bewußtsein, daß wir an einem Sonntagmorgen auf den Straßen der schottischen Hauptstadt recht seltsame Figuren machten, und über das Erstaunen der frommen Kirchengänger und den Spott der Jugend wunderten wir uns nicht mehr. Indes war der Sache nicht abzuhelfen, und so schlenderten wir ruhig weiter, ohne uns um die Gefühle der Eingeborenen weiter zu kümmern.

Endlich wanderten wir wieder dem Hafen zu. Plötzlich bemerkten wir in der Hauptstraße von Leith an einem großen Hause, dessen Front mit der Inschrift «Black Bull Hotel» geschmückt war, eine offene Tür. Sogleich traten wir ein. Unmittelbar von der Türe führte eine Treppe in das obere Stockwerk hinauf. Diese stiegen wir hinan und erreichten einen geräumigen Vorplatz mit verschiedenen Türen, von denen eine halb offenstand. Durch diese blickten wir in einen kleinen, von einem Kaminfeuer behaglich erhellten Salon. Ohne langes Bedenken traten wir ein, setzten uns zu beiden Seiten des Kamins in bequeme Armstühle nieder, zogen die Klingelschnur und erwarteten die weiteren Fügungen des Schicksals. Nach wenigen Minuten erschien in der Tür ein Mann in schwarzem Frack mit weißer Halsbinde und einer Serviette über dem Arm – offenbar ein Kellner. Als er die beiden fremdartigen Gestalten am Kamin sitzen sah, durch das rötlich flackernde Licht des Feuers vielleicht noch abenteuerlicher in ihrer Erscheinung gemacht, fuhr er zurück und stand einen Augenblick stumm und unbeweglich da mit großen Augen und halbgeöffnetem Munde. Wir konnten uns des Lachens nicht enthalten, und wie er uns lachen sah, so lächelte er auch, aber mit einem zweifelvoll ängstlichen Gesichtsausdruck. Dann sprachen wir unsere beiden englischen Worte aus: «Beefsteak – Sherry». Der Kellner stammelte eine Antwort, die uns durchaus unverständlich war, und zum Zeichen dessen zuckten wir die Achseln. Er schob sich darauf hinterwärts zur Türe hinaus und verschwand.

Bald kam er wieder mit einem andern Manne, auch in Frack und weißer Halsbinde, der uns den Eindruck eines Oberkellners machte, denn es war etwas wie Autorität in seiner Miene. Beide starrten uns an und wechselten einige Worte unter sich. Wir lachten, und der neue Ankömmling lächelte ebenfalls. Dann sagte er uns etwas auf englisch, das wie eine Frage klang. Wir antworteten ihm auf deutsch und dann auf französisch, daß wir ein Mittagessen und ein Nachtquartier wünschten; aber er schüttelte den Kopf wie einer, der nicht verstand. So blieb uns denn nichts übrig, als wieder «Beefsteak – Sherry» zu sagen. Darauf nickte der Oberkellner, und beide verließen das Zimmer.

Nach einer Weile trat ein dritter Mann ein, der nicht einen Frack, sondern einen schwarzen Gehrock trug. In dem Ausdruck seines Gesichts war noch mehr Autorität als in dem des Oberkellners, und wir schlossen, das müsse der Wirt sein. Er betrachtete uns mit einer Art von Kennerblick und sprach dann zu uns in offenbar freundlichem Tone. Da wir aber wiederum kein Wort verstanden, so wiederholten wir unsere Rede von Beefsteak und Sherry und machten ihm durch Gebärden verständlich, daß wir hungrig seien. Zugleich hatte Kinkel den glücklichen Einfall, in die Tasche zu greifen und einige Goldmünzen hervorzuholen, die er dem Wirte auf der flachen Hand zeigte. Dieser lächelte schmunzelnd, machte eine kleine Verbeugung und entfernte sich.

Nach einer Weile brachte der Kellner, den wir zuerst gesehen hatten, ein paar brennende Kerzen auf silbernen Leuchtern und breitete ein Tischtuch über den runden Tisch, der in der Mitte des Zimmers stand. Nachdem er in gutem Stil zwei Gedecke gelegt, erschien er wieder mit einer Suppenschüssel, die er vor einem der Gedecke niedersetzte. Nun nahmen wir vergnüglich Platz. Darauf hob der Kellner den silbernen Deckel von der Suppenschüssel mit mächtigem Schwunge auf, deutete mit dem Zeigefinger in die offene Schüssel hinein und sagte langsam und nachdrücklich, indem er bei jeder Silbe dem Inhalt der Schüssel mit dem Finger einen Stoß zu geben schien: «Ox-tail-soup!» Dann blickte er uns triumphierend an und trat hinter Kinkels Stuhl. Dies war meine erste Lektion im Englischen. Nun konnten wir nach der

Ähnlichkeit mit den deutschen Wörtern uns wohl denken, was «ox» und was «soup» bedeutete; aber die Bedeutung des Wortes «tail» wurde uns erst klar, als wir den Inhalt der Schüssel auf unsern Tellern erblickten. Wir fanden die Suppe köstlich, und damit war unser englischer Wortschatz um ein wertvolles Stück bereichert. Der Wirt war vernünftig genug gewesen, sich in der Ausführung unseres Wunsches nicht auf «Beefsteak» und «Sherry» zu beschränken, sondern uns ein vollständiges Mittagessen vorsetzen zu lassen, dem wir denn auch nach der langen Seefahrt und dem hungrigen Sonntagsspaziergang in der schottischen Hauptstadt alle Ehre erwiesen.

Wir schrieben nun Briefe an die Unsrigen in der Heimat. Kinkel lud Frau Johanna zu einem Wiedersehen in Paris ein. Sodann fuhren wir nach London weiter.

Da Kinkel in London einen Brief von Frau Johanna empfing, in dem sie den Tag ihres Eintreffens in Paris bestimmte, so begaben wir uns nach einigen Tagen höchst anstrengenden Vergnügens auf den Weg nach der französischen Hauptstadt. Das Wiedersehen der durch hartes Schicksal so lange getrennten Gatten war mir eine kaum geringere Freude als ihnen selbst. Aber mit dieser Freude brachte unsere Ankunft in Paris mir auch eine schwere Bürde, und diese Bürde bestand in meiner plötzlichen «Berühmtheit». Obgleich ich schon in Rostock, Edinburg und London im kleinen

Freundeskreise Lobsprüche sehr warmer Art empfangen hatte, so setzte mich doch das, was ich in Paris
über die durch die Befreiung Kinkels erregte Sensation
erfuhr, in Erstaunen und Verlegenheit. Während Kinkel und ich auf dem Meere schwammen, war es
allgemein bekanntgeworden, daß ich, ein junger Student von Bonn, bei Kinkels Erlösung in leitender
Weise tätig gewesen sei. Natürlich waren die Einzelheiten des Abenteuers für das große Publikum noch im
Dunkeln. Solches Dunkel ist bekanntlich der Sagenbil-
dung günstig; und so überboten sich die freisinnigen
Zeitungen in Deutschland in romantischen Geschichten, als deren alleiniger Held ich herhalten mußte. Die
beliebteste und am meisten geglaubte dieser Geschichten ließ mich, wie einst Blondel vor dem Kerkerturm
des Richard Löwenherz, durch Gesang – diesmal nicht
mit der Laute des Troubadours, sondern mit einer
Drehorgel begleitet – die Aufmerksamkeit meines
gefangenen Freundes auf mich ziehen und so das
Fenster seiner Zelle entdecken und dann auf wunderbare Weise sein Entkommen bewirken. Eine andere
Sage brachte mich mit einer preußischen Prinzessin in
Verbindung, die auf geheimnisvolle und für sie selbst
gefährliche Weise meinem Unternehmen Vorschub
geleistet habe. Manche Blätter legten ihren Lesern
meine Biographie vor, die natürlich zum größten Teil
aus phantastischen Ausschmückungen bestand, da es
von meinem jungen Leben fast gar nichts zu erzählen
gab. Ich wurde sogar zum Gegenstand dichterischer
Ergüsse gemacht, die meine «Tat» in allen Tonarten
verherrlichten. Über meine Eltern ergoß sich, wie sie

mir schrieben, eine Flut von Glückwünschen, die zum großen Teil von ganz unbekannten Personen kamen.

Um nun die Erzählung dieser Episode zum Abschluß zu bringen, bleibt noch einiges über die weiteren Schicksale derjenigen nachzutragen, die bei der Befreiung Kinkels hauptsächlich tätig waren. Am Tage nach Kinkels Flucht aus Spandau fiel sogleich der Verdacht der Mitwirkung auf Brune. Er wurde unverzüglich gefangengesetzt und eine Untersuchung über ihn angeordnet. Anfangs konnte man ihm nichts nachweisen; aber dann – so wurde berichtet – sperrte man mit ihm einen Polizeiagenten ein, den er nicht als solchen erkannte und dem er unvorsichtigerweise seine Geschichte anvertraute. Er wurde darauf vor Gericht gestellt und zu drei Jahren Gefängnis verurteilt. Nachdem er diese Strafe abgebüßt, zog er mit seiner Familie nach dem heimatlichen Westfalen, wo er mit seinem Gelde, das nicht entdeckt worden war, seiner Familie einen behaglichen Haushalt gründen konnte und unter seinen Landsleuten geachtet lebte.

Da die Spandauer Teilnehmer an der Befreiung Kinkels sich zu sehr über das Gelingen des Wagestücks freuten, als daß sie diese Freude hätten ganz für sich behalten können, so wurde auch Krüger in die Untersuchung verwickelt und vor Gericht gezogen. Es wurde berichtet, daß er in den Gerichtsverhandlungen meine Einkehr in seinem Gasthofe bereitwillig zugestanden habe mit dem Bemerken, es sei sein Geschäft, anständig aussehende Fremde, die voraussichtlich ihre Rechnung bezahlen könnten, in seinem Hause aufzu-

nehmen. Er könne dabei nicht immer genau untersuchen, wer diese Fremden seien und was sie beabsichtigten. So sei zum Beispiel sogleich nach der Revolution am 18. März 1848 ein sehr stattlich aussehender
Herr mit einigen Freunden in seinem Gasthofe abge-
stiegen. Die Herren seien in großer Aufregung und
Eile gewesen, und er habe manches Außergewöhnliche in ihrem Benehmen bemerkt. In großer Hast seien
sie wieder abgereist, wie er gehört habe, nach England.
Es sei ihm nicht einen Augenblick eingefallen, ihnen
die Gastlichkeit seines Hauses als Unbekannten zu
verweigern. Erst später habe er erfahren, daß der
vornehmste dieser Herren Seine Königliche Hoheit
der Prinz von Preußen gewesen sei. – Diese Erzählung,
mit dem stillen Lächeln vorgetragen, das Krüger eigen
war, soll das anwesende Publikum in die heiterste
Laune versetzt haben, der sich selbst der Gerichtshof
nicht ganz entziehen konnte. – Krüger wurde freigesprochen, lebte ruhig in Spandau fort und starb in den
siebziger Jahren, von seinen Mitbürgern allgemein
geachtet.

Poritz, Leddihn und Hensel gingen ebenfalls frei aus,
da man keine Beweise gegen sie aufbringen konnte.

Die Kinkels beschlossen, sich in England niederzulassen. Ich zog vor, noch einige Zeit in Paris zu bleiben. So
trennten wir uns denn, und damit war die Periode der
aufregenden Abenteuer und der darauffolgenden Festtage zu Ende.

Nun galt es, mir wieder eine geordnete Lebensart
und Tätigkeit einzurichten, um mich ehrlich durchzu-
schlagen. Meine journalistischen Verbindungen in
Deutschland waren bald wieder angeknüpft, und ich
fand, daß ich etwa 180 Franken den Monat mit Korrespondenzen verdienen konnte. Ich nahm mir vor,
meine regelmäßigen Ausgaben auf 100 Franken den
Monat zu beschränken und somit eine kleine Reserve
für außergewöhnliche Erfordernisse übrigzubehalten.
Das setzte eine sorgfältige sparsame Haushaltung voraus, aber ich lernte bald, mit wie wenig Geld man in
Paris verhältnismäßig anständig wirtschaften konnte.

Das Haus Quai St.-Michel Nr. 17 wurde von einer
Witwe, Mme Petit, und ihren Töchtern, zwei nicht
mehr ganz jungen unverheirateten Damen, nach
Grundsätzen strengen Anstandes geführt. Die Mieter
durften weder Hunde noch menschliche Wesen weiblichen Geschlechts über die Schwelle bringen. Auch
sonst wurde ein stilles Verhalten gewünscht. In diesen
Dingen unterschied sich dieses Haus vorteilhaft von
den meisten Mietwohnungen im lateinischen Viertel.
Wer sich bei uns durch besonders korrekte Aufführung auszeichnete, der wurde damit belohnt, daß ihn
Madame zuweilen in ihren kleinen Salon zum Tee
einlud, wo es in der Gesellschaft der vergilbten Töchter und einiger Freunde der Familie recht langweilig
herging. Meine Stube war ziemlich geräumig, hatte
einen roten Ziegelboden, stellenweise mit kleinen
Stückchen Teppich bedeckt, mehrere brauchbare
Stühle, einen runden Tisch, einen Kamin, einen Klei-
derschrank und sogar ein Klavier, das freilich alt und

schlecht war, aber doch nicht so schlecht, wie man
hätte fürchten dürfen. Mein Bett stand in einem Alko-
ven und konnte vermittels baumwollener Vorhänge
den Blicken des Besuchers entzogen werden. Für diese
Wohnung hatte ich monatlich eine Miete von 30
Franken zu bezahlen, eine für meine Verhältnisse hohe
Summe; aber ich dachte mir, daß der Charakter des
Hauses mir anderweitig werde sparen helfen. Mein
erstes Frühstück bestand in einer Tasse Kaffee, die ich
mir selbst bereitete, oder in einem Glase Wein mit
Wasser und einem Stück Brot, zuweilen mit, zuweilen
ohne Butter. Nachdem ich bis Mittag gearbeitet hatte,
nahm ich mein zweites Frühstück, das nie über einen
halben Franken kosten durfte, in irgendeinem Restaurant des lateinischen Viertels, und abends aß ich in
einem Lokal in der Rue St.-Germain l'Auxerrois nahe
beim Louvre, das von einer sozialistischen Vereinigung von Köchen geführt wurde, der Association
fraternelle des cuisiniers réunis. Köche, Aufwärter und
Gäste redeten sich dort nach dem Muster der ersten
Französischen Revolution mit dem Titel «Citoyen»
an, und der bürgerliche Gleichheitsstolz betätigte sich
auch darin, daß der Citoyen Aufwärter von dem
Citoyen Gast kein Trinkgeld annahm. Übrigens empfing man bei diesen Citoyens für einen Franken ein
allerdings einfaches, aber doch reichliches und
schmackhaftes Mahl, bei dem sogar die «Konfitüre»
zum Nachtisch und ein Glas Wein nicht fehlten. Die
Gesellschaft war gemischt, aber um so mehr hatte man
Veranlassung, sich während des Essens in den idealen
Brüderlichkeitsstaat hineinzuträumen.

Rechnete ich zu diesen Ausgaben das Nötige für Wäsche und dann und wann ein Feuer im Kamin, so belief sich das regelmäßige Budget auf nicht ganz 3 Franken täglich, oder 90 bis 93 Franken per Monat. Ich konnte mir sogar einigen Luxus erlauben, den Ankauf einiger Bücher, die ich jetzt noch besitze, zuweilen ein Billett für das Parterre des «Odéon» oder eines Vorstadttheaters, eine gelegentliche Tasse Kaffee auf dem Boulevard und dergleichen, ja ich konnte, freilich nur sehr selten, die Rachel im Théâtre Français sehen, ohne die Summe von 120 Franken den Monat zu übersteigen; und dann blieb mir von meiner Einnahme noch eine kleine Reserve übrig für unvorhergesehene Fälle, wie sie sich in dem Leben eines Flüchtlings wohl ereignen konnten. So hielt ich haus, machte keine Schulden, war niemandem verpflichtet und befand mich sehr wohl dabei.

Ich fühlte das Bedürfnis, mich in der französischen Sprache zu vervollkommnen und sie mit der Feinheit sprechen und schreiben zu lernen, die ihren charakteristischen Reiz ausmacht. Einer meiner Freunde empfahl mir eine Lehrerin, die den pompösen Namen Mme la Princesse de Beaufort führte. Es hieß, sie gehöre einer alten hochadligen Familie an und sei durch die Folgen der Revolutionen so verarmt, daß sie als Sprachlehrerin ihr Brot verdienen müsse. Ob sich dies in Wirklichkeit so verhielt, weiß ich nicht; aber als ich sie aufsuchte, fand ich in einer sehr bescheidenen Wohnung eines

Hotel garni eine ältliche Dame von angenehmen Gesichtszügen und ruhigem, feinem Wesen, das leicht
glauben ließ, sie habe sich in gebildeten Kreisen bewegt. Sie nahm mich als Schüler an und erklärte sich
bereit, mir wöchentlich zwei Unterrichtsstunden zu
geben, von denen jede einen Franken kosten sollte. Am
nächsten Tage begannen wir. Meine Lehrerin erlaubte
mir, die Methode des Unterrichts selbst zu bestimmen,
und ich schlug ihr vor, daß, statt nach dem gewöhnlichen System die grammatischen Regeln durchzuge-
hen, ich ihr kleine Briefe oder Aufsätze schreiben sollte
über Gegenstände, die mich interessierten oder die sie
mir angeben möchte. Die Lehrerin sollte dann meine
Fehler korrigieren und mir für meine unfranzösischen
Redeweisen die idiomatischen beibringen. Wir wollten dabei eine Grammatik zur Hand haben, um mir die
Regeln nachzuweisen, die ich etwa verletzte. Dies
gefiel ihr, und da ich mich schon einigermaßen verständlich zu machen wußte, so gingen wir ohne Verzug ans Werk.

Diese Methode bewährte sich vortrefflich. Meine
Briefe oder Aufsätze handelten von Vorkommnissen,
die mir eben begegnet waren, oder von Museen oder
Gemäldesammlungen, die ich gesehen, oder von Büchern, die ich gelesen, oder von Tagesereignissen und
gar von politischen Angelegenheiten, die mich interessierten. Da ich nun nicht bloße Wortformen gramma-
tikalisch aneinanderreihte, wie die Schüler der Gymnasien gewöhnlich ihre lateinischen Aufsätze schreiben, sondern meine Beobachtungen, Erfahrungen und
Ansichten mit großer Freiheit darlegte und damit

meinen Stilübungen einen möglichst interessanten Inhalt zu geben suchte, so begnügte sich meine Lehrerin
nicht damit, mir meine sprachlichen Fehler zu korrigieren, sondern es entspannen sich lebhafte Unterhaltungen zwischen uns, in denen sie mich zu weitern
Auseinandersetzungen über den Gegenstand meines
Aufsatzes anregte. Diese Gespräche, in denen sie neben
gründlicher Sprachkenntnis auch einen feinen Geist
offenbarte, wurden uns beiden so angenehm, daß uns
nicht selten der Ablauf der festgesetzten Stunde ent-
ging, und wenn ich dann aufstand, um mich zu
verabschieden, sie mich zu bleiben bat, um das bespro-
chene Thema noch etwas weiter zu verfolgen. Da ich
nun außerdem viel las und mir dabei nie erlaubte, über
Worte oder Redewendungen, die ich nicht verstand,
hinwegzuschlüpfen, so waren meine Fortschritte sehr
ermutigend, und nach einigen Wochen kam es nicht
selten vor, daß meine Lehrerin mir einen Aufsatz mit
der Versicherung zurückgab, sie finde darin nichts zu
verbessern.

Diese Weise, eine fremde Sprache zu erlernen, er-
probte sich als ebenso angenehm wie wirksam. Man
kann die Versuche, sich frei auszudrücken und somit
die Sprache selbständig zu handhaben, schon mit
einem sehr kleinen Wortschatz beginnen. Gewissen-
haftes Lesen und verständig geführte Unterhaltung
wird dann den Wortschatz rasch vermehren und die
Leichtigkeit des Ausdrucks entwickeln. Aber ich kann
nicht zuviel Nachdruck auf den Punkt legen, daß der
schriftliche Ausdruck eigener Gedanken die wirksamste
und die wichtigste Übung zu der Aneignung der

fremden Sprache ist. In der bloßen Konversation sind wir geneigt, über Schwierigkeiten hinwegzueilen mit vagen oder unpräzisen Redensarten, die im schriftlichen Ausdruck Korrektur verlangen, und zwar Korrektur, die sich im Gedächtnis festsetzt, wenn das geschriebene Wort uns ins Gesicht blickt. Freilich gehört dazu ein Lehrer, der nicht allein dem Schüler grammatische Regeln einzutrichtern, sondern auch in dem Sprachstudium ein anderweitiges geistiges Interesse anzuregen weiß. Dieser Anforderung genügte die Princesse de Beaufort in hohem Grade, und die Stunden, die ich bei ihr zubrachte, sind mir immer eine besonders angenehme Erinnerung geblieben. Als ich zehn Jahre später als Gesandter der Vereinigten Staaten nach Spanien ging und mich unterwegs einige Tage in Paris aufhielt, besuchte ich das Hotel garni, das sie bewohnt hatte, um ihr meine Dankbarkeit zu bezeugen. Aber ich hörte dort, sie habe schon vor Jahren ihre Zimmer verlassen, und niemand im Hause konnte mir über sie Auskunft geben.

Ich werde nie den Eindruck vergessen, den einer der Maskenbälle im großen Opernhause auf mich und meine deutschen Freunde machte. Jeder hatte Zutritt, der die Einlaßkarte bezahlen und sich mit dem vorgeschriebenen Kostüm, der gewöhnlichen Abendtoilette oder einem Maskenanzuge, versehen konnte. Der Ball begann um Mitternacht. Das Publikum bestand aus jungen Leuten aller Stände, unter denen ich mehrere

Studenten aus dem lateinischen Viertel wiedererkannte, mit ihren Grisetten oder «petites femmes», und aus
anderen Personen, die gekommen waren, nicht um am
Tanze teilzunehmen, sondern um diese charakteristische Schaustellung des Pariser Lebens zu sehen. Die
Foyers wimmelten von Frauengestalten in Dominos,
die sich an die dort umhergehenden Männer ohne
Umstände mit vertraulichen Reden heranmachten.
Der große Zuschauerraum der Oper und die Bühne
waren als Ballsaal hergerichtet. Der Tanz begann in
ziemlich anständiger Weise, artete aber bald in den
eigentlichen Cancan aus. Polizeibeamte bewegten sich
durch den Saal, um die gröbsten Verletzungen der
guten Sitte zu verhüten. Anfangs schien dies auch zu
gelingen – wenigstens ließen die Tänzer und Tänzerin-
nen sich nur dann gehen, wenn sie sich von dem
Polizeimann unbeobachtet glaubten. Aber wie es spät
wurde, die Temperatur des Saales stieg und das Blut
der Tanzenden sich erhitzte, wurde das Geschäft der
Ordnungswächter immer schwieriger. Schließlich
war kein Halten mehr. Die Bestialität ließ sich nicht
mehr bändigen. Männer und Frauen, von denen einige
in der Wut des Tanzes ihre Kleider von Schulter und
Brust abgerissen hatten, gebärdeten sich wie Rasende.
Die Szene spottete aller Beschreibung. Als letzter Tanz
war auf dem Programm ein Galopp angekündigt, der
den Namen «Höllengalopp» trug. Das Orchester
spielte eine besonders feurige Weise mit Begleitung
von Glocken. In der Tat stellten die in wildem Sinn-
lichkeitstaumel Umherwirbelnden ein Pandämonium
dar, das dem Rachen der Verdammnis spornstreichs

entgegenzutanzen schien. Während dieser Galopp vor
sich ging – es war ungefähr vier Uhr morgens –, füllte
sich der Hintergrund des Saales mit Soldaten, die sich
in Linie aufstellten. Plötzlich übertönte ein rasselnder
Trommelwirbel das Orchester, und die Linie Infanterie, das Gewehr mit aufgepflanztem Bajonett an der
Seite, avancierte langsam, Schritt für Schritt die Tänzer und Zuschauer aus dem Saal hinausdrängend.

Um den Becher bis zur Neige zu leeren, gingen wir
nach einem der benachbarten Restaurants auf dem
Boulevard, um einen Imbiß zu nehmen. Das wüste
Schauspiel, das wir dort fanden, überbot alles bis dahin
Gesehene. Die zügelloseste Phantasie könnte kein ab-
stoßenderes Bild hervorbringen.

Hier will ich einen Vorfall erwähnen, der mich zur Zeit
in lebhaftes Erstaunen setzte. Strodtmann hatte mich
mit einem dänischen Marinemaler namens Melbye
bekannt gemacht. Dieser war ein viel älterer Mann als
wir, ein Künstler von nicht unbedeutender Geschicklichkeit, und er wußte über seine Kunst sowie über
manche andere Dinge angenehm zu sprechen. Besonders interessierte er sich für Clairvoyance und behauptete, eine Hellseherin zu kennen, die Außeror-
dentliches leiste. Er forderte uns mehrmals auf, ihn zu
dieser merkwürdigen Dame zu begleiten und uns von
ihren wunderbaren Eigenschaften zu überzeugen.
Endlich wurde auch ein Abend zu diesem Zwecke
bestimmt; aber es traf sich, daß ich gerade zu derselben

Zeit, um die Familie Kinkel in England zu besuchen, Paris auf einige Tage verlassen wollte. Als ich meine Sachen packte, war Strodtmann bei mir in meinem Zimmer, und er sprach sein Bedauern darüber aus, daß ich nicht der Clairvoyancevorstellung beiwohnen könnte. Da nun Strodtmann sich auf eine kurze Zeit aus meiner Wohnung entfernte, um später zurückzukehren und mich zum Bahnhof zu begleiten, so kam mir der Gedanke, ich könnte doch vielleicht zur Prüfung der Hellseherin meinen Beitrag liefern. Ich schnitt mir einen kleinen Büschel Haare ab, legte ihn in ein zusammengefaltetes Papier und steckte dies in einen Briefumschlag, den ich versiegelte. Dann riß ich von einem Briefe, den ich an demselben Morgen von dem ungarischen General Klapka, dem berühmten Verteidiger der Festung Komorn, empfangen hatte, einen kleinen, das Datum enthaltenden Streifen ab, legte diesen Streifen ebenfalls in ein zusammengefaltetes Papier und steckte auch dieses in einen Briefumschlag, den ich gleichfalls mit Siegellack verschloß. Nachdem Strodtmann zu mir zurückgekehrt, gab ich ihm die beiden Kuverte, ohne ihn von deren Inhalt zu unterrichten, und bat ihn, diese in die Hände der Hellseherin zu legen mit dem Ersuchen, daß sie eine Beschreibung des Aussehens, des Charakters, der Vergangenheit und des zeitweiligen Aufenthaltes der Personen geben möge, von denen die in den Kuverten verborgenen Gegenstände herrührten. Dann reiste ich ab.

Wenige Tage später empfing ich von Strodtmann einen Brief, worin dieser mir folgendes erzählte: Die

Hellseherin nahm eines meiner Kuverte in die Hand und sagte, dieses enthalte Haare von einem jungen Manne, der so und so aussehe. Sie schilderte meine äußere Erscheinung aufs genaueste und setzte hinzu, daß dieser junge Mann durch ein kühnes und glücklich gelungenes Unternehmen weit bekannt geworden sei und viel Beifall gewonnen habe und daß er sich augenblicklich jenseits eines tiefen Wassers in einer großen Stadt und in einem Kreise heiterer Menschen befinde. Dann gab sie eine Beschreibung meines Charakters, meiner Neigungen und meiner geistigen Eigenschaften, die, wie ich sie so schwarz auf weiß vor mir sah, mich aufs höchste überraschte. Nicht allein erkannte ich mich sofort in den Hauptzügen dieser Schilderung, sondern ich fand darin auch einige Angaben, die mir neue Aufschlüsse über mich selbst zu geben schienen. Es geschieht uns ja, wenn wir in die eigene Seele hineinblicken, daß wir in unseren Impulsen, in unserem Fühlen, Denken und Wollen etwas Widerspruchsvolles, Rätselhaftes finden, das eine noch so gewissenhafte Selbstprüfung nicht immer zu lösen vermag. Und nun blitzten mir aus den Aussprüchen der Hellseherin Lichtblicke entgegen, die manche dieser Widersprüche und Rätsel aufklärten. Ich empfing gewissermaßen eine Offenbarung über mein eigenes inneres Selbst – eine psychologische Analyse, die ich als richtig anerkennen mußte, sobald sie mir entgegentrat.

Eines Nachmittags begleitete ich die Frau meines Freundes und Mitflüchtlings Reinhold Solger, der später im Dienste der Vereinigten Staaten eine angesehene Stellung einnahm, auf einem Spaziergange. Wir waren in der Nähe des Palais Royal, als mir ein unbekannter Mann in den Weg trat und mich ersuchte, mit ihm einen Schritt auf die Seite zu gehen, da er mir etwas Vertrauliches mitzuteilen habe. Sobald wir von Frau Solger weit genug entfernt waren, daß sie unser Gespräch nicht hören konnte, eröffnete er mir, er sei ein Polizeiagent und habe den Auftrag, mich zu verhaften und sofort zur Polizeipräfektur zu bringen. Er erlaubte mir, zu Frau Solger zurückzutreten, der ich, um sie nicht zu beunruhigen, mit möglichst unbefangener Miene sagte, sie müsse mich entschuldigen, da ich von diesem Herrn zu einem sehr dringenden Geschäft abgerufen worden sei.

Der Agent führte mich zuerst zu einem Polizeikommissar, der mich über meinen Namen, mein Alter, meine Herkunft usw. befragte. Zu meiner großen Verwunderung fand ich, daß die Polizei, die meinen Namen zu kennen schien, nicht wußte, wo ich wohnte. Ich erklärte dem Kommissar, ich habe durchaus keine Ursache, irgend etwas zu verheimlichen, und gab ihm nicht allein meine Wohnung an, sondern auch den Platz darin, wo man die Schlüssel zu meiner Kommode und meinem Koffer finden werde. Dafür wünschte ich zu wissen, aus welchem Grunde ich denn verhaftet worden sei. Der Kommissar machte ein geheimnisvolles Gesicht, sprach von höherem Befehl und meinte, ich werde bald genug alles erfahren. Ein anderer Polizeiagent führte mich dann zur Polizeipräfektur. Dort wurde ich, nachdem ich mein Taschenmesser und was ich an Geld bei mir führte, abgeliefert hatte, einem Gefängniswärter übergeben, der mich in eine Zelle brachte und die Tür hinter mir abschloß. Auf die Frage, ob man mir nicht sogleich den Grund meiner Verhaftung mitteilen werde, erhielt ich keine bestimmte Antwort. Meine Zelle war ein kleiner kahler Raum, von einem engen, hoch oben in der Wand befindlichen vergitterten Fenster spärlich beleuchtet. Es standen zwei schmale, nicht besonders reinliche Betten darin, zwei hölzerne Stühle und ein kleiner Tisch. Ich erwartete jeden Augenblick, zu einem Verhör abgerufen zu werden, denn ich dachte, in einer Republik, wie Frankreich damals war, werde man doch niemanden einsperren, ohne ihm sofort den Grund zu sagen, aber vergeblich. Es wurde Abend, und der Schließer teilte mir mit, daß ich ein aus gewissen Gerichten, die er aufzählte, bestehendes Souper haben könne, wenn ich imstande und willens sei, dafür zu bezahlen. Sonst würde ich mit der gewöhnlichen Gefangenenkost, die er mir in durchaus nicht lockender Weise beschrieb, vorlieb nehmen müssen. Ich ließ mir ein bescheidenes Mahl geben und dachte dabei mit melancholischer Sehnsucht an meine braven Citoyens in der Rue St.-Germain l'Auxerrois.

Spätabends, als ich mich schon zum Schlafen niedergelegt hatte, wurde noch ein zweiter Gefangener in meine Zelle gebracht, dem der Schließer das andere Bett anwies. In dem matten Lichte der Laterne des Schließers sah ich in dem neuen Ankömmling einen

noch jungen Mann in ziemlich schäbigen Kleidern, mit
glattrasiertem Gesicht und dunkeln rastlosen Augen.
Er begann sofort ein Gespräch mit mir und teilte mir
mit, man klage ihn an, er habe gestohlen, und deshalb
sei er eingesteckt worden; die Anklage sei durchaus
unbegründet, aber da man ihn früher auf ähnlichen
Verdacht hin verhaftet habe, so glaube die Obrigkeit
nicht an seine Unschuld. Ich hatte also einen gemeinen
Dieb zum Gesellschafter und Schlafkameraden. Er
schien in mir einen Handwerksgenossen zu vermuten,
denn er fragte mich in vertraulichem Ton, auf was ich
mich denn habe ertappen lassen. Meine kurze der
Wahrheit gemäße Antwort schien ihm offenbar unge-
nügend, wenn nicht gar unfreundlich, denn er sagte
kein Wort mehr, warf sich auf sein Bett und lag bald in
tiefatmendem Schlaf.

Während der stillen Nacht überdachte ich mir meine
Lage. Hatte ich in Paris irgend etwas getan, das mich in
irgendeiner Weise hätte strafbar machen können? Ich
durchforschte alle Winkel meiner Erinnerung und
fand nichts. Natürlich konnte die Verfolgung, der ich
ausgesetzt war, nur eine politische sein. Aber wie sehr
auch meine Gesinnungen der Regierung des Präsidenten Louis Napoleon mißfallen mochten, so hatte ich
mich in Frankreich doch an keiner politischen Bewegung beteiligt. Der Gedanke blieb übrig, daß ich auf
Betreiben der preußischen Regierung verhaftet worden sei. Aber würde die französische Regierung sich
dazu herbeilassen, mich an Preußen auszuliefern? Das
schien mir nicht möglich, und so beruhigte ich mich
über mein Schicksal. Aber es überkam mich ein Gefühl

der Erniedrigung darüber, daß man mir die Schmach
hatte antun können, mich mit einem gemeinen Dieb
zusammenzusperren. Es empörte mein innerstes Gefühl. Und das in einer Republik!

Meine Entrüstung stieg am folgenden Morgen, als
man mich noch immer nicht von dem Grunde meiner
Verhaftung unterrichtete. Der Dieb wurde früh aus
der Zelle abgeholt, und ich blieb allein. Ich ließ mir
Schreibzeug bringen und verfaßte in dem besten Französisch, das mir zu Gebote stand, einen Brief an den
Präfekten, in dem ich im Namen der Gesetze des
Landes verlangte, daß mir kundgetan werde, warum
ich meiner Freiheit beraubt worden sei. Der Schließer
versprach, den Brief zu besorgen, aber der Tag verging
ohne Antwort.

Am Morgen des vierten Tages richtete ich ein
zweites Schreiben an den Präfekten, noch ungestümer
und pathetischer als das erste, und wirklich kündigte
mir der Schließer bald darauf an, daß ich nach dem
Bureau des Präfekten geführt werden solle. In wenigen
Minuten fand ich mich denn in einer behaglich einge-
richteten Amtsstube einem stattlichen Herrn gegenüber, der mich freundlich zum Niedersitzen aufforder-
te. Er machte mir dann ein Kompliment über das in
Anbetracht meiner deutschen Nationalität merkwürdig gute Französisch meiner Briefe und sprach in
höflichen Redensarten sein Bedauern darüber aus, daß
man mir durch meine Verhaftung Unbequemlichkeiten verursacht habe. Es liege eigentlich gar keine
Anklage gegen mich vor. Nur wünsche die Regierung,
daß ich mir einen Aufenthalt außerhalb der Grenzen

Frankreichs wählen und zu diesem Ende Paris und das Land baldmöglichst verlassen möge. Vergebens suchte ich den Herrn zu einer Angabe der Gründe zu bewegen, die meine Entfernung aus Frankreich so wünschenswert erscheinen ließen. Mit immer steigender Höflichkeit versicherte er mich seines Bedauerns, daß es höheren Orts so beliebt werde. Endlich suchte ich seine Sorge um mein verletztes Gefühl durch die Bemerkung zu beschwichtigen, daß mich in Wirklichkeit das Belieben der Regierung nicht weiter genieren werde, da ich doch beabsichtigte, nach London überzusiedeln, und daß meine Verhaftung mich nur in meinen Vorbereitungen zur Abreise unterbrochen hätte. Der freundliche Herr war ganz entzückt über diese glückliche Übereinstimmung meiner Absichten mit den Wünschen der Regierung und bat mich schließlich, mich mit meinen Vorbereitungen zur Abreise nur nicht zu beeilen; er werde sich freuen, wenn ich mich von jetzt an unter seinem speziellen Schutz fühlen und mich noch zwei, drei, vier, ja sechs Wochen in Paris amüsieren wollte. Es werde mir dann ein Paß ins Ausland zur Verfügung stehen; aber nach meiner Abreise hoffe er, daß ich ihn nicht durch eine Rückkehr nach Paris ohne spezielle Erlaubnis in Verlegenheit setzen werde. Dann wünschte er mir Lebewohl mit einer an Wärme grenzenden Freundlichkeit, und ich verließ ihn mit dem Eindruck, daß ich hier mit dem höflichsten, angenehmsten Polizeityrannen der Welt Bekanntschaft gemacht habe.

Die Ursache meiner Verhaftung wurde mir erst später klar. Louis Napoleon hatte schon längst die

Vorbereitungen zu dem Staatsstreich begonnen, der
die republikanische Regierungsform aus dem Wege
räumen und ihn selbst in den Besitz monarchischer
Gewalt bringen sollte. Während die Republikaner sich
selbst über die heraufsteigende Gefahr täuschten, indem sie den Prätendenten als einen hirnlosen Affen
seines großen Onkels lächerlich zu machen suchten,
setzte dieser alle Mittel in Bewegung, um die Armee
und die Massen des Volkes für sich und seine Pläne zu
gewinnen. In allen Teilen des Landes wurde die napo-
leonische Propaganda in den mannigfaltigsten Formen
organisiert, und diese Agitation fiel besonders bei
der bäuerlichen Bevölkerung auf einen fruchtbaren
Boden.

Im Frühling 1851 begann er nun auch ernstlich, das
voraussichtliche Schlachtfeld des geplanten Staats-
streichs für die entscheidende Aktion vorzubereiten. In
den Pariser Spießbürgern wurde die Besorgnis geweckt, daß die Hauptstadt von gefährlichen Elementen voll sei, von denen man jeden Augenblick den
Versuch eines Umsturzes der ganzen gesellschaftlichen
Ordnung zu befürchten habe; die Gesellschaft sei in
Gefahr und müsse gerettet werden. Der Präsident sei
zu dieser Rettung bereit, aber der parlamentarische
Teil der Regierung suche ihm die Hände zu binden. Er
tue jedoch, was er könne, und unternehme es vorerst,
die Hauptstadt von gemeingefährlichen Elementen zu
säubern. Eine der zu diesem Ende ergriffenen Maßregeln bestand in der Entfernung von Fremden, die man
im Verdacht haben mochte, daß sie sich an dem
Widerstande gegen den beabsichtigten Staatsstreich

tätig beteiligen würden. Zu dieser Kategorie wurde
auch ich gerechnet.

Die letzten Wochen meines Aufenthaltes in Paris
nach meiner Entlassung aus dem Gefängnis waren
einem nochmaligen Besuch der Galerien, Museen und
interessantesten Architekturen gewidmet und heiterem Zusammenleben mit meinen Freunden. Einem
von diesen, einem jungen Franzosen aus der Provence,
der in Paris Medizin studierte, schien der Abschied von
mir besonders schwer zu werden. Ich hatte ihn als
einen Hausgenossen unter dem Dache der Familie Petit
kennengelernt, und ich erwähne ihn besonders, weil er
ein Beispiel der Wirkung deutscher Philosophie auf
einen französischen Kopf lieferte, das ich nicht für
möglich gehalten haben würde, hätte ich die Geschichte nicht selbst erlebt. Bald nachdem wir miteinander
bekanntgeworden, schloß er sich mit Wärme an mich
und mehrere meiner deutschen Freunde an, und da er
ein bescheidener, gemütvoller, wißbegieriger und flei-
ßiger Mensch war, so erwiderten wir seine Neigung.
Er liebte die Deutschen, wie er sagte, weil sie das Volk
der Denker seien. Er hatte einige Erzeugnisse der
deutschen Literatur in Übersetzungen kennengelernt
und versuchte sich die Sprache anzueignen, hauptsächlich um die Werke deutscher Philosophen zu studieren;
aber es wurde ihm schwer. So mußte er sich denn mit
französischen Bearbeitungen der deutschen philosophischen Schriften behelfen und suchte oft bei uns
Aufklärung über Stellen, die er nicht verstand. Diese
Aufklärung konnten wir ihm zuweilen geben, aber
manche der dunklen Sätze verstanden wir auch nicht.

Plötzlich fiel es uns auf, daß unser junger Provenzale, dessen Lebenswandel sonst immer durchaus solid und geregelt gewesen war, deutsche Bierhäuser, deren es in Paris mehrere gab, zu frequentieren und stark zu trinken anfing. Das ging so weit, daß eines Tages Madame Petit und ihre Töchter mich baten, ihn in seinem Zimmer zu besuchen, da er in der vorhergehenden Nacht schwer betrunken nach Hause gekommen sei und nun ernstlich erkrankt zu sein schien. Ich folgte dieser Aufforderung sofort und fand meinen Freund in dem Zustande, den man auf deutschen Universitäten einen tiefen Katzenjammer zu nennen pflegt. Der junge Mann gestand mir, daß er sich seines Betragens herzlich schäme; aber er meinte, wenn ich die Ursache davon wüßte, so würde ich nicht so übel von ihm denken. Dann erzählte er mir mit großem Ernste, er habe seit einiger Zeit den deutschen Philosophen Hegel studiert und in seinen Schriften manches gefunden, das ihm quälende Zweifel an seinem eigenen Verstande verursacht habe. So habe er denn versucht, sich zu zerstreuen, und da die Deutschen, von denen er glaubte, daß Hegels Schriften ihre Lieblingslektüre seien, gern Bier tränken, so habe auch er sich bemüht, zur Erleichterung seiner Hegelstudien sich ans Biertrinken zu gewöhnen. Der gute Junge sprach so ernsthaft und aufrichtig, daß ich mir das Lachen verbiß und ihm mit demselben Ernste versicherte, über dem Hegel seien auch schon manche Deutsche verrückt geworden, und das Bier helfe dabei durchaus nicht. Wenn nun der Hegel in deutscher Sprache eine solche Wirkung auf deutsche Köpfe hervorbringe, was

könne man von der Wirkung der französischen Auf-
kochung des Hegel erwarten? Dies schien meinen
braven Provenzalen sehr zu erleichtern. Ich ermahnte
ihn nun, den Hegel sowohl wie das Biertrinken fahren
zu lassen und sich wie der solide, fleißige Mensch, der
er früher gewesen, wieder der Medizin zu ergeben. Er
versprach zu tun, was ich ihm geraten, tat es auch
wirklich, und am Tage meines Abschiedes von Paris
sagten wir einander Lebewohl mit dem aufrichtigsten
Bedauern. Da diese Geschichte dem Leser wie eine
Übertreibung klingen mag, so muß ich noch die
Versicherung hinzusetzen, daß sie buchstäblich wahr
ist.

Gegen Mitte Juni kam ich in London an. In meinem
gesellschaftlichen Verkehr nahm natürlich die Kinkelsche Familie die erste Stelle ein. Das Haus war sehr klein
und äußerst bescheiden eingerichtet. Aber in diesem
Hause wohnte das Glück. Kinkel hatte die ganze
heitere Elastizität seines Wesens wiedergewonnen.
Haar und Bart waren allerdings mit Grau gestreift,
aber die krankhafte Blässe, die sein Gesicht aus dem
Gefängnis mitgebracht, war einer gesunden frischen
Farbe gewichen. Mit fröhlichem Mut hatte er die
Aufgabe angefaßt, seiner Familie im fremden Lande
eine sorgenfreie Existenz zu gründen, und ermutigender Erfolg belohnte seine Anstrengungen. Zu den
Privatstunden, die er gab, kamen nun auch Aufforde-
rungen zu Vorlesungen und Beschäftigung an Lehrin-
stituten. In den ersten Monaten hatte er schon genug
erworben, um seiner Frau einen Erardschen Flügel von

vorzüglicher Qualität schenken zu können, und Frau
Johanna gewann bald in ausgedehntem Kreise eine
ausgezeichnete und fruchtbare Reputation als Musik-
lehrerin. Die vier Kinder schienen gut zu gedeihen.
Nichts Anmutigeres und Lehrreicheres konnte es geben, als Frau Johanna mit der Erziehung der zwei
Knaben und zwei Mädchen beschäftigt zu sehen.
Nicht allein begannen diese das Klavierspiel, sobald sie
physisch dazu imstande waren, sondern sie sangen
auch mit vollkommener Reinheit und naivem Ausdruck reizende vierstimmige Lieder, von der Mutter
eigens für die Kinder komponiert.

Als Kinkel in London ankam, fiel ihm natürlich
unter den Flüchtlingen eine hervorragende Stellung
zu, und er wurde sozusagen von selbst das Haupt einer
ansehnlichen Gefolgschaft. Kinkel war gewiß nicht
ohne Ehrgeiz und auch nicht frei von illusorischen
Hoffnungen auf einen baldigen Umschwung im Vaterlande. Es war ihm jedoch vorerst darum zu tun,
seiner Familie in London eine anständige Existenz zu
schaffen. Dies nahm seine Tätigkeit so sehr in Anspruch, daß er sich dem gewöhnlichen Treiben der
großenteils unbeschäftigten Flüchtlinge nicht anschließen konnte. Auch war es ihm nicht möglich, für
seine politischen Glaubensgenossen offenes Haus zu
halten und ihnen seine Arbeitsstunden herzugeben und
so die Wohnung seiner Familie zum Versammlungs-
platz eines in der Wiederholung oft gesagter Dinge
unerschöpflichen Debattierklubs zu machen.

Es wurde daher Kinkel der Vorwurf gemacht, daß er
sich um die Sache der Revolution zu wenig und um

seine Familieninteressen zu viel kümmere, und dies sei
besonders zu tadeln, da er doch seine Befreiung in
hohem Grade der Hilfswilligkeit seiner demokratischen Parteigenossen zu verdanken habe. Wie unge-
recht auch dieser Vorwurf war, so nahm ihn Kinkel
doch sehr zu Herzen. Er war in dieser Stimmung, als
ihm ein Plan vorgelegt wurde, dessen erfolgreiche
Ausführbarkeit nur die fieberhafte Phantasie des politischen Flüchtlings sich einbilden konnte. Der Plan
war, eine «deutsche Nationalanleihe» von ich weiß
nicht mehr wieviel Millionen Talern zu erheben, rück-
zahlbar in einer gewissen Zeit nach der Etablierung der
deutschen Republik. Das im Wege der Nationalanleihe
zusammengebrachte Geld sollte dann einem Zentralkomitee zur Verfügung gestellt und zu revolutionären
Zwecken in Deutschland verwendet werden. Um die
Erhebung der Anleihe zu beschleunigen, sollte Kinkel
ohne Verzug nach Amerika reisen und durch eine
öffentliche Agitation, bei der seine persönliche Popularität und seine eminente Rednergabe besonders wirksam sein würden, die dort ansässigen Deutschen und
auch Amerikaner, wenn es ginge, zu möglichst liberalen Beiträgen veranlassen. Wenige Tage nachdem im
vertrauten Kreise die Sache beschlossen war, brach
Kinkel seine Lehrtätigkeit in London ab – ein großes
Opfer; denn er setzte damit die Existenz seiner Familie
von neuem aufs Spiel – und schiffte sich nach Amerika
ein.

Ich war damals noch jung, unerfahren und sanguinisch genug, den Erfolg eines solchen Unternehmens
für möglich zu halten, und ging mit Feuereifer darauf

ein. Da man mir diplomatisches Talent zutraute, so
wurde mir der Auftrag, in die Schweiz zu reisen, die
dort weilenden Häupter der deutschen Flüchtlingschaft für den Plan zu gewinnen und so die Grundlage
zu einer allgemeinen Organisation zu legen. Diesen
Auftrag übernahm ich mit Vergnügen, machte unterwegs einen Besuch in Paris, von dem ich jedoch den
höflichen Polizeipräfekten nicht in Kenntnis setzte,
und traf bald bei meinen alten Freunden in Zürich ein.

Bis dahin hatte ich die weißen Häupter der Alpen nur
aus der Ferne gesehen. Nun kam ich, auf einer Fußreise
durchs Berner Oberland, ihnen zum erstenmal nahe
und setzte mich sozusagen zu ihren Füßen. Ich war so
tief ergriffen von all dem Schönen, welches ich um
mich her sah, daß ich jeden Bauern beneidete, der in
solcher Umgebung sein ganzes Leben zubringen
konnte. Aber in dieser Beziehung machte ich eine
interessante Erfahrung. Auf der Dorfstraße in Grindelwald sah ich eines Tages einen Mann von intelligentem
Gesichtsausdruck, den die umherspielenden Kinder
besonders angelegentlich grüßten. Aus seiner äußeren
Erscheinung schloß ich, daß er der Schulmeister des
Dorfes sein müsse, und ich irrte mich nicht. Ich redete
ihn an, indem ich mich über örtliche Verhältnisse
erkundigte, und fand ihn sehr mitteilsam. Er erzählte
mir, daß es in dem kaum eine deutsche Quadratmeile
großen Bergtal von Grindelwald alte Leute gäbe, die
nie über die Grenzen des Tals hinaus gekommen seien.

Die von ihnen gesehene Welt war also vom Schreck-
horn, Mönch, Eiger und Faulhorn eingeschlossen. In
meinem Enthusiasmus bemerkte ich, daß die beständige Anschauung einer Umgebung von so großartiger
Schönheit dem Menschen wohl genügen könne. Der
Schulmeister lächelte und sagte, die großartige Schönheit komme dem Geist der gewöhnlichen Bauern
wohl am wenigsten zum Bewußtsein. Er sehe in
den Naturerscheinungen, die er beobachte, mehr das,
was ihm vorteilhaft oder unvorteilhaft, ermutigend
oder beschwerlich, oder gar drohend sei. Die Wolken-
bildungen, die uns in alle möglichen Stimmungen
und Gemütsbewegungen versetzten, bedeuteten ihm
je nach ihrer Lage und Gestaltung nur gutes oder
schlechtes Wetter. Der dumpfe Donner der Lawinen
erinnere ihn nur daran, daß unter gewissen Umständen die Schneestürze viel Unheil anrichten könnten.
Er sehe in dem Wüten des Gebirgssturmes nicht etwa
ein großartiges Schauspiel, wohl aber Hagelschlag und
die Gefahr des Austretens der Bäche, und so weiter. Ich
fragte den Schulmeister, ob es denn nicht wahr sei, was
wir von dem berühmten Schweizer Heimweh hörten,
daß, wer in diesen Bergen geboren sei und seine
Jugend zugebracht habe, nirgendwo anders glücklich
und zufrieden sein könne, sondern, wenn anderswo zu
leben gezwungen, sich in krankhafter Sehnsucht nach
der Bergheimat verzehren müsse. Der Schulmeister
lächelte wieder und meinte, solche Fälle von Heimweh
seien wohl bei Schweizern vorgekommen, aber wahrscheinlich nicht in größerer Zahl und in schlimmerer
Form als bei Bewohnern anderer Gegenden. Über-

all gäbe es wohl Leute, die der Heimat und ihren Anschauungen und Gewohnheiten mit großer, fast krankhafter Gemütswärme anhingen. Er wisse von Schweizern in ansehnlicher Zahl, die im Auslande, ja auf den flachen Prärien Amerikas sich niedergelassen hätten und sich dort äußerst behaglich fühlten.

«Wollen Sie mir denn sagen», fragte ich, «daß der Schweizer selbst die Schönheit seines Landes nicht zu würdigen weiß?»

«Nein, das gerade nicht», antwortete der Schulmeister. «Die gebildeten Leute wissen ja wohl überall das Schöne seiner Schönheit wegen zu würdigen. Aber der arbeitende Mann, der immer mit der Natur zu kämpfen hat, muß sich erst sagen lassen, daß die Dinge, die ihm so oft beschwerlich und unangenehm werden, nebenbei auch großartig und schön sind. Wenn er einmal auf den Gedanken gebracht worden ist, dann sieht er die Sache mehr und mehr so an. – Und die Schweizer», setzte der Schulmeister mit schlauem Lächeln hinzu, «auch die ungebildeten, wissen jetzt die Schönheit des Landes ziemlich zu schätzen.»

Dies klang mir zuerst wie eine recht prosaische Philosophie; aber längeres Nachdenken überzeugte mich, daß der Mann recht hatte.

Meine diplomatische Mission in der Schweiz war bald vollendet. Ich hatte die Zustimmung der meisten hervorragenden Flüchtlinge zu dem Anleihplan gewonnen und glaubte, der Sache der Freiheit einen bedeutenden Dienst geleistet zu haben. Dann kehrte ich nach London zurück.

Es wurden Emissäre nach Deutschland geschickt,

um die Lage der Dinge auszukundschaften und die revolutionäre Organisation zu vervollständigen, das heißt, Leute aufzusuchen, die in denselben Illusionen lebten wie wir, und diese «zur Vorbereitung gemeinsamen Handelns» miteinander und mit dem Londoner Komitee in Korrespondenz zu setzen. Einige dieser Emissäre, die in Deutschland unter Anklage standen, setzten sich großen Gefahren aus, indem sie von Ort zu Ort reisten, und die meisten davon kamen mit der Kunde zurück, daß die Unzufriedenheit in Deutschland allgemein sei und daß es bald «losgehen» könne. Daß es in Deutschland viel Unzufriedene gab, war richtig. Aber von «Losschlagen» träumten in Wahrheit nur wenige. Das revolutionäre Feuer war ausgebrannt. Der Flüchtling aber konnte sich zur Annahme dieser Wahrheit so wenig verstehen, daß er eher geneigt war, den, der sie aussprach, als «verdächtig» zu bezeichnen. Es wurde also rüstig weiter «gearbeitet».

Mir wurde eine große Auszeichnung zuteil. Ich erhielt eines Tages einen eigenhändigen Brief von Mazzini mit einer Einladung, ihn zu besuchen.

Mazzini saß am Schreibtisch, als ich eintrat, und er erhob sich, um mir die Hand zu reichen. Er erschien mir als ein schlanker Mann von mittlerer Statur, in einen schwarzen Tuchanzug gekleidet. Sein Rock war bis oben zugeknöpft. Den Hals umhüllte eine schwarze seidene Krawatte, aus der kein Hemdkragen hervorsah. Das Gesicht hatte klassischen Schnitt, der untere Teil war mit einem kurzgehaltenen schwarzen, mit Grau gemischten Vollbart bedeckt. Die dunklen Augen glühten in rastlosem Feuer. Darüber wölbte sich die Stirn auffallend hoch und breit. Dünnes, glattanliegendes Haar, schwarz, aber ergrauend, bedeckte das Haupt. Der sprechende Mund zeigte eine volle, aber etwas geschwärzte Reihe von Zähnen. Die ganze Erscheinung war die eines unzweifelhaft bedeutenden Mannes. Bald fühlte ich mich auch unter dem Zauber einer Persönlichkeit von seltener Anziehungskraft.

Unsere Unterhaltung wurde in französischer Sprache geführt, die Mazzini mit derselben Leichtigkeit wie seine Muttersprache handhabe, obgleich er von dem allen Italienern eigenen Akzent nicht frei war. Aber er entwickelte im Gespräch unter vier Augen, und dabei heftig Zigarren rauchend, eine Beredsamkeit, wie ich sie in meinem langen Leben nur selten wieder gehört habe – warm, einschmeichelnd, zuweilen ungestüm, schwungvoll, erhaben und dabei immer durchaus natürlich. Die drei größten Konversationalisten, mit denen ich in meinen Tagen in Berührung gekommen bin, waren Mazzini, der amerikanische Schriftsteller Dr. Oliver Wendell Holmes und Bismarck. Von diesen war Dr. Holmes der geistreichste im Sinne des bel esprit, Bismarck der imposanteste und unterhaltendste zugleich durch Witz, Sarkasmus, Anekdoten und Erzählungen geschichtlichen Interesses, mit hinreißender Lebendigkeit vorgetragen, und blitzartigen Beleuchtungen von Menschen und Verhältnissen. Aber aus Mazzini sprach eine solche Tiefe und Wärme der Überzeugung, ein solcher Enthusiasmus des Glaubens an die Heiligkeit der von ihm gepredigten Grundsätze und der von ihm verfolgten

Zwecke, daß besonders das jugendliche Gemüt dem Zauber dieser Persönlichkeit schwer widerstehen konnte. Als ich ihn sah und sprechen hörte, konnte ich es wohl begreifen, wie er die Schar seiner Getreuen zusammenzuhalten und zu vermehren, zuweilen in die gefährlichsten Unternehmungen zu führen und nach den schwersten Enttäuschungen doch wieder an sich zu fesseln vermochte.

Mazzini hatte unzweifelhaft seiner Angehörigkeit zur katholischen Kirche, wenn auch nicht formell, so doch tatsächlich, schon in früher Jugend entsagt. Aber es lag in ihm und sprach aus ihm ein tiefes religiöses Gefühl, ein Anbetungsbedürfnis, ein instinktives Vertrauen auf eine höhere Macht, an die er sich wenden könne und die ihm beistehen werde zur Befreiung und Vereinigung seines Volkes. Dies war seine Form des Fatalismus, den man so oft mit großen Ambitionen verbunden findet. Er hatte einen Zug mystischen Prophetentums in sich, das der Tiefe seiner Überzeugungen und Gefühle entsprang und von aller Scharlatanerie, aller affektierten Feierlichkeit frei war. Wenigstens machte er auf mich diesen Eindruck. Ich habe nie bei ihm einen Anflug von dem Zynismus in der Beurteilung von Verhältnissen und Menschen bemerkt, in dem sich manche der hervorragenden Revolutionäre gefielen. Die kleinlichen und gewöhnlich lächerlichen Rangstreitigkeiten unter den Führern der Flüchtlingschaften berührten ihn nicht. Veruneinigungen und Meinungszwiste unter denen, die hätten zusammenstehen und wirken sollen, reizten ihn nicht zu scharfen Ausfällen, sondern erfüllten ihn nur mit aufrichtig schmerzlichem Bedauern. Die Revolution, die er sich als Ziel vorstellte, war nicht eine bloße Erkämpfung gewisser Volksrechte, nicht eine bloße Veränderung in der Staatsform, nicht die bloße Befreiung seines Landes von der Fremdherrschaft, nicht die bloße Vereinigung aller Italiener in einem nationalen Verbande; sie bedeutete ihm vielmehr die Erhebung der befreiten Völker zu höheren sittlichen Lebenszwecken. Es klang ein wahrhafter und edler Ton durch seine Auffassung der Menschen und Dinge, durch die anspruchslose, entsagende Einfachheit seines Wesens und Lebens, durch die unbegrenzte Opferwilligkeit und Selbstverleugnung, die er sich selbst auferlegte und von anderen verlangte. Seit 1839 hatte er, als Verbannter von seinem Vaterlande, einen großen Teil seines Lebens in London zugebracht und war im Laufe der Zeit mit englischen Familien in intime Freundschaftsbeziehungen getreten. Es war wohl der Echtheit seiner Gesinnungen, der edlen Einfachheit seines Wesens und der wahrhaften und selbstlosen Hingebung an seine nationale Sache nicht weniger als seinen brillanten persönlichen Eigenschaften zu verdanken, daß in einigen dieser Familien sich ein eigentlicher Mazzinikultus ausbildete, der sich nicht selten sehr großer Opfer fähig zeigte.

Die Tradition seines Volkes sowohl wie der Umstand, daß er zur Befreiung seines Vaterlandes eine Fremdherrschaft zu bekämpfen hatte, machten ihn zum professionellen Verschwörer. Schon als Jüngling gehörte er den Karbonari an, und dann folgte auf seine Anregung und unter seiner Leitung eine Konspiration auf die andere, deren Aufstandsversuche alle fehlschlugen. Aber diese Fehlschläge entmutigten ihn nicht, sondern feuerten ihn nur zu immer neuen Anstrengungen an. Er gab mir im Lauf unseres Gesprächs zu verstehen, daß er Vorbereitungen zu einem neuen Unternehmen in Oberitalien im Gange habe; und da er in mir wahrscheinlich ein Mitglied des inneren Zirkels in demjenigen Teile der deutschen Flüchtlingschaft vermutete, der über den Ertrag der «Nationalanleihe» verfügen werde, so wünschte er zu wissen, ob wir mit unsern Mitteln sein Unternehmen zu unterstützen geneigt sein würden. Jedenfalls war ihm darum zu tun, uns für ein solches Zusammenwirken günstig zu stimmen. Er hielt mich unzweifelhaft für eine einflußreichere Person, als ich war. Ich konnte ihm nur versprechen, die Sache den mit Kinkel verbundenen Führern nach dessen Rückkehr zur Überlegung zu unterbreiten, verhehlte Mazzini aber nicht, daß ich bezweifelte, ob die verantwortlichen Männer sich für berechtigt halten würden, Gelder, die zur Verwendung in Deutschland gesammelt worden, für revolutionäre Zwecke in Italien herzugeben. Diese Bemerkung gab Mazzini Anlaß zu einer mit feuriger Beredsamkeit geführten Auseinandersetzung über die Solidarität der Völker im Kampfe für Freiheit und nationale Existenz. Übrigens wußten wir damals noch nicht, wie wenig der Ertrag der deutschen «Nationalanleihe» zu bedeuten haben werde.

Zuweilen sahen wir auch Emigranten von anderer Art. So wurde eines Tages, ich weiß nicht mehr von wem, ein Franzose aus Marseille namens Barthélemy im Brüningschen Salon eingeführt und als eine besondere Merkwürdigkeit bezeichnet. Seine Vergangenheit war in der Tat seltsam genug gewesen. Er hatte schon vor der Revolution von 1848 zu einer geheimen Verschwörungsgesellschaft, der «Marianne», gehört, hatte, durch das Los bestimmt, einen Polizeiagenten getötet und war dafür zu den Galeeren verurteilt worden. Infolge der Revolution von 1848 wurde er in Freiheit gesetzt, kämpfte dann in dem Pariser Sozialistenaufstande im Juni 1848, der blutigen «Junischlacht», auf den Barrikaden, worauf es ihm gelang, nach England zu entkommen. Man sagte ihm nach, daß er verschiedene Menschen getötet habe, teils im Zweikampf, teils ohne diese Förmlichkeit. Nun galt er als «Arbeiter»; seine Hauptbeschäftigung war die des handwerksmäßigen Verschwörers. Sein Bild steht mir noch vor Augen, wie er in den Brüningschen Salon eintrat und am Kamin Platz nahm; ein Mann von etlichen dreißig Jahren, untersetzt von Gestalt, das Gesicht von dunkler Blässe mit schwarzem Schnurr- und Knebelbart, die Augen finster glühend von stechendem Feuer. Er sprach mit tiefer volltönender Stimme, langsam und gemessen mit der dogmatischen Bestimmtheit, die entgegengesetzte Meinungen mit einer Art von mitleidiger Geringschätzung zurückweist. So setzte er uns mit größter Kaltblütigkeit seine Theorie der Revolution auseinander, die einfach darin bestand, daß alle Andersdenkenden ohne viel Federle-

sens abgeschlachtet werden müßten. Der Mann drückte sich mit großer Klarheit aus wie einer, der über
seinen Gegenstand viel und ruhig nachgedacht und auf
logischem Wege seine Schlußfolgerungen erreicht hatte. Wir sahen also da einen jener Fanatiker vor uns, wie
revolutionäre Kämpfe sie nicht selten hervorbringen;
einen Menschen von nicht unbedeutendem Geist, dem
das beständige Hinstarren auf einen Punkt jegliches
Verständnis der sittlichen Weltordnung verwirrt hat,
dem jeder gewöhnliche Begriff des Rechts abhanden
gekommen ist, dem jedes Verbrechen als Mittel zu
seinem Zweck statthaft, ja als eine tugendhafte Handlung erscheint, der jedem ihm im Wege Stehenden als
vogelfrei ansieht, der also jeden totzuschlagen bereit
und auch das eigene Leben für seinen nebelhaften
Zweck einzusetzen stets willig ist. Solche Fanatiker
sind fähig, wie Bestien zu handeln, und zuweilen auch
selbst wie Helden zu sterben.

Wenige Jahre nachher, im Jahre 1855, nahm er ein
charakteristisches Ende. Er wohnte beständig in London, zog sich aber mehr und mehr von seinen Freunden zurück – man sagte, weil er mit einer Frau lebte,
der er leidenschaftlich zugetan sei. Weiter hieß es, er sei
mit einem vermögenden Engländer bekannt geworden, den er oft besuchte. Eines Tages sprach er mit
jener Frau bei diesem Engländer vor. Er trug einen
Reisesack in der Hand, wie einer, der nach einem
Bahnhofe gehen will. Plötzlich hörte man einen Knall
in dem Hause des Engländers, und Barthélemy rannte
mit seiner Geliebten, verfolgt von dem Geschrei eines
weiblichen Dienstboten, die ihren Herrn in seinem

Zimmer tot in seinem Blute gefunden hatte, davon. Ein Polizeidiener, der Barthélemy auf der Straße aufhalten wollte, fiel ebenfalls von Barthélemys Pistole tödlich getroffen zu Boden. Ein zusammengelaufener Volkshaufe versperrte dem Mörder den Weg, entwaffnete ihn und überlieferte ihn den Behörden. Die Frau entkam in der Verwirrung und wurde nie wieder gesehen. Alle Versuche, Barthélemy zu einer Aussage über sein Verhältnis zu dem erschossenen Engländer zu bringen, waren vergeblich. Er hüllte sich in das tiefste Schweigen, und soviel ich weiß, ist diese geheimnisvolle Geschichte nie aufgeklärt worden. Es verbreitete sich nur ein Gerücht, daß Barthélemy habe nach Paris gehen wollen, um den Kaiser Louis Napoleon zu ermorden; daß jener Engländer ihm das dazu nötige Geld versprochen, es aber im entscheidenden Augenblick verweigert habe; daß dann bei der letzten Zusammenkunft Barthélemy ihn erschossen habe, entweder um sich so in den Besitz des Geldes zu setzen oder im Zorn über die Weigerung. Ein weiteres Gerücht sagte, die «Geliebte» sei eine Spionin der französischen Regierung gewesen, mit dem Auftrage nach London geschickt, Barthélemy zu überwachen und schließlich ans Messer zu liefern. Barthélemy wurde als Mörder prozessiert, zur Todesstrafe verurteilt und gehängt. Er ging dem Tode mit großer Kaltblütigkeit entgegen, rief im Angesicht des Galgens aus: «In wenigen Augenblicken werde ich also das große Geheimnis kennen!» und starb mit ruhiger Würde.

Nun trat ein Ereignis ein, welches die Stimmung der Flüchtlingschaft furchtbar verdüsterte und auch meinem Schicksal eine entsprechende Wendung gab. Die Berichte, die wir von unseren Freunden in Paris empfangen hatten, liefen darauf hinaus, daß Louis Napoleon, der Präsident der Französischen Republik, der allgemeinen Verachtung verfallen sei; daß er mit seiner offenbaren Ambition, das Kaisertum in Frankreich wiederherzustellen und sich auf den Thron zu schwingen, eine äußerst lächerliche Figur spiele und daß jeder gewaltsame Versuch in dieser Richtung unfehlbar seinen Sturz und die Einsetzung einer stark republikanischen Regierung zur Folge haben müsse. Der Ton der republikanischen Oppositionsblätter in Paris ließ diese Ansicht von der Lage der Dinge als nicht unbegründet erscheinen.

Plötzlich, am 2. Dezember 1851, kam die Nachricht, daß Louis Napoleon tatsächlich den vorausgeahnten Staatsstreich ins Werk gesetzt habe. Er hatte sich der Armee versichert, die Halle der Nationalversammlung mit Truppen besetzt, die Führer der Opposition und den General Changarnier, der von der Nationalversammlung mit ihrem Schutze betraut war, und mehrere andere Generäle verhaften lassen, ein Dekret veröffentlicht, durch welches er das von der Nationalversammlung beschränkte allgemeine Stimmrecht wiederherstellte, und eine Proklamation an das Volk erlassen, in der er die parlamentarischen Parteien der Selbstsucht anklagte und die Wiedereinführung des zehnjährigen Konsulats verlangte. Schlag auf Schlag kamen aufregende Depeschen. Mitglieder der Natio-

nalversammlung in ansehnlicher Zahl fanden sich
zusammen und versuchten Widerstand zu organisieren, wurden aber von der bewaffneten Macht ausein-
andergetrieben. Endlich hieß es auch, das Volk beginn-
ne «in die Straßen herniederzusteigen» und Barrikaden
zu bauen. Nun sollte die entscheidende Schlacht geschlagen werden.

Der Gemütszustand, in den durch diese Berichte die
Flüchtlingschaft versetzt wurde, läßt sich nicht beschreiben. Wir Deutschen liefen nach den Versamm-
lungslokalen der französischen Klubs, weil wir dort
die schnellste und zuverlässigste Kunde, vielleicht
auch aus Quellen, die dem allgemeinen Publikum
verschlossen wären, zu erhaschen hofften. Dort fanden
wir eine an Fieberwahnsinn grenzende Erregung. Man
schrie, man gestikulierte, man beschimpfte Louis Napoleon, man verwünschte seine Helfershelfer, man
weinte, man umarmte sich. Alle waren eines Volkssie-
ges gewiß. Die glorreichsten Bulletins über den Fortgang des Straßenkampfs gingen von Mund zu Mund.
Einige davon wurden von wildblickenden Revolutionären, die auf Tische gesprungen waren, proklamiert
und mit frenetischem Beifallsgeschrei begrüßt. So
ging es eine Nacht hindurch, einen Tag und wieder
eine Nacht. Zu schlafen war unmöglich. Man nahm
sich kaum zum Essen Zeit. Auf die Siegesberichte
folgten andere, die ungünstiger klangen. Man konnte
und wollte sie nicht glauben. Es waren die Depeschen
des Usurpators und seiner Sklaven. Sie logen; sie
konnten nicht anders als lügen. Aber immer düsterer
klang die Botschaft. Die Barrikaden, die das Volk in

der Nacht auf den 3. Dezember errichtet hatte, waren
von der Armee ohne Mühe genommen worden. Am 4.
hatte sich auf den Straßen St.-Denis und St.-Martin ein
ernsterer Kampf entsponnen, aber auch da waren die
Truppen Meister geblieben. Dann stürzte sich die
Soldateska in die Häuser und mordete ohne Unterschied und Mitleid. Schließlich die Ruhe des Kirch-
hofs in Paris. Der Volksaufstand war unbedeutend und
ohnmächtig gewesen. Der Usurpator, den man noch
vor kurzem als einen schwachsinnigen Abenteurer,
einen lächerlichen Affen dargestellt, hatte Paris unterjocht. Die Departements rührten sich nicht. Es war
kein Zweifel mehr. Mit der Republik war's zu Ende,
und also auch mit der neuen Revolution, die sich auf
den von Frankreich kommenden Anstoß über den
ganzen Kontinent verbreiten sollte.

Wir schlichen still nach Hause, von den Schreckens-
nachrichten betäubt, geistig und körperlich erschöpft.
Nachdem ich mich durch einen langen Schlaf von der
furchtbaren Aufregung erholt, suchte ich mir über die
veränderte Lage der Dinge klarzuwerden. Es war ein
nebliger Tag, und ich ging hinaus, da es mir unbehaglich war, still in den vier Wänden zu sitzen. In meine
Gedanken vertieft, wanderte ich fort ohne eigentlichen
Zielpunkt und fand mich endlich im Hydepark, wo ich
mich trotz der kühlen Witterung auf eine Bank setzte.
Von welcher Seite ich auch die neuesten Ereignisse und
ihre natürlichen Folgen betrachten mochte, eines
schien mir gewiß: alle revolutionären Bestrebungen,
die sich an die Erhebung von 1848 knüpften, waren
nun hoffnungslos; eine Periode entschiedener und

allgemeiner Reaktion stand uns bevor, und was es auch von weitern Entwicklungen im freiheitlichen Sinne in der Zukunft geben mochte, das mußte einen neuen Ausgangspunkt haben.

Meine eigene Lage wurde mir ebenso klar. Mich der illusorischen Hoffnung einer baldigen Rückkehr ins Vaterland noch weiter hinzugeben wäre kindisch gewesen. Weiter zu konspirieren und dadurch noch mehr Unheil auf andre zu bringen schien mir ein frevelhaftes Spiel. Das Flüchtlingsleben hatte ich als öde und entnervend erkannt. Ich fühlte einen ungestümen Drang in mir, nicht nur mir eine geregelte Lebenstätigkeit zu schaffen, sondern für das Wohl der Menschheit etwas Wirkliches, wahrhaft Wertvolles zu leisten. Aber wo? Das Vaterland war mir verschlossen. England war mir eine Fremde und würde es immer bleiben. Wohin dann? «Nach Amerika!» sagte ich zu mir selbst. «Die Ideale, von denen ich geträumt und für die ich gekämpft, fände ich dort, wenn auch nicht voll verwirklicht, doch hoffnungsvoll nach ganzer Verwirklichung strebend. In diesem Streben werde ich tätig mithelfen können. Es ist eine neue Welt, eine freie Welt, eine Welt großer Ideen und Zwecke. In dieser Welt gibt's wohl für mich eine neue Heimat. Ubi libertas, ibi patria.» Auf der Stelle faßte ich den Entschluß. Nur noch so lange wollte ich in England bleiben, bis ich mir durch meine Unterrichtsstunden meine Barschaft ein wenig vermehrt haben würde, und dann nach Amerika!

Ich hatte schon eine gute Weile auf jener Bank im Hydepark in diese Gedanken vertieft gesessen, als ich

bemerkte, daß auch am andern Ende der Bank ein
Mensch saß, der ebenso gedankenvoll vor sich auf den
Boden zu stieren schien. Er war ein kleiner Mann, und
als ich genauer hinblickte, glaubte ich ihn zu erkennen.
Es war Louis Blanc, der französische Sozialistenführer,
ehemaliges Mitglied der provisorischen Regierung
von Frankreich. Ich war vor kurzem in einer Gesellschaft mit ihm bekannt geworden, und er hatte sich auf
sehr liebenswürdige und geistvolle Weise mit mir
unterhalten. Da ich mit meiner Überlegung fertig war,
so stand ich auf, um zu gehen, ohne ihn stören zu
wollen. Aber er richtete den Kopf empor, sah mich mit
übernächtigen Augen aus einem verstörten Gesicht an
und sagte: «Ah, c'est vous, mon jeune ami! C'est fini,
n'est-ce pas? C'est fini!» Wir drückten einander die
Hände, er ließ seinen Kopf wieder sinken, und ich ging
meines Weges nach Hause, um meinen Eltern den auf
der Bank im Hydepark gefaßten Entschluß sofort
brieflich mitzuteilen. Mehrere meiner Mitverbannten
suchten ihn mir auszureden, indem sie noch allerlei
wunderbare Dinge prophezeiten, die sich auf dem
Kontinent sehr bald zutragen würden und in die wir
Flüchtlinge eingreifen müßten; aber ich hatte das
Wesenlose dieser Phantasien zu gut erkannt und ließ
mich nicht wankend machen.

Und nun geschah etwas, das über meine anscheinend trübe und gedrückte Lage einen heitern und
warmen Sonnenschein ergoß und meinem Leben einen ungeahnten Inhalt verlieh.

Ein paar Wochen vor dem Staatsstreich Louis Napoleons hatte ich ein Geschäft bei einem Mitverbannten

auszurichten und machte diesem in seiner Wohnung in Hampstead einen Besuch. Ich erinnere mich noch sehr lebhaft, wie ich den Weg, der stellenweise zwischen Hecken und Baumreihen lief – jetzt wohl eine ununterbrochene Häusermasse –, in der Abenddämmerung zu Fuß zurücklegte, nicht ahnend, daß ich eine viel wichtigere Begegnung vor mir hatte als die mit irgendeinem politischen Gesinnungsgenossen. Mein Geschäft war bald abgemacht, und ich erhob mich schon, um zu gehen, als er in ein anstoßendes Zimmer hineinrief: «Margarete, komm doch einmal herein. Hier ist ein Herr, den du kennenlernen solltest.» – «Es ist meine Schwägerin», setzte er zu mir gewendet hinzu. «Sie ist von Hamburg hierher zu Besuch gekommen.»

Ein Mädchen von etwa 18 Jahren trat herein, von stattlichem Wuchs, mit schwarzem Lockenkopf, kindlich schönen Zügen und großen dunklen, wahrhaftigen Augen.

Wir wurden in der Tat miteinander sehr gut bekannt – freilich nicht an jenem Tage, aber bald nachher; und am 6. Juli 1852 wurden wir in der Pfarrkirche von Marylebone in London fürs Leben vereinigt.

Meine junge Frau und ich schifften uns im August in Portsmouth ein und landeten an einem sonnigen Septembermorgen im Hafen von New York. Mit dem heiteren Mut jugendlicher Herzen begrüßten wir die neue Welt.

ZWEITER TEIL

Am 17. September 1852 fuhren meine junge Frau und ich, nach einer Reise von 28 Tagen, an Bord des prächtigen Paketschiffes «City of London» in den Hafen von New York ein. Da ich beschlossen hatte, die Vereinigten Staaten zu meiner bleibenden Heimat zu machen, nahm ich mir vor, alles von der günstigsten Seite zu betrachten und mich von keiner Enttäuschung entmutigen zu lassen. Ich wußte, daß mein elastisches rheinisches Blut mir hierin viel helfen würde; doch war ich nicht so sicher, ob meine junge Frau, deren Temperament nicht so sanguinisch war wie das meine und die in günstigeren Verhältnissen und in beständigem Verkehr mit sympathischen Menschen aufgewachsen war, sich auch so leicht wie ich in die Wechselfälle des Lebens in einem neuen Lande und in eine fremde gesellschaftliche Atmosphäre finden würde. Aber wir waren jung – ich dreiundzwanzig Jahre alt und meine Frau achtzehn –, und viel konnte von der Anpassungsfähigkeit der Jugend erwartet werden. Immerhin war mir darum zu tun, daß der erste Eindruck des neuen Landes auf sie ein heiterer und inspirierender sein möge. Und dieser Wunsch wurde gleich in höchstem Maße erfüllt.

Der Tag, an welchem wir im New Yorker Hafen ankamen, hätte nicht herrlicher sein können. Die

Bucht und die sie umgebenden Inseln strahlten förmlich in sonniger Pracht. Als wir, nach einer Reise von vier Wochen über die eintönige Wasserwüste, dieses Schauspiel von so überraschendem Zauber gewahrten, bebten unsere Herzen vor Freude. Es war uns, als wenn wir durch dieses glänzende Tor in eine Welt von Glück und Frieden einführen. Am Ufer von Staten Island entlangsegelnd, das mit seinen behäbigen Landhäusern, grünen Rasenflächen und schattigen Baumgruppen ein reizendes Bild von Behaglichkeit und Zufriedenheit bot – denn Staten Island war damals noch ein beliebter Sommeraufenthaltsort –, fragte ich einen von meinen Mitpassagieren, welche Sorte von Leuten in diesen hübschen Wohnungen lebten. «Reiche New Yorker», sagte er. «Und wieviel muß ein Mann besitzen, um ein reicher New Yorker genannt zu werden?» – «Nun», antwortete er, «ein Mann, der so ungefähr 150 000 oder 200 000 Dollar oder ein festes Einkommen von 10 000 bis 12 000 Dollar hat, würde als wohlhabend betrachtet werden. Natürlich gibt es Männer, die mehr als das – sogar eine oder zwei Millionen oder gar noch mehr – besitzen.» – «Gibt es viele solche in New York?» «O nein, nicht viele, vielleicht ein Dutzend, aber die Zahl der Leute, die wohlhabend genannt werden könnten, ist groß.» – «Und gibt es viele Arme in New York?» «Ja, einige, meistens neue Ankömmlinge, glaube ich. Aber in vielen Fällen würde, was man hier als Armut ansieht, in London oder Paris kaum so genannt werden. Es gibt fast keine hoffnungslos Arme hier. Es wird gewöhnlich angenommen, daß niemand arm zu sein braucht.»

In dem wechselnden Lauf der Zeiten habe ich mich oft dieses Gespräches erinnert.

Es war nicht leicht, ein Unterkommen für unsere erste Nacht in der neuen Welt zu finden. Unser erstes Mittagessen im «Union Square Hotel» steht mir noch lebhaft in Erinnerung. Es war eine Table d'hôte, wenn ich mich recht entsinne, um fünf Uhr abends. Die Essensstunde wurde durch das wütende Schlagen eines Gongs – ein Instrument, welches ich bei dieser Gelegenheit zum ersten Male hörte – verkündet. Die Gäste marschierten dann in den großen, kahlen Eßsaal, in welchem eine lange Reihe von Tischen stand. Fünfzehn bis zwanzig Neger, mit weißen Jacken, weißen Schürzen und weißen Handschuhen bekleidet, standen bereit, die Gäste an ihre Plätze zu führen, was sie mit breitem Grinsen und merkwürdig umständlichen Verbeugungen und Kratzfüßen ausführten. Ein behäbiger schwarzer Oberkellner in Frack und weißer Halsbinde, dessen Manieren auffallend pomphaft und herablassend waren, ordnete die Bewegungen an. Nachdem alle Gäste Platz genommen hatten, schlug der Oberkellner auf eine laute Glocke, worauf die Neger schnell hinausmarschierten, um bald wieder zu erscheinen, große Suppenterrinen mit blanken silbernen Deckeln tragend. Sie stellten sich in bestimmten Zwischenräumen an den Tischen auf und blieben eine Sekunde lang bewegungslos stehen. Auf ein nochmaliges Glockensignal ihres Befehlshabers hoben sie die Schüsseln hoch in die Luft und setzten sie dann mit solchem Ruck auf die Tische nieder, daß die Kronleuchter erzitterten und die Damen vor Schreck zusammenfuhren. Dieses war aber noch nicht das Ende der Zeremonien. Mit ihrer rechten Hand hielten die Neger die Griffe der silbernen Deckel fest, bis wieder ein Glockenschlag erschallte, dann rissen sie die Deckel empor, schwangen sie hoch über ihre Köpfe und marschierten damit hinaus, als trügen sie ihre Beute im Triumph von dannen. Das Essen verlief unter mehrfachen Wiederholungen dieses Vorgangs, und anscheinend wurden die Kellner immer lebhafter und phantastischer in ihren Bewegungen. Mir wurde gesagt, daß ähnliche Gebräuche in den andern Hotels existierten, doch sah ich sie niemals anderswo mit solcher Vollkommenheit ausführen wie bei unserm ersten Essen in Amerika, und man kann sich denken, daß wir damals höchlichst erstaunt waren.

Wir brachten zwei oder drei Tage damit zu, solche «Sehenswürdigkeiten» zu besuchen, wie sie die Stadt zu bieten hatte, und fanden, daß es weder Museen, Bildergalerien noch bemerkenswerte öffentliche oder Privatgebäude gab. Barnums «Museum von Merkwürdigkeiten» an der Ecke von Broadway und Ann Street, gegenüber der St.-Pauls-Kirche gelegen, wurde uns als eine wirkliche Kuriosität bezeichnet. In den Schaufenstern am Broadway bemerkten wir nichts Außergewöhnliches; die Theater konnten wir nicht genießen, da ich kein Englisch verstand. Die geschäftigen Menschenmassen, welche sich in den Straßen wälzten, waren immer interessant, aber sehr fremdartig; uns begrüßte kein bekanntes Gesicht. Ein Gefühl der Einsamkeit fing an, uns zu beschleichen.

Dann wurde meine junge Frau krank. Ich rief einen

alten amerikanischen Arzt hinzu, der im Hotel wohnte. Er schien mir ein fähiger Mann zu sein, jedenfalls
war er wohlwollend und gütig. Er verstand etwas
Französisch, und so konnten wir uns unterhalten. Da
die Krankheit meiner Frau im Hotel bekannt wurde,
zeigte sich unter den Gästen ein hilfreicher Geist, der
mich überraschte und tief rührte, jene amerikanische
Hilfsbereitschaft, die damals und, wie ich fest glaube,
auch jetzt noch einer der schönsten und bezeichnend-
sten Züge dieses Volkes ist. Herren und Damen besuchten uns der Reihe nach, um sich zu erkundigen, ob
sie uns von Nutzen sein könnten. Einige von den
Damen lösten mich wirklich dann und wann am
Krankenbette meiner Frau ab, um mir eine Stunde der
Ruhe in frischer Luft zu ermöglichen. Ich ging dann in
dem kleinen Park, Union Square, der von einem
eisernen Gitter umgeben war auf und ab oder setzte
mich ein Weilchen auf eine Bank nieder.

Dort, in dem kleinen Park, gönnte ich mir meine
Erholungspausen – gewöhnlich in der Abenddämmerung. Diese Stunden gehörten zu den melancholisch-
sten meines Lebens. Da war ich nun in der großen
Republik, dem Ziel meiner Träume, und fühlte mich
so gänzlich einsam und verlassen. Die Zukunft schien
wie in eine undurchdringliche Wolke gehüllt vor mir
zu liegen. Was ich gesehen hatte, war nicht so verschieden von Europa, wie ich es halb unklar erwartet hatte,
und doch war es fremd und geheimnisvoll. Würden
meine Erfahrungen hier das Ideal verwirklichen, das
ich mir vorgestellt hatte, oder würden sie es zerstören?
Ich mußte schwer kämpfen gegen dieses düstere Grü-

beln, doch endlich raffte ich mich zu dem Gedanken
auf, daß, um in Einklang zu kommen mit dem geschäftigen Leben, das ich um mich her sah – ich selbst darin
tätig, ich selbst davon ein Teil werden müsse, und je
eher, um so besser.

Während der Krankheit meiner Frau, die fast vierzehn Tage dauerte, hatte ich Briefe mit einigen meiner
deutschen Freunde in Philadelphia gewechselt, besonders mit meinem Universitätsfreund, Adolf Strodtmann, der dort ein kleines deutsches Büchergeschäft
gegründet hatte und ein deutsches Wochenblatt –
«Die Lokomotive» – herausgab, und mit Dr. Heinrich
Tiedemann, einem Bruder jenes unglücklichen Oberst
Tiedemann, Gouverneur von Rastatt, in dessen Stab
ich während der Belagerung der Festung als Adjutant
gedient hatte.

Dr. Tiedemann hatte sich in Philadelphia als Arzt
niedergelassen und sich dort eine gute Praxis erworben. Meine Frau und ich sehnten uns nach einem
befreundeten Gesicht, und da uns nichts in New York
festhielt, beschlossen wir, Philadelphia zu besuchen,
nicht zum Zweck einer bleibenden Niederlassung,
sondern in dem Gedanken, daß es ein geeigneter Ort
sein würde, um dort ein systematisches Studium anzu-
fangen. Und so stellte es sich auch heraus. Wir fanden
bald bei kürzlich eingewanderten Deutschen und auch
unter Amerikanern sympathischen, geselligen Verkehr und damit die Heiterkeit des Gemüts, die ein
Interesse an der Umgebung erweckt. Meine erste
Aufgabe war nun, in möglichst kurzer Zeit Englisch
zu lernen. In den letzten Jahren bin ich oft von

Erziehern und andern gefragt worden, welche Methoden ich angewandt habe, um meine Kenntnis der
Sprache und die Gewandtheit in ihrem Gebrauch zu
erlangen, die ich besitzen mag. Diese Methode ist sehr
einfach. Ich habe keine englische Grammatik gebraucht und erinnere mich nicht, je eine solche in
meiner Bibliothek besessen zu haben. Ich fing mit
Entschlossenheit an zu lesen – zunächst meine englische Zeitung, welche zufällig der «Philadelphia Led-
ger» war. – Regelmäßig jeden Tag arbeitete ich mich
durch die Leitartikel, die Korrespondenzen und Depeschen und sogar die Anzeigen, soviel mir meine Zeit
erlaubte.

Seit ich als Redner und Schriftsteller in englischer
sowohl als in deutscher Sprache bekannt geworden
bin, wurde ich oft gefragt, ob ich, während ich spreche
oder schreibe, englisch oder deutsch denke, und ob ich
beständig von einer in die andere Sprache übersetze.
Ich antwortete, daß, während ich englisch spreche
oder schreibe, ich auch englisch denke und, während
ich deutsch spreche und schreibe, ich deutsch denke
und daß, während mein Geist einen Gedankengang
verfolgt, der keinen unmittelbaren Ausdruck in Worten verlangt, ich mir unbewußt sei, in welcher Sprache
ich denke.

In Philadelphia machte ich meine ersten Bekannt-
schaften. Um diese Zeit waren noch der Quäker mit
seinem breitgeränderten Hut, seinem langschoßigen,
gerad herunterhängenden Rock und hoch aufstehen-
dem Rockkragen und die Quäkerin in ihrem grauen
Kleid, weißem, um die Schultern gekreuzten Busen-

tuch und ihrem weit vorstehenden grauen Hut wohlbekannte Figuren in den Straßen der Stadt. In öffentlicher Wertschätzung stand damals Lucretia Mott an der
Spitze dieser Sekte. Sie wurde, wie man mir sagte,
wegen ihres edlen Charakters, ihrer hohen Bildung
und des Eifers und der Fähigkeit, mit denen sie sich für
viele fortschrittliche Bewegungen betätigte, allgemein
verehrt. Ich hatte das Glück, ihr durch einen deutschen
Freund vorgestellt zu werden. Mir schien sie die
schönste alte Dame zu sein, die ich je gesehen hatte.
Ihre Züge waren von höchster Feinheit. Man hätte sich
keine der zarten Fältchen, mit denen das Alter ihr
Gesicht gezeichnet hatte, fortwünschen mögen. Ihre
dunklen Augen strahlten von Intelligenz und Wohl-
wollen. Sie empfing mich mit milder Grazie, und im
Laufe unseres kurzen Gespräches drückte sie die Hoffnung aus, daß ich mich als Bürger niemals der Sklavenfrage gegenüber gleichgültig verhalten werde, wie
es zu ihrem großen Kummer jetzt so viele zu tun
schienen.

Wenn ich mich auch nicht für die Tagespolitik der
demokratischen oder der Whigpartei interessieren
konnte, so bewegte mich doch gleich aufs tiefste die
Sklavereifrage von allen ihren sozialen, politischen
und ökonomischen Gesichtspunkten betrachtet. Ich
konnte dem Wunsche nicht widerstehen, nach Washington zu reisen und dort im Kongreß den Kampf zu
beobachten.

Mein erster Eindruck von der politischen Hauptstadt dieser großen amerikanischen Republik war ein

ziemlich trostloser. Washington sah damals aus wie ein großes, langausgestrecktes Dorf. Die zerstreuten Häusergruppen wurden von einigen öffentlichen Gebäuden überragt. Da war erstens das Kapitol, von dem nur der jetzige Mittelbau in Gebrauch war, da an den Flügeln, in welchem jetzt Senat und Repräsentantenhaus ihre Sitzungen abhalten, noch gearbeitet wurde; dann das Schatzamt, dem auch noch die jetzigen Flügel fehlten, das «Weiße Haus» und das Patentamt, welches zugleich das Ministerium des Innern beherbergte. Die Ministerien der auswärtigen Angelegenheiten, des Kriegs und der Marine waren in kleinen, unscheinbaren Häusern untergebracht, die aussahen, als könnten sie die prunklosen Wohnungen wohlhabender Kaufleute sein. Es gab in der ganzen Stadt keine einzige ganz zugebaute Straße, kaum ein Häusergeviert ohne Lücken trauriger Leere. Die Häuser waren sogar noch nicht numeriert. Nicht weit vom Kapitol kreuzte ein Bach, «Gänsebach», alias «die Tiber», die Pennsylvania Avenue. Diesen Bach überspannte eine hölzerne Brücke, und mir wurde die nicht ganz glaubwürdige Geschichte erzählt, daß Kongreßmitglieder, die in etwas angeheitertem Zustande im Dunkeln nach einer ziemlich lebhaften Nachtsitzung nach Hause gingen, zuweilen die Brücke verpaßten und ins Wasser fielen, um am nächsten Morgen mühsam von der Kongreßpolizei und ihren Gehilfen herausgefischt zu werden.

Das Gasthaus, in welchem ich abstieg, das «National Hotel», machte einen über alle Beschreibung düsteren Eindruck. Es gab kaum ein halbes Dutzend Wohnhäuser in der ganzen Stadt, die ein vornehmes, elegantes

und behagliches Aussehen hatten. Die Straßen, wenn
überhaupt, schlecht gepflastert, waren beständig mit
Schmutz oder Staub bedeckt. Sehr wenige Kongreßmitglieder führten einen eigenen Hausstand. Die meisten von ihnen nahmen ihre Mahlzeiten gemeinschaftlich ein, indem sie sich zu diesem Zweck zu Klubs
verbanden. Washington wurde «die Stadt großartiger
Entfernungen» benannt. Aber am Ende dieser Entfernungen gab es nur einige öffentliche Gebäude, sonst
wenig Interessantes oder Anmutendes. In vielen der
Straßen machten noch Gänse, Hühner, Schweine und
Kühe ihre unbestrittenen Wegrechte geltend. Die Stadt
hatte durchaus ein ungepflegtes, wenig unterneh-
mungslustiges oder fortschrittliches Aussehen und
versprach noch nicht im geringsten, die schöne Hauptstadt zu werden, die sie heute ist.

Ich hatte mir Briefe an Senator Shields von Illinois
und Senator Broadhead von Pennsylvania und Mr.
Francis Grund, einen Washingtoner Journalisten, verschafft. In den beiden Senatoren lernte ich sehr verschiedene Charaktere kennen. Senator Shields, ein
jovialer Irländer, verdankte seine hohe Stellung in der
Politik hauptsächlich dem Rufe, den er sich als freiwilliger Offizier im mexikanischen Kriege errungen hatte. Er begrüßte mich mit übersprudelnder Herzlichkeit, als eine Art Revolutions-Kameraden aus Europa,
da er sich selbst, als enthusiastischer irländischer Na-
tionalist, in einem beständigen Zustand der Kampflust
gegen England befand, was aber seinem Eifer und
seiner Opferwilligkeit als amerikanischer Bürger keinen Abbruch tat.

In Senator Broadhead fand ich hingegen einen ziemlich schwerfälligen, um nicht zu sagen langweiligen
Herrn. Er unterhielt mich mit der bedeutungsvollen
Feierlichkeit eines Menschen. der viel mehr weiß, als er
sich berechtigt fühlt zu offenbaren, aber weder von
ihm, noch von seinem Kollegen konnte ich irgendwelche erleuchtende Aufklärung erlangen, als ich versuchte, das Gespräch auf die große schwebende Frage, die
Sklaverei, zu bringen. Senator Broadhead schloß endlich seine langatmigen Bemerkungen mit einem Satz,
der mir einen tiefen Eindruck machte und mir viel zu
denken gab. Er sagte: «Überhaupt interessiere ich
mich nicht so sehr für politische Maßnahmen und
Prinzipien wie für das Dirigieren von Menschen (The
management of men).»

Als ich am nächsten Tage den Journalisten, Herrn
Francis Grund, den ich inzwischen kennengelernt
hatte, traf, fragte ich ihn, was wohl Senator Broadhead mit diesem Ausspruch gemeint haben möge.
«Sie unschuldsvoller Engel», rief Herr Grund mit
herzlichem Lachen, «er meint einfach, daß es ihm einerlei ist, ob seine Partei ihn in dieser oder jener Richtung
führt, aber daß sein Hauptgeschäft darin besteht, den
Parteikleppern und seinen persönlichen Anhängern
Post- und sonstige Ämter, Konsulate und Indianer-
Agenturen zu verschaffen. Und er muß mit der Ad-
ministration auf gutem Fuß bleiben, um diese Dinge
zu erlangen.»

Ich war erstaunt. «Und es gibt wirklich Staatsmänner in so hoher Stellung wie die eines Senators der
Vereinigten Staaten, die das als ihr Hauptgeschäft

betrachten?» fragte ich. «Ja», antwortete Herr Grund, «eine ganze Menge». Und er nannte eine große Anzahl von Senatoren und eine noch größere Zahl von Repräsentanten, von denen er behauptete, daß die Verteilung der «öffentlichen Beute» die Haupt-, wenn nicht die einzige Beschäftigung sei, für die sie sich wirklich interessierten.

Das war mir eine erschreckende Enthüllung. Es war mein erster Blick in die Tiefen der großen «Amerikanischen Regierungsinstitution», die ich in der Folge mit dem Namen «Beutesystem» zu bezeichnen lernte. Daß die Amerikaner jedesmal, wenn eine andere Partei ans Ruder kam, jeden Postmeister im Lande wechselten, hatte ich allerdings schon gehört, ehe ich hierherkam, und es hatte mich dies als besonders unsinnig berührt – daß aber fast alle Ämter unter der gegenwärtigen Regierung als «öffentliche Beute» betrachtet werden sollten und daß Staatsmänner, die in den Kongreß geschickt wurden, um Gesetze zum Besten des ganzen Landes zu machen, ihre Zeit und Arbeitskraft dazu verwandten, diese öffentliche Beute zu erlangen und zu verteilen, und daß ein freies intelligentes Volk sich dem fügen sollte – das überstieg alle Begriffe.

Herr Grund versuchte mich über diese Fragen aufzuklären, wozu er um so mehr befähigt war, als er viele Jahre Berichterstatter in Washington gewesen war und somit einen tiefen Einblick in die dortigen Verhältnisse gewonnen hatte.

Er vertraute mir an, daß, wenn auch die Verteilung der Ämter als öffentliche Beute unter der siegenden

Partei ein festeingebürgertes System geworden und es gänzlich nutzlos sei, dagegen zu sprechen, er doch selbst die Überzeugung gewonnen habe, es als einen Mißbrauch zu betrachten, der große Gefahren für unsere freien Institutionen in sich berge. Er sei persönlich und, wie er sagte, sogar intim bekannt gewesen mit den politischen Größen der eben verflossenen Periode: Clay, Calhoun und Webster – er war sogar stolz darauf, «constitution» genauso aussprechen zu können, wie der große Daniel Webster es ausgesprochen hatte –, und er wußte, wie sie dieses System als einen Greuel verabscheut hatten. Aber der gewöhnliche Politiker jeder Partei pries es laut als einen durchaus amerikanischen Brauch, der auf demokratischen Grundsätzen beruhe. Herr Grund schilderte mir in den lebhaftesten Worten das heißhungrige Jagen nach Ämtern, das nach der Erwählung von General Pierce zur Präsidentschaft stattgefunden hatte, die unglaublichen Demütigungen des Selbstgefühls, denen einige Männer sich auszusetzen willens waren, die endlose Mühe der Senatoren und Repräsentanten, ihre Schmarotzer zu befriedigen, und die gewissenlosen Betrügereien, die sie gegen diejenigen ihrer Wähler ausübten, die sie enttäuschen mußten, aber deren Freundschaft sie sich doch bewahren wollten usw.

Das waren peinliche Enthüllungen für mein noch unerfahrenes Gemüt. Was war es nun, das so viele Menschen so heißhungrig nach Ämtern machte?

«Teilweise die Auszeichnungen, die eine offizielle Stellung verleiht», sagte Herr Grund, «und teilweise die pekuniären Vorteile.»

Ich erkundigte mich nach den Gehältern, die mit den verschiedenen Ämtern verbunden sind, und fand sie ziemlich gering.

«Nun», sagte mein Mentor, «es lassen sich aber immer noch kleine fette Nebenverdienste herausschlagen.»

«Nebenverdienste, was meinen Sie damit?»

«Das Geld, das ein Beamter durch Benutzung seiner Stellung manchmal auf ehrliche, manchmal aber auch auf andere Weise verdienen kann.»

Und Herr Grund erklärte mir, wie in gewöhnlicher Redeweise der Wert einer Stellung nach dem Gehalt und den Nebenverdiensten veranschlagt würde.

Ich mußte an das preußische Beamtentum denken, das immer den Ruf strengster offizieller Ehrenhaftigkeit genossen hat, und war sehr entsetzt.

Ich besuchte fleißig die Galerien des Senats und des Repräsentantenhauses, um den Debatten zuzuhören. Im Kongreß hatte, was das Benehmen der Mitglieder sowie das ganze Verfahren betraf, alles den Anstrich der unverfälschten Natürlichkeit; es gab da keine künstlich angenommene Würde, Bewegung genug, aber wenig gereizte Heftigkeit, nur vielleicht bei einigen Südländern. Die Geschäfte wurden erledigt, ohne dem Zwang der Logik oder der Methode unterworfen zu sein. Der Kongreßmann mit buschigem Backenbart, der den ganzen Tag in Frack und Atlasweste einherging, mit einem großen Bissen Kautabak im Munde, wie wir ihn in diesen Tagen manchmal als komische Figur auf der Bühne sehen, war damals noch ein wohlbekannter Typus im Senat und im Repräsen-

tantenhause. Leider war das Kauen von Tabak mit
seinen Begleiterscheinungen noch sehr gebräuchlich;
auch sah man das Räkeln auf zurückgewippten Stühlen
und das Auflegen der Füße auf das Pult viel häufiger als
jetzt in derselben Umgebung. Diese Dinge erschienen
aber damals viel natürlicher und weniger abstoßend als
jetzt. Es gab viel mehr Anzeichen des reichlichen
Genusses berauschender Getränke. Ich will damit
nicht sagen, daß in den beiden Häusern nicht viele
Männer von vornehmer Erscheinung und würdevol-
ler Haltung waren. Gewiß gab es deren nicht wenige,
aber die Mehrheit berührte mich als ziemlich nachläs-
sig in ihrem Benehmen.

Indem ich den laufenden Debatten oder den größeren Reden zuhörte, war ich erstaunt über die Gewandtheit des Ausdrucks, die fast jedermann zu Gebote
stand. Die Sprache mag nicht immer elegant oder
grammatisch richtig, sie mag zuweilen derb und rauh
gewesen sein, aber sie floß gewöhnlich ohne Anstrengung und ohne Räuspern und Stocken dahin. Unter
den wichtigeren Reden, die ich hörte, waren nicht
wenige, die sich durch eine gewisse Schönrednerei
auszeichneten, so ausgeschmückt mit hochtrabenden
Ausdrücken und langen, pomphaft klingenden Worten, daß sie jetzt nur Gelächter hervorrufen würden,
während sie damals ganz ernsthaft genommen und
sogar als schöne Redekunst bewundert wurden. Dann
und wann vernahm man im Verlaufe einer Rede ein
altmodisches, lateinisches Zitat, gewöhnlich von den
Lippen eines Südländers oder eines Neu-Engländers.
Ich hörte aber auch mehrere Reden, die nicht nur reich

an Gedanken, sondern auch in der Sprache in hohem
Grade kräftig, bedeutend und elegant waren.

Nachdem im Senat am Morgen des 4. März 1854 die
Kansas-Nebraska-Bill durchgegangen war, kehrte ich
von Washington nach Philadelphia zurück. Ich sah,
wie die entscheidende Schlacht immer näher rückte,
und ich fühlte den unwiderstehlichen Drang, mich
vorzubereiten, um an dem Kampfe, wenn auch in noch
so bescheidener Weise, teilzunehmen.

Ich verfolgte mit erneutem Eifer meine Studien der
politischen Geschichte und der sozialen Zustände der
Republik sowie der Theorie und der Praxis ihrer
Institutionen. Zu diesem Zweck fand ich es nötig,
mehr vom Lande zu sehen und mir eine ausgedehntere
Erfahrung in bezug auf den Charakter des Volks
anzueignen. Ich sehnte mich besonders danach, die
frische Luft jenes Teiles der Union zu atmen, von dem
ich glaubte, daß er das «wirkliche Amerika» sei, jenes
großen Westens, wo neue Staaten heranwuchsen und
wo ich den Werdeprozeß neuer politischer Gemeinwe-
sen beobachten konnte, wie sie sich aus dem Rohmate-
rial entwickelten. Ich hatte einige Verwandte und
einige deutsche Freunde in Illinois, Wisconsin und
Missouri und zog im Herbste 1854 aus, um sie zu
besuchen.

Von dort ging ich nach Chicago, und nie werde ich
die erste Nacht vergessen, die ich in dieser Stadt
zubrachte. Ich kam mit einem verspäteten Zuge, etwa
eine Stunde nach Mitternacht dort an. Ein Omnibus
brachte mich nach dem «Fremont-Hotel», wo man
mir sagte, daß jedes Zimmer besetzt sei. Der Buchhal-

ter nannte mir ein anderes Haus, und ich begab mich,
meine Reisetasche in der Hand, auf den Weg dahin.
Der Omnibus war verschwunden und keine Droschke
zu sehen; so ging ich denn zu Fuß nach zwei oder drei
Gasthäusern, immer mit demselben Resultat. Indem
ich versuchte, der letzten Weisung zu folgen, die man
mir gegeben hatte, verlor ich auf irgendeine Art den
Weg und setzte mich nun, von Müdigkeit überwältigt,
auf den Gossenstein in der Hoffnung, daß ein Polizist
oder ein anderer philanthropischer Mensch dort vor-
beikommen würde. In Chicago waren zu dieser Zeit
die Trottoirs aus hölzernen Brettern angefertigt, unter
welchen, wie es schien, unzählige Ratten sich angesiedelt hatten. Ich sah ganze Herden dieser Tiere im
Scheine des Gaslichts sich hin und her bewegen.
Während ich still dasaß, huschten sie spielend über
meine Füße hin. Alle Versuche, sie wegzuscheuchen,
waren vergebens. Ich versuchte es auf einem anderen
Stein, aber die Ratten waren auch da. Endlich bog ein
Polizist um die Straßenecke. Einen Augenblick schien
er im Zweifel zu sein, ob er mich auf die Polizeistation
bringen sollte, aber nachdem er meine Geschichte
angehört hatte, willigte er ein, mir ein Wirtshaus zu
zeigen, in dem ich, wie er glaubte, ein Unterkommen
finden könne. Auch dort war jedes Gastzimmer besetzt. Es gab nur noch ein freies Bett, aber dieses
befand sich in einer Kammer ohne Fenster, einer Art
großen Schranks; das konnte ich haben, wenn ich
wollte. Ich war müde genug, jedes zu nehmen; eine
Untersuchung des Bettes bei Kerzenlicht nahm mir
aber allen Mut, mich auszukleiden. Ich brachte den

Rest der Nacht auf einem Stuhle zu und begrüßte das Tageslicht mit großer Erleichterung.

Chicago war damals eine Stadt von ungefähr 65 000 Einwohnern. Das Blockhaus der alten Festung Dearborn stand noch und blieb auch noch mehrere Jahre stehen. Mit Ausnahme der wichtigsten öffentlichen Bauten, der Hotels, Geschäftshäuser und einiger Privatwohnungen war die Stadt aus Holz gebaut. Die gar nicht oder schlecht gepflasterten Straßen waren bei trockenem Wetter sehr staubig und bei nassem Wetter äußerst schmutzig. Es fiel mir auf, wie wenig Versuche zu bemerken waren, den Wohnhäusern ein anziehendes Aussehen zu geben. Die Stadt bot im ganzen einen unschönen Anblick. Während meines kurzen Aufenthaltes hörte ich überaus sanguinische Erwartungen für die Zukunft der Stadt aussprechen, Erwartungen, die sich seitdem als kaum sanguinisch genug herausgestellt haben. Aber es gab damals auch Zweifler. «Wenn Sie vor einem Jahr hier gewesen wären», sagte mir ein Freund, «hätten Sie noch mit großem Vorteil Geldanlagen in Ländereien machen können, jetzt ist es aber zu spät.» Jedermann schien sehr beschäftigt zu sein, ja so beschäftigt, daß ich mich fast scheute, irgend jemandes Zeit und Aufmerksamkeit in Anspruch zu nehmen.

Von Milwaukee ging ich nach Watertown, einer kleinen Stadt ungefähr 45 Meilen weiter nach Westen. Mein Onkel, Jakob Jüssen, hatte sich dort mit seiner Familie, darunter zwei verheirateten Töchtern, niedergelassen. So kam ich hier gleich in einen Familienkreis hinein, der mir um so sympathischer war, als mir Ohm Jakob unter meinen Onkeln immer am nächsten gestanden hatte. Die Bevölkerung von Watertown bestand vorwiegend aus Deutschen. Wenn sie auch nicht vom Geist der 48er ganz so durchtränkt waren wie die Milwaukeer, so fand ich doch in Watertown einen früheren Studenten, den ich im September 1848 als Mitglied des Studentenkongresses in Eisenach getroffen hatte, Herrn Emil Rothe, und mehrere andere Männer, die an der revolutionären Bewegung der Zeit teilgenommen hatten. Unter den Farmern der Umgegend, die nach Watertown kamen, um dort ihre Geschäfte zu besorgen, waren viele Pommern und Mecklenburger, fleißige und sparsame Leute, deren erste Heimstätte aus einer rohen Blockhütte bestand, woraus sie sich dann im Laufe einiger Jahre zuerst zu einem bescheidenen Holzhaus und schließlich zu einem stattlichen Backsteingebäude emporarbeiteten. Dabei blieb aber die Scheune immer der wichtigste Bau der ganzen Niederlassung. Einige Irländer und einige eingeborene Amerikaner aus Neuengland oder aus dem Staate New York hatten sich auch hier angesiedelt; sie besaßen Farmen, betrieben eine Bank oder kleine Fabriken, auch gab es unter ihnen zwei oder drei Advokaten. Diese verschiedenen Elemente der Bevölkerung standen aber alle auf dem Fuß wesentlicher Gleichheit, sie waren weder reich noch arm, bereit, zu arbeiten und das Leben miteinander zu genießen, jeder nachsichtig gegen die Eigenheiten des andern. Von Kultur oder gesellschaftlicher Verfeinerung gab es natürlich wenig.

Die Gesellschaft stand nicht mehr auf der Pionierstufe, sie war nicht mehr in dem Hinterwaldzustand, aber sie hatte die charakteristischen Eigenschaften der Neuheit. Es gab Kirchen, Schulen, Gasthäuser, alle sehr einfach, aber anständig in ihren Einrichtungen und im ganzen gut gehalten. Es gab eine Munizipalverwaltung, eine nach den Gesetzen organisierte städtische Regierung mit Beamten, vom Volke erwählt. Und diese Leute waren erst kürzlich aus allen Ecken der Welt zusammengeströmt. Verhältnismäßig wenige unter ihnen waren mit irgendwelcher praktischen Kenntnis aufgewachsen, wie solche Dinge gemacht werden müssen und welche Methoden gewöhnlich zu dem Zwecke angewandt werden. Einer großen Mehrheit waren die Traditionen dieser Republik fremd. Die Aufgabe, gewisse Fragen auf dem Wege ungehinderter städtischer Selbstregierung zu lösen und durch die Ausübung des Wahlrechts an der Regierung eines Staates und sogar einer großen Republik teilzunehmen, war ihnen neu. In Wisconsin wurde der Einwanderer, nachdem er ein Jahr im Staate gewohnt hatte, Wähler, ganz abgesehen davon, ob er das Bürgerrecht der Vereinigten Staaten erworben hatte oder nicht; es genügte, daß er regelrecht seiner Untertanenpflicht gegen eine fremde Regierung oder einen Fürsten abgeschworen hatte und seine Absicht erklärte, ein Bürger der Vereinigten Staaten zu werden. Solcher Wähler gab es sehr viele.

Hier schien mir daher ein ausgezeichneter Beobachtungpunkt zu sein, von welchem aus ich das Wachstum und das Verhalten der politischen Gemeinschaft betrachten konnte, die aus anscheinend rohen und ungleichartigen Elementen bestand und von dem politisch erfahreneren Geiste des Eingeborenen noch verhältnismäßig unbeeinflußt war. Hier konnte ich den Prozeß verfolgen, durch welchen der Fremdgeborene, der neue Ankömmling sich zu einem selbstbewußten Amerikaner entwickelt, und ermitteln, welcher Art der Amerikaner ist, der aus diesen Vorgängen hervorgeht.

Mir war die anregende Atmosphäre des Westens so sympathisch, daß ich beschloß, meinen Wohnort im Mississippital aufzuschlagen. Was ich vom Staate Wisconsin und seinen Menschen gesehen hatte, sprach mich so ungemein an, daß ich diesen Staat allen anderen vorzog und, da mehrere meiner Verwandten sich in Watertown angesiedelt hatten und meine Eltern und Schwestern inzwischen von Europa herübergekommen waren und sich natürlich freuen würden, mit anderen Mitgliedern der Familie zusammenzuleben, kaufte ich dort ein Grundstück mit der Absicht, mich dauernd niederzulassen.

Ehe diese Niederlassung aber zur Ausführung kommen konnte, mußte ich wegen der Gesundheit meiner Frau eine Reise nach Europa unternehmen. Wir brachten einige Zeit in London zu. Welch wunderlicher Szenenwechsel zwischen den zwei so verschiedenen Welten! Bei Gelegenheit dieses Besuchs in London machte ich die Bekanntschaft von Alexander Herzen,

dem natürlichen Sohn eines russischen Edelmanns von
hohem Rang. Er war selbst ein russischer Patriot im
liberalen Sinne, der, als «gefährlicher Mann», gezwungen war, sein Geburtsland zu verlassen und der jetzt
durch seine Schriften, die über die Grenze geschmug-
gelt wurden, daran arbeitete, den russischen Geist
aufzuklären und anzuregen. Malwida von Meysen-
bug, die Erzieherin seiner Töchter, brachte uns zusammen, und wir wurden bald gute Freunde. Herzen,
wenigstens zehn Jahre älter als ich, war Aristokrat von
Geburt und Instinkt, aber Demokrat aus philosophi-
scher Überzeugung; eine feine, edle Natur, ein Mann
von Kultur, von warmem Herzen und weitreichenden
Sympathien. In seinen Schriften sowohl wie in seiner
Unterhaltung ergoß er seine Gedanken und Gefühle
mit einer impulsiven, oft poetischen Beredsamkeit,
welche manchmal außerordentlich bezaubernd wirkte. Ich konnte ihm stundenlang zuhören, wenn er in
seiner rhapsodischen Weise von Rußland und vom
russischen Volke sprach, von diesem ungeschlachten,
erst halbbewußten Riesen, der allmählich seine oberflächliche, vom Westen erborgte Zivilisation mit einer
Zivilisation nationalen Charakters vertauschen würde.
Er glaubte, daß das Erwachen des Riesen der schwerfälligen Autokratie, deren tötendes Gewicht jetzt noch
allen freien Aufschwung erdrückte, ein Ende machen
und seine aus geheimnisvollen Tiefen hervorgebrach-
ten neuen Ideen viele der Probleme lösen würden,
welche jetzt die westliche Welt verwirrten. In den
Versicherungen seines Glaubens an die Größe dieses
Geschicks meinte ich aber einen Grundton des Zwei-

fels und des Verzagens an der nahen Zukunft durchzu-
hören.

Noch andere Eindrücke sammelte ich bei der Berührung mit einigen von Herzens russischen Freunden, die ich von Zeit zu Zeit in seinem gastlichen
Hause und an seinem Tische traf. Während des Essens
sprühte die Unterhaltung von dramatischen Erzählungen aus dem russischen Leben und von Beschreibungen merkwürdiger gesellschaftlicher Zustände und
Unruhen, die geheimnisvolle Aussichten auf große
Umwälzungen und Verwandlungen eröffneten. Alles
das war mit witzigen Ausfällen gegen die Regierung
und drolligen Satiren gegen die herrschenden Klassen
untermischt. Wenn aber nach dem Essen die Bowle
starken Punsches auf den Tisch gestellt wurde, fingen
dieselben Personen, die sich bis dahin wie Herren von
Bildung und feiner Gesittung benommen hatten, allmählich an sich zu erhitzen und brausten in solchen
Aufwallungen fast barbarischer Wildheit auf, wie ich
sie niemals bei Deutschen noch bei Franzosen, Englän-
dern oder Amerikanern gesehen hatte. Sie erinnerten
mich lebhaft an das Sprichwort: «Kratze einen Russen,
und du findest einen Tataren.» Herzen selbst bewahrte
immer seine Selbstbeherrschung, aber als nachsichti-
ger Wirt legte er seinen Gästen keinen Zwang auf.
Wahrscheinlich wußte er, daß er dazu auch nicht
imstande gewesen wäre. Ein- oder zweimal sagte er
halblaut zu mir, mein Erstaunen bemerkend: «So sind
sie, so sind sie! Aber sie sind trotzdem prächtige
Kerle!» Und das sind sie gewiß im Grunde, nicht nur
als Individuen, sondern auch als Nation. Eine riesige

unförmliche Masse, mit einer glänzenden Politur auf
der Oberfläche, aber mit ungestümen Kräften im
Innern, die von einem ungeheuren Druck der Gewalt,
des Aberglaubens oder der dumpfen Frömmigkeit im
Zaume gehalten werden, in Wirklichkeit aber unge-
zähmt und voll roher Triebe. Einem gänzlichen Losbrechen dieser Kräfte muß ein entsetzlicher Zusammenbruch folgen, und aus diesem entspringt dann –
was? Es ist schwer, sich vorzustellen, wie das russische
Kaiserreich von Polen bis zum östlichen Sibirien anders zusammengehalten werden könnte als durch eine
autokratische zentralisierte Macht, eine sich beständig
selbst behauptende und herrschende Autorität, die eine
enorme organisierte Kraft hinter sich fühlt. Dieser
strenge zentrale Despotismus kann nicht umhin, in der
Regierung der mannigfaltigen Gebiete und verschie-
denartigen Bevölkerung des Kaiserreichs drückende
Mißbräuche zu zeitigen. Wenn diese Last der Unterdrückung zu peinigend wird, dann werden rohe, ungeschickte, mehr oder weniger unbewußte und konfuse
Versuche gemacht werden, sich Erleichterung zu
schaffen, mit sehr schwacher Aussicht auf Erfolg. Die
Unzufriedenheit mit der unerbittlichen Autokratie
wird sich ausbreiten und die höhere Intelligenz des
Landes ergreifen, welche dann von einem rastlosen
Ehrgeiz erfüllt werden wird, auch einen Anteil an der
Regierung zu erlangen. In dem Augenblick, in dem der
Autokrat den Forderungen der Volksintelligenz nach-
gibt und zu der konstitutionellen Beschränkung seiner
eigenen Macht oder zu irgendeiner Maßnahme, die
dem Volke eine autoritative oder offizielle Stimme

verleiht, seine Einwilligung gibt, wird erst die wirkliche revolutionäre Krisis beginnen. Die öffentliche Unzufriedenheit wird nicht durch die Konzession beschwichtigt, sondern sie wird dadurch nur verschärft werden. Alle die sozialen Gewalten werden dann in krampfhafte Unruhe versetzt, und wenn diese Gewalten in ihrer ursprünglichen Wildheit die Fesseln der Tradition sprengen, dann mag die Welt ein Schauspiel revolutionären Chaos erleben, desgleichen die Geschichte noch nicht kennt. Dieses Chaos kann schließlich neue Begriffe von Freiheit, Recht und Gerechtigkeit hervorbringen und neue Gestaltung organisierter Gesellschaft oder neue Entwicklungen der Zivilisation. Wie aber der Umfang dieser vulkanischen Störungen und ihr schließliches Ergebnis sein wird, das ist ein Geheimnis, vor dem die Phantasie zurückschreckt, ein Geheimnis, dem wir uns nur mit Furcht und Grauen nahen können.

Als wir im Mai 1856 wieder in Amerika ankamen, schien sich die öffentliche Stimmung in einem Zustand großer politischer Aufregung zu befinden. Die Hotels, die Eisenbahnwaggons und die Verdecke der Schiffe hallten wider von eifrigen Diskussionen über die Sklavereifrage und die bevorstehende Präsidentschaftskampagne.

Ich war begierig darauf, mich an diesem Kampfe zu beteiligen. Gleichzeitig überkamen mich aber peinliche Zweifel, ob ich dieser Aufgabe gewachsen sei. Ich

hatte allerdings die Sklavereifrage von ihren verschiedenen Gesichtspunkten aus nach besten Kräften studiert, aber jeder Schritt, den ich tat, um mein Wissen zu
erweitern, überzeugte mich schmerzlich, daß mir noch
viel zu lernen übrigblieb. Ich hatte keine Erfahrung in
amerikanischer Politik, und meine Bekanntschaft mit
den Männern im öffentlichen Leben war äußerst
beschränkt. Würde ich nicht, wenn ich so vor dem
Publikum stand, mich zuweilen ertappen, daß ich von
Dingen sprach, von denen ich sehr wenig oder gar
nichts wußte? Wie konnte ich erwarten, imstande zu
sein, die Fragen zu beantworten, die man an mich
stellen würde? Während ich mich in diesem beunruhigten Gemütszustande befand, überraschte mich der
Besuch eines Herrn, von dem ich nie gehört hatte. Es
war Mr. Harvey, ein Mitglied des Staatssenats von
Wisconsin, einer der republikanischen Führer. Ich war
sehr erstaunt und fühlte mich besonders geehrt, als ich
hörte, welch ein hervorragender Mann mein Besucher
sei. Ich fand in ihm einen Herrn von gefälligem Wesen
und gewinnender Sprache, der mir in schmeichelnder
Weise sagte, er habe von mir, als von einem Manne von
Bildung gehört, der mit der Anti-Sklaverei-Frage
sympathisiere, und er glaube, ich könne in der bevorstehenden Kampagne wertvolle Dienste leisten. Ich
entdeckte ihm ganz offen meine Sorge über meine
ungenügende Ausrüstung für eine solche Aufgabe. Er
nahm an, daß ich mehr über die vorliegende Frage
wisse als viele derjenigen, die sie öffentlich verhandel-
ten, und er fragte mich, ob ich nicht eine kurze
deutsche Rede halten wolle bei einer Massenversamm-

lung, die in einigen Tagen in Jefferson, einem nahe
gelegenen Landstädtchen, stattfinden werde. Nein, ich
konnte nicht daran denken, denn ich war nicht vorbereitet. Würde ich dann nicht wenigstens hinkommen,
um ihn in dieser Versammlung reden zu hören? Ja,
gewiß würde ich das mit vielem Vergnügen tun. So
ging ich hin, ohne die geringste Ahnung zu haben von
dem, was mir dort bevorstehen würde. Es war eine
Versammlung im Freien, die von einer großen Menge
von Landleuten besucht wurde. Mr. Harvey forderte
mich auf, einen Platz auf dem Podium, einem sehr
einfachen, aus rauhen Balken und Brettern zusammen-
gefügten Gerüst, einzunehmen, und stellte mich den
städtischen Honoratioren vor. Er sprach mit ungewöhnlicher Beredsamkeit, seine Argumente waren
logisch, klar und kraftvoll, und er endete mit überaus
eindrucksvollen Schlußsätzen. Als der Applaus, der
seiner Rede folgte, sich gelegt hatte, stand der Vorsitzende der Versammlung ganz kaltblütig auf und sagte:
«Ich habe jetzt das große Vergnügen, Ihnen Carl
Schurz von Watertown vorzustellen, der in seinem
Geburtslande für menschliche Freiheit gekämpft hat
und der zu uns gekommen ist, um dasselbe in seinem
Adoptivlande zu tun usw. usw. Er wird seine Mitbürger deutscher Geburt in ihrer Muttersprache anreden.»
Ja, was nun! Ich konnte fühlen, wie ich errötete, aber
was konnte ich tun? Ich stammelte einige einleitende
Worte über die gänzlich unerwartete Ehre und sprudelte dann eine halbe Stunde lang heraus, was mir
zufällig in den Sinn kam, über die Sklavereifrage, über
die Bedeutung der Entscheidung, die getroffen wer-

den sollte, über die Pflicht, die wir als amerikanische Bürger dieser Republik und als Weltbürger der Menschheit schuldig seien. Nach den ersten Sätzen flossen die Worte leicht, und meine Zuhörer schienen befriedigt zu sein. Dieses war meine erste politische Rede in Amerika. Das Eis war gebrochen; Mr. Harvey hatte über meine Zaghaftigkeit triumphiert. Von allen Seiten strömten Einladungen, bei Versammlungen zu reden, auf mich ein, die mich während der ganzen Kampagne in Bewegung hielten. Ich traute es mir noch nicht zu, eine öffentliche englische Rede zu halten, und beschränkte mich daher in dieser Kampagne darauf, nur vor deutschem Publikum in deutscher Sprache zu sprechen. Ich sammelte immerhin sehr wertvolle Erfahrungen, indem ich so von Angesicht zu Angesicht mit vielerlei verschiedenen Menschen zusammenkam; dadurch gewann ich reichliche Gelegenheit, die Denkweise und die Motive zu untersuchen, von denen sie geleitet wurden, und auch die wirksamste Art und Weise, ihren Verstand und ihre Herzen mit Argument und Überredung zu erreichen. Ich kam mit einfachen Farmern in kleinen Dorfschulen oder Gerichtssälen zusammen, mit Männern, die bis dahin mehr oder weniger passiv der gewohnten Parteiführerschaft gefolgt waren und sich nur schwer in eine Veränderung finden konnten, die aber ehrlich und ernstlich danach strebten, das Rechte zu ergründen und dann danach zu handeln. Mit ernster Miene saßen sie vor mir und nicht selten mit fragendem, verwirrtem Ausdruck, wenn ich etwas sagte, woran sie nicht gedacht hatten. Wenn nach dem Schluß der Rede der

Applaus losbrach, stimmten sie manchmal herzhaft,
manchmal mit schüchterner Zurückhaltung, zuweilen
aber gar nicht ein. Ich kam mit gewitzigten Stadtleuten
zusammen, die schon mehr oder weniger politische
Tätigkeit gewohnt waren und die landläufige Sprache
politischer Diskussion kannten, und die schnell die
Hauptpunkte eines Arguments oder die Stichworte
und Schlachtrufe der Partei erfaßten und unverzüglich
mit Applaus oder Zeichen der Mißbilligung darauf
reagierten. Ich traf den eingefleischten Parteigänger
entgegengesetzter Überzeugung, der aus persönli-
chem Interesse oder nur aus hergebrachtem Vorurteil
eigensinnig Ohr und Geist jedem Argument verschloß, das gegen seine Seite zielte, und mit Geschrei,
nicht selten mit einer Art fanatischer Wut alles übel-
nahm und zurückwies, das die Macht oder das Ansehen seiner Partei zu bedrohen schien.

Solche Leute verschrien mich als einen unverschämten jungen Eindringling, der, selbst erst kürzlich einge-
wandert, es wagte, sich in den Kreis ihres Einflusses
einzumischen und den älteren Bürgern beizubringen,
wie sie stimmen sollten. Sie versuchten auf jede Weise,
sogar mit Drohungen, das Publikum von meinen
Versammlungen fernzuhalten. Sie unterbrachen meine
Reden mit Johlen und Pfeifen und anderen störenden
Geräuschen. Zuweilen gingen sie so weit, die Fenster
in den Sälen, wo ich sprach, zu zertrümmern, indem
sie Steine oder andere noch unangenehmere Gegenstände dagegen warfen. So begegnete ich in meiner
ersten Kampagne dem Parteigeist in einer nicht nur
unbilligen, sondern auch in positiv brutaler Gestalt.

Dieses beunruhigte mich nicht wenig. Ich war mir bewußt, niemandem etwas Böses zu wünschen noch selbstische Zwecke zu verfolgen. Die Sache, die ich befürwortete, schien mir so selbstverständlich recht und gerecht zu sein – es war die Sache der Freiheit, der Menschenrechte, der freien Regierung, an der alle Menschen ein gemeinsames und gleiches Interesse haben mußten.

Diese Eindrücke waren es, die mich dazu bestimmten, meine Reden als Argumente für die Sache, nicht aber für eine Partei einzurichten, oder nur insofern für meine Partei, als sie ein Mittel war, meine Sache zu fördern. Ich ermahnte unausgesetzt meine Zuhörer, nicht nur blinde Nachfolger irgendeiner Führerschaft zu sein, einerlei welchen Namens, sondern selbst zu denken, selbst nachzuforschen, was das Beste und Richtigste sei für das Allgemeinwohl; nicht guten Rat abzuweisen, aber ihn aufrichtig zu erwägen und dann mutig das zu tun, was nach ihren gewissenhaft gebildeten Überzeugungen am besten die Sache der Gerechtigkeit und den Interessen des Landes dienen würde.

Ich hatte mir ein bescheidenes, aber recht behagliches Häuschen auf der kleinen Farm erbaut, die ich in der Nähe der Stadt Watertown gekauft hatte. Meine Frau, die liebenswürdigste und anmutigste Wirtin, machte unser Haus zu einer Art geselligen Mittelpunkts für den großen Kreis unserer Verwandten und für eine

Anzahl unterhaltender Menschen, die wir um uns versammelt hatten.

Die Jahre, die ich auf unserer Farm in Watertown, Wisconsin, zubrachte, waren, alles in allem genommen, sehr glückliche. Vielleicht hätten wir, meine Frau und ich, das westliche Leben nicht so geliebt, wären wir nicht jung gewesen. Aber wir *waren* jung – mit Gesundheit und froher Laune gesegnet, wir genossen von Herzen die einfachen Vergnügungen unseres Daseins, wir waren voll froher Hoffnung für die Zukunft und immer dazu aufgelegt, alles von der heiteren oder wenigstens der humoristischen Seite anzusehen, und entschlossen, das zu würdigen, was wir besaßen, statt uns nach dem zu sehnen, was wir nicht hatten. Da wurde auch das Licht und die Wärme unseres Sonnenscheins noch durch das Erscheinen einer zweiten Tochter vermehrt.

So fuhr ich mit meinem juristischen und politischen Studium fort und vertiefte mich in die Geschichte sozialer und ökonomischer Zustände des Landes, mit der Erwartung, in nicht langer Zeit als Jurist meinen Beruf auszuüben und der guten Sache auf dem Felde der Politik zu dienen.

Das Jahr 1858 war eine Periode großer Entwicklungen. Es offenbarte dem amerikanischen Volke die Persönlichkeit von Abraham Lincoln. Das geschah durch Senator Douglas. Douglas rüttelte das Volksgewissen aus seiner zeitweiligen Schläfrigkeit auf, indem er in

seiner «Nebraska-Bill» vorschlug, alle gesetzlichen
Hindernisse wegzuräumen, welche gewisse Territo-
rien vor dem Eindringen der Sklaverei geschützt hat-
ten. Es traf sich, daß gerade um diese Zeit seine
Amtsperiode im Senat abgelaufen war und er für seine
Wiederwahl an das Volk von Illinois appellieren muß-
te. Dort begegnete er einem Racheengel in Gestalt von
Abraham Lincoln.

Wir jauchzten ihm zu, als er Douglas zu einer Reihe
öffentlicher Debatten in verschiedenen Orten von
Illinois vor dem versammelten Volk herausforderte.
Douglas nahm die Herausforderung an, und es war
wirklich das ganze Amerika, das diesen Debatten
lauschte. Dieses Schauspiel erinnerte an die alten Sagen, in denen erzählt wird, wie vor zwei in Schlachtordnung aufgestellten Heeren die wackersten Kämpen
zwischen den Reihen der still zuschauenden Krieger
im Zweikampf den Streit ausfochten.

Eine von meinen Verpflichtungen rief mich an dem
Tage nach Quincy, an welchem dort gerade eine von
den großen Debatten zwischen Lincoln und Douglas
stattfinden sollte, und bei dieser Gelegenheit war es
mir beschieden, Lincoln persönlich kennenzulernen.
Am Vorabend der Debatte war ich in dem Zuge, der
nach Quincy fuhr.

Plötzlich, nachdem der Zug von einer kleinen Station abgefahren war, bemerkte ich unter meinen Mitreisenden eine große Bewegung. Einige von ihnen
sprangen von ihren Sitzen auf und drängten sich eifrig
um einen großen Mann, der soeben in den Waggon
eingestiegen war. Sie riefen ihm auf die vertraulichste

Art zu: «Hallo, Abe! Wie geht es?» Er antwortete auf dieselbe Weise: «Guten Abend, Ben! Wie geht es, Joe? Ich freue mich, dich zu sehen. Dick!» Und man lachte über etwas, das er gesagt und das ich in dem Stimmengewirr nicht verstanden hatte. «Ei, wirklich», rief mein Begleiter, «da ist ja Lincoln selbst!» Er drängte sich durch die Menge und stellte mich Abraham Lincoln vor, den ich bei dieser Gelegenheit zum ersten Male sah.

Ich muß gestehen, daß ich von seiner Erscheinung etwas überrascht war. Da stand er, alle, die ihn umringten, um mehrere Zoll überragend. Obgleich ich selbst etwas über sechs Fuß messe, mußte ich doch, um ihm ins Gesicht zu sehen, meinen Kopf zurückwerfen. Das dunkle Gesicht mit seinen kräftigen Zügen, seinen tiefen Falten und seinen wohlwollenden, melancholischen Augen ist jetzt jedem Amerikaner durch zahllose Bilder vertraut geworden. Man kann sagen, daß die ganze zivilisierte Welt es kennt und liebt. Zu dieser Zeit war es noch bartlos und sah sogar noch hagerer, noch eingefallener und gramvoller aus als später, da es vom Bart umrahmt war.

Er trug auf seinem Kopfe einen etwas zerknitterten Zylinderhut. Sein langer, sehniger Hals ragte aus einem Hemdkragen empor, der über eine schmale, schwarze Halsbinde zurückgeklappt war. Seine hagere, ungeschlachte Gestalt war von einem schwarzen, schon etwas schäbigen Frack bekleidet, mit Ärmeln, die länger hätten sein sollen. Seine schwarzen Beinkleider gestatteten den vollen Anblick seiner großen Füße. Auf seinem linken Arm trug er ein graues Plaid,

welches augenscheinlich bei frostigem Wetter als
Überzieher diente. Seine linke Hand hielt einen baum-
wollenen Regenschirm mit bauschigen Auswüchsen
und auch eine Handtasche, welche die Spuren langen
Gebrauchs zeigte. Seine Rechte hatte er freigehalten
zum Händeschütteln, das nicht aufhörte, bis jeder in
dem Waggon befriedigt zu sein schien. Ich war in
Washington und im Westen Männern im öffentlichen
Leben begegnet, deren Äußeres ungeschliffen war,
doch keinem, dessen Erscheinung ganz so ungeschickt, um nicht zu sagen grotesk war wie Lincolns.
Er begrüßte mich wie einen alten Bekannten, mit einer
zwanglosen Herzlichkeit, da man ihm mitgeteilt hatte,
daß ich an der Kampagne teilnehme, und wir setzten
uns nebeneinander. Mit einer Stimme von hoher Ton-
lage, aber von angenehmer Klangfarbe fing er an, mit
mir zu sprechen, und erzählte mir viel von den Streit-
punkten, die er und Douglas in ihren Debatten bei
verschiedenen Versammlungen erörtert hatten und die
er in Quincy am nächsten Tage zu diskutieren gedenke. Als er mich, den Anfänger in der Politik, dann mit
vollkommener Unbefangenheit fragte, was ich über
dieses und jenes dächte, hätte ich mich durch sein
Vertrauen sehr geehrt fühlen können, wenn mir sein
Wesen erlaubt hätte, ihn als großen Mann zu betrachten. Aber er sprach in so einfacher, vertraulicher Weise,
und sein Auftreten und seine schlichte Ausdrucksweise-
se waren so gänzlich frei von jedem Schein anspruchs-
vollen Selbstbewußtseins, daß mir bald zumute war,
als habe ich ihn mein ganzes Leben gekannt und als
wären wir schon lange gute Freunde gewesen. Er

würzte seine Unterhaltung mit allerhand drolligen
Geschichten, alle mit einer witzigen Pointe, welche
sich auf unseren Gesprächsgegenstand bezog, und
nicht selten wurde das Argument dadurch so abgeschlossen, daß nichts mehr zu sagen übrigblieb. Er
schien seine eigenen Scherze auf kindliche Weise zu
genießen, denn seine gewöhnlich so traurig blickenden
Augen blitzten dann mit einem lustigen Aufleuchten;
er selbst führte das Gelächter an, und sein Lachen war
so echt, herzlich und ansteckend, daß alles darin ein-
stimmen mußte.

Als wir in Quincy ankamen, fanden wir, daß eine
große Anzahl seiner Freunde versammelt war, um ihn
zu erwarten, und es gab wieder viel Händeschütteln
und herzliche Begrüßungen. Dann zwangen sie ihn,
sehr gegen seinen Wunsch, einen Wagen zu besteigen,
denn er wäre lieber zu Fuß nach dem Hause eines alten
Freundes gegangen, wo er sein Abendessen und seine
Nachtruhe finden sollte. Die Nacht war allerdings auf
den Straßen keineswegs ruhig. Das Blasen von Blech-
instrumenten und das Geschrei der enthusiastischen
und nicht immer ganz nüchternen Demokraten und
Republikaner, die beide ihren Bannerträgern mit
Jauchzen und Hurrarufen zujubelten, dauerte bis in die
frühen Morgenstunden hinein.

Am nächsten Morgen fingen die Landleute an, zu
der großen Versammlung in die Stadt hereinzuströ-
men, viele einzeln, zu Fuß oder zu Pferde; manche auch
in kleinen Gesellschaften von Männern und Frauen,
einige sogar mit ihren Kindern in leichten Wagen oder
im schweren Farmgefährt; andere wieder marschierten

in feierlicher Prozession von auswärts liegenden Städtchen oder Bezirken herein, mit Fahnen und Trom-
meln; oft zogen ihnen weißgekleidete Jungfrauen voraus, mit dreifarbigen Schärpen geschmückt; diese sollten die Göttin der Freiheit und die verschiedenen
Staaten der Union darstellen, und ihre Schönheit
wurde von allen pflichtschuldigst bewundert – nicht
zum wenigsten vielleicht von ihnen selbst. Im allgemeinen war der demokratische Aufwand viel prächti-
ger und großartiger als der republikanische, und man
erzählte sich, daß Douglas für solche Dinge viel Geld
zur Verfügung stehe. Er selbst reiste, nach damaligen
Begriffen, im «großen Stil», mit einem Sekretär und
Bedienung und einer zahlreichen Gefolgschaft ziemlich lauter Begleiter, in einem Sonderzug mit eigens für
die Gelegenheit dekorierten Eisenbahnwagen von Ort
zu Ort. Das alles bildete einen starken Gegensatz zu
Lincolns äußerst bescheidener Einfachheit. Das Hurrarufen, Geschrei und Drängen auf den Straßen von
Quincy nahm an dem Tage kein Ende. Aber trotz der
von dem politischen Kampf entfachten Aufregung
blieb die Menge sehr gutmütig, und die gelegentlichen
Spottreden, die von einer Seite zur andern flogen,
erregten durchgehend nur Gelächter. Die große Debatte fand nachmittags auf einem freien Platze statt,
wo ein großes hölzernes Podium für die Veranstalter,
für die Redner und andere bevorzugte Personen errichtet worden war. Mir wurde auch ein Sitz auf dem
Podium angewiesen. Auf dem Platze vor uns hatten
sich Tausende von Menschen versammelt; Republikaner und Demokraten standen friedlich nebeneinander,

dann und wann gutmütige Neckereien miteinander austauschend.

Als die beiden Führer eintrafen, wurden sie von ihren Anhängern mit lautem Jubelgeschrei begrüßt. Der Vorsitzende, auf den sich beide Parteien geeinigt hatten, rief die Versammlung zur Ordnung und kündigte das Programm für die Verhandlungen an. Lincoln sollte mit einer Rede von einer Stunde die Tagesordnung eröffnen, darauf Senator Douglas mit einer Rede von anderthalb Stunden folgen, und Lincoln wiederum mit einer Ansprache von einer halben Stunde die Verhandlungen schließen. Der erste Teil von Lincolns Eröffnungsrede war der Widerlegung einiger Behauptungen gewidmet, die Douglas bei vorhergehenden Versammlungen aufgestellt hatte. Diese Widerlegung mag zur Richtigstellung der streitigen Punkte erforderlich gewesen sein, doch sie machte mir keinen besonderen Eindruck, weder was den Inhalt noch was die Form betraf.

Als Lincoln sich unter dem enthusiastischen Applaus seiner Anhänger gesetzt hatte, fragte ich mich mit einiger Bestürzung: «Was wird Douglas jetzt sagen?» Lincolns Rede war mir sehr klar, logisch, überredend, sogar überzeugend und sympathisch erschienen, doch nicht überwältigend. Douglas, dachte ich, würde vielleicht nicht fähig sein, sie zu widerlegen, doch, mit der schlauen Sophistik, die ihm zu Gebote stand, werde es ihm vielleicht gelingen, die Wirkung zu entkräften durch einen starken Appell an die Vorurteile seiner Zuhörer. Man konnte sich keinen auffallenderen Gegensatz vorstellen als den zwischen diesen beiden Männern, wie sie so nebeneinander auf dem Podium standen. Neben Lincolns großer, hagerer, unschöner Figur stand Douglas fast wie ein Zwerg, sehr klein von Gestalt, aber breit in den Schultern und in der Brust, mit einem massiven Kopf auf einem kräftigen Nacken, wie die Verkörperung der Gewalt, der Streitlust und der Zähigkeit. Auf dieser Bühne in Quincy sah er geschniegelt und wohlgepflegt aus in seinem feinen, gutpassenden schwarzen Anzug und seiner blendenden Wäsche. Sein Gesicht war jedoch ein wenig aufgedunsen, und man erzählte sich, daß er ziemlich scharf mit einigen seiner Kumpane getrunken hätte, auf der Reise oder seit seiner Ankunft. Die tiefe, horizontale Furche zwischen seinen scharfen Augen war außergewöhnlich finster und mürrisch. Während er der Rede Lincolns zuhörte, huschte dann und wann ein verächtliches Lächeln über seine Lippen, und als er sich erhob, der zähe parlamentarische Gladiator, schüttelte er seine Mähne mit einer Gebärde anmaßender Überlegenheit, drohender Herausforderung, als wollte er sagen: «Wie kann einer wagen, sich gegen mich zu erheben?» Als ich ihn so ansah, verabscheute ich ihn gründlich, doch meine Abscheu war nicht frei von sorgenvoller Furcht, was nun kommen werde. Seine Stimme, von Natur ein starker Bariton, hatte einen heiseren, rauhen, zuweilen fast bellenden Klang. Sein Ton war gleich von Anfang an im äußersten Grade gereizt, diktatorisch und unverschämt. In einem seiner ersten Sätze klagte er Lincoln «niedriger Verdächtigungen» an und fuhr dann in derselben Art fort, mit einem zornigen Stirnrunzeln, mit trotzigem Kopfschütteln seine Fäuste zu ballen und mit den Füßen zu stampfen. Keine Sprache schien ihm zu ehrenrührig zu sein, und sogar harmlose Dinge stieß er auf solche Weise hervor, daß sie klangen, als sei eine Beleidigung beabsichtigt. So weckte er gelegentlich statt Applaus von seinen Freunden nur Kundgebungen der Mißbilligung bei der Opposition. Seine Sätze waren jedoch gut gefügt, er brachte seine Pointen mit starkem Nachdruck heraus; seine Beweisführung war scheinbar klar und plausibel; seine Sophismen sehr geschickt eingeflochten, um den Gegenstand in die gewünschte Wolke von Dunkelheit zu hüllen und so den unbefangenen Sinn zu bestricken. Er appellierte auf gewissenlose, unverantwortliche, doch schlau gezielte Weise an die schlimmsten Vorurteile, und seine schmähende Art des Angriffs wirkte besonders aufreizend auf die beleidigte Partei. Im ganzen waren seine Freunde sehr zufrieden mit seiner Leistung und belohnten ihn mit geräuschvollen Hochrufen.

Dann kam aber Lincolns Schlußrede von einer halben Stunde, welche die ganze Stimmung zu verändern schien. Er beantwortete Douglas' Argumente und Angriffe mit so raschen, so geschickten und durchdringenden Hieben, mit so humoristischen, so schlagfertigen Entgegnungen und mit so witzigen Bildern, und er bewahrte dabei so ganz seine gute Laune, daß sich die Versammlung immer wieder zu Ausbrüchen ihrer Freude hinreißen ließ und sogar die Gegner mitgezogen wurden, während das Grollen auf Douglas' Gesicht finsterer und finsterer wurde.

Damals hatte Abraham Lincoln sich allerdings noch

nicht zu der wunderbaren Höhe der Empfindung
aufgeschwungen, er hatte noch nicht die großartige
Schönheit des Ausdrucks erreicht, welche die ganze
Welt einige Jahre später in seiner Gettysburg-Rede und
in noch höherem Maße in seiner zweiten Inaugura-
tionsrede zur Bewunderung hinriß. Es leuchtete jedoch in seinen Debatten mit Douglas, die in ihrer Form
wenigstens zum großen Teil aus dem Stegreif gehalten
wurden, gelegentlich ein Blitz derselben erhabenen
moralischen Eingebung hervor, und alles, was er sagte,
kam mit der sympathischen Überredungskraft einer
so durch und durch ehrlichen Natur zum Ausdruck,
daß dem Zuhörer oft zumute war, als wenn der Redner
ihm gerade ins Auge blicke und zu ihm sage: «Mein
Freund, was ich dir sage, ist meine ernsthafte Überzeugung, und ich habe keinen Zweifel, daß du im Grunde
des Herzens ebenso denkst wie ich.»

Jeder von diesen Männern war ein echtes Kind des
Volkes. Jeder hatte sich seine ungewöhnlich hohe
Stellung errungen, weil er sie auf seine Art, durch seine
eigene Anstrengung verdiente. Und nun kämpften die
beiden um die Herrschaft, indem sie die Intelligenz
und den Patriotismus des Volkes anriefen. Der eine vor
allem mit den Künsten des Demagogen, wodurch er
versuchte, den Verstand des Volkes zu umnebeln, da er
ihn nicht zu seinem Vorteil ehrlich aufklären konnte;
der andere hingegen durch offenes Aussprechen der
Wahrheit und ernsthafte Gewissensfragen, aber beide,
indem sie sich an den Volksgeist wandten, dessen Urteil, gesetzlich ausgedrückt, von beiden als die einzig
rechtmäßige Quelle der Macht anerkannt wurde.

Am 18. April 1859 wurde mir zu Ehren von einigen der Teilnehmer eines stattgefundenen politischen Banketts ein öffentlicher Empfang in Faneuil Hall, Boston, veranstaltet. Senator Wilson präsidierte. Der altertümliche Saal war von einem typischen Bostoner Publikum angefüllt. Allem Anschein nach war meine Rede von guter Wirkung. Ich sprach mit großem Feuer und betonte hauptsächlich den Gedanken, der während meiner ganzen öffentlichen Laufbahn in Amerika mein Leitmotiv gewesen ist: die wichtige Stellung, die diese Republik in dem Fortschritt der Menschheit zu demokratischen Regierungsformen einnimmt und die daraus erwachsende große Verantwortung des amerikanischen Volkes der ganzen zivilisierten Welt gegenüber. Es mag unwahrscheinlich und fast lächerlich anmaßend klingen, daß fremdgeborene amerikanische Bürger feuriger, aufrichtiger in ihrem amerikanischen Patriotismus sein können, als viele Eingeborene es sind, und doch haben meine Erfahrungen mir das bestätigt. Es ist sogar ganz natürlich bei solchen Ausländern der Fall, die, ehe sie nach Amerika kamen, sich bereits in der alten Welt an den Kämpfen für freie Regierung beteiligten oder wenigstens ein tiefgehendes Interesse an solchen Fragen genommen hatten. Sie waren Zeugen der schrecklichen Kämpfe gewesen, die es kostete, die Hindernisse in Gestalt althergebrachter Satzungen, Gebräuche, traditioneller Vorurteile oder Gedanken- und Gefühlsrichtungen zu überwinden. In diesem neuen Lande sehen sie nun ein freies Feld für die ungehinderte Entwicklung wirklich demokratischer Einrichtungen, für die Entwicklung alles Guten und

Großen, und sie sind von der glühenden Hoffnung
beseelt, daß hier der große Beweis für die Befähigung
des Menschen zur Selbstregierung geliefert werde, ein
Beweis, der die ganze nach Freiheit und Glück streben-
de Menschheit ermutigen und inspirieren soll. Solche
fremdgeborene Amerikaner wachen mit einer besonders ängstlichen Sorge über jedem Ereignis, das die
Geschicke und den Charakter der Republik beeinflus-
sen könnte, mit triumphierendem Jubel für jeden
Erfolg unserer demokratischen Institutionen und mit
tiefstem Schmerz für jedes Mißlingen; denn immer ist
ihnen die Stellung dieses Landes vor der Welt gegenwärtig. In meiner Rede in Faneuil Hall über den
«wahren Amerikanismus» ließ ich meinem überströ-
menden amerikanischen Enthusiasmus die Zügel
schießen. Wieder fühle ich, während ich diese Erinnerungen schreibe und den Bericht der Worte überlese,
die ich damals sprach, was mich zu jener Zeit so tief
bewegte. Man wird mir also hoffentlich verzeihen,
wenn ich hier einige der Sätze zitiere, in welchen ich
die Grundidee aussprach. Sie sind vielleicht in eine
etwas blumenreiche Sprache gekleidet – aber ich war
damals noch jung und noch nicht genügend ernüch-
tert, um immer der Verlockung widerstehen zu können, wenn sich poetische Bilder in die Behandlung
ernster Fragen einschleichen wollten. Ich fing folgendermaßen an:

«Vor einigen Tagen stand ich auf der Kuppel Ihres
Rathauses und überblickte zum erstenmal Ihre ehr-
würdige Stadt und das sie umgebende Land. Da
begannen die Straßen, die Hügel, die Gewässer um

mich her sich mit historischen Erinnerungen zu bele-
ben – Erinnerungen, die der ganzen Menschheit teuer
sind –, und ein stolzes Gefühl regte sich in meinem
Herzen, als ich mir sagte, auch ich bin ein amerikanischer Bürger! Dort lag Bunker Hill, dort Charlestown,
Lexington und der Dorchester Hügel nicht weit davon
– dort der Hafen, in welchen der britische Tee versenkt
wurde, dort der Platz, wo der alte Freiheitsbaum stand;
dort John Hancocks Haus, dort Benjamin Franklins
Geburtsort, und nun stehe ich in diesem ehrwürdigen
Saale, dessen Wände so oft von den edelsten Worten
widerhallten, die je ein amerikanisches Herz begeisterten, und ich erschrecke fast davor, das Echo meiner
eigenen schwachen Stimme zu hören. Jeder Mann, der
die Freiheit liebt, wo er auch zuerst das Licht der Welt
erblickt haben mag, muß an diesem geweihten Ort
dem Amerikanismus seinen Tribut weihen. Und hier,
wo so viele glorreiche Erinnerungen auf mein Herz
einstürmen, werde ich den meinen darbieten. Sie
staunen, daß ich, in einem fremden Lande geboren,
dem Amerikanismus meine Achtung zollen will? Ja,
denn für mich schließt das Wort Amerikanismus, der
wahre Amerikanismus, die edelsten Begriffe ein, die je
ein menschliches Herz mit edlem Stolz erfüllten.»
   Ich beschrieb dann, wie sich, aus den ersten unreifen
und unbestimmten Eindrücken, meine ideale Auffassung der amerikanischen Republik als Hoffnung und
Führerin der freiheitsliebenden Menschheit entwickelt
habe; wie alle Völker, die nach Freiheit strebten und in
diesem Kampf von alten ererbten Satzungen und
Auffassungen gehindert wären, sehnsüchtig nach die-

sem Lande blickten, um hier ihr Ideal verwirklicht zu
sehen; wie es scheine, als sei diese neue Welt durch die
Evolution der Geschichte für die Verwirklichung dieses Ideals wunderbar geeignet und auserwählt; wie
durch das Zusammenströmen und Verschmelzen der
kräftigsten Elemente aller zivilisierten Völker eine
neue, jugendfrische Nation geschaffen werde; wie
diese neue Nation ihre rechtmäßige selbständige Existenz behaupte und erhalte auf dem Grundprinzip der
Unabhängigkeitserklärung, daß alle Menschen gleich
und mit gewissen unveräußerlichen Rechten ausgestattet seinen, nämlich: Leben, Freiheit und Streben
nach Glück; wie dieses Grundprinzip die große histori-
sche Mission der amerikanischen Republik umfasse,
auf welche die höchsten Hoffnungen der Menschheit
gerichtet und für welche wir der Welt verantwortlich
seien. Ich fuhr folgendermaßen fort:

«Dieses Grundprinzip enthält das Programm unserer politischen Existenz. Es ist das fortschrittlichste,
weil es sogar die geringsten Mitglieder der menschlichen Familie aus ihrer Erniedrigung emporhebt und
sie mit dem belebenden Bewußtsein gleichberechti-
gender, menschlicher Würde erfüllt; es ist das konser-
vativste, weil es die persönlichen individuellen Rechte
zur gemeinsamen Sache macht. Der Gleichheit der
Rechte entspringt die Gleichheit unserer höchsten
Interessen; man kann nicht die Rechte seines Nachbarn
verletzen, ohne gegen die eigenen einen gefährlichen
Streich zu führen. Und wenn die Rechte des einen
nicht verkürzt werden können, ohne daß alle anderen
sie bereitwilligst verteidigen – denn sie schützen ihre

eigenen Rechte, indem sie für die seinen einstehen –, dann und nur dann sind die Rechte aller sicher vor willkürlichen Eingriffen der Regierungsgewalt. Diese allgemeine Gleichheit der Interessen ist das einzige, das die Beständigkeit demokratischer Institutionen sichern kann. Gleichheit der Rechte, in allgemeiner Selbstregierung verkörpert, ist das große moralische Element wahrer Demokratie; sie ist das einzige zuverlässige Sicherheitsventil in der Maschinerie der modernen Gesellschaft. Darin besteht die unerschütterlichste Grundlage unseres Regierungssystems; das ist unsere Mission, das ist unsere Größe; hierin liegt unsere Sicherheit; hierin und sonst nirgends! Das ist der wahre Amerikanismus, und ihm zolle ich den Tribut meiner Hingebung!»

Ich legte sodann klar, welche unausbleiblichen Folgen ein Abweichen von diesem Prinzip in einer demokratischen Republik haben mußte, indem ich gleichzeitig die lokalen und zeitweiligen Unbequemlichkeiten und Schwierigkeiten zugab, die aus einer allgemeinen Anwendung desselben erwachsen könnten. Ich führte einige davon an und sagte weiter:

«Es ist ein alter Kniff der Vertreter des Despotismus, daß sie behaupten, die Leute, die nicht in der Selbstregierung erfahren sind, seien auch nicht zur Ausübung der Selbstregierung fähig und müßten erst unter der Herrschaft einer überlegenen Autorität dazu erzogen werden. Die Vertreter des Despotismus werden ihnen jedoch nie die Gelegenheit bieten, diese Erfahrung in der Selbstregierung zu erlangen, aus Furcht, daß sie plötzlich zu der selbständigen Ausübung fähig sein möchten. Dieser trügerischen Sophistik stellten die Väter dieser Republik die edle Lehre entgegen, daß die Freiheit die beste Schule für die Freiheit sei und daß die Selbstregierung nur gelernt werden könne, indem sie ausgeübt werde. Das ist der wahre Amerikanismus, und ihm zolle ich den Tribut meiner Hingebung!

Sie werden entgegnen, daß es Menschen gibt, die ihre eigenen Interessen nicht verstehen! Aber nichts wird einem Manne im Laufe der Zeit mehr dazu verhelfen, seine eigenen Interessen zu verstehen, als die selbständige Verwaltung seiner eigenen Geschäfte auf eigene Verantwortung. Sie entgegnen, daß die Menschen unwissend sind! Es gibt keinen besseren Lehrmeister auf der Welt als die selbständig ausgeübte Selbstregierung. Sie entgegnen, daß die Menschen keine richtigen Begriffe haben von ihren Pflichten als Bürger! Aus keiner anderen Quelle können sie so gut eine richtige Auffassung ihrer Pflichten gewinnen als durch den Genuß der Rechte, denen diese Pflichten entspringen.»

Ich schilderte dann die Widersprüche und Gefahren, die eine willkürliche Einschränkung des Stimmrechts für das Verhalten politischer Parteien mit sich bringe, indem ich schloß:

«Noch eine andere Gefahr für die Sicherheit unserer Institutionen und vielleicht die bedenklichste entspringt aus dem allgemeinen Hang politischer Parteien und vieler ihrer Anhänger, nach einer bloßen Zweckmäßigkeitspolitik zu handeln und dem lokalen und augenblicklichen Erfolge das Prinzip zu opfern. Und hier lassen Sie mich feierlichst das Gewissen derjenigen anrufen, mit denen ich stolz bin, Schulter an Schulter gegen menschliche Knechtschaft zu kämpfen.

Sie hassen das Königstum, und Sie würden Ihr Leben und Eigentum opfern, um den Boden dieser Republik vor ihm zu bewahren. Lassen Sie mich Ihnen sagen, daß die Herrschaft politischer Parteien, welche ihre Prinzipien dem augenblicklichen Vorteil opfern, in ihrer Art nicht weniger gefährlich, nicht weniger unheilvoll, nicht weniger despotisch ist als die Regierung von Monarchen. Geben Sie sich nicht der Illusion hin, daß, um eine Regierung frei und liberal zu machen, es nur des Stimmrechts bedarf. Wenn einmal eine machthabende politische Partei, mögen ihre Prinzipien noch so liberal sein, die Politik befolgt, ihre Gegner niederzuwerfen, anstatt sie niederzustimmen, dann nehmen Gerechtigkeit und Gleichberechtigung ein Ende. Die Weltgeschichte weist kein Beispiel willkürlicheren Despotismus auf als denjenigen, den die Partei ausübte, welche die Nationalversammlung Frankreichs in den blutigsten Tagen der Französischen Revolution regierte. Ich will hier nicht erörtern, was in jenen Zeiten fürchterlicher Krisis hätte getan werden können und was nicht; ich will nur sagen, daß man versuchte, die Freiheit mittels des Despotismus zu begründen, und daß das revolutionäre Frankreich in seinem Riesenkampf gegen die verbündeten Monarchen Europas den Sieg gewann, aber die Freiheit verlor!» Mit einem Appell an den Stolz von Massachusetts beschloß ich die Rede.

Meine Ansprache wurde von dem Publikum mit warmem Beifall aufgenommen, und mir wurden end-

lose Lobeserhebungen zuteil. Es soll auch ein gedruck-
ter Bericht meiner Rede im Innern des Staats weite
Verbreitung gefunden und große Wirkung gehabt
haben.

Das war meine Einführung in Boston. Sie war für
mich sehr günstig. Ich genoß nicht nur aufs höchste die
Herzlichkeit, die mir überall, wohin ich mich auch
wandte, entgegengebracht wurde, sondern die ganze
Atmosphäre der Stadt und die allgemeine Physiogno-
mie der Bevölkerung waren mir äußerst sympathisch.
Ich glaubte in den Gesichtern aller Vorübergehenden
in den Straßen das Licht der Intelligenz zu entdecken.
Jeder Milchmann auf seinem Wagen, jeder Bürger, der
mit seinem Werkzeug unter dem Arm zur Arbeit eilte,
machte mir den Eindruck, als müsse er ein verkappter
Graduierter der Harvard-Universität sein.

Man muß mir verzeihen, wenn ich es mir vergönne,
das Bild einer politischen Kampagne der damaligen
Zeit im «fernen Westen» mit all ihren humoristischen
Seiten zu schildern.

Ich sollte an einem Ort sprechen, der von dem
Komiteemitglied, welches mir meine Anweisungen
gab, die «Stadt Lexington», der Mittelpunkt eines
großen Farmbezirks, genannt wurde. Auf der Karte
war der Ort mit einem großen runden Punkt bezeichnet. Ein leichter Wagen und als Kutscher ein junger
Mann, der den «Weg kannte», wurden mir zur Verfügung gestellt. Ich mußte etwa um Sonnenaufgang

aufbrechen, um mein Ziel zeitig für die Nachmittags-
versammlung zu erreichen. Dort sollte ich Herrn
Galusha Grow, den bekannten Abgeordneten von
Pennsylvania treffen. Das war alles, was mir das
Komiteemitglied sagen konnte. Es war ein herrlicher
Sonnenaufgang, und ich fand mich bald auf der offenen Prärie, über die der frische kräftigende Morgen-
wind hinwegfegte. Die Zwischenräume zwischen den
Farmen wurden größer und größer und menschliche
Wohnstätten immer seltener. Jetzt sah ich eine Anzahl
Indianerkinder (Papooses) auf der Holzumzäunung
einer einsamen Ansiedlung sitzen und nicht weit da-
von einen Indianerwigwam. Vor mir erstreckte sich
die unermeßliche Ebene, scheinbar ohne Grenzen und
ohne eine Spur menschlichen Lebens. Hier und da zog
sich ein schmaler Streifen Gehölz am Rande eines
Gewässers hin; die Straße war eine bloße Räderspur.
Es war ein Vergnügen zu atmen, und ich genoß von
Herzen die nervenstärkende Frische dieser westlichen
Luft. Nachdem wir etwa zwei bis drei Stunden gefahren waren, fiel es mir ein, meinen Gefährten zu fragen,
ob er je schon in der «Stadt Lexington» gewesen sei
und wann wir wohl unser Ziel erreichen könnten. Ich
war erstaunt zu erfahren, daß er die «Stadt Lexington»
so wenig kannte wie ich. Ihm war einfach gesagt
worden, daß er «diesen Weg» in einer westlichen
Richtung verfolgen sollte und daß wir dann im Laufe
der Zeit hinkommen würden.

Plötzlich erschien von der entgegengesetzten Richtung kommend ein kleines Gefährt. Zwei Männer
saßen darin, und der eine rief mich an: «Hallo, Fremd-

ling! Bitte halten Sie einen Augenblick!» Wir hielten.
Ein großer Herr sprang aus dem Wagen und begrüßte
mich mit den Worten: «Ich möchte wissen, ob Sie
nicht Carl Schurz sind?» – «Ja, das ist mein Name.» –
«Ich bin Frank Blair von St. Louis, Missouri», sagte er.
Sein Name war mir wohlbekannt als der eines der
unerschrockensten Antisklavereimänner. «Ein Komiteemitglied hat mir gestern erzählt», sagte er, «daß
Sie in dieser Gegend seien, und als ich Sie in dem
Buggy (leichter zweisitziger Wagen) sah, habe ich Sie
glücklich erraten. Sehr froh, Sie kennenzulernen. Lassen Sie sich hier auf dem Grase mit mir nieder, wir
wollen zusammen etwas frühstücken. Ich habe eine
Flasche Rotwein und belegte Butterbrote bei mir,
genug für uns beide.» So setzten wir uns hin, und auf
diese Weise machte ich die Bekanntschaft des berühmten Frank Blair, der später, nach Ausbruch des Bürgerkrieges, eine so glänzende Rolle in der Bewegung
spielte, welche Missouri für die Union rettete. Ehe wir
uns trennten, erkundigte ich mich bei Mr. Blairs
Kutscher, ob er wisse, wo die «Stadt Lexington» läge.
Er hatte nur davon gehört, und er glaubte, daß wir
darauf stoßen müßten, wenn wir «diesen Weg» in
westlicher Richtung verfolgten. So rollte denn unser
Wagen einige Stunden länger über «diesen Weg» dahin, bis wir an ein kleines Gehölz in einer Talsenkung
kamen und uns plötzlich vor einer Gruppe von Block-
häusern befanden, von denen das größte ein Wirtshaus
zu sein schien. Neben der Tür lag ein Mann halb
ausgestreckt auf einer Holzbank, an einem Stock
schnitzend. Ich fragte ihn, ob wir auf dem rechten Weg

nach der «Stadt Lexington» seien und wie groß die
Entfernung wohl wäre. «Nun», sagte er mit sehr
verächtlichem Ausdruck, «dieses ist die Stadt Lexington. Seid Ihr einer von den Männern, die heute nachmittag hier etwas vortragen wollen?» Ich gestand zu,
daß ich einer der Betreffenden sei, und in demselben
Augenblick fuhr noch ein anderes Gefährt vor, aus
welchem ein Reisender ausstieg, in dem ich nach
einem Bilde, das ich gesehen hatte, Herrn Galusha
Grow von Pennsylvania, den zukünftigen Vorsitzenden des Bundesrepräsentantenhauses wiedererkannte.
Ich fand in ihm einen äußerst jovialen Herrn im besten
Mannesalter, der geneigt war, alles von der heiteren
und humoristischen Seite zu betrachten. Seine Irrfahrt
nach der «Stadt Lexington» war nicht weniger mühe-
voll gewesen als die meine, und wir lachten herzlich
über unsere Entdeckungsreise.

Die «Stadt» bestand aus einem Wirtshaus, einem
kleinen Dorfladen, einer Schmiede, einem Schulhause
und vielleicht ein oder zwei Hütten, alle im Blockhaus-
stil aufgeführt. Der Wirt, jener Mann, den ich auf der
Bank gefunden hatte, versicherte uns, daß schon viele
Häusergevierte mit Bauplätzen ausgelegt seien, die
man billig kaufen könnte, und daß dies ganz gewiß ein
großes Geschäftszentrum werden müßte. Wir baten
um ein Zimmer, wo wir uns ein wenig erfrischen
könnten. Er deutete auf die Pumpe und gab uns ein
mäßig reines Handtuch. Was das Essen betraf, so sagte
der Wirt, daß er augenblicklich ein wenig knapp an
Vorräten sei, er wolle uns aber das Beste geben, was er
habe. «Das Beste» bestand aus etwas ranzigem gesalze-

nem Schweinefleisch, gekochten Zwiebeln, sehr saurem Brot und einer grünen Flüssigkeit von unbeschreiblichem Geschmack, Kaffee genannt. Es kam ein Mitglied des Bezirkskomitees zu uns und erklärte entschuldigend, daß die Versammlung bei der ziemlich spärlichen Bevölkerung des Bezirks nicht sehr groß sein würde, aber, da die Bodenbeschaffenheit von besonderer Güte sei, erwarteten sie demnächst einen großen Zuwachs. Bald darauf kamen mehrere Farmwagen angefahren mit Männern, Frauen und Kindern, auch einige junge Bürger zu Pferde. Sehr schnell hatte sich das Schulzimmer gefüllt, die Männer standen meistens in dem freien Raum, und die Frauen, viele von ihnen mit kleinen Kindern auf dem Schoß, saßen auf den Bänken. Mr. Grow und ich betrachteten uns die Situation mit großer Belustigung. Nichtsdestoweniger beschlossen wir, unsere allerbesten Reden zu halten, gerade als ob wir Tausende vor uns sähen, und der Gelegenheit zu Ehren noch einige besonders schwungvolle Redewendungen anzubringen. Und das taten wir denn auch. Wir erörterten die Sklavereifrage mit allem möglichen Ernst und Feuer. Allmählich wurde unser Publikum ganz begeistert. Die Männer stampften und schrien, einige von den Jungen pfiffen, und die Babys heulten. Als die Versammlung sich vertagt hatte, erfolgte viel kräftiges Händeschütteln, und es bedurfte nicht geringer Kriegslist, die vielen dringenden Einladungen, im Wirtshaus «einen zu trinken», zu vermeiden und dabei doch nicht Anstoß zu erregen. Endlich fuhren die ehrlichen Farmer mit ihren Frauen und Kindern wieder von dannen, und die

«Stadt Lexington» versank in ihr früheres Schweigen.

Da wir vom Komitee angewiesen waren, dort zu übernachten, um uns von unserer Reiseanstrengung auszuruhen, dachten Mr. Grow und ich schon mit Grauen an das uns bevorstehende Abendessen. Wir fragten den Wirt, ob wir nicht einige gekochte Eier haben könnten. Es gab keine Eier im Hause; man hielt auch keine Hühner. Oder vielleicht Kartoffeln? Auch die gab es nicht. Dann hatten wir eine brillante Idee. In der Nähe des Wirtshauses hatten wir einen hübschen kleinen See bemerkt. Dürften wir nicht einige Fische fangen? Der Wirt meinte, das dürften wir wohl. Er hatte ein Boot, ein sogenanntes Dugout (ausgehöhlter Baumstamm) und Angeln, die allerdings nicht mehr sehr gut, aber doch brauchbar waren. Wir waren sogleich zu dem Versuch bereit, und das Glück war uns hold. In einer halben Stunde hatten wir fast einen Eimer voll Kaulköpfe gefangen. Triumphierend überreichten wir sie dem Wirt mit dem Ersuchen, unseren Fang zum Abendessen zubereiten zu lassen. Aber, o weh! das war unausführbar. Man sagte uns, das Abendessen stehe schon auf dem Tisch, und es sei niemand da, der uns ein anderes kochen könne. Der Wirt versprach aber feierlichst, daß wir die Fische am nächsten Morgen zum Frühstück haben sollten. Was blieb uns übrig, als uns in unser Schicksal zu fügen. Auf dem Eßtisch fanden wir ranziges Schweinefleisch, gekochte Zwiebeln, saures Brot und eine grünliche Flüssigkeit, diesmal Tee genannt. Die Aussicht auf eine herrliche Fischmahlzeit am nächsten Morgen tröstete uns aber und gab uns neuen Mut.

Es kam die Schlafenszeit. Das Schlafgemach für Gäste befand sich auf dem Bodenraum unter dem Dach, wohin wir über eine knarrende leiterartige Treppe kletterten. Im Zimmer standen fünf oder sechs Betten, die alle bis auf eines schon besetzt waren. Dieses eine bestimmte der Wirt für Mr. Grow und mich. Unsere Umgebung war keineswegs einladend, aber wir fügten uns lachend in das Unabänderliche, löschten unser Talglicht und schliefen den Schlaf der Gerechten. Bei Tagesanbruch verließen unsere sechs bis sieben Stubenkameraden stillschweigend ihre Betten und gingen hinunter. Sie waren wahrscheinlich Einwohner der «Stadt» oder der Umgegend, die im Wirtshaus logierten. Als die anderen fortgegangen waren, standen wir auch auf und, da sich kein Waschgerät in unserem Schlafzimmer befand, mußten wir an der Pumpe im Hofraum Toilette machen, wo wir nur ein Handtuch fanden, welches, da schon eine Anzahl unserer Vorgänger es benutzt hatte, einen wenig einladenden Anblick bot. Wir trockneten daher Gesicht und Hände mit unseren Taschentüchern und mußten uns damit zufriedengeben. Und nun zu unserm lukullischen Fischfrühstück! Aber ach! der Fisch war in ranzigem Schweinefett gebraten und reichlich mit gekochten Zwiebeln garniert; außerdem gab es nichts als saures Brot und eine grüne Flüssigkeit, die diesesmal wieder Kaffee genannt wurde. Das war ein harter Schlag, für den wir uns nur mit der Hoffnung auf besseres Glück an einem anderen Ort trösten konnten. Wir beschleunigten unsere Abfahrt mit fieberhafter Hast. Mr. Grow und ich mußten zusammen nach unserem nächsten Bestimmungsort reisen, dessen Namen ich vergessen habe. Da unsere Kutscher den Weg nicht kannten, zeigte uns der Wirt eine Wagenspur, die wir verfolgen sollten, bis wir die Scheune des «alten Evans» erreichten, und wenn wir dann rechts einbögen, würden wir sicher hinkommen.

Meine Heimkehr von Minnesota war nicht weniger charakteristisch für jenes westliche Leben, als es die Kampagne gewesen war. Ich nahm auf einem Mississippidampfer Passage bis nach La Crosse hinunter. Der Dampfschiffsverkehr auf den westlichen Flüssen, welcher später der Konkurrenz der Eisenbahnen weichen mußte, war damals noch in voller Blüte. Die meisten der Passagierboote waren sehr groß und in einem Stil eingerichtet, der damals für ungeheuer prächtig galt. Auf vielen der Schiffe wurde Frühstück, Mittag- und Abendessen serviert, die dem unverwöhnten Geschmack ausgezeichnet gut erschienen, und es herrschte gewöhnlich ein Ton heiterer Lebendigkeit unter den Passagieren. Auf dem Fluß südlich von St. Louis und auf dem Missouri gehörten das Klappern der Pokermarken und gelegentlich der Knall einer Pistole zu den regelmäßigen Unterhaltungen. Auf dem oberen Mississippi waren solche Dinge nicht so gebräuchlich, und die Passagiere ergingen sich in harmloseren Vergnügungen, obgleich man zugeben muß, daß manchmal stark gewettet wurde. Ich haben den Namen des schönen Schiffes, auf welchem ich reiste, vergessen, aber ich will es die «Möve» nennen. Es traf sich, daß ein zweites Schiff, anderen Eigentümern gehörend, aber von ungefähr derselben Größe wie die «Möve», zur selben Zeit seine Reise stromabwärts antrat. Wir wollen dieses Schiff die «Seewelle» nennen. Meine Abreise fiel auf einen jener sonnigen hellen Herbstmorgen, welche im Nordwesten besonders schön sind, mit einer Luft so wunderbar kräftig, daß sie das Herz mit einem Gefühl jauchzenden Wohlseins erfüllt. Es war meine erste Reise auf einem der großen Flußdampfer, und ich genoß sie über die Maßen.

Als wir an den majestätischen Felsenabhängen des Pepinsees vorüberfuhren, schien die «Seewelle» unsere «Möve» einzuholen, und sogleich gaben sich meine Mitreisenden dem unwiderstehlichen Gefühl hin, daß das nicht sein dürfe. Zuerst schien sich dieses Gefühl auf die Männer zu beschränken, bald jedoch fingen auch die Frauen an, ein Interesse an der Sache zu zeigen, das immer lebhafter wurde. Sie scharten sich um den Kapitän, einen gedrungenen breitschultrigen, etwas mürrisch aussehenden Mann, der mit einer gleichgültigen Miene auf dem oberen Verdeck auf und ab schritt. Würde er es erlauben, daß die «Seewelle» uns vorauskäme, fragte man ihn. «Würden Sie gerne in die Luft gesprengt werden?» fragte er als Erwiderung. «Nein», war die Antwort, «das möchten wir allerdings nicht, aber wir wollen auch nicht, daß die ‹Seewelle› uns vorauskommt.» Der Kapitän sah mit einem grimmigen Lächeln auf, sagte nichts und ging von dannen.

Nach einer Weile wurde das Stampfen der Maschine immer lauter, das rauhe heisere Fauchen der Schornsteine immer heftiger und fieberhafter, die Rauchwolken, die aus ihnen aufstiegen, immer schwärzer und dichter und das Zittern des großen Schiffes, wie es

durch das Wasser rauschte, immer gewaltiger. Zur
selben Zeit bemerkten wir, daß die «Seewelle», welche
jetzt fast Seite an Seite mit uns lief, dieselben Zeichen
außergewöhnlicher Anstrengung sehen ließ. Sie schien
uns sogar in ihren Vorbereitungen für die Wettfahrt
vorausgekommen zu sein. Ein Freudengeschrei stieg
von ihrem Verdeck auf, denn augenscheinlich dachten
die Passagiere der «Seewelle», daß sie uns bald hinter
sich lassen würden. Unsere Passagiere riefen heraus-
fordernd zurück, und die «Möve» machte eine neue
Anstrengung.

So waren wir denn mitten in einer Mississippi-
Dampferwettfahrt, und ich wußte vom Hörensagen,
daß solche Wettfahrten manchmal nicht vom schnellsten Schiff gewonnen wurden, sondern von demjenigen, dessen Dampfkessel am längsten Widerstand
leisteten, ehe sie barsten. Ich hatte oft die Geschichte
von der alten Dame gehört, die, bevor sie ihre Passage
auf einem Mississippidampfer belegte, dem Kapitän
das feierliche Versprechen abverlangte, daß er sich auf
keine Wettfahrt einlassen würde, und die, als ein
anderes Dampfschiff vorauszukommen versuchte,
den Kapitän bat, das doch nicht zu erlauben. Als er ihr
dann sagte, daß er nicht genug Brennmaterial habe,
um schneller zu fahren, teilte sie ihm mit, es seien
mehrere Fässer Schweinefleisch an Bord, die ihr gehörten, und fragte, ob er die nicht aufs Feuer werfen
wolle, um mehr Dampf zu machen. Ich muß gestehen,
daß ich, als ich sah, wie die ‹Seewelle» sich anstrengte,
an uns vorbeizufahren, die psychologische Wahrheit
dieser Anekdote würdiger lernte. Ich sehe unseren

Kapitän jetzt noch vor mir, wie er auf dem oberen
Verdeck stand, mit seinem linken Fuß auf der niedri-
gen Reling, den Ellbogen auf das Knie gestützt, das
Kinn auf die Faust, seine Backe voll Tabak, den er mit
Nervosität kaute, und sein blitzendes Auge auf einen
Punkt weit vor sich gerichtet. Von Zeit zu Zeit drehte
er seinen Kopf und rief ein heiseres Kommandowort
nach dem Steuerhaus hinauf. Die Passagiere, Männer
und Frauen, die sich um ihn drängten, waren außer
sich vor Aufregung und machten sich in allerhand
Ausrufen Luft; leider muß ich sagen, daß einige davon
ziemlich lästerlich waren. Plötzlich blickte der Kapitän
auf, und indem er lächelte, soweit es ihm der Tabak in
seinem Mund erlaubte, murmelte er: «Jetzt habe ich
sie, die verdammte ‹Seewelle›!» Dann bemerkten wir,
daß die «Seewelle» plötzlich die Fahrt verlangsamte
und zurückblieb und unsere «Möve» vorwärts schoß,
weit voraus. Unsere Passagiere schickten ein lautes
Triumphgeschrei gen Himmel und konnten sich nicht
fassen vor Jubel. Es stellte sich heraus, daß hier das
Flußbett bedeutend schmäler geworden war, so daß
zwei Schiffe nicht mehr nebeneinanderfahren konnten. Gleichzeitig machte der Strom eine scharfe Biegung, und unserem Schiff, das in der inneren Krüm-
mung fuhr, gelang es, sich in das schmale Bett hinein-
zudrängen, ehe die «Seewelle» es erreichen konnte; so
war denn unsere Rivalin gezwungen zurückzubleiben,
wenn sie nicht in uns hinein oder auf den Grund fahren
wollte.

Dieses erfolgreiche Manöver beruhigte aber unsere
sorgenvollen Gemüter nicht ganz. Nach einer Weile

mußten wir, da unser Heizungsmaterial zur Neige
ging, in der Nähe eines ungeheuren Haufens Brennholz anlegen, um einen neuen Vorrat aufzuladen. Die
Passagiere waren bestürzt. «Es schadet nichts», sagte
der Kapitän, «die ‹Seewelle› muß auch Holz aufladen.»
Kaum hatte die «Möve» neben dem Holzhaufen angelegt, als schon eine Menge meiner Reisegefährten an
Land sprangen, um den Deckarbeitern beim Aufladen
des Holzes zu helfen und so die Verzögerung abzukür-
zen. Jeder arbeitete mit größtem Eifer. Während das
vor sich ging, dampfte die «Seewelle» majestätisch an
uns vorbei, und die Luft erzitterte von Jubelgeschrei.
Als wir wieder aufbrachen, sahen wir sie schon in einer
erschreckenden Entfernung vor uns. Aber unser Kapitän hatte recht. Sehr bald sahen wir nun auch die
«Seewelle» still an der Landestelle liegen, wo sie einen
neuen Vorrat von Brennholz auflud, und wir hofften,
an ihr vorbeizufahren und sie weit hinter uns zu lassen.
Wir hatten aber die Rechnung ohne den Wirt gemacht.
Ehe wir noch ihren Halteplatz erreicht hatten, beobachteten wir, wie sie mit Geschwindigkeit ihre Landungsbrücke aufzog und wieder in Gang kam. Jetzt
begann der eigentliche, entscheidende Kampf. Die
Dampfpfeifen beider Schiffe gaben trotzige Töne der
Herausforderung von sich. Während einer langen
Strecke schien das Flußbett breiter zu sein, und die
Dampfer konnten nebeneinanderlaufen – beinahe, so-
zusagen, Schulter an Schulter. Manchmal berührten
sich fast die Radkasten. Die Passagiere, welche die
Verdecke der beiden Schiffe anfüllten, waren sich so
nahe, daß sie sich ansprechen konnten; sie neckten und

verspotteten einander halb gutmütig, halb höhnisch.
Inzwischen keuchten und pufften und schnoben die
Schornsteine und donnerten und stampften die Ma-
schinen, und die leichtgebauten Verdecke zitterten und
ächzten und knarrten, als gelte es einen verzweifelten
Kampf auf Leben und Tod. Der Kapitän schien jetzt
seine Zeit zwischen dem Maschinenraum und dem
Steuerhaus zu teilen; man sah ihn mit nervöser Hast
hinauf- und hinuntereilen. Einmal, als er über das
Verdeck ging, bemerkte ich, wie eine zartaussehende
Frau ihn anhielt mit einem besorgten Ausdruck des
Auges und ihn fragte, ob es auch «ganz sicher» sei.
«Nun ja», brummte er, «ich kann ja langsamer fahren
und zurückbleiben, wenn Sie wünschen.» Die arme
Frau sagte nichts. Sie sah ganz verwirrt aus, als habe sie
etwas sehr Kleinliches und Verächtliches getan – und
die Passagiere jubelten.

Endlich kam La Crosse in Sicht. Das Ende war nahe,
und manches Herz klopfte vor banger Spannung. Die
Menschenmenge auf dem Verdeck wurde still. Fast
niemand wagte etwas zu sagen oder einer Gefühlsäu-
ßerung Raum zu geben. Jetzt schien das Glück uns
wieder günstig zu sein. Die Schiffe waren noch immer
Seite an Seite und leisteten mit beängstigender Energie
ihr Äußerstes. Sie mußten aber noch eine Biegung
machen, um sich an den Landungsplatz zu schwingen,
und die «Möve» – war es nun Gunst des Schicksals
oder Berechnung des Kapitäns? – hatte den Vorteil der
inneren Seite. Wir fuhren mit voller Kraft so lang als
irgend möglich, und die Maschine wurde erst, als es
unumgänglich nötig war, zum Stillstehen gebracht; so

berührte die «Möve» ihr Dock mit einem Krach und
hatte schon mit unbeschreiblicher Geschwindigkeit
die Taue befestigt und die Landungsbrücke hinunter-
gelassen, als sie «Seewelle» eben einlief. Der Sieg war
unser, und ein ungeheures Freudengeschrei erklang.
Ich möchte aber wissen, ob nicht viele meiner Reisegefährten gleich mir, als die Aufregung des großen Tages
sich gelegt hatte, sehr froh waren, wieder sicher auf
festem Boden zu stehen, und ob sie nicht den Dampf-
kesseln der «Möve» Dank darbrachten, daß sie den
schrecklichen Druck ausgehalten, ohne uns in die Luft
zu sprengen!

Ich hatte die Ehre, zum Mitglied der Abordnung
ernannt zu werden, welche nach Springfield abgesandt
wurde, um Lincoln die offizielle Ankündigung seiner
Nomination zum Präsidenten seitens der republikanischen Partei zu überbringen. An jeder Eisenbahn-
station, an der wir bei Tageslicht vorbeifuhren, wurden wir mit Freudenbezeugungen empfangen. Lincoln
begrüßte uns im Wohnzimmer seines bescheidenen
Holzhauses; es war ein ziemlich kahler Raum; in der
Mitte des Zimmers stand der damals übliche kleine
Tisch mit einer Marmorplatte, darauf die Familienbi-
bel oder das Photographiealbum und die silberplattier-
te Kanne für Eiswasser; an den Wänden waren einige
Stühle und ein Sofa gereiht. Da stand der republikanische Präsidentschaftskandidat, groß und ungeschlacht
in seinem scheinbar neuen, aber schlecht passenden

Anzug, sein langer, sehniger Hals aus dem umgeklapp-
ten Kragen hervorragend, die melancholischen Augen
tief eingesunken in seinem hageren Gesicht. Die meisten Mitglieder der Abordnung hatten ihn nie zuvor
gesehen und betrachteten ihn mit erstaunter Neugierde. Er war allerdings nicht der Staatsmann, wie man
ihn sich in der Phantasie ausmalt. Mit gefalteten
Händen, aufrechtstehend, hörte er ruhig, ohne an-
scheinende Erregung oder Verlegenheit, der würdevollen kleinen Rede zu, die Mr. Ashmun, der Präsident
des Konvents, an ihn richtete, und antwortete dann
mit einigen passenden, ernsten, wohlgefügten Sätzen,
die seine Dankbarkeit für das in ihn gesetzte Vertrauen,
seine Zweifel an seiner eigenen Fähigkeit und seine
Zuversicht auf eine schützende Vorsehung ausdrück-
ten. Es folgte sodann eine ungezwungene Unterhaltung, teilweise heiterer Art, wobei die herzliche Einfachheit von Lincolns Natur zum Durchbruch kam,
und nach dem gebräuchlichen Händeschütteln nahm
die Abordnung ihren Abschied. Eines der Mitglieder,
Mr. Kelly von Pennsylvanien, sagte mir beim Heraus-
gehen: «Ja, wir hätten vielleicht etwas Glänzenderes,
aber kaum etwas Besseres tun können.»

Die Wahlkampagne war kaum eröffnet, als auch
schon der ganze Norden in Bewegung zu geraten
schien. Besonders in den kleineren Städten und in den
Landdistrikten hatte es den Anschein, als ob niemand
viel anderes zu tun habe, als Versammlungen beizu-
wohnen, Reden anzuhören, in Paraden mitzumar-
schieren und nach Dunkelwerden Fackeln zu tragen.
Wie durch Zauber bildeten sich überall im ganzen

Lande sogenannte «Wide-Awake»-Trupps. Auch Musikbanden – die allerdings das musikalische Ohr zuweilen hart auf die Probe stellten – schienen aus der Erde zu wachsen. Alles das geschah ohne amtlichen Apparat, denn die Regierungsbeamten der Post, der Zollverwaltung und der Gerichte standen auf der demokratischen Seite. Die Republikaner hatten so wenige staatliche und städtische Ämter inne, daß sie als politische Faktoren kaum in Betracht kamen. Auch wurde nicht viel Geld angewandt, um die Agitation in Bewegung zu setzen und in Gang zu halten. Die Summen, über welche das republikanische Nationalkomitee verfügen konnte, waren lächerlich klein im Vergleich zu den enormen Beiträgen, welche heutzutage in den Kriegsschatz der Parteien fließen. Die Wahlkampagne schien gewissermaßen ganz von selbst zu gehen. Es war nicht nötig, das Publikum zu den Versammlungen durch besondere Reklamekünste oder außergewöhnliche Anziehungen herbeizulocken. Eine einfache Ankündigung genügte, um eine Menschenmenge zusammenzubringen. Nicht selten bildeten sich diese Vereinigungen ganz aus dem Stegreif. Hiervon erlebte ich selbst einige merkwürdige Beispiele. Eines Nachmittags. ich glaube, es muß im Juli gewesen sein, sprach ich im Freien vor einer großen Versammlung von Landleuten in einem Dorf des Staates Indiana. Nach meiner Rede überlegte ich mir, daß es behaglicher sein würde, statt in dem kleinen Dorfwirtshaus im bequemen Hotel der nahegelegenen Stadt zu übernachten, von wo ich am nächsten Morgen gleich weiterfahren wollte. Ich hoffte, ungesehen in das Hotel hineinschlüpfen zu können und dort eine ruhige Nacht zuzubringen. Ich hatte aber die Rechnung ohne den Wirt gemacht. Während ich beim Abendessen saß, machte mir das Wahlkomitee der Stadt seine Aufwartung und meldete mir, das Theater sei gedrängt voll von Menschen, die sich versammelt hätten, um eine Rede von mir zu hören. Man habe mich durch die Stadt gehen sehen, und da hätten sich die Leute gedacht, es sei eine gute Gelegenheit, mich sprechen zu hören. Die Musikbande war in Gang gebracht, und jetzt strömten die Leute, Männer und Frauen, ins Theater. Die «Wide-Awake»-Truppe hatte sich vor dem Hotel aufgestellt, um mir als Geleit zu dienen. Was blieb mir übrig, als die Waffen zu strecken. Mit einem kräftigen Hurra brachten mich die «Wide-Awakes» wie ihren Gefangenen nach dem Theater – die Musikbande voraus. Das Theater war zum Erstikken voll und die Hitze entsetzlich. Das Thermometer muß hoch in den 90 gestanden haben. Es war kaum noch ein Mann im Saal, der nicht seinen Rock abgelegt hatte, viele sogar ihre Westen und Kragen. Die Frauen fächelten sich mit Todesverachtung. Ich hatte nur wenige Minuten gesprochen, als mir schon die Hitze fast unerträglich wurde. Das Publikum bemerkte mein Unbehagen. Da erhob sich ein alter Mann und bat mich um einen Augenblick Gehör. «Mr. Schurz», sagte er, meinen Namen auf ganz unbeschreibliche Weise aussprechend, «es ist sehr heiß, und man sieht es Ihnen an, daß Sie darunter leiden. Ich glaube aber bestimmt, daß die Damen nichts dagegen haben werden, wenn Sie Ihren Rock ablegen und es sich sonst bequem

machen.» Diese kleine Rede wurde mit Applaus begrüßt. Die Damen wehten als Zeichen der Zustimmung mit den Taschentüchern. Ich tat, was mir geboten wurde. Erst entledigte ich mich meines Rockes,
dann folgten nach einer Weile Weste, Halsbinde und
Kragen. Die Begeisterung war ungeheuer groß. Nachdem ich fast eine Stunde gesprochen hatte, machte ich
einen Versuch aufzuhören, indem ich bemerkte, daß
meine Zuhörer gewiß wünschen müßten, aus dieser
entsetzlichen Temperatur ins Freie zu kommen – aber
ein Ausbruch des Protestes kam von allen Seiten des
Hauses: «Nein, nein, weiter! Fortfahren!» Ich mußte
also fortfahren und sprach noch eine Stunde, und selbst
dann schienen sie noch nicht befriedigt zu sein.

Eine meiner größeren Reden, welche während dieses
Wahlkampfes einige Aufmerksamkeit erregte, war
einer Zergliederung des Charakters von Stephan A.
Douglas, dem Präsidentschaftskandidaten der demokratischen Partei der Nordstaaten, gewidmet. Während ich diese Darstellung vorbereitete, überlegte ich
mir die Frage, wie weit es in einer Diskussion öffentlicher Interessen zulässig sein dürfte, einen politischen
Gegner in seiner Persönlichkeit anzugreifen. Ich kam
zum Schluß, daß es dann statthaft und berechtigt sei,
wenn ebendiese Persönlichkeit des Gegners in den
Vordergrund gedrängt wird, um seiner Sache Ansehen
zu geben, und besonders, wenn diese Persönlichkeit
durch falschen Schein einen Einfluß ausübt. Das schien

mir im höchsten Grade bei Senator Douglas der Fall zu sein. Er war nach meiner Ansicht der gefährlichste, der am meisten zu fürchtende Demagoge in Amerika. Es erschien mir als ein verdienstvolles Werk, diese aufgeblähte Luftblase zu durchstechen, besonders, da sein künstlich aufgebauschtes Ansehen die einzige Gefahr war, welche Lincoln die Stimmen einiger nördlicher Staaten zu entziehen und damit seine Niederlage in der Wahl herbeizuführen drohte. Ich ging mit Eifer an meine Aufgabe und rief alle mir zu Gebote stehende Kraft der Beweisführung, des Sarkasmus, der Phantasie und des Humors zu Hilfe. Das Restultat war eine Analyse von Douglas' Theorien und Laufbahn, wie sie mir nicht beißender, unbarmherziger und unterhaltender hätte gelingen können.

Diese Rede sollte im großen Saale des Cooper Institute in New York gehalten werden. Am Abend der Versammlung speiste ich mit Gouverneur Morgan, dem Vorsitzenden des republikanischen Nationalkomitees, und einigen hervorragenden New Yorkern im Astor House. Auf dem Wege nach dem Cooper Institute fragte mich Gouverneur Morgan, wie lange ich zu sprechen gedenke. Ich antwortete: «Ungefähr zwei und eine halbe Stunde!» – «Lieber Himmel!» rief er, «kein New Yorker wird eine so lange Rede aushalten!» Er schien ernstlich beunruhigt zu sein. Ich versuchte ihm klarzumachen, daß die Rede, die ich vorbereitet hatte, ein zusammenhängendes Argument sei, welches ich dem Publikum entweder ungekürzt vorlegen müsse oder gar nicht. Wenn es nicht geraten schien, die Rede in ihrer Vollständigkeit zu halten, müsse eine Ausrede gefunden werden, um mich für den Abend zu entschuldigen. Der Gouverneur war augenscheinlich ganz verstört; endlich gab er nach, doch mit der Miene eines Menschen, der entschlossen ist, das Unvermeidliche mit Würde zu tragen.

Der große Saal des Cooper Institute war bis zum äußersten gefüllt, und ich empfand, daß die Stimmung der großen Versammlung eine sympathische war. Ich vermochte nicht nur die Aufmerksamkeit meines Publikums festzuhalten, sondern errang an jenem Abend als politischer Redner einen der größten Erfolge meiner Laufbahn. Die Ausbrüche von Applaus und Gelächter waren oft so andauernd, daß ich mehrere Minuten innehalten mußte. Das Gesicht von Gouverneur Morgan, der in meiner Nähe saß, verlor seinen ängstlichen Ausdruck und klärte sich mehr und mehr auf, als ich meine zweite und sogar dritte Stunde erreichte. Es belustigte mich, einen alten Herrn zu beobachten, der einen Sitz in der vordersten Reihe des Publikums einnahm. Er hatte langes weißes Haar, trug eine Brille und hielt einen Regenschirm in der Hand. Zuerst sah er etwas schläfrig aus; aber allmählich schien er aufzuwachen, und sein Gesicht glänzte vor Vergnügen. Er stimmte in den allgemeinen Applaus ein, indem er zuerst ganz sanft, aber dann immer heftiger mit seinem Regenschirm auf den Boden stieß. Ich war noch nicht halb mit meiner Rede fertig, als schon die Spitze des Regenschirms abgebrochen war. Das schien ihn aber nicht im geringsten zu genieren. In seiner Begeisterung fuhr er fort, den Boden mit aller

Kraft zu bearbeiten, bis zuletzt der Regenschirm in Stücke brach und er nicht mehr damit stampfen konnte. Wenn ich jedoch einen Satz aussprach, der ihn besonders aufregte, oder wenn ein besonders kräftiger Applaus erschallte, dem er nicht widerstehen konnte, hielt er den zertrümmerten Schirm hoch in die Luft und schwenkte ihn zur großen Belustigung der Menge wie ein Triumphbanner hin und her. Infolge der vielen Unterbrechungen dauerte meine Rede mehr als drei Stunden; Gouverneur Morgan tadelte aber nicht mehr ihre Länge. Viele Exemplare dieser Rede wurden verbreitet, und man behauptete, daß sie Douglas manche Stimme gekostet habe. Ich muß gestehen, daß sie mir unter meinen gedruckten Reden eine der liebsten geblieben ist.

Nach seinem Amtsantritt kam ich wiederholt mit Lincoln zusammen, und er empfing mich stets mit größter Herzlichkeit. Wir begegneten uns in derselben offenen Weise wie zuvor. Unsere Unterhaltungen drehten sich um politische Fragen und um die Eigenschaften und Befähigung von Amtsbewerbern, die ich vorgeschlagen hatte. Meine eigene Angelegenheit wurde nie zwischen uns erwähnt, bis er mir mit augenscheinlicher Befriedigung ankündigte, daß ich zu der Stellung des Gesandten der Vereinigten Staaten nach Spanien ernannt worden sei. Der Senat bestätigte ohne besondere Verzögerung meine Ernennung. Ich war gespannt zu erfahren, ob Senator Douglas, den ich

während der Kampagne so scharf angegriffen hatte,
irgendwelchen Einspruch erhoben hätte; ich vernahm
aber, daß er es nicht getan. Seward, der Staatsminister,
hatte jedoch, wie ich später von Mr. Potter erfuhr,
einige Einwände dagegen vorgebracht. Er behauptete,
daß ich, der ich mich noch vor verhältnismäßig kurzer
Zeit an revolutionären Bewegungen in Europa beteiligt hätte, in diplomatischer Eigenschaft an einem
europäischen Hof nicht gern gesehen sein würde und
daß dies zu einer kritischen Zeit, wie die jetzige, in der
wir alle Ursache hätten, uns eines guten Einverneh-
mens mit auswärtigen Mächten zu bestreben, von
Wichtigkeit sei. Lincoln entgegnete hierauf – wie mir
mein Berichterstatter mitteilte –, daß man mir diskre-
tes Verhalten zutrauen dürfe, daß er mir jedenfalls sein
Vertrauen schenke. Es komme übrigens dieser republikanischen Regierung nicht zu, sich von der Tatsache
zu einer Ablehnung bestimmen zu lassen, daß ein
Mann anderswo für die Freiheit gekämpft habe –
womit jeder gute Amerikaner nur sympathisieren
sollte; es sei vielmehr ganz gut, europäische Regierungen mit dieser Auffassung vertraut zu machen – und
endlich müsse die innere politische Bedeutung meiner
Ernennung berücksichtigt werden.

Bald nach Bestätigung meiner Ernennung durch
den Senat empfing ich einen Besuch von Señor Tassa-
ra, dem spanischen Gesandten in Washington, der
Journalist und, wie ich glaube, selbst einmal Revolu-
tionär gewesen war. Er gab mir zu verstehen, daß der
spanischen Regierung meine Ernennung angenehm
sein würde. Im Laufe der Zeit gestalteten sich meine

persönlichen Beziehungen zu dieser Regierung in der
Tat zu sehr freundschaftlichen. Es hätte jedoch ebensogut anders kommen können, und Seward hatte durchaus recht, wenn er ein unnötiges Risiko vermeiden
wollte. Sooft ich in späteren Jahren über diese Episode
meiner Laufbahn nachdachte, habe ich mir innerlich
vorgeworfen, Sewards Auffassung der Situation nicht
selbst vorausgesehen zu haben, obgleich sie mir damals, als sich die Frage in der Schwebe befand, noch
unbekannt war. Ich hätte es mir jedenfalls selbst überlegen sollen. Aber ich muß gestehen, daß der Gedanke,
mit allen Würden eines bevollmächtigten Ministers
und außerordentlichen Gesandten der Vereinigten
Staaten nach Europa zurückzukehren, wenige Jahre
nur, nachdem ich mein Vaterland als politischer
Flüchtling verlassen hatte, meinem Stolz, oder soll ich
lieber sagen, meiner Eitelkeit außerordentlich schmei-
chelte. Als ich aber erfuhr, welche Diskussionen meiner Ernennung vorausgegangen waren, genoß ich den
Triumph nicht so ungetrübt, wie ich erwartet hatte.
Selbst während ich offizielle und persönliche Glück-
wünsche in überraschender Menge empfing, quälten
mich heimliche Zweifel darüber, ob mir nun wirklich
die erlangte Stellung gebührte und ob nicht die Tatsache, daß meine Freunde mir dieselbe mit meinem
Wissen und meiner Zustimmung erwirkt hatten,
gleichbedeutend sei mit einer persönlichen Bewer-
bung. In diesem Gemütszustand befand ich mich, als
ich von Washington abreiste, um nach meinem Heim
in Wisconsin zurückzukehren.

Ich war noch nicht lange dort, als die verhängnisvolle Nachricht vom Angriff der Rebellen auf Fort Sumter im Hafen von Charleston das Land in Schrecken setzte. Ein Aufruf des Präsidenten, in welchem er 75000 Freiwillige verlangte, erfolgte sogleich, und kaum eine Woche später der blutige Angriff einer Meute von Sezessionisten auf das 6. Massachusetts-Regiment, während es durch Baltimore marschierte. Es ist unmöglich, die zündende Wirkung zu beschreiben, die diese Begebenheiten auf die Volksstimmung der nördlichen Staaten ausübten. Bis zum Augenblick, da die erste Kanone auf Fort Sumter abgeschossen wurde, hatten viele patriotisch gesinnte Menschen heimlich noch immer die Hoffnung gehegt, die Union könne ohne Kampf gerettet werden. Jetzt war plötzlich der Bürgerkrieg zur Gewißheit geworden. Die Frage: was hätte sein können, schwand plötzlich vor der Frage: was nun werden sollte. Ein mächtiger Ruf erscholl, daß die Republik um jeden Preis gerettet werden müsse. Es war einer jener erhabenen Momente patriotischer Begeisterung, in dem jeder bereit ist, für eine gemeinsame Sache alles zu tun und alles zu opfern, der wie ein plötzlicher Sonnenglanz aus dunkler Wolke, wie ein idealer Lichtblick in der Geschichte der Völker hervorbricht.

Die Zeitungen berichteten, daß alle durch Baltimore laufenden Eisenbahnverbindungen mit dem Norden abgeschnitten und die Stadt Washington fast wehrlos sei; eine feindliche Macht könne dort jeden Augenblick eindringen, ohne auf Widerstand zu stoßen, die öffentlichen Gebäude würden verbarrikadiert und die Beamten mit Waffen ausgerüstet, und die Regierung

hätte die Hilfe jedes Mannes, der in die Hauptstadt
kommen könne, dringend nötig. Ich hielt es für meine
Pflicht, sofort nach Washington zu eilen, um die
Dienste, die ich zu leisten fähig war, anzubieten. Die
Pistolen, die ich bei der Befreiung Kinkels bei mir
getragen hatte, steckte ich in meine Handtasche und
machte mich auf den Weg. Nie werde ich den Kontrast
zwischen dieser und der vorhergehenden Reise vergessen. Als ich vor kurzem von Washington aus nach dem
Westen gereist war, schien eine furchtbare Last düsterer Erwartung das ganze Land zu bedrücken. Die
Reisenden in den Eisenbahnwagen unterhielten sich
im Flüsterton, als fürchteten sie den Klang der eigenen
Stimme. An allen Eisenbahnstationen standen Leute
mit sorgenvollen Mienen – auf die Zeitung wartend –,
die sie hastig aufrissen, um die Überschriften zu lesen –
und die sie sich dann gegenseitig mit einem Seufzer der
Enttäuschung reichten. Viele schienen sich im unkla-
ren zu sein, nicht nur darüber, was sie zu erwarten
hätten, sondern auch darüber, was sie sich eigentlich
wünschen sollten. Und jetzt – welch ein anderes Bild!
Jeder Bahnhof wimmelte von aufgeregten Menschenmassen; überall wurde in jubelndem Hurrageschrei ein
Hoch auf die Union und auf Lincoln ausgebracht. Das
Sternenbanner flatterte von unzähligen Flaggenstan-
gen, von allen Seiten tönte Trommelwirbel und Pfei-
fenklang. Die Eisenbahnwagen waren überfüllt mit
jungen Leuten, die sich nach der nächsten Anwerbe-
stelle drängten, um sich einschreiben zu lassen; sie alle
waren nur um das eine besorgt, daß sich in den hastig
zusammengestellten Regimentern keine Stelle mehr

für sie finden möchte oder daß die Regimenter Washington zu spät erreichen könnten, um die Stadt vor einem Rebellenangriff zu schützen. Nach den Szenen zu urteilen, die ich an den Eisenbahnstationen beobachtete, waren Parteiunterschiede wie ausgewischt.

Als wir in Perryville am Susquehanna, zwischen Wilmington, Delaware und Baltimore, ankamen, fanden wir, daß die Eisenbahnverbindung zwischen Washington und dem Norden immer noch unterbrochen war. Es wurde berichtet, daß die Sezessionisten des Staates Maryland von Baltimore Besitz ergriffen hätten. Die nach Washington Reisenden mußten bei Perryville von einem Dampfboot nach Annapolis gebracht werden, wo eine kleine Truppe von Bundessoldaten unter dem Befehl des Generalmajors Benjamin F. Butler von Massachusetts versammelt war. Indem ich mich der Wache als Angestellter der Regierung vorstellte, der auf dem Wege nach Washington sei, wurde ich sofort vor den General in sein Hauptquartier geführt. Ich fand ihn in eine prachtvolle, reich mit Goldstickerei verzierte Miliziuniform gekleidet. Seine gedrungene, korpulente Figur, sein schielendes Auge und seine aufgedunsenen Backen verliehen ihm ein fast groteskes Aussehen. Nur einer Person ohne jedweden Humor hätte es entgehen können, mit welchem Behagen sich General Butler seiner für ihn neuen Machtstellung und der damit verbundenen Gelegenheit zu theatralischem Aufwand erfreute. Er empfing mich mit der größten Höflichkeit und versicherte mir, daß ich wohlbehalten an meinen Bestimmungsort gebracht werden sollte; soeben sei er damit beschäftigt, den

Eisenbahnverkehr zwischen Annapolis und Annapo-
lis-Junction auf den Verbindungslinien zwischen Baltimore und Washington wiederzueröffnen. Vor Dunkelheit war der Zug zur Abfahrt bereit.

Der General schickte eine kleine Abteilung Infanterie dem Zuge voraus, um die Schienen zu bewachen
und den Wald zwischen Annapolis und Annapolis-
Junction zu durchstreifen, so daß wir nur im Schnek-
kengang vorwärts kamen. Es war nach Mitternacht,
als wir die Junction erreichten. Dort fanden wir in
einem Wäldchen von hohen Bäumen Oberst Ambrose
Burnside im Biwak. Die Lagerfeuer brannten hell, die
Soldaten, in rotwollene Decken gehüllt, lagen in malerischen Gruppen umher. Oberst Burnside, das Ideal
eines schönen Soldaten, war noch wach und in voller
Tätigkeit und empfing uns mit der ihm eigenen Herzlichkeit. Der junge Gouverneur Sprague von Rhode
Island, in Uniform, mit einer wehenden gelben Feder
am schwarzen Filzhut, war auch zur Stelle. Er ließ sich
nicht zurückhalten, als seine Leute zur Front rückten.
Dieses Rhode-Island-Regiment war berühmt durch
die große Zahl von Millionären, die in seinen Reihen
dienten.

Bald nach Sonnenaufgang war ein Zug nach Washington unterwegs. Er war mit Militär und einigen
Zivilisten angefüllt. Ich ging zu Fuß in die Stadt hinein,
während sich die Soldaten am Bahnhof in Reih und
Glied aufstellten. Die Straßen, welche ich wenige
Wochen zuvor von einer aufgeregten Menge belebt
gesehen hatte, erschienen jetzt verlassen und öde. Von
den wenigen Personen, denen ich auf dem Trottoir

begegnete, starrten mich einige mit finsterem Ausdruck an, als wollten sie fragen: «Was haben Sie hier zu
schaffen?» Es wurde mir später erzählt, daß die ersten
Truppen, die in die Stadt einmarschierten, von den
Einwohnern aus Türen und Fenstern mit Flüchen und
beleidigenden Zurufen empfangen wurden, da die
Einwohnerschaft von Washington größtenteils mit
den Sezessionisten sympathisierte. Sobald wie möglich meldete ich mich bei Präsident Lincoln im Weißen
Hause. Er schien überrascht, aber erfreut, mich zu
sehen. Ich erzählte ihm, warum ich gekommen sei,
und er war mit meiner Handlungsweise einverstanden.

In seiner ihm eigentümlichen Art beschrieb er mir,
welche Angst und Sorge er seit dem Angriff der
Rebellen auf Fort Sumter durchgemacht habe, bis die
nördlichen Truppen Washington erreichten. Er erzählte mir eine für die damalige Sachlage bezeichnende
Begebenheit, welche ich gern in seiner eigenen Sprache wiederholen möchte, die ich aber nur dem Inhalt
nach wiedergeben kann. Eines Nachmittags, nachdem
er seinen Aufruf, in dem er um Truppen warb, erlassen
hatte, saß er allein in seinem Arbeitszimmer, und ein
Gefühl vollständiger Verlassenheit und Hilflosigkeit
beschlich ihn. Es kam ihm der Gedanke, daß, wenn
eine auch nur mäßig starke Truppenabteilung der
Sezessionisten in der Nähe sei, sie mit größter Leichtigkeit die lange Brücke über den Potomac kreuzen
und ihn und die Mitglieder des Kabinetts allesamt
einfach gefangennehmen könnte. Dann hörte er plötzlich eine Kanone. «Da sind sie!» sagte er sich. Er

erwartete, jeden Augenblick würde jemand mit der Nachricht eines Angriffes hereinstürzen. Die Angestellten im Weißen Hause, die er befragte, hatten nichts gehört. Niemand kam, und es blieb alles still. Dann beschloß er, selbst der Sache auf den Grund zu gehen. So ging er hinaus und ging weiter, immer weiter, bis er an das Zeughaus kam. Dort fand er alle Türen offen und keine Menschenseele, die sie bewachte. Irgendein Unbefugter hätte hineingehen und sich der Waffen bemächtigen können. Es herrschte vollkommene Einsamkeit und Stille ringsumher. Er kehrte zum Weißen Hause zurück, ohne das geringste Zeichen irgendwelcher Störung wahrzunehmen. Unterwegs begegnete er einigen Leuten, die er befragte, ob sie nicht ein Geräusch, wie fernes Geschützfeuer, gehört hätten. Keiner hatte etwas bemerkt, und so nahm er an, daß es eine Vorspiegelung seiner Einbildung gewesen sei.

Wenige Tage später hatte ich mich nach Spanien eingeschifft.

In Madrid wurde ich von meinem Legationssekretär Mr. Perry empfangen. Er war etwa fünf Jahre älter als ich, von sehr einnehmendem Äußeren und gefälligem Wesen. Meine Ankunft enthob ihn großer Besorgnisse. Er sagte mir, daß Königin Isabella im Begriff stehe, Madrid zu verlassen, um sich nach dem Seebadeort Santander zu begeben, und daß mein offizieller Empfang noch auf mehrere Wochen hätte verschoben werden müssen, wenn ich nicht vor ihrer Abreise eingetroffen wäre.

Auf dem Wege zum Hotel in Madrid machte Mr. Perry eine Bemerkung über das offizielle Kostüm, in welchem wir an dem Abend zu erscheinen hätten. Da damals noch die Gesandten der Vereinigten Staaten an auswärtigen Höfen eine bestimmte Uniform trugen – einen reichgestickten Frack mit ebenso verzierten Beinkleidern, einem dreieckigen Hut und Galadegen –, hatte ich diese Dinge bei einem Pariser Schneider, der die Kundschaft amerikanischer Diplomaten zu haben schien, bestellt, aber sie waren noch nicht fertig, als ich Paris verließ. In einigen Tagen sollten sie mir nachgeschickt werden. Ich konnte deshalb nur im gewöhnlichen Abendanzug vor der Königin erscheinen.

Mr. Perry schien über diesen Umstand sehr beunruhigt. Er wußte nicht, wie sich der «Introductor de los Embajadores», ein hochgestellter Hofbeamter, welcher derartige Hofzeremonien anzuordnen hatte, dazu stellen würde. Er sah Schwierigkeiten voraus. Er wollte jedoch diesem Würdenträger die wahre Sachlage mitteilen und sein möglichstes tun, die Sache in Ordnung zu bringen. Nach einigen Stunden kehrte Mr. Perry mit dem Bericht zurück, daß der «Introductor de los Embajadores», ein sehr feierlicher, peinlich genauer Grande, zuerst bei dem Gedanken, daß ein auswärtiger Gesandter in einfachem Abendanzug vor Ihrer Majestät erscheinen könne, bleich geworden sei. Er hätte bezweifelt, daß dergleichen jemals in der Geschichte der spanischen Monarchie vorgekommen sei und daß es sich mit der Würde des spanischen Thrones vereinbaren lasse. Mr. Perry war dann zum

Minister der auswärtigen Angelegenheiten geeilt, dem
es gelang, den «Introductor de los Embajadores» zu
überreden, daß die Dringlichkeit der Situation die
Abweichung von einer noch so feierlichen Regel be-
rechtigen müsse. Da aber der Hofmann trotzdem
darauf beharrte, daß er solche Abweichung ohne besondere Erlaubnis Ihrer Majestät unmöglich zugeben
dürfe, wurde die Angelegenheit vom Minister eiligst
der Königin unterbreitet, die gnädigst einwilligte.
Diese Krisis war also glücklich überstanden, und ich
konnte mich nun in Frieden bis neun Uhr ausruhen, zu
welcher Stunde Mr. Perry mich abholen wollte, um
mich ins Schloß zu führen.

Um die festgesetzte Zeit kam Mr. Perry und fand
mich in tadellosem Abendanzug für die bevorstehende
Handlung bereit. Ich brauchte nur noch mein Beglaubigungsschreiben, welches der Königin überreicht
werden mußte, in die Tasche zu stecken. Aber – du
gütiger Himmel! – Wo war das Beglaubigungsschreiben? Es war nicht zu finden! Konnte es zwischen den
Papieren gewesen sein, die ich in mein Pult im Bureau
der Gesandtschaft verschlossen hatte? Das mußte der
Fall gewesen sein. Aber was jetzt? Erst nach der
Gesandtschaft und von da ins Schloß zu fahren war
unmöglich, wir hätten das Schloß erst eine halbe
Stunde nach der festgesetzten Zeit erreichen können.
Daß die Königin eine halbe Stunde auf einen ausländi-
schen Herrn in einfacher Gesellschaftskleidung warten
sollte, war undenkbar. Nur ein sehr kühner Streich
konnte die Situation retten; und zu diesem Streich
entschloß ich mich. Ich nahm eine Zeitung und packte

sie – vorsichtig gefaltet – in ein Kuvert von der offiziellen Größe, an die «Doña Isabella, Königin von Spanien» adressiert. Dieses Kuvert wollte ich Ihrer Majestät bei der Zeremonie überreichen.

So ausgerüstet, fuhren wir also nach dem Schloß. Am Fuße der großen Treppe bewachten zwei Hellebardiere in prachtvollem mittelalterlichem Kostüm den Zugang zu den Staatsräumen. Als sie mich im gewöhnlichen Gesellschaftsrock gewahrten, mußten auch sie an die Würde des spanischen Thrones gedacht haben, denn sie kreuzten ihre Hellebarden und verweigerten uns den Eintritt. Mr. Perry trug die Uniform des Legationssekretärs, das aber genügte den Hellebardieren nicht, die mich mit augenscheinlichem Mißfallen und Verdacht betrachteten. Mr. Perry nahm eine stolze und entrüstete Miene an und rief in befehlendem Ton nach einem der auf der Treppe stehenden Lakaien, dem er befahl, sofort dem «Introductor de los Embajadores» zu berichten, welche Beleidigung dem Gesandten der Vereinigten Staaten zugefügt worden wäre. Der Introductor eilte im nächsten Augenblick mit dem Ausdruck höchster Bestürzung herbei, schleuderte mit eigenen Händen die Hellebarden auseinander, ergoß einen Strom von spanischen Reden, die augenscheinlich zur Entschuldigung dienen sollten, über uns, und im Triumph bestiegen wir die mächtige Treppe.

Im Festsaal fanden wir den neuen englischen Gesandten, Sir John Crampton, mit seinem Stab, der auch sein Beglaubigungsschreiben überreichen sollte. Da er sich etwas früher als ich im Auswärtigen Amt gemeldet hatte, gebührte ihm der Vortritt. Der Minister des

Auswärtigen war zugegen, und während wir auf die Königin warteten, hatte Mr. Perry Zeit, ihm mit ein paar eiligen Worten unsere Verlegenheit betreffs des Beglaubigungsschreibens und des Notbehelfs, zu dem ich gegriffen hatte, mitzuteilen. Der Minister sah ernst drein, nickte aber zustimmend. Da wurde eine Tür aufgerissen, ein prachtvoll kostümierter Angestellter rief laut in den Saal einige Worte, und die Königin erschien, eine stattliche Matrone mit einem fleischigen, unschönen, aber gutmütigen Gesicht. Ich beobachtete Sir John Crampton während der Vorstellungs-Zeremonien und konnte ihn mir zum Vorbild nehmen. Als ich an die Reihe kam, machte ich eine ebenso gute Verbeugung wie Sir John, hielt meine kleine Rede in englischer Sprache, wovon die Königin kein Wort verstand, und präsentierte ihr mein Kuvert mit der Zeitung. Die Königin hielt den kostbaren Gegenstand in der Hand, während sie nun an mich eine kleine spanische Rede richtete, von der ich auch kein Wort verstand, worauf sie mit einer hoheitsvollen Gebärde das uneröffnete Kuvert dem Minister des Auswärtigen überreichte. Er nahm es mit einer tiefen Verbeugung in Empfang. In diesem Moment fing ich einen Blick von Don Saturnino auf und sah, wie ein verständnisvolles Lächeln über seine Züge glitt. Die Königin unterhielt sich dann, wie gebräuchlich, kurze Zeit mit mir auf französisch, erkundigte sich nach meinem Befinden und wie mir Spanien gefalle, und ich machte eine höfliche Erwiderung. Noch eine Verbeugung, und die Zeremonie war zu Ende.

Es ist unmöglich zu beschreiben, in welch düstere Stimmung die Nachricht von der unheilvollen Schlacht von Bull Run unsere Gesandtschaft versetzte. Ich erinnere mich sehr wohl des Tages, als sie uns in Madrid wie ein Blitz aus heiterem Himmel traf. Ich hatte allerdings keine leichte und schnelle Unterdrükkung der aufständischen Bewegung vorausgesehen, dieses Unglück von Bull Run jedoch, wie es meine Depeschen andeuteten und die Zeitungen ausführlich beschrieben, übertraf bei weitem alles, was ich für möglich gehalten hatte. Es war nicht nur ein Unglück, es schien fast eine Schmach. Es stellte die Fähigkeit der Soldaten der Nordstaaten in Zweifel. Unsere Verleumder in Europa, die immer prophezeit hatten, daß die Nordländer, nachdem sie den Prahlhans gespielt hatten, sich im wirklichen Kampfe als Feiglinge zeigen würden, schrien jetzt mit lauter Stimme: «Seht ihr, was haben wir gesagt?» Nicht wenige von unseren Freunden fragten sich mit Besorgnis: «Kann es denn wahr sein, was man von den Yankees erzählt?» Einige der spanischen Zeitungen, die uns bis dahin respektvoll behandelt hatten, fingen an, Witze über uns zu machen. Einer der beliebtesten Scherze, der in den Kaffeehäusern die Runde machte, war, daß die Schlacht eigentlich die Schlacht von «Patassas» (der Füße), anstatt der Schlacht von Manassas (der Hände) heißen sollte. Das spanische Militär, Offiziere und Gemeine, schienen sich besonders über die Schnelligkeit zu belustigen, womit die Yankees laufen könnten. Es lag die Gefahr nahe, daß wir uns lächerlich machen würden. Ich konnte keinen Spanier lächeln sehen ohne den

Verdacht, daß es unserer Flucht bei Bull Run gelte. Ich bemerkte, daß meine Kollegen, die sonst ganz offen und teilnehmend ein Mißgeschick meiner Nation mit mir besprochen hätten, sich enthielten, die Schlacht von Bull Run in meiner Gegenwart zu erwähnen, wie man im Beisein eines Gatten oder Vaters vermeidet, eine Schande in seiner Familie zu berühren.

Ich kann die Seelenqualen nicht schildern, die ich in jenen Tagen erduldet habe. Da ich noch nicht wußte, daß auch die südliche Armee sich nach der Schlacht in einem Zustand der Verwirrung befunden hatte, der ihr eine Verfolgung unmöglich machte, quälte ich mich mit Vorstellungen, wie sich die Sieger auf den Fersen unserer flüchtenden Truppen auf Washington werfen würden, wo sich ihnen kein wirksamer Widerstand entgegenstellen könnte! Ich wußte, daß unsere Feinde in Europa sich im Vorgefühl auf dieses Schauspiel freuten. Ich verwünschte die Stunde, in der ich die Ehren eines diplomatischen Postens angenommen hatte, und beneidete die Männer zu Hause, die allerdings von diesem Schlage niedergebeugt waren, doch wenigstens die Gelegenheit hatten, an Ort und Stelle alle Energie anzuspannen, um ihrem Lande wirksame Hilfe zu leisten. Ich hätte ihnen vielleicht zu helfen vermocht, das Volk aus seiner Niedergeschlagenheit aufzurütteln, und dann das Schicksal derer teilen können, die im Felde der Hitze des Kampfes standhielten. Hier aber konnte ich nichts tun, als dem Minister des Auswärtigen sagen, daß dieser Unfall, wenn er auch zeitweilig mißlich sei, doch nur zur Folge haben würde, die Regierung und das getreue Volk der Union zu neuer Kraft anzuspornen; das mochte der Minister nun glauben oder nicht. Ich bewog auch einige freundlich gesinnte Journalisten dazu, Zeitungsartikel ähnlichen Inhalts an ein wenig teilnehmendes Publikum zu richten, aber nachdem ich das getan hatte, blieb mir nichts übrig, als in meinem Zimmer auf und ab zu gehen, wie ein wildes Tier in seinem Käfig.

Eines Nachmittags, bald nach der Ankunft der Schreckensnachricht von Bull Run, ging ich außerhalb des «Quinta»-Gebietes planlos spazieren und kam an einem Zirkuszelt vorbei, wo soeben eine Vorstellung im Gange war. Plötzlich hörte ich, wie das Orchester die Melodie von Yankee-doodle anstimmte. Ich stürzte hinein und sah, wie einer der Künstler, auf einem Pferde wild im Kreise herumreitend, die amerikanische Fahne in der Luft schwenkte. Ich applaudierte mit solch leidenschaftlicher Heftigkeit, daß ich gewiß das Publikum in Erstaunen setzte. Laut rief ich da capo, und so viele stimmten in meinen Ruf ein, daß das Kunststück wiederholt werden mußte. Ich hätte den Künstler umarmen und seine geschminkte Wange küssen mögen. Ob das Lied und die Fahne für das Publikum eine Bedeutung hatten, weiß ich nicht, mir aber war es wie eine Neubelebung des Muts und der Hoffnung. Ich habe wohl nie das Sternenbanner mit größerer Begeisterung begrüßt.

Meine Sehnsucht, nach den Vereinigten Staaten zurückzukehren, wuchs mit jedem Tage. Die behagliche Ruhe meines Lebens in Spanien drückte mich wie ein Vorwurf.

Ich konnte kaum einen Freudenschrei unterdrücken,
als endlich die Antwort vom Präsidenten und vom
Auswärtigen Amt kam und mir meine Bitte um
Urlaub gewährte. Meine Reisevorbereitungen waren
schnell gemacht. Da meine Familie sich in Hamburg
aufhielt, wünschte ich sie dort abzuholen, um sie mit
mir auf einem Hamburger Schiff nach Amerika zurückzunehmen. Zu diesem Zweck mußte ich über
preußisches Gebiet reisen. Ich besuchte den preußischen Gesandten Graf Galen, um ihm mitzuteilen, daß
ich nach Hamburg zu reisen wünsche, und ihn zu
fragen, ob ich wohl, ohne bemerkt zu werden, preußisches Gebiet durchqueren könne. Er hatte keine Zweifel, daß das sehr leicht zu machen wäre, aber um mich
zufriedenzustellen, wollte er noch bei seiner Regierung
anfragen. Die Antwort kam sogleich, daß allen betreffenden Beamten Instruktion erteilt werden sollte, mir
auf meiner Reise jede gewünschte Erleichterung zu
gewähren. Ich richtete meine Reise so ein, daß ich nach
Dunkelwerden über die preußische Grenze fuhr, während der Nacht bei Köln den Rhein passierte und
Hamburg am nächsten Vormittag erreichte. Als ich die
preußische Grenze berührte, stellte sich mir ein höherer Steuerbeamter vor, ließ mein Gepäck uneröffnet
und erkundigte sich nach meinen weiteren Wünschen.
Meine Mitreisenden schienen sich über diese offiziellen Aufmerksamkeiten zu wundern und waren augenscheinlich begierig zu erfahren, mit welcher distin-
guierten Persönlichkeit sie die Ehre hatten, zusammen
zu fahren. Ich befriedigte ihre Neugierde nicht. So
hatte sich meine Wiederkehr ins Vaterland auf die

bescheidenste Weise und ohne Sang und Klang vollzogen. Ich war noch völlig wach, als der Zug in den
Bahnhof von Köln einlief, und konnte den Kirchenglocken lauschen, deren Klang mir aus meinen Ju-
gendjahren so vertraut war. Und als wir dann über den
geliebten alten Rhein fuhren, hörte ich seine Wasser im
Dunkeln rauschen.

Früh im Januar schiffte ich mich mit meiner Familie
auf dem Dampfer «Bavaria» ein, einem Hamburger
Schiff von 2500–3000 Tonnen, das jetzt als ziemlich
klein gelten würde, damals aber von ungewöhnlicher
Größe war.

Wir hatten eine entsetzliche Reise. Von Anfang an
hinderten starke Gegenwinde und eine schwere See
unser Weiterkommen; über uns drohte ein dunkler
Himmel. In einiger Entfernung östlich von den Neu-
fundlandbänken brach ein Orkan über uns herein,
welcher sechs Tage und Nächte dauerte; es blies erst
aus einer Richtung, dann aus der anderen, und manchmal schien der Wind gleichzeitig aus allen Himmelsgegenden zu kommen. Die Wellen donnerten mit furchtbarer Gewalt gegen die Schiffswände, sie rissen alle
Relings, alle Rettungsboote, alle Deckhäuser fort und
brachen schließlich die Deckfenster ein, die Kajüte mit
Wasser überschwemmend. Eines Nachts ergoß sich
eine so große Wasserflut in die Schornsteine, daß die
Gefahr nahe lag, das Feuer möchte ausgelöscht werden. Wir erfuhren auch später, daß der Oberingenieur,
als der Raum sich mit Dampf füllte, die Axt in der
einen Hand und die Pistole in der anderen, die Feuer-
leute zu ihrer Pflicht zwingen mußte. Während der

ersten Nacht des Orkans hatte ich ein Erlebnis, dessen
Eindruck ich bis heute nicht vergessen habe. Jeder, der
schwere Stürme zur See durchgemacht hat, wird sich
erinnern, daß manchmal das vom Sturm geschüttelte
Schiff für einen Augenblick auf dem Kamm einer
Riesenwelle stillzuhalten scheint, ehe es sich in den
gähnenden Abgrund stürzt. Es kommt dann ein Moment – aber nur ein Moment – zitternder, drohender
Stille, der merkwürdig mit dem entsetzlichen Aufruhr,
der ihm voranging und der ihm unausbleiblich folgen
wird, in Widerspruch steht. In jener schrecklichen
ersten Nacht, als wir soeben gehört hatten, daß die See
vier Matrosen über Bord geschwemmt hätte, trat ein
solcher ungewöhnlich langer Augenblick der Stille
ein, vielleicht nur zwei oder drei Sekunden. In dieser
Stille hörte ich deutlich, wie jemand, wahrscheinlich
einer der Stewards, ganz ruhig vor meiner Tür Stiefel
putzte. Daß jemand während dieses entsetzlichen Auf-
ruhrs der Elemente, die uns alle im nächsten Momente
zu verschlingen drohten, so ruhig eine einfache, alltägliche kleine Pflicht erfüllte, wirkte auf mich wie ein
Zauber. Ich fühlte danach, daß uns nichts begegnen
würde, und schämte mich gründlich jeder Furcht.

Nachdem der Sturm sich gelegt hatte, wurde das
Wetter sehr kalt, und das ganze Schiff war bald mit
einer dicken Eiskruste überzogen. Es machte fast einen
gespensterhaften Eindruck, als es in den Hafen von
New York einfuhr.

Von New York eilte ich sogleich nach Washington,
wo ich mich zuerst bei Seward im Auswärtigen Amte
meldete. Ich ging dann zu Lincoln in das Weiße Haus,

und er empfing mich mit seiner gewohnten Herzlichkeit.

Hier lernte ich Lincoln mehr und mehr verstehen. Er war völlig aufrichtig, wenn er sagte, daß er als Haupt der Regierung es als wichtigsten Zweck betrachten müsse, die Union zu retten, sei es nun mit oder ohne Unterdrückung der Sklaverei. Er war ebenso aufrichtig davon überzeugt, daß die Aufhebung der Sklaverei notwendig sei zur Erhaltung der Union, ganz abgesehen davon, daß sie an und für sich eine Pflicht war. Indem er einsah, wie die Notwendigkeit der Sklavenbefreiung immer näher heranrückte, wünschte er im Interesse der Schwarzen sowohl wie der Weißen, daß diese Befreiung allmählich erfolge, soweit das unter den obwaltenden Umständen möglich war. Er würde auch nicht vor einer plözlichen Befreiung zurückschrecken, wenn die Umstände sich so gestalteten, daß keine andere Wahl blieb. Er wollte aber den entscheidenden Schritt so lange aufschieben, bis er keine Gefahr mehr liefe, die verschiedenen Elemente, welche im Kampfe für die Union zusammenwirkten, dadurch auseinanderzureißen. Er meinte, wenn wir im Kampf unterlägen, so würde ein Erlaß zur Befreiung der Sklaven wirken wie die Bulle des Papstes gegen den Kometen. Diese Schlußfolgerung war unzweifelhaft richtig, aber sie verursachte Verzögerungen, welche den ungeduldigeren Sklavereigegnern kaum erträglich schienen. Ich muß zugeben, daß ich selbst zu dieser Klasse gehörte und daß ich nicht ganz die Weisheit dieser vorsichtigen Politik anerkannte, bis sie Früchte getragen hatte.

Lincoln hatte großen Respekt vor den überlegenen Kenntnissen und der höheren Bildung anderer Menschen. Sie flößten ihm aber keine Ehrfurcht ein. Er scheute sich in der Tat vor niemandem und vor nichts, in dem Sinne, daß er eine scheinbare Überlegenheit anerkannte, die ihn gezwungen hätte, im geringsten die Unabhängigkeit seines Urteils oder seines Willens aufzugeben. Er wäre dem größten Manne der Welt – dem größten, was geistige Fähigkeiten oder was Stellung oder Macht anbetraf – mit gänzlicher Unbefangenheit entgegengetreten, als wenn er sein ganzes Leben mit solchen Menschen zu tun gehabt hätte. Als er sein Kabinett bildete, wählte er die ersten Anführer seiner Partei, die um diese Zeit wohl als die ersten Leute im Lande gelten konnten, ohne das geringste Bedenken, daß ihr Ansehen oder ihre Fähigkeiten ihn in den Schatten stellen möchten. Er erkannte immer das Verdienst anderer an, ohne jegliche Furcht, dabei sein eigenes einzubüßen.

Das Urteil oder den Rat keines noch so hochgestellten Menschen schätzte er nach anderem Maßstabe als nach dem wahren Wert, den er ihm selbst beilegte. Keine Frage von noch so ernster Bedeutung hätte seinen Geist verwirren können; war sie auch noch so groß und wichtig, er beurteilte sie nach den Regeln gewöhnlicher Logik und des gesunden Menschenverstandes. Er begegnete daher großen Staatsmännern und Leuten mit imposanten Titeln mit vollständig natürlicher, ungekünstelter Selbstachtung wie seinesgleichen. Er betrachtete die großen Staatsangelegenheiten wie einfache Geschäftssachen, die er als Berufs-

pflichten behandeln mußte, und er liebte es, diese
Angelegenheiten mit seinen Freunden in einfacher,
ungezwungener Sprache zu beraten. Auch die ernsten
Fragen erheiterte er mit seinem Humor, obgleich die
Prinzipien und die Sympathien, nach denen er sie
behandelte, tief und fest in seinem Geist und in seinem
Herzen wurzelten.

Man kann sagen, daß, wenn es keinen Mann gab,
dessen Meinungen mehr seine ganz persönlichen waren, es auch niemand gab, der empfänglicher war für
aufrichtigen Rat oder toleranter gegen abweichende
Kritik. Ich habe Männer in Stellungen von großem
Einfluß im öffentlichen Leben gekannt, die jede Mißbilligung ihrer Handlungsweise oder ihrer Äußerungen als persönliche Beleidigung betrachteten und jeden Gegner als einen Feind ansahen. Nichts hätte
Lincolns Gefühls- und Denkweise ferner liegen können, als eine noch so große Meinungsverschiedenheit
zwischen sich und einem Manne, den er sonst für
aufrichtig hielt, übelzunehmen. Wenn er mißverstan-
den oder angegriffen wurde, so forderte er den Betreffenden zu einem freundlichen Austausch der Ansichten und Meinungen auf, anstatt ihn von seinem Verkehr auszuschließen. War dann keine Übereinstimmung in den Ansichten zu erreichen, so erreichte er
wenigstens das freundliche Einverständnis, bei den
abweichenden Meinungen ohne Bitterkeit zu verhar-
ren. Die Geduld, mit welcher Lincoln die oft sehr
ungerechte Kritik anhörte, wurde bald bekannt und
sehr oft auf die Probe gestellt, ohne die Güte seines
Herzens zu beeinträchtigen oder seine Gemütsruhe zu

stören. Ich habe auch bei der einen oder anderen
Gelegenheit mich solcher Kritik schuldig gemacht,
und ich werde im Laufe meiner Erzählung die charakteristische Art mitteilen, mit welcher er mich dann
behandelte.

Ich sagte Lincoln, daß ich gern meine Stellung als
Gesandter am spanischen Hofe aufgeben möchte; es sei
mir ein unerträglicher Gedanke, ein behagliches und
verhältnismäßig untätiges Leben zu führen, während
die Republik um ihre Existenz kämpfte und die meisten Leute meines Alters im Felde und auf gefahrvollen
Posten ständen; ich möchte nun, wo unsere Beziehungen zu Spanien die denkbar günstigsten wären und
mein Amt, ihm über die öffentliche Meinung in
Europa zu berichten und ihm in der Antisklaverei-
bewegung hilfreich zur Seite zu stehen, erledigt wäre,
ins Heer eintreten. Lincoln erwiderte, daß er sich ja
erinnere, wie ungern ich im letzten Juni nach Europa
gegangen sei, und daß ihm daher auch schon dieser
Gedanke gekommen sei und er ihn mit Seward besprochen habe. Dieser habe ihm gesagt, daß er mit
meiner Amtsführung sehr zufrieden sei, daß ich mir
eine vorzügliche Stellung bei der spanischen Regierung erworben habe und daß er wünsche, daß ich nach
Madrid zurückkehre. Ich solle mir die Sache doch noch
acht bis vierzehn Tage oder noch länger überlegen und
mit Seward selbst darüber sprechen.

Eine gewisse Zeit ließ ich verstreichen, damit es nicht
den Anschein habe, als ob ich Lincolns freundliche

Ermahnungen zu leicht nehme, und dann teilte ich ihm mit, daß ich mich entschlossen habe. «Nun», sagte er, «hoffentlich haben Sie nicht außer acht gelassen, daß Sie ein gutes Gehalt und eine geachtete und behagliche Stellung mit einer vertauschen, die Ihnen viel Arbeit, Unbehagen und Gefahren bringen wird. Haben Sie die Sache auch mit Ihrer schönen, lieben Frau gründlich überlegt?»

Lincoln hatte meine Frau verschiedentlich getroffen und sich augenscheinlich an ihrer äußeren Erscheinung und an der Unterhaltung mit ihr gefreut.

«Ja», entgegnete ich, «sie fand meinen Entschluß nicht leicht, aber sie ist eine gute Patriotin.»

«Wenn sie einverstanden ist, bin ich es auch», sagte Lincoln. «Ich habe allerdings erwartet, daß Sie zu diesem Entschluß kommen würden; ich werde Ihren Namen auf die nächste dem Senat vorzuschlagende Liste von Brigadegeneralen setzen und hoffe, wir finden bald ein geeignetes Kommando für Sie.»

Ich war hoch erfreut und dankte ihm von Herzen.

Am 8. August erhielten wir Marschbefehl.

Wir brachen nachmittags von Sperryville auf und marschierten die ganze Nacht hindurch. Sie war sehr heiß, aber der folgende Tag war noch viel heißer. Nachdem wir am Hazelriver ein wenig gerastet hatten, setzten wir morgens unseren Marsch nach Culpepper fort, wo wir um 2 Uhr nachmittags ankamen. Es war das erstemal, daß ich bei über 90 Grad Fahrenheit

marschierte. Als die Sonne wie ein riesiger, drohender
Feuerball aufging, waren es sicher schon über 80 Grad,
und um 9 Uhr brannten ihre heißen Strahlen unerbittlich auf uns nieder. Es war keine Wolke am Himmel,
und kein Lüftchen regte sich; der Staub, den unser
Marsch verursachte, stieg kaum über unsere Häupter,
und in der dicken, undurchdringlichen Wolke arbeiteten sich die Mannschaften, wie eine dunkle Masse im
Nebel, mühsam weiter. Da wir auf den Feind zu stoßen
erwarteten, hatte ich die Kommandeure der Brigaden
und Regimenter angewiesen, die Marschkolonne geschlossen zu halten, um das Abfallen von Nachzüglern
zu vermeiden. Sie taten gewiß ihr möglichstes, aber als
die Sonne immer höher stieg und die Hitze immer
unerträglicher wurde, erschlaffte die Disziplin. Die
Leute, die mit Tornister und Mantel, mit dem Gewehr
und der schweren Patronentasche belastet waren,
schleppten sich schweißtriefend, Mund und Nase von
erdigem Schleim verstopft, keuchend und mit weitaufgerissenen Augen mühsam dahin, und da jeder
einzelne sich nach Luft und Raum sehnte, verlor die
Kolonne bald ihre ordnungsmäßige Richtung und
verbreitete sich unregelmäßig über die Felder. Wo nur
irgendein Wasserrinnsal, ein Brunnen oder eine Pfütze
sichtbar wurde, stürzten sich gleich Hunderte darauf
und fielen übereinander, im Bestreben, ihren quälenden Durst zu löschen. Viele warfen Tornister und
Mantel fort, viele blieben vollständig erschöpft am
Wege liegen. Die deutschen Regimenter, die am Morgen unter Gesang ihrer vaterländischen Lieder ausge-
zogen waren, ermutigte ich wieder zum Singen, aber

der Versuch schlug traurig fehl. Einige der am Boden liegenden Leute rafften sich mühsam auf, wenn ich vorbeikam, salutierten und riefen: «Nur keine Sorge, Herr General; irgendwie kommen wir doch hin!» Andere gaben alles verloren und wollten lieber hier als anderswo sterben. Als wir um 2 Uhr nachmittags in Culpepper eintrafen, waren einige Regimenter fast zu Fahnenabteilungen dezimiert, aber nach und nach langten die Nachzügler an, die so tapfer versprochen hatten, «irgendwie hinzukommen», und auch andere dazu, so daß wir bald wieder fast vollzählig waren.

Wird es den Leser interessieren, die persönlichen Erlebnisse eines neugebackenen Divisionskommandeurs in einer Schlacht zu erfahren?

Ich hatte mit meinen zwei kleinen Brigaden die Nacht im Biwak zugebracht. Als die Sonne an dem wolkenlosen Augusthimmel emporzuklimmen begann, standen die Truppen marschbereit da. Ich betrachtete eingehend das Terrain, welches sich rechts und links von uns als ziemlich weite Ebene dehnte und nur hier und dort von kleinen Anhöhen oder zerstreuten, mit Bäumen umgebenen Häusern unterbrochen war, Punkten, die schon aus der ersten Schlacht bei Bull Run bekannt und berühmt waren. Vor mir sah ich das Bächlein Youngs Branch, einen Zufluß des Bull Run, jenseits des Baches einzelne größere Baumgruppen und weiterhin einen ausgedehnten, dichten Wald. Sigels Armeekorps, etwa 9000 Mann stark, bildete den rechten Flügel unserer Armee und meine Division den rechten Flügel von Sigels Korps.

Ich erhielt Befehl, vorzurücken und anzugreifen. Vom Feinde nirgends die geringste Spur. Man nahm an, daß er den Wald besetzt hielt, aber *wo* er stand und wie stark er war, wußte kein Mensch. Totenstille herrschte ringsumher. Ich hörte keinen Laut, weder von links, wo ich zu Milroys Brigade stoßen sollte, noch aus der Richtung, wo Schencks Division, Sigels Armeekorps und andere Truppenkörper sich befinden sollten. Mein Befehl lautete jedoch ausdrücklich und klar: bei Sonnenaufgang vorrücken und angreifen. Also sollte ich augenscheinlich die Schlacht eröffnen. Meine Truppen gingen durch eine Furt im Youngs Branch, und am anderen Ufer stellte ich sie nach allen Regeln der Kunst in Schlachtordnung auf.

Die Schützen schwärmten aus; in schnellem Lauf waren sie bald an den Baumgruppen vorbei und betraten den Wald. Das Gros folgte ihnen in angemessener Entfernung. Noch immer vom Feinde keine Spur. Es verging eine Viertelstunde. Noch immer Totenstille ringsumher. War der Feind überhaupt da? Plötzlich, horch! Waren das nicht zwei Flintenschüsse? Schnell nacheinander fielen sie und anscheinend in der Gegend, wo meine Schützen sich mit denen Milroys vereinigen sollten. Noch heute höre ich im Geiste den klaren, hellen Ton jener beiden Schüsse. Dann folgte eine kurze Stille, dann ein unregelmäßiges Feuern auf der ganzen Linie. Kein Zweifel mehr, wir waren auf den Feind gestoßen. Das Knattern des Gewehrfeuers wurde immer lebhafter, aber die feindlichen Schützen schienen sich zurückzuziehen; ich sage «schienen», denn sehen konnten wir blitzwenig. Die dichten Wälder hinderten schon an sich den freien Ausblick und waren überdies bald mit undurchdringlichem Pulverdampf gefüllt. Ich brannte darauf, mein Haupttreffen energischer vorzuschieben, aber durch den Marsch im dichten Wald mit schier undurchdringlichem Unterholz war die Ordnung ganz gelöst. Die Kompagnieführer taten ihr möglichstes, riefen laut, fuchtelten und zeigten mit ihrem Degen und suchten die zerstreuten Gruppen der Mannschaften zusammenzuhalten. Aber diese drängten immer weiter. Ich konnte nur noch das sehen, was sich in meiner nächsten Nähe abspielte, und mußte mir eingestehen, daß ich die Herrschaft über die Truppen verloren hatte. Ich befand mich bei Krzyzanowskis Brigade und schloß aus dem lebhaften Feuer rechts von uns, daß Schimmelpfennig in heißem Gefecht sein mußte. Da ritt plötzlich ein Ordonnanzoffizier heran und brachte mir Nachricht von Schimmelpfennig: «Bis jetzt alles gut, aber vor uns ist der Teufel los. Fragen Sie die beiden Gefangenen aus, die ich Ihnen schicke.»

Die beiden vor mir stehenden Gefangenen waren stämmige, bärtige, wettergebräunte, zerlumpte Gesellen. Ich befragte sie einzeln, und beide sagten übereinstimmend aus. Wir standen Stonewall Jackson gegenüber, der zwei Divisionen zu etwa 8000 Mann zur Verfügung hatte. Das stimmte mit den Meldungen, die wir bis jetzt über seine Stärke erhalten hatten, überein. Weiter berichteten sie, daß Jackson Longstreets Eintreffen innerhalb ein paar Stunden erwarte.

Dann war wirklich vor uns «der Teufel los». Stonewall Jackson, der schneidigste General der Konföderierten, mit mindestens 15000 Mann ihrer besten Infanterie stand dicht vor uns, und ich hatte höchstens 3000 Mann Infanterie zur Verfügung. Was war da zu machen? Vor allen Dingen Sigel benachrichtigen, auf Hilfstruppen warten, besonnen bleiben und größte Unerschrockenheit zur Schau tragen. Vielleicht wußte Jackson nicht, wie schwach ich war.

Inzwischen waren meine Schützen wohl eine halbe Meile vorgedrungen unter dem unheimlichen Geprassel der feindlichen Kugeln im Laub und gegen die Baumstämme. Unser Gros folgte, so gut es vermochte. Plötzlich ertönten statt des unregelmäßig knatternden Schützenfeuers krachende Salven von Infanteriepelotons. Wir waren offenbar auf Jacksons Haupttreffen gestoßen. Nun hieß es: «Ruhig, Jungens, ruhig! Nehmt das Ziel nicht so hoch! Feuert tief, feuert tief!» Und immer noch drangen meine Leute vor, wenn auch langsam.

Mittlerweile war es 10 Uhr geworden; die Schlacht dauerte schon beinahe 5 Stunden, als mir gemeldet wurde, daß General Kearney von der Potomac-Armee angelangt sei und mich suche. Ich traf ihn eben außerhalb des Waldes. Er war eine echt martialische Erscheinung; er hatte einen Arm im Kriege verloren, hatte ein mageres Gesicht mit spitzem Bart und feurigen Augen. Die Mütze trug er auf dem einen Ohr und machte etwas den Eindruck eines französischen Offiziers. Er erkundigte sich bei mir nach dem Stande der Schlacht und nach meiner Stellung und bat mich, ihm und seiner Division an meiner Rechten etwas Platz zu machen. Ich war sehr einverstanden und sandte diesbezügliche Befehle an Schimmelpfennig. Der arme Kearney! Nur noch drei Tage sollte er leben!

Kearney hatte mich kaum verlassen, als ich vom Zentrum meiner Stellung her ein furchtbares Getöse hörte. Es war der «rebel yell», das berühmte Kriegsgeschrei der Südländer, in seiner wildesten Form, und das Knattern von Flintensalven. In der Annahme, daß die Konföderierten einen zweiten, noch wütenderen Ansturm machten, gab ich Befehl, unsere Geschütze mit Kartätschen zu laden und das Reserveregiment in Bereitschaft zu halten. Ein paar Minuten später kamen drei unserer Regimenter in wildem Durcheinander aus dem Walde hervorgestürzt. Truppen der Konföderierten, die ihnen mit lautem Geschrei nachstürmten, wurden am Waldrande von den Geschossen unserer Artillerie und vom lebhaften Flintenfeuer des Reserveregiments empfangen. Sie wichen zurück, hielten aber doch noch den Waldrand. Unter stetem Feuern drang das Reserveregiment vor, und inzwischen brachten wir mit dem Degen in der Hand unsere drei ungeordnet fliehenden Regimenter zum Stehen. Die Mannschaften machten einen eigentümlichen Eindruck; einige waren voll grimmiger Wut über das Verhalten ihrer Kameraden; einige schämten sich, ihr Antlitz war zu einem blöden Lächeln verzerrt; einige starrten in hilfloser Verwirrung die Offiziere an, als wüßten sie nicht, wie ihnen geschähe; die Offiziere aber trieben die Leute mit tüchtigem Schimpfen und Fluchen und hier und dort einem Schlag mit der

flachen Klinge wieder zusammen. Bald waren sie aufs
neue um die Fahne gesammelt, und ein paar auf-
munternde Worte verfehlten ihre Wirkung nicht.
«Das schadet gar nichts, Jungens! Das kann auch den
besten Soldaten passieren. Nun vorwärts mit Hurra!»
Der Ruf erschallte, und wir stürzten uns auf den
Feind und gewannen sofort unsere frühere Stellung
wieder; Schimmelpfennigs Brigade war ganz fest geblieben, und Krzyzanowskis war nur wenig zurück-
gewichen.

Ein Stabsoffizier vom Armeekorps kam bald darauf
angesprengt und reichte mir einen Brief Sigels an
Kearney, den ich lesen und weiterbefördern sollte.
Sigel ersuchte Kearney, mit seiner ganzen Macht
anzugreifen, da Longstreet, der Jackson entsetzen sollte, noch nicht eingetroffen wäre und wir jetzt noch
eine letzte Gelegenheit hätten, Jackson allein zu überwinden. Das war sehr vernünftig gedacht. Da soforti-
ges Handeln not tat, bereitete ich eilig einen neuen
Angriff vor und horchte eifrig nach Kearneys Geschützen zur Rechten. Aber ich hörte nichts. Wahrscheinlich kollidierte Sigels Ersuchen mit Anweisungen, die Kearney von seinen unmittelbaren Vorgesetzten erhalten hatte; aber ich faßte Sigels Worte als Befehl
für mich auf und kommandierte auf der ganzen Linie
einen Angriff, der unter Hurrarufen mit größter Tapferkeit ausgeführt wurde. Der Feind wich überall
zurück. Der tapfere Oberst Soest, der das Reserveregiment befehligte, wurde an der Spitze seines Regimen-
tes schwer verwundet. Zu meiner Linken kam das
Gefecht bei einem früheren Eisenbahndamm zum

Stehen. Der Damm lief mit meiner Front beinahe
parallel und wurde vom Feinde als Schanze benutzt,
von wo aus er uns mit heftigem Feuer überschüttete.
Zu meiner Rechten nahm Schimmelpfennig den
Damm in einem kühnen Sturm und ging sogar darüber hinaus, wurde freilich vom Feinde unter mörderi-
schem Kreuzfeuer von Artillerie und Infanterie auf den
Damm zurückgeworfen, den er aber standhaft hielt.
Sigel schickte mir zwei kleine Berghaubitzen, und mit
Hilfe ihres wirksamen Nahfeuers gelangte eine zweite
Brigade bis an den Damm. Der Feind warf sich
mehrmals heftig gegen unsere Stellung, wurde aber
stets mit großen Verlusten zurückgeworfen.

Meine Hoffnungen aber, daß von rechts die Truppen der Potomac-Armee unter Kearney und Hooker
zugleich mit mir einen Angriff machen würden, wurden arg enttäuscht. Wenn zugleich mit meinem Frontangriff ihre ganze Wucht auf den linken Flügel des
Feindes geworfen worden wäre, hätten wir Jackson
schon empfindlich lähmen können, ehe noch Longstreet eingetroffen wäre. Wie nun die Sachen lagen,
war ich zu schwach, um irgendeinen etwa gewonnenen Vorteil auszunutzen. Es war in diesem Kriege die
alte, so oft wiederholte Geschichte, daß Zeit, Kraft und
Blut durch unzusammenhängende und eigenmächtige
Operationen dieses oder jenes Truppenkörpers nutzlos
verzettelt wurden, während ein gutgeplantes gemeinsames Vorgehen große und vielleicht sogar entscheidende Ergebnisse im Gefolge gehabt hätte.

Während rechts alles still war, hörte ich links bei
Schenck und Milroy heftiges Feuer, welches oft vor-

ging, oft zurückwich; ich schloß daraus, daß das
Kriegsglück schwankte.

Es war etwa 2 Uhr nachmittags, und das Gefecht um
den Bahndamm war nur noch ein leichtes Geplänkel,
als ich von Sigel Nachricht erhielt, daß meine Division
in Reserve gestellt und durch Kearneys und Hookers
Truppen ersetzt werden sollte. Wegen der Verfassung,
in der sich meine Regimenter befanden, war mir diese
Nachricht nicht gerade unwillkommen. Wir waren
fast ununterbrochen acht Stunden im Feuer gewesen,
viele Offiziere und Soldaten waren gefallen, und die
Überlebenden waren ganz erschöpft. Ihr Magen war
ebenso leer wie ihre Patronentaschen, sie hatten schon
längst kein Tröpfchen Wasser mehr in ihren Feldfla-
schen und waren seit Stunden von dem quälenden
Durst gepeinigt, den keiner kennt, der nicht an einem
glühheißen Sommertage in der flammenden Feuerlinie
einer Schlacht gestanden hat, ohne einen Tropfen
Wasser, um sich die Zunge netzen zu können.

In Ausführung des Befehles General Sigels zog ich
also meine Regimenter der Reihe nach aus ihren
Stellungen zurück, die nunmehr von den Soldaten der
Potomac-Armee eingenommen wurden. Ich konnte in
meinem dienstlichen Bericht der Wahrheit gemäß
sagen: «Die Stellungen im Walde, welche meine Division genommen und behauptet hatte, wurden den
Entsatztruppen in bester Ordnung übergeben.» Ich
hatte allen Grund, stolz auf meine Offiziere und Mannschaften zu sein.

Als wir uns in einiger Entfernung hinter der Feuerlinie befanden, war mein erster Gedanke die Sorge für

die zahlreichen Verwundeten Ich gestehe, daß ich bei ihrem Anblick tief gerührt war und meiner vom Mitleid erregten Gemütsbewegung kaum Herr werden konnte. Während der Schlacht, wo ich von den Pflichten und Anforderungen des Augenblicks ganz hingenommen war, hatte ich kaum darauf geachtet, daß um mich herum Soldaten fielen, kaum ihr Ächzen und Stöhnen gehört. Aber jetzt! Von dem blutigen Schlachtfelde her kamen die Tragbahren in entsetzlichen langen Reihen heran und wurden ihrer blutbefleckten Last an der Stelle entledigt, wo die Militärärzte bei den Medizinkasten und Bandagen standen, mit dem Messer in der Hand, mit aufgestreiften Ärmeln und mit blutbefleckter Schürze, und dicht neben ihnen grausige Haufen von abgeschnittenen Gliedern. Und dann das herzzerreißende Jammern und Stöhnen der Verwundeten bei jeder Berührung der sie transportierenden Lazarettgehilfen! Und die flehenden Augen des sterbenden Jungen, der mich erkannte und mit gebrochener Stimme sagte: «Bitte, bitte, Herr General, können Sie mir nicht helfen?»

Nachdem ich so gut wie möglich für meine Verwundeten gesorgt hatte, bekümmerte ich mich um meine in der Nähe im Biwak liegenden Regimenter. Obwohl in einer Entfernung von kaum einer Meile das Schlachtgetöse noch donnerte, waren einige Proviantwagen bis zur unserer Stellung durchgedrungen und hatten das Menü der Mannschaften nicht erheblich, aber doch ein wenig bereichert; es gab etwas größere Rationen von Zwieback und Kaffee und hier und da etwas Speck. Die Leute hatten am Bach ihren brennenden Durst gestillt, einige hatten sich sogar den Luxus gestattet, sich das Gesicht zu waschen, und nun saßen sie da, so seelenvergnügt, als ob der Krieg zu Ende wäre und sie morgen heimkehren dürften. Sie aßen und tranken und plauderten, machten Witze über ihr üppiges Mahl, neckten diejenigen Kameraden, die vor dem «rebel yell» Reißaus genommen hatten, und brachen in jubelndes Hurrarufen aus, als ich ihr Verhalten von Herzen lobte.

Endlich konnten auch ich und meine Stabsoffiziere uns zu einem Mahle auf die Erde niedersetzen.

Während wir schmausten, waren wir jedoch jederzeit gewärtig, wieder an der Schlacht, die noch weitertobte, teilnehmen zu müssen. Meine im Laufe des Tages eingenommene und behauptete Stellung wurde jetzt von zwei Brigaden der Potomac-Armee unter Kearney und Hooker, zwei der berühmtesten Führer im ganzen Heere, gehalten. Sie machten im Laufe des Nachmittags mehrere schneidige Angriffe, und es gelang ihnen sogar, Stonewall Jacksons äußerste Linie hart zu bedrängen, ohne jedoch irgendeine Entscheidung herbeizuführen. Gegen Abend zogen sie sich wieder auf meine frühere Stellung zurück.

Wir legten uns auf dem Schlachtfelde schlafen zwischen Leichen, Pferdekadavern, Wagentrümmern und Fetzen von Bekleidung und Ausrüstung.

Am anderen Morgen, dem 30. August, erwies mir General Sigel die Ehre, meinem Kommando noch eine Brigade Infanterie zu überweisen, nebst einer Batterie, die von Hauptmann Hubert Dilger, einem der schneidigsten Artillerieoffiziere des ganzen Heeres, geführt wurde. Ich war sehr stolz auf dieses Zeichen von Vertrauen. Gegen 9 Uhr wurde ich angewiesen, im Rücken der Schenckschen Division eine Stellung einzunehmen, von der aus wir den größten Teil des Schlachtfeldes übersehen konnten. Es war eine leicht gewellte Ebene, von einzelnen Anhöhen und Baumgruppen unterbrochen. Rechts lag der Wald, in dem tags vorher meine Division gekämpft hatte und den jetzt Hooker, Kearney u. a. m. besetzt hielten.

Es wurde uns mitgeteilt, daß man in Popes Hauptquartier der Meinung sei, dem Feinde sei gestern übel mitgespielt worden, und er habe während der Nacht den Rückzug angetreten; um ihn ganz zu demoralisieren, sei es nur nötig, ihn kräftig zu verfolgen. Gegen 2 Uhr ging Porter zum Angriff über. Kaum war er jedoch durch einen vor ihm befindlichen Waldstreifen hindurchgekommen, als ein donnerndes Getöse von Artillerie- und Infanteriefeuer erkennen ließ, daß er nicht auf eine Arrieregarde gestoßen war, sondern auf das Gros eines Feindes, der stark genug war, ihn gebührend zu empfangen. Eine halbe Stunde lang beobachteten wir die Sache mit gespanntester Aufmerksamkeit. Dann sahen wir die ersten Zeichen eines heillosen Zurückschlagens seines Angriffs. Ungeordnete Scharen von Soldaten kamen aus dem Walde, erst wenige, zerstreute, dann größere Abteilungen, einige in eiligem Lauf, andere nur in etwas beschleunigter Gangart. Endlich stürzten in wildem Durcheinander Kompagnien und Regimenter hervor, die vergeblich versuchten, sich um die Fahne zu sammeln; diesen folgten noch größere Abteilungen, die sich in besserer

Ordnung zurückzogen, und hohe Offiziere mit ihrem
Stabe, die sich vergeblich bemühten, die Leute zum
Stehen zu bringen. Es war ein trauriger Anblick, aber
es fehlte auch hier nicht an den komischen Zwischen-
fällen, an welchen der gewiegte Soldat auch mitten in
der düsteren Tragödie der Schlacht noch Spaß hat.
Unter den Fliehenden fiel besonders ein Regiment
Zuaven in hellblauen Jacken und roten Pluderhosen
auf. Da sie in alle Richtungen zerstreut waren, erglänzte das ganze Schlachtfeld kurze Zeit sozusagen in Blau
und Rot. Meine Aufmerksamkeit erregten besonders
zwei Zuaven, die auf einer Decke einen verwundeten
Kameraden trugen. Sie kamen gerade an meiner Kolonne vorbei, als dicht bei ihnen eine feindliche Granate platzte. Sofort ließen die beiden Soldaten die Decke
fallen und rannten davon. Der «verwundete Kamerad»
aber sprang eiligst auf und folgte ihnen mit solcher
Schnelligkeit, daß er sie bald überholt hatte. Schallen-
des Gelächter der umstehenden Truppen klang hinter
den dreien her.

Da der Feind unseren Angriff abgeschlagen hatte,
vermutete man, daß er die Offensive ergreifen würde.
Sigel schob Schencks Division und hinter ihr meine in
eine stärkere Stellung vor. Um 4 Uhr hatten Porters
fliehende Truppen unsere Front ganz bloßgelegt, und
unsere Leute rückten tapfer vor unter einem heftigen
Artilleriefeuer, welches uns große Verluste beibrachte.
Gegen 5 Uhr aber eröffnete der Feind seinen Haupt-
angriff auf unseren linken Flügel, der gegen die gewaltige Übermacht nicht standhalten konnte. Der Kampf
war außerordentlich heftig. Der Brigadekommandeur

Koltes fiel an der Spitze seiner Truppen. Krzyzanowskis Pferd wurde unter ihm weggeschossen, und
Schenck mußte verwundet vom Schlachtfelde getragen werden. Der Boden war mit unseren Toten dicht
besät. Als Sigel merkte, daß sein linker Flügel immer
mehr zurückgedrängt wurde und gegen die Übermacht der feindlichen Artillerie und Infanterie nichts
ausrichten konnte, befahl er mir, meine Division zurückzuziehen und die nächste Hügelreihe bei dem
Stone House genannten Gebäude zu besetzen. Mein
Kommando kam aus dieser Feuerprobe leider stark
dezimiert, aber in bester Ordnung heraus, und ich
konnte wahrheitsgetreu in meinem offiziellen Bericht
sagen: «Meine Truppen standen wie eine Mauer, bis
der Rückzug kommandiert wurde, den sie in bester
Ordnung ausführten.»

Wie ein böser Traum lebt in meiner Erinnerung der
Nachtmarsch des Sigelschen Korps von Centreville
nach Fairfax Court House. Durch irgendein Versehen
des Stabes befanden sich zwei große Truppenabteilun-
gen auf derselben Straße im Dunkeln auf dem Marsche
und gerieten derartig durcheinander, daß an ein geord-
netes Kommando überhaupt nicht mehr zu denken
war. Die Straße war gedrängt voll von Wagen, Protzkasten, Geschützen und Mannschaften; in dem dichten
Knäuel ging alle Bewegungsfreiheit verloren; man
wurde nur hilflos hin und her geschoben. Neben der
Straße auf dem Felde zu marschieren, war ebenfalls

unmöglich, denn auch das umliegende Gelände war voll von den verschiedensten, teils umgestürzten Fuhrwerken und von Soldaten, die sich mühsam aus den Reihen herausgearbeitet hatten und die sich nun um flackernde Feuer scharten, ihre Wasserkessel aufgesetzt hatten und Speck brieten.

Mitten auf der Straße im dichtesten Gedränge war ich mit einem einzigen Stabsoffizier eingezwängt. Unsere Pferde konnten kaum dann und wann ein paar Schritte tun und mußten dann wieder minutenlang stillestehen. Da ich mehrere Tage und Nächte fast ununterbrochen die Füße im Steigbügel gehabt hatte, schmerzten mir die Hacken unleidlich. Um mir Erleichterung zu verschaffen, trat ich aus dem Steigbügel heraus oder versuchte auch kurze Zeit, wie eine Dame sitzend zu reiten, aber es half kaum. Absteigen und eine Weile gehen war unmöglich, denn, wenn es mir in dem dichten Gedränge auch gelungen wäre abzusteigen, wieder aufsteigen hätte ich nicht können. In langsamem Vorwärtsschieben erreichten wir endlich, lange nach Sonnenaufgang, Fairfax Court House. Dort waren an Straßenkreuzungen Soldaten aufgestellt, die mit lauter Stimme Namen und Nummer ihres Regiments ausriefen, und die betreffenden Mannschaften arbeiteten sich mühsam mit Flüchen und Fußtritten aus dem Gewühl heraus und scharten sich um ihre Fahne. Es bedurfte mehrerer Stunden, um das verworrene Knäuel zu entwirren und den übermüdeten Soldaten eine kurze Rast zu gönnen. Am Abend des folgenden Tages erreichte ich mit meinen Truppen unser Lager in den Befestigungen vor Washington.

Mit schwerem Herzen dachte ich in der Muße des Lagerlebens über das schwere Unglück nach, das uns betroffen hatte. Persönlich dagegen konnte ich sehr wohl zufrieden sein. Ich hatte allerdings keine große Rolle gespielt und nichts besonders Hervorragendes geleistet; ich hatte nur, so gut ich konnte, meine Pflicht getan, aber es wurde mir doch von meinen Vorgesetzten, meinen Offizieren sowie auch von der Presse und aus dem Publikum reiche Anerkennung zuteil. Meine Leute begrüßten mich bei jeder Gelegenheit mit freudigem Lächeln und jubelndem Zuruf, und auch außerhalb meiner Division hatte ich einen gewissen Ruhm erlangt. Eines Tages zum Beispiel ritt ich an einer Abteilung einer mir nicht näher bekannten Division vorbei, die gerade auf «Rührt euch!» stand, da trat ein Hauptmann vor seine Kompagnie und rief laut: «Hut ab vor General Schurz!» – Darauf schwenkten die Leute begeistert den Hut und riefen laut hurra! – Eine große Befriedigung gewährte es mir, daß der Kommandeur eines New Yorker Freiwilligenregiments, Oberst Gilsa, der preußischer Offizier gewesen war und als Fachmann hohe Ansprüche machte, mich persönlich aufsuchte und sagte: «Herr General, ich muß Sie um Entschuldigung bitten. Als Sie zum Brigadekommandeur ernannt wurden, betrachtete ich Sie als einen bloßen Zivilisten und habe weidlich geschimpft. Jetzt sehe ich ein, daß Sie Ihren Rang sehr wohl zu bekleiden verstehen, und ich möchte Ihnen gern meine Hochachtung bezeigen.»

Während das Sigelsche Korps in den Befestigungen
von Washington lag, trugen sich wichtige Begebenheiten zu. Vierzehn Tage nach der Schlacht von Antietam, einer der blutigsten des ganzen Krieges, welche
McClellan als einen großen Sieg seiner Waffen hin-
stellte, inspizierte der Präsident die Potomac-Armee,
die noch immer in Maryland stand. Nach Washington
zurückgekehrt, befahl der Präsident McClellan vorzudringen; dieser aber zögerte in seiner gewohnten un-
schlüssigen Art noch drei Wochen, während welcher
die Regierung und das Volk vor Ungeduld fast umka-
men. Als McClellan endlich über den Potomac gegangen war, das Heer der Konföderierten jedoch nicht
daran hindern konnte, Blue Ridge zu überschreiten
und zwischen der Potomac-Armee und Richmond
Stellung zu nehmen, wurde der General seines Kommandos enthoben, und der Präsident setzte General
Burnside an seine Stelle.

Diese Wahl war keine glückliche. Da der hauptsäch-
liche Vorwurf gegen McClellan sein Zaudern gewesen
war, beschloß Burnside, sofort zu handeln. Am 11.
Dezember schlug Burnside seine Pontonbrücken und
rückte zum Angriff über den Fluß. Aber vergebens.
Die feindliche Linie war vortrefflich aufgestellt, wurde
von einem Kanal, einer tiefliegenden Straße, steinernen Mauern und geschickt disponierten Verschanzungen geschützt und überdies so glänzend verteidigt, daß
sie im Frontangriff nicht genommen werden konnte.
Der Anbruch der Nacht war höchst willkommen,
denn die Fortsetzung der Schlacht hätte nur ein fortge-
setztes Gemetzel bedeutet.

General Burnside benahm sich durchaus ehrenhaft.
Tapfer hatte er in der Schlacht sein altes Armeekorps
persönlich ins Feuer führen wollen und hatte nur auf
Widerraten seiner Generäle davon Abstand genommen. Ebenso tapfer nahm er jetzt die ganze Verantwortung für die Niederlage auf seine eigenen Schultern. Er machte keinem den geringsten Vorwurf,
sondern war voll Lobes für Offiziere und Truppen und
nahm alle Schuld auf sich. Diese hochherzige Haltung
fand beim Volke begeisterte Zustimmung, aber im
Heere war das Vertrauen zu seiner Tüchtigkeit und
Urteilskraft erschüttert. Die Zahl der Deserteure
wuchs erschreckend, und viele Offiziere nahmen ihren
Abschied. 85000 Mann sollen in jener Zeit beim
Appell gefehlt haben. Darüber sehr verstimmt, beschloß Burnside, abermals vorzudringen und, wenn
möglich, seinen Mißerfolg wiedergutzumachen. Er
hatte vor, den Fluß an einer der oberen Furten zu
überschreiten, aber ein andauernder heftiger Regen
setzte ein, und die Straßen wurden absolut unwegsam.
Die Infanterie stak fast bis zum Gürtel im Schlamm,
und die Artillerie war überhaupt nicht zu bewegen.
Ich denke noch an eine meiner Batterien, die am Abend
auf verhältnismäßig fest erscheinendem Boden aufge-
pflanzt wurde und deren Geschütze am anderen Morgen bis an die Achsen in den sandigen Schlamm
gesunken waren, so daß die gesamten Pferde einer
Batterie nötig waren, um jedes einzelne Geschütz
herauszuziehen. Über die ganze Gegend ringsumher
waren halbversunkene Geschütze, Pontons, Muni-
tions- und Ambulanzwagen verstreut. Es war ein

unbeschreiblicher Anblick, und durch das ganze Land hallte der Ruf: «Burnside steckt im Dreck!» (Burnside stuck in the mud.) Das war buchstäblich wahr. Von unwegsamen Straßen konnte nicht mehr die Rede sein, denn es gab gar keine Straßen mehr: Das ganze Land war Straße. In Virginien war nördlich vom Rappahannock in der letzten Zeit so viel Militär hin und her bewegt worden, daß alles zerstampft und zertreten, Hecken verschwunden und Wälder abgeholzt waren. Wurden die Straßen schlecht, so wurden sie mit einem Knüppeldamm belegt. Blieb das Wetter gut, so bildeten die dicht nebeneinander gelegten Baumstämme ein leidliches Pflaster, aber sobald es stark regnete, bedeckte den Knüppeldamm bald eine dicke, weiche Lehmschicht, die zahlreiche tiefe Löcher verdeckte, wahre Fallgruben, in denen die Mannschaften dann plötzlich bis an die Hüften versinkend zappelten und Geschütze und Wagen sich festfuhren. Vergebens versuchten die Leute ihr Heil rechts und links vom Knüppeldamm, auch die übrige zur Straße gewordene Gegend wies Schlamm und Löcher auf: Geschütze staken in einem schwarz und gelben Morast, Infanteristen sah ich bis an die Knie im Schlamme stehen und fluchen, wie nur ein vollständig verärgerter Soldat fluchen kann. Ein Pontontrain, der das Heer über den Rappahannock bringen sollte, war überhaupt nicht zu bewegen. So sah es bei Burnside aus. Hilflos steckte er im Dreck. – Burnside stuck in the mud.

An ein weiteres Vordringen war nicht zu denken; so gut es ging, zog der General seine Truppen wieder ins Lager bei Falmouth zurück. Es erschien ein Wechsel im

Kommando der Potomac-Armee notwendig, und der Präsident ernannte General Hooker.

Wenn es Burnside an Selbstvertrauen mangelte, so hatte Hooker einen Überfluß davon. Am Freitag, dem 1. Mai, morgens, befahl Hooker einer mehrere Divisionen starken Abteilung, auf Fredericksburg und die feindlichen Kommunikationslinien vorzurücken. Unser Korps hatte auch Marschorder erhalten und brach um 12 Uhr mittags auf. Wir waren jedoch kaum in Marschordnung auf dem Wege, als wir in die Stellung zurückkommandiert wurden, die wir während der Nacht innegehabt hatten. Was sollte das bedeuten? General Hooker hatte damit begonnen, den Feind mit einer großen Flankenbewegung überraschen zu wollen. Er hatte uns dem Feind in den Rücken geführt. Alles war gelungen, und wir hatten den Feind tatsächlich überrascht. Dieser Erfolg konnte aber nur durch rasch entschlossenes, tatkräftiges Weitergehen ganz ausgenutzt werden. Sobald jedoch am Freitag, dem 1. Mai, unsere Kolonnen nach Fredericksburg vorrückten und auf den Feind stießen, zog sich Hooker zurück und befahl seinem Heer, die Defensivstellung wieder einzunehmen und Lees Angriff zu erwarten. Auf diese Weise wurde der so glänzend eröffnete Offensivfeldzug in einen Defensivfeldzug verwandelt. Hooker hatte die Initiative in der Bewegung aufgegeben und Lee den unschätzbaren Vorteil vollständiger Bewegungsfreiheit überlassen. Sobald dieser Wechsel

Hookers von frischer fröhlicher Offensive zur einfachen Defensive offenbar wurde, sank die heitere Stimmung bei den Offizieren und Mannschaften der Potomac-Armee und machte düsterem Kopfschütteln Platz. Das Vertrauen, das sie zu der Feldherrnklugheit und dem kühnen Wagemut ihres Anführers «Fighting Joe» gehabt hatten, wich begründeten Zweifeln. Die defensive Stellung der Potomac-Armee hätte kaum unglücklicher gewählt werden können. Sie war mitten in der «Wildnis», einem ausgedehnten Gebiet von Wäldern, deren dichtes Unterholz von verkrüppelten Zwergeichen und Zwergtannen schier undurchdringlich erschien. Einige unregelmäßig gehauene Lichtungen ließen hier und da eine beschränkte Aussicht zu, aber ringsumher ragten die düsteren Wälder empor, die nicht dicht genug waren, um die Annäherung feindlicher Truppen zu verhindern, aber fast überall dicht genug, um ihre Annäherung zu verbergen.

Am Sonnabend, dem 2. Mai, morgens, ritt General Hooker mit einem Teil seines Stabes seine ganze Linie entlang und wurde überall mit begeisterten Zurufen empfangen. Er inspizierte die Stellung des 11. Armeekorps und fand sie «sehr stark».

Die Stellung hätte wohl einigermaßen stark sein können, wenn General Lee General Hooker den Gefallen getan hätte, in einem Frontangriffe mit der Stirn gegen die Feldschanzen zu rennen. Aber wenn er das nicht tat? – In meinem offiziellen Bericht sagte ich: «Unser rechter Flügel stand vollständig in der Luft, ohne jegliche Unterstützung, und zwar in einem Walde, der dicht genug war, um den freien Blick ringsumher zu hemmen, und doch nicht dicht genug, um den Anmarsch der feindlichen Truppen zu hindern. Unser Rücken war dem Feinde vollständig preisgegeben. Er konnte uns, durch die große Lücke zwischen Gilsas rechtem Flügel und der bei Ely Furt postierten Kavallerie heranrückend, ganz und gar umzingeln. Einem Angriff von Westen oder Nordwesten her konnten wir nur durch einen vollständigen Frontwechsel begegnen. Unsere Aufstellung war jedoch einem solchen, besonders in der Eile bewerkstelligten Frontwechsel durchaus ungünstig. Es war fast unmöglich, einige unserer Regimenter zu bewegen, denn sie standen auf der alten Chaussee zwischen Feldschanzen und dichten Wäldern eingeklemmt und in langer Linie aufmarschiert, so daß gerade noch Raum für die Gewehrpyramiden und für einen schmalen Weg blieb. Und diese Chaussee war überdies die einzige Verbindung zwischen den verschiedenen Teilen unserer Front. Was am meisten zu fürchten war, ein Angriff von Westen, das gerade geschah.›

Am ganzen vorhergehenden Tage, dem 1. Mai, hatten wir unsere Linie entlang feuern hören; das war der Feind, der sich über die Ausdehnung unserer Front orientierte. Die Nacht verging ruhig.

Am anderen Morgen jedoch, dem 2. Mai, nicht lange nachdem General Hooker unsere Stellungen inspiziert hatte, wurde mir gemeldet, daß man von General Devens Hauptquartier aus große feindliche Kolonnen auf einer in etwa einer Meile Entfernung von der Plank Road und mit dieser parallel laufenden, erhöht liegenden Straße sich von Osten nach Westen bewegen sehen konnte. Ich eilte nach Talley's Farm, wo ich sie selbst ganz deutlich an einer Waldlichtung vorbeipassieren sah, Infanterie, Artillerie und Wagen. Sofort kam mir der Gedanke, daß dies Stonewall Jackson sei, der «große Flankierer», der auf unseren rechten Flügel marschierte, um ihn zu umzingeln und uns in den Rücken zu fallen. Ich galoppierte nach dem Hauptquartier des Korps in Dowdall's Tavern zurück und befahl unterwegs dem Hauptmann Dilger, er solle sich nach guten Artilleriestellungen mit der Front nach Westen umsehen, da das Armeekorps aller Wahrscheinlichkeit nach einen Frontwechsel würde ausführen müssen. Ich machte sofort von allem, was ich gesehen, bei General Howard Meldung und sprach meine feste Überzeugung aus, daß Jackson uns von Westen angreifen würde. Ich versuchte ihn ferner zu überzeugen, daß wir in diesem Falle in unserer eingezwängten Stellung mit der Front nach Süden, wenn der Angriff von Westen erfolgte, nicht würden kämpfen können und daß General Devens Division und ein großer Teil meiner eigenen ineinandergeschoben werden und in vollständige Verwirrung geraten würden, wenn nicht ein Frontwechsel ausgeführt und die Truppen auf günstigere Gelände gestellt würden.

Ich drang so eifrig auf diese Ansicht, wie meine schuldige Ehrfurcht vor meinem vorgesetzten Befehlshaber es gestattete, aber General Howard stimmte ihr nicht zu. Er blieb hartnäckig bei seiner Ansicht, die, wie er sagte, General Hooker teilte, daß Lee nicht unseren rechten Flügel angreifen wolle, sondern bereits in vollem Rückzug auf Gordonville begriffen sei.

Ich war maßlos erstaunt über diese Ansicht. Konnte man vernünftigerweise annehmen, daß Lee, wenn er wirklich im Rückzug begriffen war, seine Kolonnen an unserer Front entlang marschieren lassen würde, statt *von ihr fort,* was er viel ungestörter tun konnte? Aber Howard wollte dies nicht einsehen.

Kurz vor Mittag sagte mir Howard, er sei sehr müde und brauche Schlaf. Da ich im Range der nächste war, bat er mich, im Hauptquartier zu bleiben, alle eintreffenden Depeschen zu lesen und ihn zu wecken, wenn sie von Wichtigkeit wären. Bald nachher traf ein Meldereiter mit einer Depesche von General Hooker ein, welcher Howard auf die feindliche Bewegung gegen unseren rechten Flügel aufmerksam machte und ihn anwies, Maßregeln zum Widerstand in jener Richtung zu treffen. Sofort weckte ich General Howard, las ihm die Depesche vor und legte sie in seine Hände. Wir hatten kaum ein paar Worte über die Angelegenheit gewechselt, als noch ein Meldereiter, ein junger Ordonnanzoffizier, angesprengt kam, der eine Depesche desselben Inhalts brachte. Später habe ich dieses Dokument gedruckt gesehen und erkannte es als dasjenige, welches ich an jenem verhängnisvollen Tage gelesen und an General Howard gegeben hatte. Der Wortlaut war wie folgt:

«Hauptquartier der Potomac-Armee, Chancellorsville, den 2. Mai 1863, 9.30 Uhr vormittags. – Herren Generalmajor Slocum und Generalmajor Howard. – Der Oberbefehlshaber beauftragt mich, Ihnen mitzuteilen, daß die von Ihnen getroffenen Dispositionen einen Frontangriff des Feindes voraussetzen. Sollte er

sich auf Ihre Flanke werfen, so wünscht der Oberbefehlshaber, daß Sie das Gelände untersuchen und be-
schließen, welche Stellung Sie eventuell einnehmen
wollen, damit Sie vorbereitet sind, von welcher Richtung auch der Angriff erfolgt. Der Oberbefehlshaber
schlägt vor, starke Reserven zur Hand zu haben, um
dieser Eventualität wirksam zu begegnen. Ihre Linie
erscheint nach rechts nicht stark genug. Es sind keine
nennenswerten Befestigungen aufgeworfen, und es
scheinen dort zu wenig Truppen vorhanden zu sein,
die auch nach Erachten des Oberbefehlshabers keine
günstige Stellung haben. Wir haben guten Grund
anzunehmen, daß der Feind auf unseren rechten Flügel
vorrückt. Schieben Sie Ihre Vorposten so weit vor, wie
Sie können, damit Sie rechtzeitig von seiner Annäherung Kunde erhalten. – J. H. van Alen, Brigadegeneral
und Adjutant.»

Zu meiner größten Verwunderung las ich später in
einem Aufsatz General Howards im Century Maga-
zine, «Das elfte Armeekorps bei Chancellorsville»,
folgende Worte:

«General Hookers Zirkularbefehl an Slocum und
Howard ist niemals in meine Hände gelangt und,
soviel ich weiß, auch nicht in die meines Generaladju-
tanten Obersten Meysenburg.»

Wie er vergessen haben konnte, daß ich ihm die
fragliche Depesche vorgelesen und sie ihm überreicht
hatte, ist mir unverständlich, besonders da sich daran
eine lebhafte Debatte zwischen uns anschloß, während
welcher ich, abermals vergeblich, versuchte, ihn zu
überzeugen, daß im Falle eines solchen Angriffs von

Westen unser rechter Flügel, wenn er in der gegenwärtigen Stellung bliebe, hoffnungslos überwältigt werden würde.

Wir standen vor der Haustür von Dowdall's Tavern; da sah ich Major Whittlesey, einen von Howards Stabsoffizieren, unfern der Chaussee aus dem Walde kommen. «Herr General», sagte ich, »wenn Sie von dieser Stelle über Major Whittleseys Kopf weg sich eine gerade Linie denken, wird sie Oberst Gilsas äußerste Rechte treffen. Halten Sie es nicht für absolut gewiß, daß, wenn der Feind von Westen angreift, er schon bei der ersten Attacke Gilsas zwei Regimenter, die unseren rechten Flügel und unseren Rücken decken sollen, vollständig aufreiben wird? Ist auch nur die geringste Möglichkeit des Widerstandes vorhanden?»

Howards Antwort war nur ein kurzes: «Nun, er muß eben kämpfen», oder ähnlich.

Ich war der Verzweiflung nahe, ritt fort, nahm auf eigene Verantwortung zwei Regimenter aus meiner zweiten nach Süden gerichteten Linie und stellte sie mit der Front nach Westen auf Hawkins' Farm, im Rücken von Gilsas exponiertem rechtem Flügel auf. Etwas weiter zurück ließ ich ein drittes Regiment Posten fassen, so daß, wenn der Angriff auf unsere Flanke und unseren Rücken erfolgte, wenigstens ein kleiner Teil unserer Truppen die richtige Stellung hätte. Aber dies war buchstäblich alles, was geschah, um dem drohenden Angriff von Westen zu begegnen. Im übrigen blieb die geradezu unhaltbare Stellung des Korps unverändert.

Etwas nach 3 Uhr nachmittags erschreckten uns

plötzlich zwei Kanonenschüsse, auf die Flintengeknatter folgte. Es schien in Gilsas Nähe zu sein. War das schon Jacksons Angriff? Ich sprang in den Sattel und ritt eiligst in der Richtung des Schießens. Nein, es war nicht Jacksons Angriff, sondern nur eine kleine Abteilung feindlicher Kavallerie, die sich auf der alten Chaussee westlich unseres rechten Flügels gezeigt hatte. Aber eine Menge Linienoffiziere von Devens Division umdrängten mein Pferd und meldeten mir mit besorgter Miene, daß ihre Vorposten während des Tages mehrmals die Anwesenheit größerer feindlicher Truppenkörper in der Nähe ihres rechten Flügels gemeldet hätten und daß, wenn sie von dort angegriffen würden, sie nicht würden standhalten können. Was ich dazu meinte? – Das Herz war mir schwer vor Kummer, denn ich durfte ihnen nicht sagen, was ich dazu meinte, um nicht eine Panik hervorzurufen. Belügen konnte ich sie auch nicht, so riß ich mich los und stürmte zu General Devens, um mir bei einer neuen dringenden Bitte um Frontwechsel, die ich bei Howard versuchen wollte, seinen Beistand zu sichern. Zu meiner Überraschung fand ich ihn ziemlich unbekümmert. Er habe alles ans Korpshauptquartier gemeldet, sagte er, und habe Instruktionen erbeten, und dem Adjutanten, der seine Depeschen überbracht hatte, war gesagt worden, daß General Lee anscheinend in vollem Rückzuge begriffen sei. Seines Erachtens müsse man im Hauptquartier besser unterrichtet sein, als er es sei, und er könne sich nur nach den Befehlen seines Vorgesetzten richten.

Ich kehrte also ins Hauptquartier zurück, um einen

letzten Versuch zu machen. All meine Vorstellungen und Bitten blieben jedoch erfolglos, und Howard selbst ritt mit der Barlowschen Brigade von dannen auf eine, wie sich später herausstellte, abenteuerliche und unfruchtbare Expedition.

Da saßen wir also. Daß der Feind in ziemlich starker Anzahl auf unsere Flanke rückte, war jeden Augenblick sicherer geworden. Mein Artilleriehauptmann, Dilger, kehrte von einem kühnen Rekognoszierungsritt zurück, den er auf eigene Faust unternommen hatte. Er war mitten zwischen den Feinden vor Gilsas Front gewesen, war von ihnen verfolgt worden und der Gefangennahme nur durch die Schnelligkeit seines Pferdes entgangen. Dann war er im Hauptquartier der Armee im Chancellor House gewesen und hatte einem Major von Hookers Stabe Meldung gemacht. Dieser hatte ihm gesagt, er solle sich mit seiner albernen Meldung nach seinem eigenen Korps scheren, und so kam er schließlich zu mir zurück. Kurz, fast alle Offiziere und Mannschaften schienen die drohende Wolke über unseren Häuptern zu sehen und ein Vorgefühl des kommenden Unglücks zu haben. Nur unser Korpskommandeur sah sie nicht und vielleicht auch General Devens nicht, der sein Urteil von dem des Korpskommandeurs vollständig beherrschen ließ. Das Gefühl der Unruhe war durchaus nicht unbegründet. Etwa in Flintenschußweite unseres rechten Flügels stand Stonewall Jackson mit reichlich 25 000 Mann, der kühnste Feldherr der Konföderation mit ihren besten Truppen. So war die Lage um 5 Uhr nachmittags.

Endlich brach der Sturm los. Ich stand mit einigen meiner Stabsoffiziere vor dem Korpshauptquartier und wartete auf Howards Rückkehr. Unsere Pferde waren gesattelt und zur Hand. Um etwa 5 Uhr 20 Minuten sprangen eine Menge Rotwild und Hasen aus dem Walde, der die Hawkins-Farm-Lichtung nach Westen begrenzte. Sie waren von Jacksons herannahenden Truppen aufgetrieben. Unter anderen Umständen wäre eine solche Menge Wild von den Soldaten mit freudigem Gelächter begrüßt worden. Jetzt war das anders. Die Leute fühlten instinktiv die Bedeutung des Vorfalles. Kurz nachher brach lauter Geschützdonner los, man hörte Flintensalven knattern und den wilden Kriegsschrei der Feinde, den «rebel yell», in der Nähe von Gilsas Stellung. Dann geschah, was jeder vernünftige Mensch voraussehen mußte. Unsere beiden auf der Chaussee postierten Geschütze feuerten ein paar Male in die dichte Menge der herandrängenden Feinde, protzten dann auf und versuchten zu entkommen. Aber die feindliche Infanterie war schon zu nah, die Pferde wurden niedergeschossen und die Geschütze erbeutet. Über Gilsas zwei in rechtem Winkel mit der Chaussee formierte Regimenter ging ein dichter Kugelregen nieder. Sie gaben zwei Salven – es ist bewundernswert, daß sie soviel vermochten –, und dann blieb ihnen bei dem nahen Feuer auf Front und Flanken nichts anderes übrig, als die Waffen zu strecken oder sich schleunigst zurückzuziehen. Sie wichen also durch den Wald zurück; viele Verwundete und Tote blieben auf dem Felde. Einige von Gilsas Leuten sammelten sich hinter einem Reserveregiment der ersten Division (75. Ohio), dessen Kommandeur, Oberst Riley, so vernünftig gewesen war, den Frontwechsel zu vollführen, und der, ohne den Befehl abzuwarten, Gilsa zu Hilfe vorrückte. Sie wurden aber sofort von drei Seiten angegriffen und vollständig niedergemacht. Oberst Riley wurde getötet und sein Adjutant verwundet. Inzwischen hatte der Feind die auf der alten Chaussee aufgestellten Regimenter der 1. Division überfallen. An Verteidigung oder Kampf war bei diesen gar nicht zu denken, sie standen ja auf der schmalen Straße zwischen dichtem Buschwerk eingepfercht und wurden von drei Seiten angegriffen, einige Leute wurden sogar in den Rücken geschossen. Die Regimenter wurden einfach ineinandergepreßt und in furchtbarer Verwirrung die Chaussee hinunter getrieben.

Wir hatten kaum ein Regiment mit der Front nach Westen formiert, als schon dieser wilde Strom durch die Reihen brach und wieder die größte Verwirrung hervorbrachte. Trotz des furchtbaren Durcheinanders, dem meine beiden besten und ältesten Regimenter fast ganz erlagen, gelang es uns doch, in aller Eile abermals eine freilich ziemlich unregelmäßige und unterbrochene Linie in der Nähe des Hains mit der Kirche zu bilden. Hauptmann Dilger brachte seine sechs Geschütze eiligst auf einen weiter zurückgelegenen, höheren Punkt, der das Zusammentreffen der beiden Chauseen beherrschte. Er warf einen wahren Regen von Kartätschen und Granaten in die heranrückenden feindlichen Bataillone, die den Trümmern unserer geschlagenen Regimenter auf den Fersen folgten. Sie

kamen mit wildem Geschrei und tödlichem Kleinge-
wehrfeuer heran, und ihre Front griff an beiden Seiten
weit über die unsere hinaus. Bei ihrem ersten Ansturm
stürzte der edle Oberst Peißner vom 119. New-York-
Regiment tot vom Pferde; Oberstleutnant Lockman
hielt seine Leute jedoch tapfer zusammen. Mein alter
Freund aus den Revolutionstagen, Oberst Hecker,
hatte die Fahne seines Regiments ergriffen, um einen
Angriff mit gefälltem Bajonett anzuführen; auch er
wurde von einer feindlichen Kugel getroffen und
verwundet hinter die Front getragen. Major Rols-
hausen übernahm sofort das Kommando des Regiments und hatte dasselbe Schicksal. Unsere Toten
und Verwundeten bedeckten in großer Anzahl das
Schlachtfeld. Aber trotz des tödlichen Kugelregens
von drei Seiten hielten diese Regimenter so lange
stand, daß sie zwanzig bis dreißig Salven abfeuern
konnten.

Die Feinde drangen jetzt in überwältigender Macht
von links und rechts auf uns ein, und die Stellung war
nicht mehr zu halten. Einmal gelang es mir, eine
größere Anzahl Soldaten zu sammeln und mit lautem
Hurra dem Feinde entgegenzuführen. Sie folgten mir
eine Zeitlang, wurden dann aber von dem mörderi-
schen Kugelregen des Feindes wieder versprengt, und
einer meiner Adjutanten wurde verwundet. Einige
andere Versuche hatten ebensowenig Erfolg. Der
Kampf der 9000 Mann des elften Armeekorps, die dem
Feinde in ihrer Stellung ihre ungedeckte Flanke boten,
gegen die 25 000 kriegsgewohnten Soldaten Stonewall
Jacksons hatte mindestens 1½ Stunden gedauert.

Nicht ein einziges Geschütz und nicht *ein* Mann war ihnen bei ihrem aussichtslosen Kampf zu Hilfe gekommen.

Der weitere Verlauf der Schlacht war folgender. Als Jacksons überwältigender Angriff das hilflose elfte Armeekorps vollständig vernichtet hatte, war zwischen seinen siegreichen Truppen und Chancellor House, dem Herzen der Potomac-Armee, kein weiterer Widerstand als die Trümmer des elften Armeekorps in ganz aufgelöstem Zustande und die wenigen Truppen, die in aller Eile von anderen Punkten herbeikommandiert werden konnten. Einige Divisionen, die bei der verfehlten Jagd auf Jacksons Train engagiert gewesen waren, wurden eiligst herangebracht, und äußere Umstände kamen dazu, um uns über die kritische Situation wegzuhelfen. Trotz des hellen Mondscheins war es im Schatten des Waldes sehr dunkel, und überdies kamen die ersten beiden Linien der Konföderierten, teils wegen des Widerstandes des elften Armeekorps und teils wegen der schwierigen Bewegung im dichten Walde, vollständig in Verwirrung, die nun durch mörderisches Feuer von der eilig formierten Front der Unionstruppen erhöht wurde. Mit dem Ordnen der konföderierten Brigaden verging Zeit, aber Jackson war noch eifrig darauf bedacht, seinen Vorteil auszunutzen und Hooker in den Rücken zu gelangen. Da schritt das Schicksal mit einem folgenschweren Ereignis ein. Die siegreichen Konföderierten verloren ihren Anführer. Auf dem Rückweg von einem kurzen Rekognoszierungsritt vor seiner Front wurde Stonewall Jackson von einer Kugel aus

seinen eigenen Reihen schwer verwundet, und der
Angriff wurde für die Nacht eingestellt.

Hooker schien inzwischen vollständig zusammen-
gebrochen zu sein. Am zweiten Schlachttage hatte ihn,
als er am Eingang des Chancellor House stand, eine
umgeschossene hölzerne Säule im Fallen getroffen,
und er blieb eine Stunde lang besinnungslos. Aber
auch vor und nach diesem Unfall schien seine Gedan-
kenarbeit unzusammenhängend und konfus zu sein.
Es waren psychologische Rätsel, welche die Befehlshaber in dieser Schlacht uns zu raten aufgaben. Ganz
unerklärlich war das Verhalten Hookers, des berühmten «Fighting Joe», der auf den Kampf gebrannt und
einen durchaus erfolgreichen offensiven Feldzug begonnen hatte und der plötzlich angesichts des Feindes
seine ganze Unternehmungslust und seinen Wagemut
verlor und in einer matten Defensive sich und die Kraft
und gute Laune seiner Armee verzettelte. Am Morgen
des 2. Mai hatte er Slocum und Howard gewarnt, daß
Jackson eine gefährliche Bewegung auf unseren rechten Flügel mache; abends hingegen gab er sich der
unglaublichen Illusion hin, daß Jackson und Lee sich an
unserer Front entlang zurückzögen. Am 3. Mai erlaubte er den Konföderierten, ihn von einer Stellung in die
andere zurückzudrängen, und ließ sich schließlich von
einer ihm weit unterlegenen Macht in seine Verschanzungen fest einpferchen, ohne den geringsten Versuch
zu machen, etwa 35000 bis 40000 Mann seiner Truppen, die untätig dabei gestanden und keinen Schuß
abgegeben hatten, ins Gefecht zu führen; und endlich
wußte er nichts Besseres zu tun, als wieder über den

Rappahannock zurückzugehen und vorzugeben, er habe eigentlich gar keine Schlacht geliefert, da beinahe die Hälfte seiner Armee überhaupt nicht im Feuer gewesen wäre – obgleich er über 17000 Mann verloren hatte.

Nach der Schlacht von Bull Run, wo ich nach meiner Ansicht nur die gewöhnliche Pflicht eines Divisionskommandeurs getan und nichts Bemerkenswertes geleistet hatte, erntete ich größte Anerkennung und öffentliches Lob weit über mein Verdienst und mit der Aussicht auf eine erfolgreiche militärische Laufbahn. Und nun, nach der Schlacht von Chancellorsville, wo ich die Situation und was sie erforderte klar erkannt, ja besser als mein vorgesetzter Befehlshaber erkannt und ihm Ratschläge gegeben hatte, die, wenn sie befolgt worden wären, sich als höchst wertvoll erwiesen haben würden, und wo ich also Anerkennung meines klaren Blickes und richtigen militärischen Urteils hätte erwarten dürfen, wurde ich vor dem ganzen Volke angeklagt, als ob ich für die verlorene Schlacht und den verfehlten Feldzug verantwortlich wäre. Als ich wenig verdiente, erhielt ich viel; als mir wirklich Anerkennung für geleistete Dienste zukam, wurden mir Tadel und Ungunst zuteil, die eigentlich andere verdient hatten, gerade wegen der Dinge, die ich mich nach Kräften bemüht hatte abzuwenden.

Viele Rekognoszierungsritte führte ich selbst, und dadurch lernte ich zuerst die Bergbevölkerung von

Nord-Alabama, Nord-Georgia und Südwest-Tennessee aus eigenem Augenschein kennen. Bereits in Virginia und Maryland hatte mich bei der Landbevölkerung eine Unkultur überrascht, die im Norden, selbst auf dem Lande, unmöglich gewesen wäre. Jetzt sollte ich noch Überraschenderes erfahren. Nicht weit von unserem Lager traf ich auf eine von einem älteren Manne, seiner Frau und zahlreichen Kindern bewohnte Farm. Der Farmer war durchaus nicht bedürftig, denn er sagte mir, er besitze mehrere hundert Morgen Land. Trotzdem lebte er in einer nach vorn offenen Blockhütte, die nur rechts und links je einen geschlossenen Raum aufwies; die Schornsteine waren aus Lehm und die Fugen zwischen den Stämmen so schlecht gedichtet, daß der Wind lustig hindurchpfeifen konnte. Drinnen war nichts, was den Namen Möbel verdient hätte. Die Kunst des Lesens und Schreibens war der Familie nur vom Hörensagen bekannt. Die schmutzigen, zerlumpten, barfüßigen Kinder tummelten sich im Hause in Gemeinschaft mit Hunden und anderen Haustieren.

Der Farmer schien gutmütig, aber erwies sich im Gespräch als unglaublich unwissend. Von seinem Heimatlande hatte er nur einen unbestimmten, nebelhaften Begriff. Als er meine Soldaten sah, fragte er erstaunt, wo all die Leute herkämen. Ich antwortete: aus New York, Pennsylvania, Ohio, Illinois, Wisconsin. Er starrte mich verständnislos an. Von New York hatte er wohl gehört; das sei eine «ungeheuer große Stadt» und so weit entfernt, daß man mehrere Wochen reisen müsse, um hinzukommen. Er fragte mich, wie viele Menschen dort etwa wohnten, und als ich sagte, gegen

700000, verstand er 7000, schlug in heller Verwunderung die Hände über dem Kopf zusammen und rief
aus: «Lieber Gott, 7000 Menschen auf einem Fleck! Die
Stadt muß ja größer als Chattanooga sein!» Er hatte
einmal sagen hören, daß die Erde sich um die Sonne
drehe, aber das glaubte er natürlich nicht; konnte er
nicht mit eigenen Augen sehen, wie die Sonne jeden
Morgen an einer Seite des Himmels aufging und dann
nach der anderen Seite hinüberzog, wo sie abends
unterging? Er hatte einige unbestimmte religiöse Vorstellungen von Himmel, Hölle und Erlösung, die er
von seinen Vätern ererbt und von Wanderpredigern
gehört hatte. Ihm war auch Kunde geworden von dem
Atlantischen Ozean und von Ländern mit vielen fremdartigen Bewohnern, die jenseits des Ozeans liegen
sollten, und er verstummte vor Erstaunen und maß
uns alle mit neugieriger Verwunderung, als ich ihm
sagte, daß ich und viele meiner Soldaten in jenen
Ländern jenseits des großen Wassers geboren seien.

Aber ich machte bald eine andere, noch erstaun-
lichere Erfahrung. Auf einem Rekognoszierungsritt
gelangte ich an eine einsam gelegene Blockhütte, vor
deren Tür eine Frau inmitten einer Schar flachshaari-
ger Kinder verschiedenen Alters stand. Da ich durstig
war, ritt ich heran, um einen frischen Trunk zu erbitten. Mit freundlichem Lächeln und einigen Worten im
dortigen, mir unverständlichen Dialekt reichte sie ihn
mir in einer aus dem Brunneneimer gefüllten Kürbis-
flasche. Obgleich barfuß und ärmlich gekleidet, sah sie
sauber und ordentlich aus; ebenso die Kinder, die
offenbar an dem Tage gewaschen waren. Die Frau

mochte etwa fünfunddreißig Jahre zählen, und ihr Gesichtsausdruck war angenehm, offen und bescheiden. Ich fragte sie, ob dies ihre Kinder seien, und sie bejahte mit offenbarem, freudigem Stolz. Ich fragte weiter, wieviel Kinder sie habe. «Dreizehn; die älteren arbeiten auf dem Felde», war ihre Antwort. Ich erkundigte mich nach ihrem Manne, ob er im Kriege sei. «Mein Mann?» fragte sie erstaunt zurück. «Ich habe keinen Mann.» Bedauernd meinte ich, er sei wohl tot, und nun sei sie mit den vielen Kindern allein. Ohne im geringsten in Verlegenheit zu geraten, erwiderte sie, sie habe nie einen Mann gehabt. Auf meine weitere Frage, ob sie denn wirklich nie verheiratet gewesen sei, schüttelte sie nur den Kopf mit gleichmütiger oder vielmehr mit etwas erstaunter Miene, als ob sie nicht begriffe, was ich sagen wollte. Ich verließ sie sehr verwundert, und als ich meinen Freund, den alten Farmer, wieder traf, erkundigte ich mich bei ihm nach ihr und erfuhr, daß sie eine sehr achtbare fleißige Frau sei, die gut für ihre Kinder sorge, und daß es in dortiger Gegend noch mehrere solcher Fälle gebe.

Ich will nicht sagen, daß sie den allgemeinen Kulturstand jener Gegend widerspiegelten. In einigen Tälern fand ich Leute, die ebenfalls ganz unwissend waren, aber in geistiger wie in sittlicher Hinsicht einen viel höheren Standpunkt einnahmen. Doch auch unter ihnen tauchten Fälle, wie die oben beschriebenen, vereinzelt auf, während sie in den abgelegeneren Gegenden die Regel bildeten. Am meisten überraschte mich die Tatsache, daß diese Leute meist von reinem, hier und dort mit schottisch-irischen Elementen vermischtem angelsächsischem Typus waren: ein Beweis dafür, daß die Rasse allein nicht für die Fähigkeit oder Neigung zum Fortschritt bei einem Volke maßgebend ist, sondern daß auch die kräftigsten Rassen in ihrer Entwicklung der Ungunst der Umstände erliegen können. Diese Leute waren in ihrer einsamen Abgeschiedenheit vom Strom des Fortschritts, der sich in der Ferne vorbeibewegte, einfach unberührt geblieben.

Ich will hier nicht die an dramatischen Vorfällen so reiche Schlacht von Chattanooga zu schildern versuchen, sondern mich darauf beschränken, einige persönliche Erlebnisse zu erzählen, von denen eins von psychologischem Interesse sein dürfte.

Nach einer guten, ruhig durchschlafenen Nacht erwachte ich gegen Tagesanbruch am 23. November, und mein erster Gedanke war, daß ich an dem Tage den Tod finden würde. Eine innere Stimme schien es mir mit feierlicher Bestimmtheit zu verkünden. Ich versuchte energisch, mich von dem Eindruck freizumachen und es als Schwäche zu belachen, daß ich auch nur einen Augenblick jener Stimme Gehör lieh. Aber während ich mich mit den Kameraden unterhielt und meinen Pflichten oblag, tönte im stillen immer die Stimme mit: «Heute werde ich den Tod finden.» Einmal war ich nahe daran, die Feder zu einem «letzten Briefe» an meine Frau und Kinder zu ergreifen, aber ein Gefühl von Scham über meinen Aberglauben ließ

mich davon abstehen. Doch konnte ich die innere
Stimme nicht zum Schweigen bringen. Ich machte mir
allerhand zu schaffen, inspizierte meine Truppen, prüfte ihre Bereitschaft zur Schlacht, die jeden Augenblick
eröffnet werden konnte, und dergleichen mehr – die
Stimme klang mir immer in den Ohren. Ich nahm
mich sehr zusammen, um so vergnügt wie immer zu
scheinen und vor meinen Offizieren meinen Seelenzu-
stand zu verbergen, und ich glaube, es ist mir gelungen. Was ich aber nicht verbergen konnte, war eine
rastlose Ungeduld, daß die bevorstehende Schlacht
beginnen möchte. Indes verging der ganze Vormittag
ohne ernstliches Gefecht. Hier und da fiel ein Kano-
nenschuß, hier und da knatterte ein Vorpostenfeuer,
aber im übrigen starrten die Befestigungen und Schan-
zen des Feindes von dem steilen Gipfel des Missionary
Ridge und vom Lookout Mountain finster und anscheinend uneinnehmbar herab, und wir blickten untätig zu ihnen hinauf.

Endlich, etwa um Mittag, wurde zwei Divisionen
der Cumberland-Armee aus unserem Mitteltreffen
befohlen, vorzurücken, und in kurzer Zeit hatten sie
die feindlichen Schützengräben am Fuß des Berges
genommen. Obgleich die innere Stimme in mir noch
redete, fühlte ich doch eine gewisse Erleichterung, als
ich den Schlachtendonner tatsächlich vor mir hörte;
doch mußten meine Truppen noch zwei Stunden lang
Gewehr bei Fuß auf Befehle warten. Endlich, um
2 Uhr, sprengte ein Stabsoffizier heran mit dem Befehl, daß ich links von jenen Divisionen, zwischen
Orchard Knob und Tennessee River, Stellung nehmen

und meinen rechten Flügel mit General Wood und meinen linken mit der zweiten Division unseres Armeekorps verbinden sollte. «Jetzt wird's ernst», sagte die Stimme in mir. Meine Truppen aufmarschieren zu lassen und die vorgeschriebene Verbindung herzustellen machte keine Schwierigkeit. Es gab nur ein leichtes Scharmützel, worauf der Feind zurückwich und ich bis zum Citico-Bach vordrang. Aber auf dem Abhang des Missionary Ridge dem Orchard Knob gegenüber stand im Walde eine für uns unsichtbare feindliche Batterie, die uns beschoß und offenbar Ziel und Schußweite richtig genommen hatte. In langsamer Folge, etwa zwei auf die Minute, kamen die Geschosse zielsicher auf uns zu. Ein geübtes Ohr konnte ihre Richtung an dem heulenden Heransausen ziemlich genau abschätzen. Ich hatte gerade meine Stellung eingenommen, hielt mit meinem Stabe zwischen der Schützenlinie und der Schlachtlinie und wartete auf weitere Befehle, als ich eine Granate direkt auf mich zukommen hörte. «Die ist für dich», sagte ich mir. Die wenigen Sekunden, während derer ich sie kommen hörte, erschienen mir eine Ewigkeit. Plötzlich schlug sie in den Boden unter meinem Pferde, daß das arme Tier sich bäumte, brach dem Pferde einer hinter mir haltenden Ordonnanz die Vorderbeine, vergrub sich dann in einen Erdhügel etwa zwanzig Meter hinter mir und platzte, ohne weiteren Schaden anzurichten. Dies wirkte wie ein elektrischer Schlag. Die Stimme in mir sagte: «Dies war die Kugel, aber den Tod hat sie dir doch nicht gebracht.» Und sofort verschwand die Todesahnung, und mein gewohnter heiterer Mut

kehrte zurück. Ich habe nie wieder etwas Ähnliches
erfahren und habe vergebens nach einer Erklärung
dafür gesucht.

Eines Tages war unser Marsch ganz besonders beschwerlich. Er führte durch gebirgiges Land, und die
Straßen glichen oft ausgetrockneten, steinigen Betten
von Gebirgsbächen. Die Artilleriepferde konnten die
Geschütze und Protzkasten unmöglich über solche
Hindernisse fortbewegen; sie mußten ausgespannt
werden, und Infanteriesoldaten wurden herbeikommandiert, um den Artilleristen zu helfen, ihre Kanonen
und Wagen über das felsige Geröll zu schieben und zu
heben. Dies mußte mehrmals am Tage geschehen, und
so mußte die Marschkolonne öfter haltmachen, ohne
sich ausruhen zu können; im Gegenteil, derlei wieder-
holter längerer oder kürzerer Aufenthalt pflegt auf
dem Marsch begriffene Truppen zu irritieren und zu
ermüden. Endlich, gegen Abend, kamen wir an eine
große Wiese, durch welche ein klarer Bach floß. Der
Ort war zum Lagern wie geschaffen. Ich hatte keine
bestimmten Befehle darüber, wie weit ich marschieren
sollte, sondern sollte unterwegs darüber verständigt
werden. Meine Truppen waren seit morgens früh auf
den Beinen, die Beschwerden des Weges hatten sie sehr
müde gemacht, sie schleppten sich nur noch mühsam
dahin. Ich beschloß, sie hier an diesem günstigen Platz
ausruhen zu lassen, wenn es mir gestattet würde, und
sandte einen Stabsoffizier an das wohl zwei oder drei

Meilen voraus befindliche Hauptquartier, um die Erlaubnis zu erlangen. Inzwischen ließ ich, da ich an einem günstigen Bescheid nicht zweifelte, den verschiedenen Brigaden Lagerplätze anweisen.

Nach etwa einer Stunde, als die Leute gerade Feuer anmachten und sich anschickten, die kargen Speisen, die sie hatten, zu kochen, kam mein Bote vom Hauptquartier zurück mit dem Befehl, sofort meinen Marsch fortzusetzen, mir würde etwa drei Meilen weiter ein Lagerplatz angewiesen werden. Da, wie es hieß, auf Meilen in der Runde kein Feind war, schien es mir, daß ein Irrtum vorliegen müsse. Ich schickte also einen zweiten Stabsoffizier ins Hauptquartier, der darlegen sollte, daß es gegen meine Leute geradezu grausam sein würde, den Befehl zum Aufbruch zu geben, und daß ich dringend bäte, die Nacht hier zubringen zu dürfen, wenn der Weitermarsch nicht absolut notwendig wäre. Nach geraumer Zeit traf die Nachricht ein, der Weitermarsch sei absolut notwendig. Da blieb nichts anderes übrig, als sofort zu gehorchen. Mein Trompeter blies das Signal. Aus dem Biwak erhob sich wohl ein dumpfes Murren, aber die Leute leerten sofort die Kessel, die gerade zu kochen begonnen hatten, auf dem Boden aus und stellten sich prompt in Reih und Glied. Wir waren kaum eine halbe Stunde marschiert, als ein furchtbares Gewitter losbrach und wolkenbruchartiger Regen uns ins Gesicht peitschte. In wenigen Minuten waren wir bis auf die Haut naß. Ich trug einen schweren, mit Wolle gefütterten und mit Kapuze versehenen Kavalleriemantel. In unglaublich kurzer Zeit fühlte ich, wie mir das Wasser den

Rücken herunterlief und wie meine Reitstiefel zum
Überfließen voll waren. Die üble Lage der armen
Soldaten in den zerfetzten Uniformen läßt sich denken. Wir gingen abermals durch gebirgige Gegend,
und die Straße lag in einem engen Tal zwischen steilen
Abhängen. Diese herab stürzte das Wasser in kleinen
hurtigen Rinnsalen und verwandelte die Straße in
einen reißenden Gebirgsbach, in dem die Leute knietief
wateten. Dabei rollte der Donner und zuckten die
Blitze, und die armen Soldaten stolperten über die im
Wasser verborgenen Steine und machten ihrem Zorn
durch wilde Flüche Luft.

Nachdem wir etwa zwei Stunden lang uns also
mühselig weitergearbeitet hatten, gelangten wir aus
den bewaldeten Bergen in offenere Gegend – wenigstens schien es mir so, weil mir die Dunkelheit etwas
weniger dunkel vorkam. Ich ritt an der Spitze meiner
Kolonne und stieß gegen einen Reiter, der mitten auf
dem Wege hielt.

«Halt! Wer seid ihr?» rief er aus.

«Dritte Division, elftes Armeekorps.»

Er stellte sich vor als ein Stabsoffizier des Korps und
überbrachte mir den Befehl, meine Leute «hier rechts
und links von der Chaussee» in Biwak gehen zu lassen.
Meine voraufgesandte Patrouille hatte ihn in der Dunkelheit verfehlt. Ich fragte, aus welchem Grunde denn
mein Weitermarsch in dieser entsetzlichen Nacht absolut notwendig gewesen sei. Er wußte es nicht. Es war
so dunkel, daß ich auf fünf bis sechs Fuß hinaus nichts
erkennen konnte. Eines erkannte ich aber doch, nämlich daß rechts und links der Chaussee frisch gepflügtes

Feld war, wo das Regenwasser noch in den Furchen
stand oder darin einen zähen schwarzen Schlamm
bildete. Und da sollten meine Leute biwakieren! Meine
Offiziere zerstreuten sich, um einen besseren oder
doch nicht ganz so traurigen Lagerplatz für die Leute
zu suchen; aber sie kehrten bald unverrichteter Sache
zurück. Im Dunkel waren sie nur in die Lager der
anderen Truppen geraten. So blieb uns nichts anderes
übrig, als da zu bleiben, wo wir waren. Die Regimenter wurden, so gut es in der Dunkelheit ging, verteilt.
Die Leute konnten sich auf die regengetränkte Erde
nicht hinlegen, sie mußten sich auf ihre Tornister
setzen, wenn sie welche hatten, oder kauernd versuchen, etwas Schlaf zu erhaschen. Um Mitternacht ging
der Wind plötzlich nach Norden herum, und es wurde
so bitter kalt, daß uns die Kleider am Körper festfro-
ren. Mir war's, als könnte ich bei den Leuten die Zähne
klappern hören; meine klapperten sicher. Da saßen,
hockten und kauerten wir in unruhigem, oft unterbro-
chenem Schlummer bis zum Tagesanbruch. Sobald
das Morgengrauen sich als schmaler, fahler Streifen am
Horizont zeigte, gab es eine allgemeine Bewegung.
Die Leute standen auf, stampften und schlenkerten die
Glieder, um das Blut in Bewegung zu bringen. Gar
manchen waren die Füße an der Erde festgefroren, und
wenn sie sich mit Gewalt losrissen, ließen sie die
Sohlen ihrer erbärmlichen Stiefel im gefrorenen
Schlamm zurück. Die Pfützen waren alle mit einer
Eisschicht bedeckt, und der kalte Nordwind blies noch
unerbittlich. Ich ließ so bald wie möglich aufbrechen,
damit die Mannschaften in Bewegung kamen; ihren

Kaffee konnten sie später an einer günstigeren Stelle kochen. Die Reihen waren sehr gelichtet, denn viele der Leute hatten sich von der Kolonne entfernt und waren durchs nächtliche Dunkel weitergetrabt. Als wir weitermarschierten, sahen wir sie aus Häusern, Scheunen, Strohhaufen und wo sie sonst Schutz gefunden, hervorkriechen. Die hartgefrorene und steinige Straße wies bald Blutspuren auf von den Sohlen der armen Burschen, die mühsam ihres Weges hinkten.

Und all diese Qual war um nichts gewesen. Das Korpshauptquartier war von einem unbestimmten Gerücht beunruhigt worden, nach dem der Feind einen Kavallerieüberfall gegen uns plante, und ein solcher hätte möglicherweise ein Zusammenziehen unserer Truppen bedingt. Das Gerücht erwies sich als vollständig unbegründet. –

Ich machte Lincoln an einem heißen Julinachmittag meine Aufwartung. Er sprach wie einer, dem es Bedürfnis ist, sein Herz auszuschütten und seinen traurigen Gedanken Luft zu machen. Er beklagte sich nicht über die schwere Last von Sorge und Verantwortung, die auf seine Schultern gelegt war; wie schwer sie lastete, wußte nur er allein. Aber war es notwendig, war es großmütig, war es auch nur gerecht, die Lauterkeit seiner Beweggründe anzugreifen? «Sie dringen mit geradezu heftiger Sprache in mich», sagte er, «daß ich, der ich einstimmig vorgeschlagen bin, vom Wahlkampfe zurücktreten und einem Besseren

Platz machen solle. Ich wollte, ich könnte es. Ein anderer würde vielleicht seine Sache besser machen als ich. Es ist möglich. Ich leugne es nicht. Aber ich stehe nun einmal hier und jener Bessere nicht. Und wenn ich zurücktrete, um ihm Platz zu machen, so ist es durchaus nicht sicher, ja kaum wahrscheinlich, daß er hierhergelangt. Viel wahrscheinlicher ist, daß die mir feindlich gesinnten Parteien unter sich in Streit geraten und daß die, welche wünschen, daß ich einem Besseren das Feld räume, schließlich jemanden bekommen, den sie alle gar nicht haben wollen. Also würde mein Zurücktreten die Verwirrung nur vermehren. Gott weiß, ich habe nach Kräften versucht, meine Pflicht zu erfüllen, jedem Recht und niemandem Unrecht zu tun. Und nun sagen Leute, die meine Freunde gewesen sind und mich kennen sollten, ich sei von dem, was sie Herrschgier nennen, verführt und habe dies und jenes Gewissenlose oder dem Gemeinwohl Schädliche getan, nur um mich selbst im Amte zu erhalten! Denken *sie* wohl an das Gemeinwohl, während sie mich zu stürzen suchen? Ich hoffe es, ich hoffe es.»

Er redete weiter wie im Selbstgespräch, hielt hier einen Augenblick inne und sprach dort einen Satz mit besonderem Nachdruck. Inzwischen war die Nacht hereingebrochen, und als im Zimmer Licht gemacht wurde, war es mir, als seien seine Augen feucht und seine groben Züge von schmerzlicher Empfindung bewegt. Endlich hielt er inne, als ob er nun eine Äußerung von mir erwarte. Ich war tief gerührt und gab nur, so gut ich konnte, meinem Vertrauen Ausdruck, daß das Volk sich von den Zänkereien seiner

nörgelnden Widersacher nicht stören lassen und treu
zu ihm halten würde. Als ich mich endlich verabschie-
dete, war er ruhig gestimmt, machte ein paar witzige
Bemerkungen, gab mir herzlich die Hand und sagte:
«Nun, die Sachen könnten besser, aber sie könnten
auch viel schlimmer sein. Gehen Sie an die Arbeit, und
lassen Sie uns alle tun, was in unserer Macht steht.»

Die Wahlkampagne wurde erst nach der nationalen
Wahlversammlung der Demokraten lebhaft, aber
dann wurde sie es gleich sehr, und die Aussichten
besserten sich. Dann kam plötzlich die begeisternde
Nachricht von Shermans siegreichem Marsch bis ins
Herz von Georgia hinein und von der Eroberung von
Atlanta. Im ganzen Norden entzündete die Kunde eine
jubelnde Begeisterung, und die Erklärung, daß der
Krieg ein Mißerfolg sei, wurde hinfort nur noch
höhnisch belacht. Und endlich, schwerwiegender vielleicht als alles andere, machte sich die Liebe des Volkes
für Abraham Lincoln in ihrer ganzen Innigkeit geltend. Die geradezu zärtliche Liebe, welche die einfache
Landbevölkerung, die Soldaten auf dem Felde und die
«Daheimgebliebenen» für Lincoln im Herzen trugen,
war ein mächtiges Moment, das seine kühlen und
kritischen Gegner vollständig unterschätzt hatten.
Jetzt lernten sie es zu ihrer Überraschung kennen.
Persönlich glaube ich, daß, selbst wenn der demokratische Wahlkonvent vorsichtiger gewesen wäre und
keine so gelegen kommenden Siegesnachrichten das
Volk ermutigt hätten, doch «Vater Abrahams» Popularität genügt haben würde, ihm bei der Wahl von 1864
den Sieg einzutragen.

Wenige Tage nach der Wahl las ich einen Zeitungs-
bericht über eine Rede Lincolns bei einem ihm darge-
brachten Ständchen, in welcher er seinen politischen
Gegnern die Freundeshand in folgenden Worten an-
bot:

«Wollen wir nicht alle jetzt, wo der Wahlkampf
vorüber ist, uns auf unser gemeinsames Interesse
besinnen und uns zusammen der Rettung unseres
gemeinsamen Vaterlandes widmen? Was mich betrifft,
so habe ich stets danach gestrebt und werde weiter
danach streben, solchem gemeinsamen Werke kein
Hindernis in den Weg zu legen. Solange ich an dieser
Stelle gestanden habe, bin ich niemals absichtlich
einem anderen zu nahe getreten. Ich bin von Herzen
dankbar für das Vertrauen, das zu meiner Wiederwahl
geführt hat, aber meine Befriedigung ist darum nicht
größer, weil irgendein anderer vielleicht von diesem
Ergebnis verletzt oder enttäuscht ist. Darf ich alle, die
im Kampfe mit mir waren, bitten, sich dieser Gesinnung gegen solche, die gegen mich waren, zu beflei-
ßigen?»

Als ich diese edlen, Lincolns ganze zartfühlende
Hochherzigkeit offenbarenden Worte las, erblickte ich
im Geiste das hagere, sorgenvoll bekümmerte Antlitz
wieder, wie ich es damals im Landhäuschen im Park
des Soldatenheims vor mir gesehen hatte.

Im Dörfchen Smithfield sollte ich zum letzten Male die
Kugeln der Rebellen pfeifen hören.

Am 12., als ich neben General Slocum in der Marschkolonne ritt, sahen wir plötzlich einen Reiter nahen, der seinen Hut schwenkte und den Soldaten etwas zurief, was sie mit lauten Hurrarufen beantworteten. Als er näher kam, hörten wir, daß er rief: «Grant hat Lees Armee gefangengenommen!»

Es konnte nun kein Zweifel mehr darüber sein, daß der Krieg tatsächlich zu Ende war, und wir waren auch kaum 24 Stunden in Raleigh gewesen, als uns unter der weißen Parlamentärflagge eine Botschaft Johnstons zuging, in welcher um Einstellung der Feindseligkeiten und um eine Zusammenkunft mit General Sherman zur Beratung von Kapitulationsbedingungen gebeten wurde. Die Begegnung wurde auf den 17. April an einer zwischen den beiden Armeen gelegenen Stelle festgesetzt. Als Sherman zur verabredeten Zeit dahin aufbrechen wollte, wurde ihm von Kriegssekretär Stanton telegraphisch die Ermordung Lincolns mitgeteilt. Ich erinnere mich deutlich des erschütternden Eindrucks auf die Soldaten. Das ganze Lager, das zwei Tage lang vom Jubel über den bevorstehenden Friedensschluß widergehallt hatte, verfiel in eine düstere Stille. Die Soldaten hatten große Achtung vor ihren bedeutenden Generälen und jubelten ihnen oft begeistert zu, aber ihren Präsidenten, ihren guten «Vater Abraham», den liebten sie, den trugen sie im Herzen als persönlichen Freund und als Freund ihrer Angehörigen und ihrer Heimstätten. Als die meuchlerische Tat, der er zum Opfer gefallen war, ihnen bekannt wurde, da machten sie ihrem Zorn nicht in lautem Wut- und Rachegeschrei Luft, sondern sie saßen still

brütend vor ihren Lagerfeuern oder äußerten ihren
Schmerz und ihre Entrüstung in grimmigem Murren.
Als ich unter ihnen umherging und hier und dort ihre
empörten Äußerungen auffing, da kam mir der Gedanke, es sei höchste Zeit, daß der Krieg ein Ende habe.
Wäre er fortgesetzt und wären diese Leute nochmal «in
Feindes Land» losgelassen, so hätte die Rache für das
vergossene Blut Abraham Lincolns Taten gezeitigt,
vor welchen das Jahrhundert geschaudert hätte.

Die Südstaatler selbst fühlten, daß die Ermordung
Lincolns das Schlimmste war, was ihnen hatte passieren können.

Die Beziehungen zwischen Offizieren und Mannschaften bei uns waren derart, daß sie in einem europäischen Heere als alle Disziplin untergrabend gegolten hätten. Dies lag daran, daß gesellschaftliche Rang-
unterschiede unter Offizieren und Mannschaften
ebensowenig existierten wie Unterschiede in Bildung
und Fähigkeiten, und das bißchen militärischen Drill,
den die Offiziere vor ihren Leuten günstigstenfalls
voraushatten, ihnen kein besonderes Übergewicht
verschaffen konnte. So hing die Autorität der Offiziere
zum größten Teil vom guten Willen der Leute ab.

Als ich viele Jahre später einmal in Deutschland auf
Reisen war, wurde ich vom Fürsten Bismarck empfangen. Es waren einige preußische Offiziere zugegen,
welche die Geschichte unseres Bürgerkrieges studiert
hatten. Sie, wie auch der eiserne Kanzler selbst, befrag-

ten mich eingehend über die Organisation, die Leistungsfähigkeit und den Geist unseres Freiwilligenheeres. Ich entgegnete den Herren etwa das hier Gesagte. Sie amüsierten sich sehr darüber; aber gewohnt, alles nach dem hohen Maß der Fachbildung und Disziplin des preußischen Heeres zu beurteilen, konnten sie es schlechterdings nicht begreifen, wie ein solches Heer überhaupt zu kämpfen vermochte. Einem an Zahl nur annähernd gleichwertigen, regulären europäischen Heere würde es ja keinesfalls standhalten können, meinten sie, und hörten mit leisem, belustigtem Lächeln zu, als ich ihnen auseinandersetzte, daß nach meiner Ansicht kein Land ein an körperlicher Beschaffenheit, Intelligenz und militärischem Geist dem unsrigen ebenbürtiges Menschenmaterial aufzuweisen hätte, daß unsere Freiwilligen schließlich in Marschfähigkeit und Ausdauer wie im Ertragen von Anstrengungen jeder europäischen Truppe überlegen wären, daß sie mit unglaublicher Geschicklichkeit und Schnelligkeit Straßen anlegen, Eisenbahnbrücken bauen, Verschanzungen aufwerfen würden, auch wenn sie nur mit den primitivsten Werkzeugen ausgerüstet wären; kurz, im Kampf mit einem europäischen Heere würden sie vielleicht zuerst infolge des besseren Drills und der besseren Disziplin geschlagen werden, aber zum Schluß, nachdem sie die Taktik des Gegners kennengelernt hätten, würden sie ihm durchaus überlegen sein und siegen, besonders wenn der Kampf auf amerikanischem Boden ausgefochten würde.

Diese Ansicht wird natürlich keine Militärperson in Europa teilen. In Europa ist man eben nicht genügend

mit dem Geiste des amerikanischen Volkes vertraut
und kann nicht einsehen, daß unter dem erzieherischen
Einfluß freier Institutionen in Amerika manche Dinge
ohne Drill und Disziplin zustande gebracht werden,
für die in Europa viel Drill und Disziplin erforderlich
ist.

Was die Tapferkeit des amerikanischen Soldaten,
sowohl der Nord- als der Südstaaten, betrifft, so steht
sie außer aller Frage; er kann bei einem Vergleich mit
anderen Soldaten nur gewinnen. Sein Mut wird durch
einen eigenartigen Nationalstolz beseelt. Allerdings
muß ich zugeben, daß meine Erfahrungen im Kriege
mir alle jugendlichen Illusionen in bezug auf romanti-
sches Heldentum in der Schlacht geraubt haben. Wenn
ich den Begriff näher bestimmen darf, möchte ich
sagen, daß wahrer Mut und wahres Heldentum nur in
dem bewußten Opfer des eigenen Ich für andere oder
für die Pflicht bestehen. Und zwar wird der Heldenmut desto wahrer sein, je weniger Lohn oder Auszeichnung mit dem betreffenden Opfer des eigenen Ich
verbunden ist. Wenn ich den Wert des Mutes, den ich
im Kriege um mich her sah, nach diesem Maßstab
beurteilte, gelangte ich manchmal zu eigenartigen
Ergebnissen.

Unter den Leuten, die ich kennenlernte, gab es
einige, die beim Anblick des Feindes von einer Art
wilden Wut, darauf los zu stürmen, ergriffen wurden.
Dies konnte ein Ausbruch patriotischer Leidenschaft
sein oder auch nur die tierische Wut des Ochsen beim
Anblick des roten Tuches. Einige dieser Leute, welche
die tollkühnsten Dinge vollführten und daher allge-

mein für «mutig» galten, waren edle Charaktere von
musterhafter Aufführung und bescheidener Selbstachtung, andere lernten wir später als Lügner, Betrüger,
Trunkenbolde, Spieler und Raufbolde kennen, die
kaum eine Tugend außer ihrem gepriesenen «Mut»
besaßen. Aber dieser trug ihnen höchstes Lob und
höchste Anerkennung ein. Kurz, nach meiner Erfahrung kann man sittliche Feigheit und jedes andere
Laster bei einem Menschen finden, dessen physischer
Mut und Kampfeslust ihn in der Schlacht zum Helden
stempeln, und andererseits sittlichen Heldenmut, edel-
ste Opferwilligkeit und jede andere Tugend bei einem
Menschen, der kein Blut sehen und sein Schwert nicht
gegen einen Feind zücken kann.

Ich habe das an zweien meiner wagemutigsten
Offiziere beobachtet, die sich stets zu schwierigen
Rekognoszierungsritten ins feindliche Lager und dergleichen tollkühnen Unternehmungen meldeten. Der
eine war aus Ohio, ein stiller, bescheidener, allbelieb-
ter junger Mann, ein begeisterter Patriot, ohne jede
Ruhmredigkeit. Der andere war der Sohn eines deutschen Freiherrn und hohen Beamten. Er war in Hamburg der Schule entlaufen, hatte sich auf einem Segelschiffe als Matrose anwerben lassen und war nach
Buenos Aires gekommen. Dort nahm er an den Revo-
lutionskämpfen erst für, dann gegen den berüchtigten
Diktator Rosas teil. Dann fuhr er als Matrose nach
China und diente eine Zeitlang auf einem Seeräuber-
fahrzeug. Hierauf kam er nach den Vereinigten Staaten, wo er auf einem Segelschiffe nach der afrikani-
schen Küste anmusterte und später entdeckte, daß sein

Fahrzeug dem Sklavenhandel diente. Bald nachdem er in die Vereinigten Staaten zurückgekehrt war, brach der Bürgerkrieg aus, und er trat in ein New Yorker Freiwilligenregiment ein, wo er bald zum Hauptmann befördert wurde. Er zeichnete sich durch Unerschrokkenheit, durch hervorragende Reitkunst und durch gesellige Unterhaltungsgabe aus; er war kein Trinker, konnte aber bei geselligen Zusammenkünften wohl mal über den Durst trinken. Er war weder schön noch von besonders guten Manieren, dennoch verliebte sich die Tochter eines reichen New Yorkers bei einem Besuch unseres Lagers in ihn und wollte ihn heiraten. Zum Glück für das Mädchen zog er sein Abenteurerleben vor und blieb im Heer. Sowohl er als sein vorhin erwähnter Kamerad fanden auf tollkühnen Unternehmungen hinter der feindlichen Schützenlinie ihren Tod.

In dem patriotischen jungen Mann aus Ohio, der sich um der gerechten Sache willen bewußt der Gefahr aussetzte, war der Mut zweifellos eine Tugend; war er es auch in dem adligen Jüngling, dem die Sache, um die er kämpfte, ganz gleichgültig war und dem nur die Freude am Abenteuer und am Überwinden der Gefahr im Blute lag? Sein Mut war offenbar nur Sache des Temperaments, und doch wäre er, wenn er eine führende Stellung innegehabt hätte, zweifellos als einer unserer «Helden» gefeiert worden.

Diese Betrachtungen flößten mir gegen den sittlichen Wert des Mutes, der nur Temperamentssache ist, ein gelindes Mißtrauen ein. Gewiß ist er im Kriege wertvoll, sehr wertvoll. Aber wir sollten uns davor

hüten, aus dem trügerischen Glanze dieses Schlachten-
heldentums gleich auf alle möglichen Tugenden zu
schließen, deren Vorhandensein durch den bloßen
Kriegsmut nicht bewiesen ist.

Nach dem Urteil maßgebender Personen war General
Sherman der fähigste Feldherr, den wir gehabt haben.
Ich erinnere mich eines bemerkenswerten Ausspruchs,
den er gegen mich über Grants Feldzüge machte:
«Grant und ich sahen die Dinge immer verschieden
an», sagte er. «Grant kümmerte sich nie einen Pfiffer-
ling darum, was hinter der feindlichen Linie vorging.
Und mir wurde beim Gedanken daran oft angst und
bange.» Er gab zu, daß viele von Grants Erfolgen
hierauf zurückzuführen seien, aber auch viele seiner
Mißerfolge. Grants Parole war: «Drauflosschlagen»,
die Shermans war: «Manövrieren». Es war für die
Führer der Potomac-Armee sozusagen zur Gewohnheit geworden, über den Rappahannock zu gehen, von
Lee Prügel zu bekommen und sich schleunigst wieder
über den Rappahannock zurückzuziehen. Auch Grant
ging über den Rappahannock, kriegte seine Prügel von
Lee, zog sich aber nicht über den Fluß zurück, sondern
schlug und schlug weiter, bis er mit seiner großen
Übermacht Lee endlich aus dem Felde geschlagen
hatte. Vergleicht man Grants Feldzug zur Einnahme
von Richmond mit Shermans Feldzug zur Einnahme
von Atlanta – selbstredend unter Berücksichtigung der
verschiedenen Situationen –, so muß man doch zu dem

Schluß kommen, daß Sherman der bessere Stratege und der größere Feldherr war.

Sherman gab mir nach Jahren freimütig zu, daß die Notwendigkeit, in mehr oder minder systematischem Requirieren «sich vom Lande zu ernähren», die Disziplin der Truppen arg untergraben und daß der Groll auf Süd-Carolina, das ursprüngliche «Sezessionsloch», bedauerliche Folgen gezeitigt hatte. «Ehe wir aus dem Staate heraus waren», sagte er, «hatten sich die Soldaten dermaßen angewöhnt, alles auf der Marschlinie zu zerstören, daß oft das Haus, in dem ich mein Hauptquartier gehabt hatte, schon brannte, ehe ich noch ganz heraus war. Das ist nicht schön, aber leider menschlich. Nehmen Sie die besten, christlichsten, frommsten jungen Leute, bilden Sie ein Heer daraus, gehen Sie damit in Feindesland, lassen Sie die Leute sich eine Zeitlang ‹vom Lande nähren› und fleißig requirieren, so werden diese selben jungen Leute sehr bald jedes Gefühl für Recht und Unrecht und alle Selbstbeherrschung verlieren, trotz aller zügelnden Disziplin. So ist es immer gewesen, und so wird es immer bleiben. Wenn ein gerecht denkender Mensch, der weiß, wie es im Kriege zugeht, das Verhalten meiner Truppen unter den damaligen Umständen prüft, wird er sich nicht über das wundern, was sie getan haben, sondern darüber, daß sie es nicht schlimmer getrieben haben.»

Obgleich ich meinen Abschied genommen hatte und nicht mehr im aktiven Dienst stand, konnte ich nicht umhin, zur letzten großen Parade der beiden aufzulösenden Armeen, der östlichen und der westlichen, nach Washington hinüberzufahren und meinen ehemaligen Waffengenossen noch einmal die Hand zu drücken. Meine während des Kampfes gesammelten Erfahrungen hatten mir allerdings einen tiefen Abscheu gegen den Krieg eingeflößt, aber ich muß gestehen, als ich die tapferen Truppen in breiter Kolonne die Pennsylvania Avenue herabmarschieren sah, am ersten Tage die Potomac-Armee und am nächsten Shermans wettergebräunte Veteranen – die abgemagerten, hageren Leute, über deren siegesstolzen Häuptern die zerfetzten Fahnen flatterten –, da schlug mir stolz das Herz im freudigen Bewußtsein, daß auch ich zu ihnen gehört hatte. Dies Schauspiel war großartig; aber war das, was folgte, die plötzliche Auflösung dieser machtvollen Scharen, nicht noch großartiger? Sie, die ihrem Aussehen und ihrer eigenen Überzeugung nach der ganzen Welt hätten Trotz bieten können, sah man nun, nach vierjährigem, blutigem und zerstörendem Kampfe, plötzlich dahinschmelzen, als wären sie nie gewesen. Jeder, der ein Schwert geschwungen, ein Gewehr geschultert oder eine Kanone bedient hatte, ging jetzt ruhig heim als friedlicher Bürger, an den Pflug, den Amboß, den Webstuhl, ins Bureau oder ins Kontor. Dieser plötzliche Übergang vom Krieg zum Frieden, bei dem sich eine Million Soldaten in eine Million arbeitender Bürger verwandelte, vollzog sich ohne die geringste Störung, ja, selbst ohne Schwierigkeit. Das war eigentlich für die amerikanische Demokratie ein noch größerer Triumph als irgendein Sieg auf dem Schlachtfelde.

Die Lage in der anderen Hälfte der wiederhergestellten Union bot allerdings zur selben Zeit die peinlichsten Verwicklungen. Auch die südlichen Armeen waren aufgelöst worden, und ihre Soldaten und Offiziere waren «heimgekehrt», sicher alle in der ehrlichen Absicht, sich trotz ihrer bitteren Enttäuschung als friedfertige Bürger zu betätigen. Aber die Lage war unendlich schwierig: hinter ihnen lag eine unheilvolle Niederlage, um sie herum Zerstörung und Verwüstung, vor ihnen die schwierigsten Existenzfragen, über deren Lösung ein erbitterter Kampf der Meinungen wogte.

Und Abraham Lincoln war tot! Er war in dem Augenblick hinweggerafft worden, als er am höchsten in der Achtung seiner Landsleute stand und ihre innigste Liebe und ihr größtes Vertrauen besaß. Alle, die bei seiner Wahl in ihm nur einen unbedeutenden Rechtsanwalt vom Lande gesehen oder ihn gar als bäurischen Witzbold hingestellt hatten, alle, die ihm während des Krieges Schwäche, zielloses Zaudern und verderbliches Schwanken vorgeworfen hatten, alle hatten endlich eingesehen, daß seine geduldige, großmütige, verständnisvolle und dem Volksempfinden Rechnung tragende Politik wohl im einzelnen anfechtbar, im ganzen aber die einzige sei, welche alle Kräfte der Union zusammenhalten und somit die Republik retten konnte. Und auch die Südstaaten hatten Vertrauen zu ihm gefaßt, trotz der Meinungsverschiedenheiten, die zwischen seinen praktischen Plänen zur Rekonstruktion der Staaten und den Theorien anderer bestanden. Die Südstaaten bauten darauf, daß er gegen

diejenigen, «die jüngst noch an der Rebellion teilgenommen», wie er verkündet, «ohne Groll und mit
Nachsicht» verfahren würde; und die Nordstaaten
bauten darauf, daß er nichts zugeben würde, was die
Rechte der kürzlich befreiten Sklaven gefährden könnte. So war er in den schwierigen Fragen, die der Krieg
hinterlassen hatte, naturgemäß der Mittler zwischen
den Siegern und den Besiegten. Nun war er tot, und
die einleitenden Maßregeln zur Lösung jener Fragen
waren vom Schicksal den unsicheren Händen Andrew
Johnsons anvertraut, von dem noch niemand etwas
wußte. Ich war ganz außerordentlich überrascht, als
ich von ihm die Aufforderung erhielt, ihm bei der
Bildung seines Urteils über die schwierige Lage behilf-
lich zu sein.

Die Amnestieproklamation, welche dem Lande und
der ganzen Welt den Beweis lieferte, daß der Sieg der
Union von keinem blutigen Racheakt befleckt werden
sollte, erregte im Norden – außer bei einigen Extre-
men – allgemeine Befriedigung. Die Proklamation
über die Rekonstruktion des Staates Nord-Carolina
erregte jedoch allerlei Zweifel und Besorgnis, denn es
wurde darin nicht ein bloßes Experiment, sondern eine
Regel für die Rekonstruktion aller anderen Staaten
erblickt. Sie beschränkte das Wahlrecht auf die Weißen.
Unter den Weißen im Süden gab es nur eine sehr kleine
Anzahl, die, nachdem die Verordnungen der Sezession
Gesetzeskraft erlangt hatten, sich nicht der Rebellion

angeschlossen hatten. Die verhältnismäßig wenigen unionstreuen Bürger gehörten nicht den einflußreichen Klassen an, und unter diesen wenigen waren nur ganz vereinzelte Vertreter der Antisklaverei. Es war also klar, daß die Mehrzahl der Wähler in den auf diese Weise rekonstruierten Südstaaten aus Männern bestehen würde, die an der Rebellion teilgenommen und sich dann durch Leisten des Treueides die Stimmberechtigung verschafft hatten. und daß diese Mehrzahl unter dem Einfluß derselben Männer stehen würde, deren ruchloses Vorhaben gewesen war, die Union zu vernichten, um «auf der Grundlage der Sklaverei ein Reich zu gründen». Die Erwartung war nicht unbegründet, daß diese Männer, wenn sie direkt oder indirekt mit der Regierungsmacht betraut würden, die Abschaffung der Sklaverei formell wohl annehmen, aber keinerlei Mühe sparen würden, die Sklaverei tatsächlich möglichst zu erhalten.

Ich machte also von dem Vorrecht Gebrauch, das mir Präsident Johnson verliehen hatte, und schrieb ihm von der Besorgnis seiner Freunde über die Stellung, die er in der Nord-Carolina-Proklamation eingenommen hatte. Seine Antwort war eine telegraphisch ausgesprochene Bitte, ihn, sobald ich könnte, im Weißen Hause aufzusuchen. Ich reiste sofort ab.

Auf dem Wege nach Washington hatte ich ein Erlebnis, welches von psychologischem Interesse sein dürfte. Ich fuhr von Bethlehem nach Philadelphia, von wo ich den Nachtzug nach Washington nehmen wollte. In Philadelphia verbrachte ich den Abend bei meinem vertrauten Freunde Dr. Tiedemann. Meine

Freunde hatten im Bürgerkriege zwei Söhne verloren. Frau Tiedemann, eine sehr intelligente Dame mit lebhafter Phantasie, trug schwer an dem Verlust. Sie lernte damals einen Kreis von Spiritisten kennen, und es wurden ihr «Kundgebungen» ihrer Söhne übermittelt, die sie so rührten, daß sie eine gläubige Anhängerin des Kreises wurde. Gerade heute abend sollte eine «Séance» stattfinden. Die eine Tochter, ein bildschönes, temperamentvolles Kind von fünfzehn Jahren, hatte auffallendes Talent zum Medium gezeigt. Ein Kreis wurde um den Tisch gebildet, und wir gaben uns die Hände. Plötzlich begann sie heftig zu zittern, ihre Finger bewegten sich krampfhaft, sie ergriff einen ihr dargebotenen Bleistift und schrieb wie von unwiderstehlicher Macht getrieben in zuckenden Bewegungen die Mitteilungen auf, welche die gerade anwesenden Geister ihr auftrugen.

Endlich wurde ich gebeten, doch auch einen Geist herbeizurufen, und ich entschied mich für Schiller. Ein paar Minuten lang blieb die Hand des Mädchens regungslos; dann schrieb sie, der Geist Schillers sei anwesend und frage nach meinem Begehr. Ich bat, er möge als Beweis einen oder mehrere Verse aus seinen Dichtungen anführen. Da schrieb das Mädchen die deutschen Worte:

«Ich höre rauschende Musik, das Schloß ist
Von Lichtern hell. Wer sind die Fröhlichen?»

Wir waren alle sehr verwundert. Die Verse hatten einen Schillerschen Klang, aber im Augenblick konnte sich niemand besinnen, wo sie vorkamen. Plötzlich fiel

mir der letzte Akt von Wallensteins Tod ein. Der
betreffende Band Schillers Werke wurde herbeigeholt,
und meine Vermutung bestätigte sich. Im stillen fragte
ich mich, ob dieses sehr intelligente, aber durchaus
nicht leselustige Kind eine so ernste Dichtung wie
Wallensteins Tod gelesen haben könnte. Als die Séance
beendet war, fragte ich sie, was sie von «Wallensteins
Tod» wisse, und sie – deren Wahrhaftigkeit außer
Zweifel war – antwortete, sie habe nie eine Zeile dieser
Dichtung gelesen.

Aber es sollte etwas noch Merkwürdigeres kommen. Da Schillers Geist nichts mehr sagen wollte, rief
ich den Geist Abraham Lincolns herbei. Nach einigen
Minuten schrieb das Mädchen, er sei gegenwärtig. Ich
fragte, ob er wisse, in welcher Absicht Präsident
Johnson mich nach Washington berufen habe. Die
Antwort lautete: «Er wünscht, daß Sie eine wichtige
Reise für ihn unternehmen.» Ich fragte, wohin. Antwort: «Das wird er Ihnen morgen sagen.» Ich fragte
weiter, ob ich die Reise unternehmen würde. Antwort:
«Ja, verfehlen Sie ja nicht, es zu tun.» – Ich darf hier
wohl einschalten, daß ich selbst damals noch nicht die
entfernteste Ahnung hatte, daß es sich um eine Reise
handele. Das Naheliegendste war anzunehmen, der
Präsident wolle den Inhalt meiner Briefe mit mir
besprechen.

Ich fragte nun, ob der Geist Lincolns mir noch etwas
mitzuteilen habe. Antwort: «Ja, Sie werden einst Senator der Vereinigten Staaten sein.» Dies erschien mir
denn doch so abenteuerlich, daß ich mein Lachen
kaum unterdrücken konnte. Ich fragte aber weiter:

«Für welchen Staat?» Antwort: «Missouri.» Dies war noch geheimnisvoller und stachelte meine Neugierde aufs höchste an. Die Mitteilungen brachen jedoch hier ab. Nichts hätte zu jener Zeit unwahrscheinlicher sein können, als daß ich Senator der Vereinigten Staaten für den Staat Missouri würde. Mein Wohnsitz war in Wisconsin, und dahin zurückzukehren war meine feste Absicht. Ich hatte nie daran gedacht, von Wisconsin nach Missouri zu ziehen, und es lag nicht die geringste Veranlassung vor, es je zu tun. Aber ich will nun meiner Erzählung vorgreifen und schon hier erwähnen, daß ich zwei Jahre später mit einem ganz unerwarteten geschäftlichen Anerbieten überrascht wurde, das meine Übersiedlung nach St. Louis notwendig machte, und daß ich im Januar 1868 vom Staate Missouri zum Senator erwählt wurde.

Präsident Johnson bat mich, die Golfstaaten zu bereisen und ihm über alles, was ich für wichtig hielte, zu berichten und ihm zugleich Vorschläge zu machen, die nach meinen Beobachtungen zur Ausführung zu empfehlen seien. Der Bitte fügte er viele mir sehr schmeichelhafte Ausdrücke des Vertrauens zu meiner Einsicht und zu meinem Charakter hinzu und sprach sehr angelegentlich die Hoffnung aus, daß ich seine Bitte nicht abschlagen werde. Mir machte er den Eindruck eines Menschen, der unter dem Druck der Verhältnisse gegen den eigenen Wunsch und Willen einen wichtigen Schritt getan hat, der ihn jetzt beunruhigt.

Die Bitte des Präsidenten kam mir außerordentlich überraschend. Ich begriff nicht, warum er gerade mich

zu dieser heikeln Mission ausersehen hatte. Überdies
war die Aussicht, zwei bis drei Monate der heißesten
Jahreszeit in den Golfstaaten zubringen zu müssen, mir
keineswegs anziehend. Die ganze Sache kam mir etwas
merkwürdig vor, und ich bat daher den Präsidenten,
mir ein paar Tage Bedenkzeit zu gewähren, womit er
sich einverstanden erklärte. Anderntags teilte ich Johnson mit, daß ich bereit sei, die Reise anzutreten. Damit
zwischen uns alles ganz klar wäre, kam ich noch
einmal darauf zurück, daß nach meiner Ansicht seine
Rekonstruktionspolitik unzweckmäßig und gefährlich sei, daß aber, falls meine Beobachtungen in den
Südstaaten mir bewiesen, daß ich im Irrtum sei, ich
dies freimütig eingestehen und keine falsche Scham
mich davon zurückhalten würde. Einzig und ausschließlich sollte es meine Pflicht sein, ihm den wirklichen Stand der Dinge mitzuteilen. Der Präsident erklärte sich für vollständig befriedigt und wiederholte
seinen Ausdruck vollsten Vertrauens. So machte ich
mich auf die Reise.

Niemals werde ich meinen ersten Eindruck von
Charleston vergessen. Am frühen Morgen liefen wir
in den Hafen ein. Wir passierten Fort Sumter, von dem
nach der Bombardierung nur noch ein unförmiger
Trümmerhaufen übrig war, und da lag die Stadt vor
unseren Blicken ausgebreitet: links eine Reihe mehr
oder weniger eleganter Wohnungen, rechts ein engge-
bautes Hafenviertel. Im Hafen lagen nur wenige kleine
Segelschiffe und Dampfer. Wir machten an einer ver-
fallenen Landungsbrücke von Zwergpalmenholz fest.
Auf den Quais war keine Menschenseele zu sehen. Die

Packhäuser und Lagerschuppen schienen verödet. Es gab kaum ein Gebäude, das nicht deutliche Spuren der Geschosse unserer Truppen zeigte.

Weiter oben in der Stadt kamen wir durch einen Teil des sogenannten «verbrannten Bezirks»; es sah dort wie ein riesiger Friedhof aus, auf welchem zerfallene Mauern und hochragende, geschwärzte Schornsteine die Grabdenkmäler waren, die von den malerischen Trümmern des Doms überragt wurden. Endlich erreichten wir das Charleston-Hotel, ein großes Gebäude mit hohem Säulenportikus. Von diesem Portikus waren nach dem Inkrafttreten der Sezessionsverordnungen vor einer jubelnden Menge die ersten Reden gehalten worden, die der Unionsregierung wilden Trotz boten und den Erfolg der südstaatlichen Unabhängigkeitsbewegung als absolut sicher hinstellten. Das Charleston-Hotel war der Versammlungsort der Reichen und der Führer der Gesellschaft in Charleston gewesen. Zur Zeit meines Dortseins wurde es von einem neuen Wirt, einem der bekannten Stetsons aus New York, deren Name mit Astor House verknüpft ist, geleitet. Er hatte das Gebäude so gut wie möglich wieder instand setzen lassen, aber überall an Wänden und Decken sah man viele frischverputzte Stellen, und die bedienenden Neger wußten aufregende Geschichten von der Wirkung der Yankee-Artillerie zu erzählen. Im ganzen machte auch das Hotel einen trostlos verödeten Eindruck.

Wie ich erfuhr, belebte sich das Geschäft in der Stadt langsam. In den Hauptverkehrsstraßen waren oder wurden verschiedene Gebäude wieder instand gesetzt,

und von Einwanderern aus dem Norden wurden
Läden eröffnet. Man sah überhaupt einem größeren
Zuzug von Unternehmungsgeist und Kapital aus den
Nordstaaten entgegen; aber diese Aussicht gefiel den
meisten Bewohnern von Süd-Carolina gar nicht. Der
Gedanke, daß Charleston möglicherweise eine «Yan-
keestadt» werden sollte, empörte den alten südcaroli-
nischen Stolz. Ich wurde einem alten hochangesehenen
Herrn vorgestellt, der mir in einer langen Unterredung auseinandersetzte, daß er zu denen gehöre, welche die Erfordernisse der gegenwärtigen Situation voll
anerkennen und sich ihnen zu unterwerfen bereit seien.
Er gab zu, daß materielle Hilfe nötig sei, um den
Südstaatlern wieder aufzuhelfen; aber, setzte er hinzu,
nie könnte Süd-Carolina, ohne sich zu demütigen, den
Norden um finanzielle Unterstützung bitten. Er war
sich nicht einmal klar darüber, ob Süd-Carolina Geld-
unterstützung vom Norden annehmen dürfe, wenn sie
angeboten wurde. Eigentlich, fand er, nein. Ebensowenig glaubte er, daß ein Bewohner von Süd-Carolina
von seinem Landbesitz irgend etwas an einen Nordstaatler verkaufen würde. Der Staatenstolz würde es
ihm verbieten. Süd-Carolina würde sich eher an Europa wenden, dort Geld aufnehmen gegen hypothekari-
sche Sicherheit und so das eigene Geschick lenken. Der
alte Herr fühlte sich offenbar als Verkörperung von
Süd-Carolina und gab seinen Ansichten mit einem
natürlichen Ernst und einer vom widrigen Geschick
unberührten Würde und Hoheit – ja, ich möchte sagen,
mit einer gewissen Herablassung – Ausdruck, die
geradezu rührend war. Der greise Patrizier, der so stolz

redete, war, wie mir gesagt wurde, in bitterster Not, und viele seiner Mitbürger waren gezwungen, zum Lebensunterhalt Rationen von den Bundestruppen anzunehmen.

Meine Reise führte mich nun ins Innere auf Shermans ehemaliger Marschroute. Seine Spuren waren in Süd-Carolina furchtbar. Meilenweit glich die Straße einem breiten schwarzen Streifen von Verwüstung. Hecken und Zäune waren verschwunden, hier und dort zeigten schwärzliche Trümmerhaufen, aus denen vereinzelt noch Schornsteine phantastisch emporragten, die Stellen an, wo behagliche Wohnstätten gestanden hatten; die Felder waren von dichtem Unkraut überwachsen, nur hin und wieder sah man eine kümmerliche kleine Anpflanzung von Baumwolle oder Mais, welche von Negersquattern angebaut war. In der Stadt Columbia, der politischen Hauptstadt des Staates, stand um ein dichtes Gewirr von schwärzlichen und verkohlten Trümmern nur ein spärlicher Kranz von Häusern, derart hatte ein wütendes Feuer in den Geschäfts- und Wohnhäusern der Stadt aufgeräumt.

Kein Teil des Südens, den ich damals bereiste, hatte so von der Zerstörung des Krieges gelitten wie Süd-Carolina, der Staat, den der Soldat der Nordstaaten für den ganzen Krieg verantwortlich machte und den er demgemäß bestrafen wollte. Aber auch in den Teilen, die nicht unmittelbar vom Kriege berührt worden waren, waren Elend und Not groß. Die Südstaaten hatten Papiergeld der Konföderation in Händen, welches die Regierung der Sezession ohne alle Sicherheit ausgegeben und gezeichnet hatte; dieses Geld war beim Zusammenbruch der Konföderation natürlich ganz und gar wertlos. Nur wenigen wohlhabenden Leuten war es gelungen, durch die Bedrängnisse des Krieges hindurch geringe Mengen von Gold und Silber zu retten, die aber alles in allem nur wenig ausmachten. Die Bevölkerung der Südstaaten war also bei Beendigung des Krieges tatsächlich ohne gesetzliches Zahlungsmittel zur Vermittlung von Geschäften. Um die Lücke zu füllen, kam Geld aus den Vereinigten Staaten, aber dieses war natürlich nicht umsonst zu haben und mußte durch eine Gegenleistung, sei es an Waren, sei es an Arbeit, erkauft werden. Diese Gegenleistung war den Südstaaten sehr schwer, ja, fast unmöglich. Vier Jahre lang hatten sie ihre ganze produktive Kraft darauf verwandt, außer der Befriedigung ihrer täglichen Lebensbedürfnisse die Mittel zur Fortsetzung des Krieges und zur Erhaltung ihrer Regierung zu schaffen, und da sie außerdem viele Verluste durch Zerstörung ihres Eigentums erlitten hatten, waren sie furchtbar verarmt. Sie hatten also keinen verfügbaren Besitz und brauchten ihre sämtlichen Arbeitskräfte für die Anforderungen des Tages; und da ihr Haupterwerb der Ackerbau war, so waren ihnen diese Arbeitskräfte durchaus unentbehrlich.

Nun kamen die Männer aus dem Kriege heim und fanden ihr ganzes Wirtschaftssystem auf den Kopf gestellt. Ihr ganzes Dasein war bislang auf Sklavenarbeit begründet gewesen. Sie waren die Sklaverei gewohnt, hatten an ihre Rechtmäßigkeit fromm geglaubt und sie als ein notwendiges Weltgesetz betrach-

tet. Während des Krieges waren in den nicht direkt
berührten Gegenden viele Neger auf den Pflanzungen
geblieben und hatten ruhig ihre Arbeit weiter verrich-
tet. Sie hatten wohl unbestimmte Kunde von «Mas'r
Lincoln's» Emanzipations-Proklamation erhalten,
aber sie wußten nicht recht, was das bedeute, und
zogen vor, ruhig bei der Arbeit zu bleiben und das
Weitere abzuwarten. Aber als der Krieg zu Ende war,
begriffen sie bald sehr gut, was Emanzipation bedeutete. Der Neger fühlte sich als freier Mann, und der
Weiße in den Südstaaten sah sich nun vor die Frage
gestellt, wie der Neger als freier Mann zu behandeln
sei. Den meisten war diese Frage voller Schwierigkeiten. Viele sonst sehr ehrenhafte und wohlgesinnte
Leute bekannten mir gegenüber mit einer gewissen
hilflosen Bestürzung, daß es ihnen ganz unmöglich sei,
den Gedanken zu fassen, daß ihre früheren Sklaven
jetzt freie Leute seien; und doch mußten sie sich je eher,
je lieber mit der Tatsache abfinden, wenn sie in diesem
Jahre überhaupt das Feld bestellen und Ernte halten
wollten.

Ebenso natürlich war aber auch eine gewisse Unruhe der Negerbevölkerung des Südens zu jener Zeit. Ich
habe bereits erwähnt, daß während des Bürgerkrieges
die Mehrzahl der Sklaven ruhig auf den Pflanzungen
bei der Arbeit blieben. Hätten sie das nicht getan, so
hätte die Sezession kein Jahr bestehen können. Es war
ein eigentümliches Bild: ein Volk von Sklaven, das
willig Sklavenarbeit tat, um eine Regierung und ein
Heer zu unterstützen, die für die Erhaltung dieser ihrer
Sklaverei kämpften und wirkten. Es wurden die rüh-

rendsten Geschichten erzählt von Haussklaven, die ihren Herren in den Krieg folgten oder die zu Hause zurückgebliebenen Familien in Gefahr schützten. Einzelne Neger entliefen wohl von den Pflanzungen und traten in das Unionsheer ein, aber nirgends trat eine Bewegung zutage, die irgendwie den Charakter eines Aufstandes oder einer Empörung der Sklaven gegen ihre Herren hatte. Und auch nach dem Sturz der Konföderation, als die Emanzipation rechtskräftig und allgemein geworden war, rächten sich nirgends die Schwarzen für die in der Sklaverei erduldeten unmenschlichen Grausamkeiten. Von keiner Rasse oder Klasse von Menschen sind je beim Übergang von der Sklaverei zur Freiheit so wenig Racheakte verzeichnet. Manche Schwarze benutzten freilich die neugewonnene Freiheit dazu, die Pflanzungen zu verlassen, um sich frei zu ergehen und sich zu amüsieren, besonders in der Nähe des Unionsheeres. Einige verließen die Arbeit, weil ihre Arbeitgeber sie mißhandelten oder sonst ihr Mißtrauen erregten. So kam es, daß in manchen Teilen des Südens die Straßen von obdachlosen Schwarzen wimmelten.

Es ist mir indessen nicht bekannt geworden, daß sie geradezu schlimme Ungesetzlichkeiten begangen hätten. Hier und da wurde ein Schwein oder ein Huhn gestohlen, aber außer diesen kleinen Diebereien hörte man von keinem ernstlichen Vergehen. Die schwarzen Landstreicher waren durchaus gutmütig. Sie drängten sich an die Militärposten heran, um etwas mehr von ihrer «Freiheit» zu erfahren und auch, um etwas zu essen zu bekommen, wenn sie hungerte. Dann feierten

sie auch Trinkfeste mit Gesang und Tanz und ihre
sogenannten camp meetings, religiöse Versammlungen mit besonderem Programm. Unter anderen Umständen wären all diese Dinge an sich harmlos gewesen, aber in dieser Zeit war ihre Wirkung geradezu
verhängnisvoll. Jene Neger verließen die Pflanzungen
gerade, als ihre Kraft am nötigsten war, um die Ernte
des Sommers zu sichern, und die Ernte war mehr als
sonst nötig, um die ganze Bevölkerung vor dauernder
Not und dauerndem Elend zu bewahren. Die Weißen
machten die heftigsten Anstrengungen, um die ver-
streuten Schwarzen durch Zwang wieder in die Pflanzungen zurückzuführen, und von überall her drang die
Kunde von blutigen Mißhandlungen der Schwarzen.

Vielen älteren Leuten, die, ehe sich der Kampf um die
Sklaverei so furchtbar zugespitzt hatte, die traditionelle unionstreue Gesinnung gepflegt hatten, war der
Gedanke an die Wiederherstellung der Union sehr
sympathisch, und sie fanden sich verhältnismäßig gut
damit ab. Anders stand es um die jüngeren Leute, die in
der heißen Atmosphäre des politischen Kampfes um
die Sklaverei aufgewachsen waren und denen die
Drohung des Abfalls von der Union als einzige Möglichkeit, die Sklaverei zu retten, ganz geläufig gewesen
war. Sie hatten das Band der Union stets als hemmen-
de Fessel betrachtet, deren man sich entledigen müsse,
und der Gedanke, mit dem «Feinde», mit dem verhaß-
ten Yankee, «wiedervereinigt» zu werden, war ihnen
höchst widerwärtig. Selbstredend bezieht sich das
Gesagte nicht auf die «armen» Weißen, die außer ihrer

Feindschaft gegen die Neger gar kein ausgesprochenes
Gefühl und Streben hatten, sondern die Entwicklung
der Ereignisse mit stumpfer Gleichgültigkeit über sich
ergehen ließen; es gilt vielmehr von den jungen Südländern der höheren und mittleren Klassen, deren
Gespräche man auf den Straßen, in Hotels und im
öffentlichen Verkehr hörte.

Diese litten sehr unter dem Gefühl der Niederlage,
aber sie wollten allgemein zeigen, daß ihr Mut unge-
brochen sei. Ein geflügeltes Wort bei ihnen war, der
Süden sei wohl «überwältigt», aber nicht «besiegt».
Sie behaupteten, der Krieg habe, Mann gegen Mann,
nur die größere Kriegstüchtigkeit des Südländers dem
Nordländer gegenüber bewiesen, und die Sache der
südlichen Unabhängigkeit sei nur für den Augenblick
verloren und werde an einem künftigen Tage in neuer
Kraft und Blüte wiedererstehen. Ihnen war der südliche Unionsfreund, der während des Krieges zum
Bunde gehalten hatte, ein schwarzer Verräter, dem der
Aufenthalt im Süden überhaupt nicht gestattet werden
dürfte. In vielen Gegenden mußten denn auch süd-
staatliche Anhänger der Union geradezu grausame
Verfolgung erdulden; sie mußten sogar für ihr Leben
fürchten, wenn sie nicht unter dem unmittelbaren
Schutze des Bundesheeres standen. Als nach Beendi-
gung des Krieges zum ersten Male in Savannah und
Mobile der 4. Juli, das Nationalfest der Union, gefeiert
werden sollte, fanden sich Teilnehmer eigentlich nur
unter den Schwarzen, die von wilden Rotten von
Weißen wütend angegriffen wurden. Alle öffentlichen
Kundgebungen zu Ehren der Fahne oder der Unions-

regierung wurden als absichtliche Beleidigung der Südstaatler hingestellt.

Der Einfluß, den die Anschauungen und Gefühle der Frauen in den Südstaaten auf die Männer ausübten, war sehr bedeutend; ich darf wohl eine selbsterlebte Probe davon erzählen. In einem Hotel in Savannah saß mir an der Table d'hôte eine Dame in tiefer Trauer gegenüber. Sie war offenbar fein gebildet, mittleren Alters, aber noch hübsch und von angenehmem Gesichtsausdruck. Ein junger Leutnant in der Uniform setzte sich neben mich, und ich merkte, daß ihm die Dame einen sehr mißvergnügten Blick zuwarf. Sie wurde unruhig, kämpfte offenbar mit einer wachsenden Erregung, und ihre kurzen Worte an den Kellner ließen erkennen, daß sie ihre Mahlzeit rasch zu beenden wünschte. Da streckte sie die Hand nach einer etwas entfernt stehenden Schale Mixed Pickles aus. Sofort erhob sich der junge Leutnant diensteifrig und reichte sie ihr mit einer höflichen Verbeugung. Wie von einem giftigen Gewürm gestochen, zog die Dame ihre Hand plötzlich zurück, ihre Augen funkelten ihn an, und im Tone tiefster Verachtung sagte sie zornig: «Denken Sie etwa, eine Frau aus den Südstaaten würde eine Schüssel Pickles aus einer Hand annehmen, die noch vom Blute ihrer Landsmänner trieft?» Darauf verließ sie hastig den Tisch, während der arme Leutnant ganz verblüfft und bis über die Ohren rot ein paar Worte der Entschuldigung stammelte und versicherte, er habe es nicht böse gemeint.

Die Frauen der Südstaaten hatten durch den Bürgerkrieg viel mehr als ihre Schwestern in den Nordstaaten

gelitten. Das damalige geflügelte Wort, das Heer der
Konföderation hätte sich aus allen männlichen Bürgern «von der Wiege bis zum Grabe» rekrutiert, war
fast buchstäblich wahr. Fast jeder kriegstüchtige Weiße
stellte sich oder wurde zum Kriegsdienst gepreßt. Der
Verlust an Menschenleben – nicht im Verhältnis zu den
auf den Kriegslisten geführten Leuten, sondern im
Verhältnis zu der ganzen weißen Bevölkerung – war
im Süden viel beträchtlicher als im Norden. Nur
wenige Familien waren nicht betroffen, und es gab nur
wenige Frauen, die nicht den Verlust eines Vaters, eines
Gatten, eines Bruders oder eines Freundes zu beklagen
hatten. In den Gegenden, wo militärische Operationen
stattgefunden hatten, war das Eigentum schwer ge-
schädigt, und wenn in den Augen der Militärs diese
Schädigung notwendig erschien, so galt sie in den
Augen der darunter Leidenden für mutwillig, grausam, teuflisch. Die Unterbrechung, die der Industrie-
betrieb des Landes durch den Krieg erlitten hatte, der
Ausschluß jedweden Imports durch die Blockade und
die Notwendigkeit, das Heer im Felde zu erhalten,
hatten allen Klassen der Bevölkrung schmerzliche
Opfer und Entbehrungen auferlegt. In Richmond
hatte es sogenannte Brotaufstände, «bread riots»,
gegeben. Das Salz war so spärlich vorhanden, daß
die Lehmfußböden der Räucherkammern abgekratzt
wurden, um die Ablagerungen des aus dem Pökel-
fleisch herabgetropften Salzwassers zu retten und wieder zu benutzen. Das Mehl war die ganze Zeit hindurch sehr knapp. Kaffee und Tee waren uner-
schwinglich. Von manchen kleinen Genußmitteln, die

fast zu täglichen Bedürfnissen geworden sind, waren viele nicht mehr zu haben. Mütter mußten alte Flikkenbeutel durchsuchen, wenn sie Kleider für ihre Kinder machen wollten. Damen, die in glänzenden Verhältnissen gelebt hatten, waren nicht nur genötigt, ihre Kleider zu kehren und umzuarbeiten und ganz unmoderne Hüte zu tragen, sondern mußten auch, um Genießbares zu essen zu bekommen, glücklichere Freunde aufsuchen, welche sich zeitig mit Lebensmitteln versehen hatten. Und als endlich der Krieg vorüber und die Blockade aufgehoben war und die gewohnten Nahrungs- und Genußmittel wieder in Sicht kamen, da ward im Süden die Armut erst recht fühlbar, denn nur wenige Leute in besonders bevorzugter Stellung hatten Geld. Der Süden war gänzlich seiner baren Münze beraubt und stand den Trümmern seines Wohlstandes gegenüber. Sollte noch größeres und dauerndes Elend vermieden werden, so mußte mit der Wiederherstellung dieses zerstörten Wohlstandes schleunigst begonnen werden. Und dabei war die männliche Bevölkerung vom Kriege dezimiert, die Mehrzahl der Einwohner fast mittellos und das traditionelle Arbeitssystem vollständig vernichtet. In der Tat eine hoffnungslose Lage. Und die Frau in den Südstaaten, deren Herz von dem trostlosen Leid der jüngsten Vergangenheit und den Sorgen der traurigen Gegenwart schwer war, machte den «grausamen Yankee» für all dies mutwillig über sie gebrachte Weh verantwortlich.

Es kann nicht wundernehmen, daß sie bei ihrem leidenschaftlichen Gemüt, während die frischen Wunden noch brannten, es ablehnte, von unserer Seite irgendeinen Rechtfertigungsgrund für den Krieg anzuhören, und daß sie in den heftigsten Ausdrücken ihren gekränkten und empörten Gefühlen Luft machte. Und es ist ebenfalls natürlich, daß ihre Empfindungen die Beziehungen zwischen den Männern des Südens und des Nordens stark beeinflußten. Ein Nordstaatler konnte nicht darauf rechnen, in irgendeinem gesellschaftlichen Kreise des Südens willkommen zu sein. Die Männer mochten ihn mit einer gewissen geschäftsmäßigen Achtung behandeln, aber die Damen ließen ihn sicher mit solch raffinierter Kühle ablaufen, daß er, wenn's hoch kam, die Empfindung haben konnte, geduldet zu sein, meistens aber sich als unwillkommener Eindringling fühlte.

Viel Verdruß wäre allen Teilen erspart worden, wenn die Bundesregierung gleich nach Beendigung des Krieges den früheren Sklavenhaltern deutlich zu verstehen gegeben hätte, daß, wie schwierig auch die Einführung der freien Arbeit in den Südstaaten sei, diese Schwierigkeit eben überwunden werden *müßte* und daß die «jüngst an der Rebellion beteiligten Staaten» unter keinen Umständen ihre verfassungsmäßige Stellung in der Union als selbstverwaltende Staaten wieder einnehmen würden, bis jene Schwierigkeiten überwunden wären und das System der freien Arbeit vollständig in den Südstaaten eingeführt sei. Dann wären vor dem ehrlichen und verheißungsvollen Be-

streben der Südstaatler die verwickelten Fragen und
Schwierigkeiten, die sie vorher für unüberwindlich
gehalten hatten, dahingeschwunden. Aber sobald Präsident Johnson zu verstehen gab, daß er den Südstaaten
ohne solche Vorbereitung ihre Rechte der Selbstver-
waltung wieder einzuräumen beabsichtige, lebte unter
den Vertretern der Sklaverei die Hoffnung wieder auf.
Von Mund zu Mund ging das Wort, daß die Südstaaten
bald wieder Herren ihrer eigenen Angelegenheiten
sein würden und daß dann trotz der Emanzipations-
edikte dem Neger seine richtige Stellung angewiesen
werden sollte. Es wurde aus dieser Erwartung kein
Hehl gemacht. Der provisorische Gouverneur von
Süd-Carolina gab offen zu, daß die Bewohner seines
Staates im stillen noch damit rechneten, daß die Sklaverei wieder eingeführt werden könnte. Bei den Wah-
len zu den konstituierenden Konventen der verschiedenen Staaten meldeten sich viele Kandidaten, welche
auf Grund treuer Dienste im Heere der Konföderierten
das Volksvertrauen zu besitzen vorgaben, und erklärten freimütig, daß sie im Herzensgrunde gegen die
Abschaffung der Sklaverei wären, sie aber anerkannt
hätten und auch anderen rieten, sie anzuerkennen, weil
es die einzige Möglichkeit sei, wieder zur Selbstver-
waltung zu gelangen. Habe man diese jedoch erst
wieder, so würde man, das heißt die Weißen des
Staates, die Sache schon nach eigenem Belieben regeln
können. Daher wurde warm empfohlen, den Präsidenten in seinen Rekonstruktionsplänen zu unterstützen.

Von verschiedenen Seiten wurde mir mitgeteilt, daß

die Pflanzer alles daran setzten, ihre Sklaven auf den Pflanzungen festzuhalten, damit, wenn die erhoffte Wiedereinführung der Sklaverei Gesetz würde, sie keine Schwierigkeiten hätten, ihre Sklaven zu identifizieren und als ihr Eigentum zu beanspruchen. Die Fälle, wo Freigelassene, die sich gegen solche Maßregeln auflehnten, ermordet oder verstümmelt wurden, mehrten sich in erschreckender Weise. An einigen Stellen ließen Gemeinde- und Provinzräte, welche die Wiedereinführung der Sklaverei voraussahen, die Neger unter die schärfste polizeiliche Aufsicht stellen und nahmen ihnen fast vollständig das freie Verfügungsrecht über die eigene Person und über den eigenen Besitz sowie das Recht der Bewegungsfreiheit, welches sonst jeder Bürger genießt. Um dies zu ermöglichen, erließen sie Bestimmungen, die in mancher Hinsicht mit den früheren Sklavereigesetzen identisch waren. Der Unterschied zwischen der durch diese Bestimmungen geschaffenen Zwangslage und der ehemaligen Sklaverei war nur sehr gering. Daher war es auch begreiflich, daß der Plan der Nordländer, Schulen für die Schwarzen zu errichten, lebhaften Widerspruch erfuhr. Wenn sie nicht unter dem unmittelbaren Schutz der Unionstruppen standen, wurden die Schulgebäude in Brand gesetzt und die Lehrer vertrieben. Die Lage wurde kurz und bündig in einem Bericht gekennzeichnet, den mir Oberst Samuel Thomas, Assistent im Freedmen's Bureau für Mississippi, erstattete: «Die Weißen sehen die Schwarzen kraft natürlichen Rechts als ihr Eigentum an. Sie geben wohl zu, daß die Beziehungen zwischen Herren und

Sklaven durch den Krieg und durch die Emanzipa-
tionsproklamation des Präsidenten zerstört worden
sind, aber sie haben doch ein tiefeingewurzeltes Gefühl, daß im großen und ganzen der Schwarze dem
Weißen gehöre, und wann und wo sich Gelegenheit
bietet, behandeln sie die Schwarzen je nachdem, wie es
ihnen Interesse, Leidenschaft oder Laune des Augenblicks eingibt.» Bei jedem Schritt fand ich hierfür
Beweise, und das schlimmste war, daß ich mir sagen
mußte, unter den obwaltenden Umständen sei dies
ebenso natürlich, wie es bedauerlich, ja verhängnisvoll
war.

Meine Reise nach dem Süden in der heißesten Jahreszeit war außerordentlich beschwerlich und angreifend.
Ich mußte Hunderte von Meilen in wackligen Eisenbahnwagen, über abgenutzte, schon anfangs schlechte
und jahrelang nicht reparierte Geleise in einer Geschwindigkeit von zehn oder bestenfalls fünfzehn
Meilen die Stunde bei einer Temperatur von 80 bis 90
Grad Fahrenheit zurücklegen. Wo Eisenbahnen überhaupt fehlten, fuhr ich – gewöhnlich nachts, um die
glühende Tageshitze zu vermeiden – in Wagen, meist
Equipagen der alten südstaatlichen Aristokratie, die
aus dem Glanz der besseren Tage zum Postdienst
degradiert worden waren. Traurig sahen die früher
eleganten Gefährte aus; die Polsterung war zerrissen,
die Laternen waren verschwunden; das mit Bindfaden
zusammengebundene Geschirr bildete durch fortwäh-

rendes Reißen eine arge Geduldsprobe. Besonders lebhaft erinnere ich mich einer Nachtfahrt in Alabama auf einer furchtbaren Straße durch ausgedehnte Wälder. Als Postwagen diente uns wieder einmal eine ehemalige herrschaftliche Kutsche; aus dem zerschlissenen Atlaspolster quoll das Roßhaar in widerlichen Klumpen hervor, die Sprungfedern waren so schwach geworden, daß jeder Stoß auf der schlechten Straße uns von unseren Sitzen emporschnellte, und das alte Geschirr riß so oft und mit so schadenfrohem Knirschen, daß unsere Geduld gänzlich und unsere Geschicklichkeit im Geschirrflicken beinahe ganz versiegte. Glücklicherweise hatten wir vor dem Verlassen der letzten Station bemerkt, daß die Wagenlaternen fehlten, und uns mit mehreren Paketen Talglichte versorgt. Nun stolperten abwechselnd mein Begleiter, Hauptmann Orlemann, und ich selbst mühsam durch den stockfinstern Wald vor dem Wagen her und beleuchteten mit unseren Kerzen den Weg, damit Baumwurzeln, Baumstümpfe, tiefe Löcher und sonstige verderbenbringende Hindernisse möglichst entdeckt und vermieden würden. Inzwischen schalt und fluchte unser Kutscher, ein sechzehn- bis siebzehnjähriger weißer Bursche, der sich kaum auf dem Bock halten konnte, und erzählte dann wieder in begeisterten Tönen, ein wie herrlicher Wagen der unsrige in seiner Glanzzeit und wie vornehm und elegant seine Besitzer gewesen seien, die jetzt ihre Equipage als Postfuhrwerk vermieten müßten und so arm seien, daß sie den Wagen nicht einmal instandhalten könnten.

Solche Reisen waren in der Tat höchst beschwerlich,

aber kaum schlimmer als die glühendheißen Nächte,
die ich in den elenden Dorfwirtshäusern jener Zeit im
Kampf mit giftigen Moskitoschwärmen, wenn nicht
gar mit noch widerlicheren Insekten, zubringen mußte. Die Unbehaglichkeiten des Lagerlebens waren im
Vergleich mit diesen Wirtshäusern höchster Komfort
und Luxus gewesen. Das Ende vom Liede war, daß bei
meiner Ankunft in New Orleans meine Kraft fast
versiegte und ich einen schweren Fieberanfall hatte –
von dem sogenannten break-bone fever – das seinem
Namen alle Ehre macht. In der Erwartung, daß ich das
Übel in einer anderen Gegend meines Distrikts besser
bekämpfen könnte, verließ ich New Orleans und reiste
nach Mobile, um mich auch über die Verhältnisse in
Süd-Alabama zu unterrichten. Nach New Orleans
zurückgekehrt, sandte ich einen ergänzenden Bericht
an den Präsidenten und reiste dann auf Anraten meines
Arztes, da das Fieber hier nicht weichen wollte, nord-
wärts. In Natchez und in Vicksburg machte ich halt,
um wichtige Auskünfte einzusammeln. In Natchez sah
ich ein bedeutsames Bild. Ich kam an einem der großen
Häuser vorbei, welche vor dem Kriege Sommerwoh-
nungen der Pflanzeraristokratie jener Gegend gewesen
waren. Das Haus war, wie die meisten dieser Wohnungen, in ganz verwahrlostem Zustande; die Fensterläden hingen aus den Angeln, die Fensterscheiben waren
zerbrochen und Hof und Garten verwildert. Vor dem
Hause bemerkte ich frisch aufgehäuftes Brennholz und
unfern davon einen alten Mann, der mit einer Axt
einen großen Baum mit herrlicher Krone fällte. Ein
gewisser Adel in seiner Erscheinung lenkte meine

Aufmerksamkeit auf ihn. Er hatte ein vornehmes
Antlitz, langes weißes Haar, schmale, zarte Hände.
Seine Kleider waren, wenn auch abgetragen, ursprünglich von feinem Schnitt gewesen und einem
Tagelöhner nicht angemessen. Mein Begleiter kannte
ihn nicht. Ich richtete also an ihn selbst die Frage, wem
das Haus gehöre. «Es gehört mir», entgegnete er. Ich
fragte mit ein paar entschuldigenden Worten weiter,
weshalb er diesen herrlichen Baum schlage. «Ich muß
leben», erwiderte er mit wehmütigem Lächeln. «Meine Söhne sind im Kriege gefallen. Meine Dienstboten
haben mich verlassen. Ich verkaufe jetzt Brennholz an
die vorüberfahrenden Dampfer.» Er schwang wieder
seine Axt, offenbar um das Gespräch abzubrechen. Ein
teilnehmendes Wort lag mir auf der Zunge, aber ich
unterdrückte es. Ein Blick auf die ruhige Würde seines
Antlitzes sagte mir, daß Mitleid ihn verletzen würde –
besonders das Mitleid eines siegreichen Gegners.

In Washington angelangt, meldete ich mich sofort
im Weißen Hause. Der Privatsekretär des Präsidenten
schien überrascht von meinem Besuch. Er meldete
mich beim Präsidenten, der heraussagen ließ, er sei
beschäftigt. Ich fragte, wann der Präsident mich wohl
empfangen könnte. Das konnte sein Sekretär nicht
sagen, da des Präsidenten Zeit jetzt außerordentlich in
Anspruch genommen sei. Ich verließ das Vorzimmer,
sprach aber am andern Morgen wieder vor. Der
Präsident war noch immer beschäftigt. Nun bat ich
den Sekretär, dem Präsidenten zu unterbreiten, daß ich
von einer vier Monate langen, auf eigenen Wunsch des
Präsidenten unternommenen Reise zurückgekehrt sei,

daß ich es für meine Pflicht halte, mich gehorsamst zur
Stelle zu melden und daß ich ihm verbunden sein
würde, wenn er mich wissen ließe, ob und wann er
mich zu diesem Zweck empfangen wolle. Der Privatsekretär ging zum Präsidenten hinein und brachte den
Bescheid zurück, daß ich in etwa einer Stunde empfangen werden sollte. Zur bestimmten Zeit wurde ich
vorgelassen. Der Präsident empfing mich sehr kühl
und sah verdrießlich aus. Ich sagte, ich sei von der
seinem Wunsche gemäß angetretenen Reise zurückgekehrt und sei bereit, außer den schon eingesandten
Berichten ihm nunmehr noch alle Auskunft zu geben,
die ich hätte erlangen können. Dann trat ein längeres
Stillschweigen ein. Endlich erkundigte sich der Präsident, wie es mir ginge. Ich dankte für die Nachfrage
und sprach die Hoffnung aus, daß es dem Präsidenten
auch gutginge. Er sagte, es gehe ihm gut. Dann
abermaliges Stillschweigen. Ich unterbrach es, indem
ich sagte, daß ich meine Briefe aus dem Süden durch
einen längeren Bericht zu ergänzen wünschte, in welchem ich meine Erfahrungen und Ansichten in ge-
schlossenere Form bringen möchte. Der Präsident
blickte auf und sagte, diese Mühe brauche ich mir um
seinetwillen nicht zu machen. Ich entgegnete, es sei
absolut keine Mühe, und ich betrachte es als meine
Pflicht. Darauf entgegnete er nichts. Das Stillschweigen begann peinlich zu werden, also empfahl ich mich.

Präsident Johnson wollte augenscheinlich mein
Zeugnis über die Verhältnisse im Süden unterdrücken.
Ich beschloß sofort, daß ich das nicht zugeben wolle,
und machte mich mit äußerster Sorgfalt an meinen

allgemeinen Bericht. Das fertige Schriftstück sandte
ich am 22. November an den Präsidenten und bat
zugleich um Erlaubnis, es veröffentlichen zu dürfen,
und zwar auf eigene und alleinige Verantwortung und
in einer Weise, welche die Annahme, der Präsident
billige es oder auch nur einen Teil davon, ganz aus-
schlösse. Auf diese Bitte erhielt ich niemals eine Antwort.

Mein Bericht wurde nach seiner Veröffentlichung
als «Dokument der Exekutive» im ganzen Lande
bekannt. Eine wahre Flut von zustimmenden und
beglückwünschenden Briefen strömte von allen Seiten
auf mich ein. Es mag mir verziehen werden, wenn ich,
nachdem ich mein damaliges Werk rückblickend kritisch geprüft habe, es heute selbst verdienstvoll finde
und das ausspreche.

Seit ich Washington verlassen, hatte ich als Chefredak-
teur der «Detroit Post» meine Tage in ruhiger, emsiger
Arbeit verbracht; da erhielt ich im Frühjahr 1867 ganz
unerwartet von den Besitzern der «Westlichen Post»,
einer in St. Louis erscheinenden deutschen Tageszei-
tung, die Aufforderung, mich an ihrem sehr gutgehen-
den Unternehmen unter sehr günstigen Bedingungen
zu beteiligen. Da ich auch nach weiteren Erkundigun-
gen das Anerbieten für vorteilhaft hielt, nahm ich es
an. Meine Beziehungen zur «Detroit Post» waren,
wegen des trefflichen Charakters derjenigen, mit denen ich dabei in Berührung kam, stets die denkbar

besten. Sie wurden nunmehr freundschaftlich gelöst,
und ich ging nach St. Louis, um meine neuen Pflichten
zu übernehmen.

Im Herbst 1867 reisten die Meinigen nach Wiesbaden,
wo meine Frau sich aus Gesundheitsrücksichten länger
aufhalten sollte. Ich beabsichtigte, etwa um Weihnachten ebenfalls auf einige Wochen dorthin zu kommen.

Nachdem ich in Wiesbaden mit den Meinigen Weihnachten gefeiert hatte, ging ich nach Berlin. Ich schrieb
ein paar Zeilen an Lothar Bucher, den ich zuletzt vor
sechzehn Jahren als Mitflüchtling in London gesehen
hatte und den ich gern wiederbegrüßen wollte. Bucher
antwortete umgehend, daß er sich sehr darauf freue,
mich wiederzusehen, aber ob ich denn nicht den
«Minister» (Bismarck) kennenlernen möchte, der den
Wunsch geäußert habe, mich zu sprechen. Natürlich
erwiderte ich gleich, daß ich diese Ehre zu schätzen
wisse usw. Eine Stunde später erhielt ich eine eigen-
händige Einladung des Grafen Bismarck. Da stand er
also vor mir, der große Mann, dessen Name die ganze
Welt erfüllte. Er war von hohem Wuchs, gerade
aufgerichtet, breitschultrig; auf dem Hünennacken saß
der gewaltige Kopf, der aus Bildern allgemein bekannt
ist; die ganze Gestalt machte einen imponierenden,
reckenhaften Eindruck. Er war damals dreiundfünfzig
Jahre alt und auf der Höhe seiner körperlichen und
geistigen Kraft. Er trug die Interimsuniform eines
Generals aufgeknöpft. Seine Züge, die offenbar sehr

streng blicken konnten, wenn er wollte, waren von
einem freundlichen Lächeln erhellt; er streckte mir die
Hand entgegen und drückte die meinige kräftig.
«Freut mich, daß Sie gekommen sind», sagte er in einer
wohlklingenden, aber für seine Hünengestalt merkwürdig hohen Stimme. Dann, während wir uns noch
gegenüberstanden, waren seine ersten Worte: «Ich
glaube, ich habe Sie schon mal gesehen. Es war Anfang
der fünfziger Jahre von Frankfurt nach Berlin. Da saß
mir ein junger Mann gegenüber – nach dem Bilde in
einer illustrierten Zeitung, die ich mir gekauft hatte,
hätten Sie es sein können.» Ich entgegnete, dies wäre
nicht möglich, da ich zu jener Zeit nicht in Deutschland gewesen sei. «Übrigens», fügte ich, vielleicht ein
wenig kühn, hinzu, «hätten Sie mich dann nicht als
Übeltäter arretieren lassen?» – «O nein», rief er mit
gutem, herzlichem Lachen aus, «da kennen Sie mich
schlecht. So etwas hätte ich nicht getan. Sie meinen
wegen der Sache mit Kinkel? O nein, die hat mir Spaß
gemacht. Und wenn es für den Minister Seiner Majestät des Königs von Preußen und den Kanzler des
Norddeutschen Bundes nicht höchst unschicklich wäre, möchte ich einmal mit Ihnen nach Spandau fahren
und mir an Ort und Stelle alles erzählen lassen. Nun
nehmen Sie, bitte, Platz.» Er wies auf einen bequemen
Lehnstuhl in der Nähe seines eigenen, setzte sich auch,
zog eine Flasche Wein auf, die mit zwei Gläsern auf
einem Präsentierbrett neben ihm stand, und schenkte
ein. «Sie sind Rheinländer», sagte er dabei, «diesen
Tropfen werden Sie zu schätzen wissen.» – Wir stießen
an, und ich fand den Wein in der Tat vorzüglich. «Sie

rauchen natürlich», fügte er hinzu, «dies sind gute Havannazigarren. Früher rauchte ich sie selbst sehr gern, ich habe jedoch den Aberglauben, daß jeder Mensch in seinem Leben nur eine gewisse Anzahl Zigarren rauchen darf. Ich fürchte, ich habe mein Teil schon aufgeraucht, so wende ich mich jetzt der Pfeife zu.» – Mit diesen Worten zündete er mit einem Fidibus seine lange Pfeife an und blies bald dichte Rauchwolken von sich.

Als die Pfeife ordentlich im Gange war, lehnte er sich behaglich in seinem Stuhl zurück und fragte: «Nun sagen Sie mir mal als amerikanischer Republikaner und als revolutionärer Achtundvierziger, welchen Eindruck macht Ihnen die gegenwärtige Lage der Dinge in Deutschland? Ich würde diese Frage gar nicht an Sie richten», fügte er hinzu, «wenn Sie ein Geheimrat wären, denn dann wüßte ich die Antwort schon im voraus. Aber Sie werden mir Ihre wirkliche Meinung sagen.» – Ich antwortete, ich sei erst ein paar Wochen in Deutschland und habe nur oberflächliche Eindrücke empfangen, aber ich habe die Empfindung, daß allgemein ein neubelebter nationaler Ehrgeiz sich betätige und daß Vertrauen und Hoffnung auf die Entwicklung von freien politischen Institutionen gleichsam in der Luft lägen. Ich habe nur in Frankfurt einen Bankier und in Nassau ein paar alte stockkonservative Philister getroffen, welche enttäuscht und niedergeschlagen waren. Bismarck lachte herzlich. Der mißvergnügte Nassauer, sagte er, sei sicher ein Hoflieferant des ehemaligen herzoglichen Hofes, und er wolle wohl wetten, daß der Frankfurter Bankier entweder ein

Mitglied der alten Patrizierfamilien sei, welche meinten, sie wären der höchste Adel des Landes, oder ein
Börsenspekulant, der es beklagte, daß Frankfurt nicht
mehr wie ehemals das finanzielle Zentrum Süd-
deutschlands sei. Und nun ließ Bismarck seiner sarka-
stischen Laune die Zügel schießen. Er hatte in Frankfurt mehrere Jahre als Gesandter beim seligen «Bun-
destage» zugebracht und wußte eine Menge drolliger
Anekdoten von den aristokratischen Ansprüchen der
patrizischen Bürger jener alten freien Stadt zu erzählen
sowie von ihrem würdevollen Zorn über die Einver-
leibung ihres Freistaates in das Königreich Preußen.

Dann erzählte er mir von den großen Schwierigkeiten, die er überwinden mußte, um den Konflikt mit
Österreich zustande zu bringen. Eine der größten
dieser Schwierigkeiten war die peinliche Gewissenhaf-
tigkeit und das Zaudern des alten Königs Wilhelm, der
nie in etwas einwilligen wollte, was im geringsten
verfassungswidrig zu sein schien oder was nicht ganz
und gar mit den strengsten Ansichten von Rechtschaffenheit und Treu und Glauben übereinstimmte. In
unserem Gespräch nannte Bismarck den König fortwährend «der alte Herr». Einen Augenblick sprach er
vom alten Herrn mit fast zärtlicher Liebe und dann
wieder in einem vertraulichen, ja ungenierten Tone,
der wenig Achtung und Ehrfurcht verriet. Er erzählte
mir Anekdoten vom König, die mich in höchstes
Erstaunen versetzten, besonders bei dem Gedanken,
daß ich den Premierminister des Königs vor mir hatte,
dem ich ein vollkommen Fremder war und der nichts
von meiner Diskretion und meinem Gefühl von Ver-

antwortlichkeit wußte. Als wenn wir unser Leben lang vertraute Freunde gewesen wären, enthüllte er mir, anscheinend ganz rückhaltlos und mit übersprudelnder Lebhaftigkeit, Bilder von Vorgängen, die sich hinter den Kulissen während der berühmten Konfliktsperiode zwischen der Krone und dem preußischen Abgeordnetenhause abgespielt hatten. Bismarck, der den Krieg mit Österreich unabwendbar kommen sah, hatte, ohne gesetzliche Vollmacht, Millionen über Millionen der öffentlichen Gelder dazu verwandt, das Heer für die große Krisis vorzubereiten. Die liberale Majorität der Kammern und die öffentliche Meinung erkannten beide nicht, daß die Einigung Deutschlands sein großes Ziel war, und erhoben sich hartnäckig und fest gegen dieses eigenmächtige Überschreiten seiner Machtbefugnis. Der König selbst schreckte vor einem derartigen Verfassungsbruch zurück, ja, er fürchtete eine neue Revolution, welche ihm und seinem Minister den Kopf kosten konnte. Diese Befürchtung hätte sich leicht erfüllen können, wenn man im Kriege mit Österreich unterlegen wäre. Da hatte Bismarck, wie er sich ausdrückte, «verzweifelt die Sporen gebraucht, damit der edle alte Renner das Hindernis nahm und die Sache wagte». Und nun erzählte er weiter, von der Heimkehr nach dem Siege. Da war von Schafott keine Rede, sondern sie wurden überall vom Volke begeistert empfangen. Das hatte dann dem alten Herrn sehr gefallen und hatte ihn in bezug auf seinen tollkühnen Minister um eine Erfahrung reicher gemacht.

Aber nicht nur die vorsichtige, konservative Gesinnung des Königs mußte er manchmal überwinden; noch mehr war er gehemmt und nicht selten gereizt durch das, was er die «bornierte alte Bureaukratie» nannte, die so schwer aus dem gewohnten ausgefahrenen Gleise zu bringen war, wenn irgend etwas Neues und Kühnes ausgeführt werden sollte. Er sprudelte geradezu über von lustigen Anekdoten und freute sich selbst an seinen drolligen Schilderungen eines alten verknöcherten Geheimrats, der ihn mit weitaufgerissenen, trüben Augen anstarrte, wenn irgend etwas Ungewöhnliches vorgeschlagen wurde, der überall nur unüberwindliche Schwierigkeiten vor sich sah und schließlich seine ganze Findigkeit aufbot, um den schönsten Aktendeckel hervorzusuchen, in welchem das Projekt zur seligen Ruhe begraben werden könnte. Wenn dem Minister endlich die Geduld riß, ging er zum König und klagte, daß mit dem und dem verknöcherten alten Beamten nicht mehr fertig zu werden sei und daß notwendigerweise ein fähigerer Mensch an seine Stelle gesetzt werden müßte. Aber dann sagte der «alte Herr», in Mitleid zerfließend, jedesmal: «Oh, er ist so lange schon ein treuer Diener des Staates gewesen. Es wäre doch zu grausam, ihn nun wie eine ausgepreßte Zitrone wegzuwerfen – nein, das vermag ich nicht.» Ich erlaubte mir die Anfrage, ob die Drohung, seinerseits ein Entlassungsgesuch einzureichen, wenn er seinen Willen nicht durchsetzte, den König weniger zart gegen seine unfähigen Freunde in hohen Stellungen stimmen könnte. «Oh», lachte Bismarck, «das habe ich oft versucht, vielleicht zu oft! Das wirkt nicht mehr. Was meinen Sie wohl, was geschieht,

wenn ich damit drohe, mein Amt niederzulegen? Der
alte Herr fängt an zu schluchzen und zu weinen.
Tatsächlich vergießt er Tränen und sagt: ‹Nun wollen
Sie mich auch verlassen?› Und wenn ich ihn Tränen
vergießen sehe, was in aller Welt soll ich dann tun?» So
erzählte Bismarck weiter; eine treffende Schilderung
jagte die andere, eine lustige Anekdote die andere.
Mein Erstaunen wuchs von Minute zu Minute über die
anscheinend rücksichtslose Offenheit Bismarcks einem ihm Unbekannten gegenüber. Ich hätte mich
weniger gewundert, wenn mir, was ich später erfuhr,
damals schon bekannt gewesen wäre, daß diese Art der
Unterhaltung bei Bismarck gar nicht ungewöhnlich
war und daß der alte König, wenn er davon hörte, nur
ruhig lächelte.

Nun kam Bismarck auf den Krieg gegen Österreich
zurück und enthüllte mir mancherlei von den diplomatischen Kniffen, durch welche er herbeigeführt
wurde. Mit offenbarem Vergnügen erzählte er mir
eine Geschichte nach der anderen, aus welchen hervor-
ging, daß seine diplomatischen Gegner wie Marionet-
ten in seiner Hand gewesen waren und wie geschickt er
die deutschen Fürsten behandelt hatte, je nachdem sie
sich auf die eine oder die andere Seite gestellt hatten. Dann kam er auf die Schlacht bei Königgrätz zu
sprechen, besonders auf den «bangen Augenblick» vor
dem Eintreffen des Kronprinzen im Rücken der Österreicher. Einige Angriffsbewegungen der Preußen waren zurückgeschlagen, und unter den Truppen wurden
Zeichen von Unordnung bemerkbar. «Es war ein
banger Augenblick», sagte Bismarck, «ein Augen-

blick, von dessen Entscheidung das Schicksal des
Reiches abhing. Was wäre aus uns geworden, wenn
wir diese Schlacht verloren hätten? In wüstem Durcheinander zogen mehrere Schwadronen Kavallerie, Husaren, Dragoner und Ulanen an der Stelle vorbei, wo
der König, Moltke und ich selbst standen. Wir rechneten aus, daß der Kronprinz längst im Rücken der
Österreicher hätte erscheinen können, aber er erschien
nicht. Die Sache wurde bedenklich, und ich gestehe es,
ich war sehr besorgt. Ich blickte auf Moltke, der
unbeweglich auf seinem Pferde saß und durchaus nicht
beunruhigt von dem schien, was um ihn her vorging.
Ich nahm mir vor, ihn auf die Probe zu stellen, ob er
innerlich wirklich so ruhig war, wie er schien. Ich ritt
auf ihn zu und fragte, ob ich ihm eine Zigarre anbieten
dürfte, da ich bemerkte, daß er nicht rauchte. Er sagte,
es würde ihm sehr lieb sein, wenn ich eine übrig hätte.
Ich bot ihm meine offene Zigarrentasche an, in welcher sich nur zwei Zigarren befanden, eine sehr gute
Havanna und eine minderwertige. Moltke sah sie
prüfend an, nahm sie sogar eine nach der andern heraus
und prüfte sie aufmerksam auf ihre Güte und wählte
dann langsam und bedächtig die Havanna. «Sehr fein»,
sagte er gleichmütig. Dies beruhigte mich außerordentlich. Wenn Moltke so viel Zeit und Aufmerksamkeit auf die Wahl einer Zigarre verwenden kann,
dachte ich, können die Dinge nicht besonders schlimm
liegen. In der Tat hörten wir ein paar Minuten später
die Kanonen des Kronprinzen, bemerkten unruhige
und verwirrte Bewegungen in den österreichischen
Stellungen, und die Schlacht war gewonnen.»

Ich sagte, wir in Amerika hätten die Ereignisse mit der größten Spannung verfolgt und wären zur Zeit sehr überrascht gewesen, daß der Friede so bald auf die Schlacht von Königgrätz gefolgt sei und daß Preußen den Sieg nicht besser ausgenutzt hätte. Bismarck entgegnete, der schnelle Friedensschluß wäre vielen sehr überraschend gekommen, er hielte ihn aber für das Beste, was er je getan hätte. Er hätte ihn gegen den Wunsch des Königs und der Militärpartei durchgesetzt, die sehr stolz auf den großartigen Sieg der preußischen Waffen gewesen wären und meinten, ein so großer Erfolg müsse eine größere Belohnung erfahren. Aber die Staatskunst erforderte, daß das österreichische Kaiserreich, dessen Existenz für Europa notwendig sei, nicht ganz zertrümmert oder zu einem bloßen Bruchstücke reduziert wurde. Es müßte zum Freunde werden, und als Freund dürfe es nicht ganz machtlos sein. Preußen hatte in diesem Krieg nur um die Führerschaft in Deutschland gekämpft; durch den Erwerb von österreichischen Provinzen mit einer Bevölkerung, die sich dem preußischen System nicht eingefügt hätte, wäre jene Führerschaft aber nicht gekräftigt, sondern geschwächt worden. Überdies meinte der Kanzler, daß man angesichts eines so entscheidenden Erfolges der Preußen klug daran getan hätte, weitere Gefahren und Opfer zu meiden. Die Cholera war unter den Truppen aufgetaucht, und es bestand auch, solange der Krieg dauerte, eine stete Gefahr der französischen Intervention. Diese französische Intervention hatte er bisher mit allen möglichen diplomatischen Manövern abgewehrt, von denen er mir einige mit allen Einzelheiten erzählte. Aber Louis Napoleon wurde bei dem Wachstum der preußischen Macht und des preußischen Ansehens sehr unruhig und hätte gewiß nicht so lange gezögert, sich einzumischen, wenn das französische Heer nicht durch sein törichtes mexikanisches Abenteuer sehr geschwächt gewesen wäre. Jetzt aber, wo das Gros des preußischen Heeres sich immer weiter vom Rhein entfernte, schwere Verluste erlitten hatte und von böser Krankheit bedroht war, hätte er vielleicht den Mut gefunden, das zu tun, wonach er schon lange strebte.

«Dadurch wäre eine neue Lage der Dinge geschaffen worden. Aber um ihr zu begegnen, hätte ich doch noch einen Ausweg gehabt, der Sie vielleicht überrascht haben würde.»

In der Tat, ich war neugierig.

«Was wäre wohl die Wirkung gewesen», fuhr Bismarck fort, «wenn ich unter solchen Umständen an das Nationalgefühl des ganzen Volkes appelliert hätte, indem ich die Frankfurter Verfassung des Deutschen Reiches von 1848 und 1849 proklamiert hätte?»

«Ich glaube, es hätte das ganze Land begeistert, und damit wäre vielleicht mit einem Schlage eine deutsche Nation geschaffen», entgegnete ich. «Aber hätten Sie wirklich die arme Hinterbliebene, die Waise der Revolution von 1848, adoptiert?»

«Warum nicht?» sagte der Kanzler. «Gewiß, die Verfassung hatte einige mir sehr unsympathische Züge. Aber eigentlich ist sie doch nicht so sehr verschieden von dem, was ich jetzt anstrebe. Ob der alte Herr einverstanden gewesen wäre, ist allerdings fraglich.

Jedoch, wenn er Napoleon vor den Toren gewußt hätte, hätte er vielleicht auch *dieses* Hindernis genommen. Den Krieg mit Frankreich aber», fügte er hinzu, «den bekommen wir doch.»

Ich drückte mein Erstaunen über diese Prophezeiung aus. Sie war mir doppelt erstaunlich, wenn ich wieder bedachte, daß der große Staatsmann, der solche furchtbare Verantwortung auf seinen Schultern trug, mit einem ihm völlig fremden Besucher sprach. In ernstem, fast feierlichem Tone fuhr er fort:

«Glauben Sie ja nicht, daß ich den Krieg liebe. Ich kenne ihn genug, um ihn zu verabscheuen. Die furchtbaren Bilder, die ich mit eigenen Augen gesehen habe, werden mich nie verlassen. Nie werde ich einem Kriege zustimmen, der sich irgend vermeiden läßt, geschweige denn einen solchen Krieg herbeiführen. Aber dieser Krieg mit Frankreich, der wird kommen, der wird uns vom Kaiser der Franzosen aufgedrängt werden. Das erkenne ich klar und deutlich.»

Dann setzte er mir auseinander, daß die Lage eines «Abenteurers auf dem Throne», wie Louis Napoleon, ganz und gar verschieden sei von der eines legitimen Herrschers, wie es der König von Preußen sei. «Ich weiß», sagte er lächelnd, «daß Sie an das Königtum von Gottes Gnaden nicht glauben, aber viele glauben daran, besonders in Preußen – vielleicht nicht so viele wie vor 1848, aber doch mehr, als Sie denken. Die Leute sind der Dynastie mit traditioneller Königstreue ergeben. Ein König von Preußen kann Fehler begehen, kann Unglück oder sogar Demütigungen erleiden, aber die traditionelle Königstreue läßt darum nicht nach. Sie kann wohl hier und dort etwas ins Wanken gebracht werden; aber ernstlich gefährdet wird sie nicht. Der Abenteurer auf dem Thron hingegen hat kein solches überliefertes Vertrauen hinter sich. Er muß fortwährend Aufsehen erregen. Seine Sicherheit hängt sehr von seinem persönlichen Ansehen ab, und um dies Ansehen zu erhöhen, müssen sich sensationelle Begebenheiten in rascher Folge drängen. Sie müssen immer neu und frisch bleiben, um den Ehrgeiz, den Stolz oder meinetwegen die Eitelkeit des Volkes zu befriedigen, besonders eines Volkes wie die Franzosen. Louis Napoleon hat durch zweierlei viel von seinem Ansehen eingebüßt, erstens durch den abenteuerlichen Krieg in Mexiko, der ein erstaunlicher Fehler und eine phantastische Torheit war, und zweitens dadurch, daß er Preußen so mächtig werden ließ, ohne irgendeine «Kompensation» zu erlangen, irgendeinen Erwerb an Land, welches den Franzosen wie eine glänzende Errungenschaft seiner Diplomatie erscheinen konnte. Es war bekannt, daß er eine solche «Kompensation» erstrebte und daß ich sie ihm, ehe er sich's versah, wegmanövriert habe. Er ist sich wohl bewußt, daß er viel von seinem Ansehen eingebüßt hat, viel mehr, als er missen kann, und daß dieser Verlust, wenn er nicht bald wieder ersetzt wird, seinem Kaisertum gefährlich zu werden vermöchte. Sowie er also annehmen kann, daß sein Heer wieder in guter Ordnung und kriegsbereit ist, wird er Anstrengungen machen, jenes Prestige, das für ihn eine Lebensfrage ist, wiederzuerlangen. Dazu wird er unter irgendeinem Vorwande Streit mit uns anfangen. Ich glaube nicht, daß er persönlich diesen Krieg herbeisehnt, ich glaube sogar, er würde ihn lieber vermeiden, aber seine unsichere Lage wird ihn dazu treiben. Nach meiner Berechnung wird diese Krisis in etwa zwei Jahren eintreten. Wir müssen natürlich darauf vorbereitet sein, und wir sind es auch. Wir werden siegen, und das Ergebnis wird gerade das Gegenteil von dem sein, was Napoleon anstrebt, nämlich die vollständige Einigung Deutschlands außerhalb Österreichs und wahrscheinlich auch der Sturz Napoleons.»

Dies sagte mir Bismarck im Januar 1868. Der Krieg zwischen Frankreich und Preußen mit seinen Verbündeten brach im Juli 1870 aus, und die Errichtung des Deutschen Reiches und der Sturz Napoleons waren das Ergebnis. Keine Prophezeiung ist je scharfsinniger gemacht und genauer und vollständiger erfüllt worden.

Ich war in St. Louis Mitglied eines kleinen Klubs, der aus einigen politischen Gesinnungsgenossen bestand, die etwa alle vierzehn Tage gemeinschaftlich zu Mittag aßen und dann die Tagesereignisse besprachen. Bei einer dieser Zusammenkünfte, bald nach der Präsidentschafts-Wahlkampagne von 1868, kam die Unterhaltung auf die bevorstehende Wahl eines Nachfolgers für Senator Henderson und die Kandidatur von Drakes Günstling, General Loon. Wir waren alle einig in unserer Abneigung gegen Drakes Art der Politik; wir waren auch darüber einig, daß es unlieb war, durch

die Wahl von General Loon einen Abklatsch und nur
einen Abklatsch von Drake in den Senat treten zu
sehen. Aber wie war das zu verhindern? Wir erkannten
alle bedauernd die Unmöglichkeit einer Wiederwahl
Hendersons an. Und wen könnte man General Loon
als Kandidaten gegenüberstellen? Einer aus unserer
Tafelrunde wandte sich zu mir und sagte: «Sie!» –
Sofort stimmten alle begeistert und mit Händeklat-
schen ein. Mir schien es undenkbar, daß ich, ein
verhältnismäßiger Neuling in Missouri, zum Senator
erwählt werden sollte, wo es so viele Männer gab, die
vor wenigen Jahren Führer in der großen Staatskrisis
gewesen waren, und ich brannte durchaus nicht darauf, mich einer, wie ich meinte, sicheren Niederlage
auszusetzen. Aber meine Genossen bestanden darauf,
und endlich willigte ich ein.

Wir erließen eine Herausforderung an General Loon
und auch an Senator Drake, am Tage vor dem Caucus
– der Vorversammlung der Wähler zur Ernennung
eines Senatskandidaten – eine öffentliche Diskussion
mit mir zu halten. Senator Drake nahm die Herausforderung für sich und General Loon an. Es wurden zwei
Versammlungen an zwei aufeinander folgenden Abenden vorgesehen. Am ersten Abend sollte ich eine Rede
von gewisser Zeitdauer halten, am zweiten Abend
sollten Loon und Drake antworten, und ich sollte ein
Schlußwort sprechen. Diese Ankündigung verbreitete
sich rasch über die Vereinigten Staaten, und von nah
und fern, vom Lande und aus den Städten strömten so
viele Freunde der beiden Kandidaten herzu, welche
Zeugen des nach ihrer Ansicht großen Ereignisses sein

wollten, daß die Hotels der Staatshauptstadt überfüllt waren und jede Neuankunft die hochgespannte Erwartung noch vermehrte.

In Erinnerung an die Debatte zwischen Lincoln und Douglas in Quincy, Illinois, bei der ich vor Jahren zugegen gewesen war, hielt ich meine Eröffnungsrede in einem maßvollen, sogar etwas matten Defensivtone. Meine besten Trümpfe sparte ich mir für meine Schlußrede auf und hob vorerst nur in etwas herausfordernder Weise ein paar scharfe Punkte hervor, von denen ich wünschte, daß Drake am anderen Abend auf sie eingehen sollte. Die Wirkung meiner Rede war nach zwei Seiten hin befriedigend. Meine Freunde und Anhänger waren von der Höflichkeit und Mäßigung, mit welcher ich meine Ansichten dargelegt und gewisse Angriffe zurückgewiesen hatte, angenehm berührt. Andererseits triumphierte Drake schon im voraus und konnte sein Siegesbewußtsein nicht verhehlen. Vor einer großen Menge sagte er mit lauter Stimme: «Der Mann ist mir als großer Redner geschildert worden, so eine Art Cicero und Demosthenes in einer Person. Und was haben wir gehört? Recht alltägliches Geschwätz. Meine Herren, morgen um diese Zeit wird General Carl Schurz so tot sein wie Julius Cäsar!» – Als ich diese Worte hörte, wußte ich, daß seine Rede so gehässig, gebieterisch und selbstherrlich sein würde, wie ich sie mir nur wünschen konnte, und daß er sich damit in meine Hände geben würde.

Am folgenden Abend war der große Versammlungssaal zum Ersticken voll. General Loon, mein Mitbewerber, sprach erst. Der Ton seiner Ansprache war ganz anständig, aber der Inhalt war unbedeutend. Er erntete nur den Beifall, der einem achtungswerten Redner gezollt wird, welcher nicht zu lang und nicht beleidigend spricht, selbst wenn er so leise redet, daß er fast unverständlich bleibt. Senator Drake bestieg die Rednerbühne mit herausfordernder Miene, als ob er der Mann sei, alle Gegner bald abzuschlachten. Nach ein paar Worten über seine Haltung in der Negerfrage nahm er mich vor. Wer wäre ich eigentlich, der ich mir herausnähme, mich als Senatskandidaten aufstellen zu lassen? Er möchte wohl mal ein wenig meine bisherige Laufbahn untersuchen, ob er nicht allerlei Ungünstiges von mir fände – aber dazu müßte er zu weit reisen, nach Deutschland und nach allen möglichen Orten in unserem Lande. So lange Reisen zu machen, habe er aber keine Zeit, wenn die Untersuchung auch noch so interessant und lehrreich ausfallen könnte. Diese Andeutung wurde von den Zuhörern mit starken Zeichen des Mißfallens aufgenommen, welche Drake jedoch nur zu noch größerer Energie anstachelten. Er ging jetzt zu einem heftigen Angriff auf die Deutschen in Missouri über, für deren politischen Charakter und deren Haltung in öffentlichen Dingen er mich verantwortlich machte. Er klagte sie an als eine Schar Unwissender, die nicht einmal Englisch könnten, nur ihre deutschen Zeitungen läsen und unter der Führung von bestochenen und intriganten Cliquen ständen. Er nannte sie Ränkeschmiede und Störenfriede, auf die kein Verlaß sei und deren Zugehörigkeit zur republikanischen Partei dieser Partei mehr schadete als nützte. Endlich, nachdem er seiner Verachtung für die Zeitun-

gen und die politischen Kreise, die meine Kandidatur
unterstützten, genügend Ausdruck gegeben hatte,
schloß er mit einer großartigen Lobrede auf General
Loon und auf sich selbst, deren Länge die Zuhörer
etwas zu ermüden schien, denn der Redner wurde aus
allen Teilen des Saales durch mehrfache Rufe nach mir
unterbrochen. Die unmittelbare Wirkung von Drakes
Rede war sichtlich ihm selbst und seinem Kandidaten
schädlich. Besonders hatten seine scharfen Worte gegen die Deutschen und gegen den großen Teil der
republikanischen Partei, welcher meine Wahl vertrat,
mißfallen; denn viele Mitglieder der Legislatur be-
dachten, ein wie großer und wichtiger Teil ihrer
Wähler gerade jene Deutschen waren und wie sehr ihre
politische Stellung von ebenjenen Zeitungen abhing.

   Als ich die Rednerbühne betrat, wurde ich mit
lauten Beifallsäußerungen empfangen. Es gelang mir
sofort, mich auch mit meinen Gegnern in launige
Beziehung zu setzen, indem ich mich vorstellte als
«einen Knaben David, der allein und ohne andere
Waffe als seine Schleuder und ein paar glatte Steine in
seiner Hirtentasche den Kampf mit zwei schwerbe-
waffneten Goliaths zugleich aufnehmen müsse». – Die
Zuhörer lachten und äußerten wieder Beifall. Dann tat
ich Loons «harmlose» Rede mit ein paar höflichen
Phrasen ab und «ging vom Sekundanten zum eigentlichen Gegner über». – Große Heiterkeit folgte auf diese
Worte; Loon errötete heftig und sah recht blamiert aus.
Dann ergriff ich vollen Ernstes die Offensive gegen
Drake. Zur größten Belustigung meiner Zuhörer ver-
spottete ich mit beißender Ironie seinen arroganten

Anspruch, der Vater der neuen Verfassung zu sein, mit welcher Missouri gesegnet war. Dann wandte ich mich seinem Angriff gegen die Deutschen zu. Ich fragte, wer denn zu Beginn des Krieges die feindlichen Truppen, die in Camp Jackson vereinigt waren, gefangengenommen und so St. Louis und den Staat der Union gerettet hätte und wer auf allen blutigen Schlachtfeldern von Missouri immer voran gewesen wäre? Die ganze Versammlung schrie: «Die Deutschen! Die Deutschen!» Ich fragte dann weiter, wo Mr. Drake in jenen kritischen Tagen denn gewesen sei, und ich gab selbst die Antwort: Da er vor dem Kriege ein Demokrat und Vertreter der Sklaverei gewesen war, saß er damals ruhig in seinem Rechtsanwaltsbureau und rechnete nach, wann er sich wohl mit voller Sicherheit offen für die Union erklären könnte – und unterdessen vergossen die Deutschen ihr Blut für diese selbe Union. Dies war ein Hieb, der saß. Mein unglückliches Opfer sprang in nervöser Erregung auf und bat meinen Freund General McNeil, der zugegen war, ihm zu bestätigen, daß er, der General selbst, ihm geraten habe, ruhig zu Hause zu bleiben, da er dort bessere Dienste tun könnte als zwanzig Mann im Felde. Darauf erwiderte McNeil sofort: «Ja, aber das war lange nach dem Anfang des Krieges.» Auf diese Antwort sank Drake in seinen Stuhl zurück, während die Versammlung in lautes Gelächter ausbrach. Nach einiger Zeit erhob er sich wieder und erklärte, es sei unrecht von mir, ihm irgendwelche Feindschaft gegen die Deutschen zuzuschreiben, er sei ein Freund der Deutschen. Sofort entgegnete ich, dann müßte man

also das, was er heute abend von den Deutschen gesagt
hätte, als eine charakteristische Probe von Senator
Drakes Freundschaft ansehen. Stürmische Heiterkeit
brauste durch die Versammlung. Aber der schärfste
Pfeil sollte noch abgeschossen werden. Ich unterzog
des Senators Laufbahn als Parteiführer einer eingehen-
den Betrachtung; ich erwähnte, wie er gegen jeden
Republikaner, der seinem Wort nicht unbedingt folgen
wollte, seinen Bannfluch schleuderte und auf diese
Weise manchen treuen Anhänger der Partei entfremdet
und schließlich daraus vertrieben hätte und wie er nun
jeden Menschen und jede Zeitung – sogar die mächtig-
ste im ganzen Staat –, welche meine Kandidatur unter-
stützte, aus der Partei drängen wollte. Fast auf jeden
Satz folgte Beifall. Ihren Höhepunkt erreichte jedoch
meine Rede, als ich schilderte, wie Drake als Parteiführer in seiner Anhängerschaft so aufräumte, daß er
schließlich «in einer ungeheuren Öde dastehen würde,
verlassen und allein in einsamer Selbstvergötterung».
Nun wurde die Heiterkeit so groß und der Beifall so
laut und so andauernd, daß ich minutenlang warten
mußte, ehe ich weitersprechen konnte. Ich endete
meine Rede in friedlichem Tone. Es wäre die Rede
davon gewesen, sagte ich, daß meine Wahl eine unhaltbare Situation schaffen würde, nämlich die, daß zwei
Senatoren aus demselben Staate sich fortwährend
zankten. Ich befürchtete jedoch nichts dergleichen. Ich
wäre überzeugt, wenn wir je verschiedener Meinung
wären, würde Senator Drake ebenso meine Meinung
anerkennen, wie ich die seinige achten würde. Unsere Parole würde heißen: «Laßt uns Frieden halten!»

Als ich geendet hatte, brachen die Beifallsstürme abermals unaufhaltsam los, und alle stürzten sich auf mich zum Händedruck; es war das schlimmste Gedränge dieser Art, das ich je erlebt habe. Mit der größten Schwierigkeit mußte ich mich nach meinem Gasthofe durchkämpfen. Als ich zu Bett gegangen war, lag ich noch lange wach und hörte das jubilierende Lärmen meiner Freunde auf der Straße. Die erste Nachricht, die mir am andern Morgen gebracht wurde, war die, daß Drake die gestrige Versammlung vor ihrem Schluß verlassen hatte, in sein Hotel geeilt war und seine Rechnung und Wäsche, die er zum Waschen herausgegeben, gefordert hatte. Als man ihm mitteilte, daß seine Hemden und Kragen noch nicht trocken seien, bestand er darauf, daß sie ihm sofort gebracht würden, einerlei ob trocken oder naß; und dann war er schleunigst nach dem Bahnhof geeilt, um den Nachtzug nach Osten noch zu erreichen. Die Parteidiktatur war vorüber, und ihr Ende wurde durch die Flucht des Diktators verkündet.

Ich wurde im ersten Stimmgang zum Senatskandidaten ernannt, und auf Antrag wurde die Ernennung einstimmig beschlossen.

Deutlich erinnere ich mich meiner Gefühle, als ich meinen Sitz einnahm – sie erdrückten mich fast! Ich hatte die höchste öffentliche Stellung erreicht, welche meine ehrgeizigsten Träume mir nur je hätten verheißen können. Ich war noch jung, eben erst vierzig Jahre alt. Nur wenig mehr als sechzehn Jahre waren vergangen, seitdem ich in Amerika gelandet war, ein Heimatloser, ein aus dem großen Schiffbruch der revolutionären Bewegung in Europa Geretteter. Damals wurde ich mit großherziger Gastfreundschaft von dem amerikanischen Volke aufgenommen, das mir ebenso freigebig wie den eigenen Kindern die vielen günstigen Gelegenheiten der neuen Welt eröffnete. Und nun war ich ein Mitglied des höchsten gesetzgebenden Körpers der größten Republik. Würde ich je imstande sein, diesem Lande meine Dankesschuld abzutragen und die Ehren, mit denen ich überhäuft worden war, zu rechtfertigen? Um dies zu erfüllen, konnte mein Begriff von Pflicht nicht hoch genug gespannt werden. Im tiefsten Herzen leistete ich einen feierlichen Eid, wenigstens ehrlich danach zu streben, jene Pflicht zu erfüllen, dem Grundsatz «salus populi suprema lex» gewissenhaft treu zu bleiben, niemals weder einzelnen Mächtigen noch der großen Menge niedrig zu schmeicheln, nötigenfalls ganz allein meine Ansicht von Wahrheit und Recht zu vertreten und für meine Hingabe an die Republik kein persönliches Opfer je zu schwer zu achten.

Anhang

EDITORISCHE NOTIZ

Der Text der vorliegenden Ausgabe beruht auf der 1948 in der «Manesse Bibliothek der Weltliteratur» von Sigismund von Radecki erarbeiteten Fassung, die gegenüber der 1906/7 im Georg Reimer Verlag, Berlin, erschienenen Erstausgabe gekürzt worden ist.

Dieses Verfahren darf sich auf eine Äußerung von Carl Schurz in seinem Vorwort zum ersten Band berufen, worin dieser schreibt: «Der Umstand, daß diese Aufzeichnungen ursprünglich nur für wenige Personen (seine Kinder, Verwandte und einige alte Freunde; W. S.) bestimmt waren, die an dem Erzähler und seinen Erlebnissen besonderen Anteil nahmen, mag die Breite und Ausführlichkeit der Beschreibungen und Geschichten erklären, die des Lesers Geduld dann und wann auf harte Proben stellen mögen.» Um dem Werk das wohlmeinende Interesse des Lesers zu erhalten, hat der Bearbeiter Sigismund von Radecki im ersten Teil alles Allgemeinhistorische fortgelassen, was man beim europäischen Leser als bekannt voraussetzen durfte; im zweiten Teil alles, was mehr für den amerikanischen Staatsbürger geschrieben war.

Das Vorwort von Theodor Heuss erschien erstmals 1929 unter dem Titel *Carl Schurz* und wurde dem Band *Profile. Nachzeichnungen aus der Geschichte*, Tübingen 1964, entnommen.

Wolfgang Stammler

ZEITTAFEL

1829   2. März: Carl Schurz in Liblar bei Köln geboren.

1839   Schurz kommt ins Jesuitengymnasium bei Köln.

1846   Schurz kommt nach Bonn.

1847   Maturitätsprüfung in Köln. Beginn der Studentenzeit in Bonn. Bekanntschaft mit Professor Gottfried Kinkel.

1848   22.–24. Februar: Revolution in Paris. Frankreich Republik.

       März: Aufstand in Wien, Metternich verjagt, Studenten und Bürger beherrschen die Stadt. Straßenkampf in Berlin, König Friedrich Wilhelm IV. von Preußen stellt sich an die Spitze der deutschnationalen Bewegung. Vorparlament in Frankfurt a. M.

       18. Mai: Deutsche Nationalversammlung in Frankfurt.

       Sommer: Kongreß demokratischer Vereine in Köln. Begegnung mit Karl Marx.

       September: Aufruhr und Straßenkampf in Frankfurt. Preußische Truppen unterdrücken die nationale Bewegung.

       Oktober: Einnahme des revolutionären Wien durch kaiserliche Truppen.

1849   April: Auflösung der Nationalversammlung in Frankfurt.

       Mai bis Juli: Preußen wirft die republikanische Erhebung in Süddeutschland nieder.

       Juni bis Juli: Kämpfe bei Ubstadt, Waghäusel, Rastatt. Schurz emigriert.

       4. August: Prozeß gegen Kinkel in Rastatt.

       Oktober: Kinkel im Zuchthaus zu Naugard.

1850   März: Schurz reist illegal nach Deutschland zurück.

       Mai: Kinkel kommt ins Zuchthaus von Spandau.

1850   5./6. November: Mißglückter Versuch der Befreiung Kinkels.

6./7. November: Kinkels Befreiung durch Schurz.

1851   2. Dezember: Staatsstreich Louis Napoleons in Paris. Ende der Zweiten Republik.

1852   6. Juli: Schurz heiratet in London.

17. September: Schurz betritt in New York die Neue Welt. Niederlassung in Philadelphia.

1854   Studienreisen nach Washington und in den Westen.

1855   Ansiedelung in Watertown (Wisconsin).

1856   Schurz beginnt als Republikaner seine aktive politische Tätigkeit. Kampf gegen die Sklaverei in den Südstaaten und gegen den demokratischen Präsidenten Buchanan (1857–1861).

1857   Schurz wird amerikanischer Vollbürger.

1858   Rechtsanwaltspraxis in Milwaukee.

1860   Schurz verhilft Abraham Lincoln zum Siege über die Demokraten.

1861   4. März: Amtsantritt Lincolns. Schurz wird zum Gesandten in Spanien ernannt.

11. März: Der Kongreß von Montgomery gibt den abgefallenen Südstaaten eine eigene Verfassung und wählt Jefferson Davis zum Gegenpräsidenten.

12. April: Eroberung des Forts Sumter durch die südstaatlichen Truppen. Beginn des Bürgerkrieges.

21. Juli: Niederlage der Bundestruppen am Bull Run.

1862   Januar: Schurz reist in die Staaten zurück.

April: Lincoln ernennt Schurz zum Brigadegeneral.

Juni: Schurz führt eine Division unter Sigel.

29./30. August: Zweite Niederlage am Bull Run.

16./17. September: Sieg von Antietam.

22. September: Lincoln schafft die Sklaverei in den Staaten ab.

11.–13. Dezember: Schlacht von Fredericksburg.

1863   14. März: Schurz wird Generalmajor.

2.–4. Mai: Niederlage bei Chancellorsville.

1.–3. Juli: Sieg bei Gettysburg.

24./25. November: Sieg bei Chattanooga.

1864   2. September: Sherman nimmt Atlanta.
        Wiederwahl Lincolns.
1865   3. April: Grant nimmt Richmond und Petersburg.
        9. April: Kapitulation der konföderierten Hauptarmee
        unter Lee.
        15. April: Ermordung Lincolns. Johnson sein Nachfol-
        ger. Schurz quittiert den Dienst.
        26. April: Kapitulation der Armee Johnsons. Ende der
        Sezession und des Bürgerkrieges.
        29. Mai: Amnestieproklamation Johnsons.
        Johnson schickt Schurz auf eine Informationsreise in den
        Süden.
1866   Chefredaktor der «Detroit Post».
1867   Herausgeber der «Westlichen Post» von St. Louis.
        Herbst: Reise nach Deutschland.
1868   Januar: Zusammentreffen mit Bismarck.
1869–1875   Senator für Missouri. Kampf gegen Korruption.
1877–1881   Innenminister unter Hayes. Kampf gegen das
        «Beutesystem».
Nach 1881   Rege journalistische, politische und literarische
        Tätigkeit.
1906   14. Mai: Schurz stirbt in New York.

VERZEICHNIS
DER WICHTIGSTEN NAMEN

Die Vorsätze zeigen Carl Schurz zusammen mit Gottfried Kinkel auf einer Lithographie von 1855 (vorne) und als Generalmajor im Bürgerkrieg 1862 mit Widmung für seine Schwägerin Bertha Ronge (hinten). Das Frontispiz zeigt ihn als Siebzigjähriger etwa zur Zeit der Niederschrift seiner Erinnerungen.
(Photos: Bildarchiv Preußischer Kulturbesitz, Berlin)

INHALTSVERZEICHNIS

CIP-Titelaufnahme der Deutschen Bibliothek

Schurz, Karl:
Lebenerinnerungen: vom dt. Freiheitskämpfer zum amerik.
Staatsmann / Carl Schurz. Bearb. von Sigismund von Radecki.
Mit e. Vorw. von Theodor Heuss. –
Zürich: Manesse Verlag 1988
(Manesse Bibliothek der Weltgeschichte)
ISBN 3-7175-8126-0 Gewebe
ISBN 3-7175-8127-9 Ldr.
NE: Radecki, Sigismund von [Bearb.]

Umschlag und typographisches Konzept:
Hans Peter Willberg, Eppstein